근현대 천주교의 실천과 삶

아시아종교연구원 총서 01

근현대 천주교의 실천과 삶

윤용복 저

박문사

머리말

　인생의 반 이상을 종교연구로 보냈지만, 아직도 내가 제대로 종교를 연구하고 있는 사람인지 의문이 든다. 다양한 종교학 이론들을 접하면서 열심히 종교학에 매진하고 있는 후학들을 보면 더욱 그런 마음이다. 그런 면에서 나는 매우 게으른 공부를 해왔다고 고백하지 않을 수 없다.

　지난 30여 년간 여러 논문집에 수록하거나 공동저작에 이름을 올린 글, 그리고 발표는 하였지만, 아직 어디에도 수록하지 않은 글들이 있어 그것들을 두 권의 책으로 묶어 내려 한다. 글을 정리하며 과거 발표된 글들을 보니 썩 마음에 들지 않은 것들이 있어 다소 불편한 느낌이 들었다. 그것들을 제외할까도 생각하였지만, 그것도 나의 연구 과정의 일부로 생각하여 그대로 함께 넣기로 하였다. 처음 1권으로 생각하였지만, 쪽수가 너무 많은 관계로 부득이 2권으로 나누어 출판하게 되었다. 그런데도 발표한 글을 모두 담지는 못하여 일부는 제외하였다.

　종교학 연구자들의 관심은 매우 다양하지만 크게 종교전통과 이론으로 구분된다. 종교전통의 연구자들은 특정 종교, 예를 들어 유교, 불교, 기독교 가운데 어느 하나의 종교를 가지고 다양한 측면에서 접근하여 그 종교를 이해하는 것이다. 이론 연구자들은 다양한 종교들을 특정 이론과 방법, 예를 들어 사회학, 심리학, 현상학 등의 이론을 빌려서 종교 전체를 이해하려 한다. 어느 것이 옳다거나 바른 관점이라고 할 수는 없고 각각 장단점이 있지만, 종교학을 위해서는 모두 필요한 분야들이다.

이런 면에서 보자면 그간 나의 연구는 어느 쪽에도 속하지 않은 것 같다. 굳이 분류하자면 종교전통이라고 해야겠으나, 내가 어느 특정 종교만을 전문으로 연구한 것도 아니기에 그렇게 말하는 것도 어울리지 않는다. 그저 여러 종교에 관한 관심으로 인해 깊게 한 우물을 파지 못하고 수박 겉핥기식의 공부가 되었다. 발표된 글 가운데 천주교와 신종교 관련 연구들이 우세를 보이기는 하지만, 그래도 당신 전공이 뭐냐고 묻는다면 딱히 내세울 것이 없다. 그런 면에서 자신을 소개할 때 관심이 무엇이고 전문분야가 무엇이라고 자신 있게 말하는 동료 선후배를 보면 부럽기까지 하다.

제1권인 '근현대 천주교의 실천과 삶'에는 천주교에 관한 글이 주를 이루면서 기독교, 즉 천주교와 개신교를 함께 논한 글도 포함하였다. 제2권인 '한국의 종교교단과 콘텍스트'에는 한국 사회에서 활동하고 있는 종교 교단들에 관해 연구한 글들과 한국 사회 안에서의 종교에 관한 연구들을 수록하고 있다. 중국에 있는 한국종교들에 관한 글들과 부록으로 한국의 근대와 비교될 수 있는 근대 인도의 종교운동에 관한 글도 수록하였다. 교정을 하면서 글을 읽다 보니 중복되는 내용들도 많아서 과연 그대로 내도 좋은가 또 한 번 망설였지만, 역시 이것도 나의 모습이라고 생각되어 그대로 진행하였다.

　이 책을 계획하게 된 것은 필자 자신의 의지가 아니라 거의 주변의 강권에 의한 것이었다고 할 수 있다. 나 스스로는 과거 발표된 글들을 모아 책을 펴낸다는 생각을 전혀 갖고 있지 않았다. 특히 이렇게 묶어서 책을 낸다는 것은 그만큼 또 하나의 나를 드러내는 일이기 때문에 평소의 내 성격과 어울리지도 않았고 특정 주제만을 전문으로 연구한 것도 아니기에 더욱 그러하다. 그러나 지난해 어느 날 차선근 선생이 그간의 글을 모아서 아시아종교연구원 총서로 책을 내는 것이 좋다고 바람을 넣고 뒤이어 강돈구 형도 맞장구를 치는 바람에 결국 용기를 얻어 책을 내기로 결정하였다. 일을 진행하는 과정에서는 박상규 박사가 계속해서 챙기면서 도움을 주었고, 책의 편집과 여러 가지 주요한 작업, 그리고 출판의 구체적인 과정에 대해서는 고병철 박사가 적극적으로 도움을 주었다. 아마도 이분들이 아니라면 혼자서는 감히 꿈도 꾸지 못했을 것이라고 생각한다. 그러므로 지면을 빌어 이분들께 감사의 말씀을 드린다. 그러나 전체적인 책의 내용은 모두 필자가 쓴 글들이기 때문에, 혹시 있을지도 모를 오류를 비롯한 여러 가지 문제들에 대한 책임은 오롯이 필자의 몫이다. 출판사의 재정에는 전혀 도움이 되지 않는 책을 기꺼이 맡아 출판해 주신 윤석현 대표께 진심으로 감사드린다.

2022. 7.25.

윤용복

목차

머리말 / 5

제1부

근대 시기의 천주교

제1장

근대 가톨릭에서의 종교 담론
가톨릭청년을 중심으로

Ⅰ. 문제 제기

조선 후기 우리나라는 서구에서 전래된 천주교로 인해 여러 가지 갈등이 야기되었다. 천주교를 신봉한다는 이유로 인해 많은 사람이 죽음에 이르게 되었고, 신앙의 자유가 용인되던 시절에도 천주교를 믿는 사람들과 그렇지 않은 사람들 사이에 충돌이 발생하기도 하였다. 권력 중심이 뒤바뀌는데 천주교가 빌미가 되기도 하였고, 외국, 특히 프랑스와의 수교에 있어서 천주교가 걸림돌로 작용하기도 하였다.

일제강점기에 이르러 천주교는 비록 외국인 선교사들이 주축이기는 하였지만, 서서히 우리 사회에 뿌리를 내리기 시작하였다. 이 무렵에는 기존의 유교, 불교, 천주교뿐만 아니라 개신교의 여러 교파도 선교 활동을 하고 있었으며, 한국 자생 신종교들도 한민족 중심의 개벽 사상을 전개하는 등, 우리 사회는 다양한 종교들이 경쟁하는 장으로 바뀌게 되었다. 이러한 가운데 당시 나타난 다양한 종교들이 제시한 종교관들은 우리 사회에 종교라는 범주를 설정하는 데 많은 영향을 끼쳤을 것으로 생각된다.

다시 말해서 기존의 유교나 불교는 서구의 종교들이 제시하는 종교개념에 대응해서 스스로의 정체성을 확립하기 위한 종교의 모습을 제시하였다. 이에 반해 천주교나 개신교와 같은 기독교 전통의 종교들은 유교나 불교를 윤리, 도덕 차원에서 설명하고, 기독교적 특징을 가진 종교가 종교의 본모습임을 주장하였다. 같은 기독교 전통에서도 천주교와 개신교는 자신들의 종교적 모습이 제대로 된 종교임을 부각하려 하였다.

따라서 근대, 특히 일제강점기에 각 종교전통에서 제시한 종교관은 종교에 대한 인식 형성에 여러 가지로 많은 역할을 했을 것으로 생각된다. 그렇기에 당시 한국 사회에서 활동하던 종교들이 종교에 대해 어떠한 인식을 지녔는가를 파악하는 것이 중요하다. 예를 들어 현세보다는 내세의 행복에 중심을 두고 있는 천주교의 모습이 종교의 기본적 토대가 된다고 여기는 천주교 전통의 의식은, 종교의 중심이 내세를 지향하는 것이라는 사고방식에 영향을 주었을 것이다. 천주교의 이러한 모습은 후일 천주교가 국가의 독립에 무관심하고 단지 저세상의 안위만을 추구한다는 비판을 듣는 한 가지 원인이기도 하였다.

이러한 전제를 바탕으로 1930년대에 나타난 천주교의 종교 인식을 파악해 보고자 한다. 천주교에서 제시하고 있는 종교에 대한 인식은 「경향잡지」나 「가톨릭청년」, 그리고 「가톨릭연구」와 같은 당시 천주교 기관지들에 나타나 있을 것이며, 여기에 나타난 것을 파악해 보면 당시 천주교가 지녔던 종교 인식을 파악할 수 있을 것이다. 이 잡지들 가운데 「경향잡지」는 일반 대중을 대상으로 한 것이고, 「가톨릭청년」은 주로 식자층을 대상으로 발행되던 월간지였다. 「가톨릭청년」과 비슷한 성격의 잡지로는 「가톨릭연구」가 있는데, 「가톨릭청년」이 경성교구와 대구교구를 중심으로 발행되던 것이었고, 「가톨릭연구」는 평양교구를 중심으로 발행되던 것이었다.

따라서 이 세 가지 잡지에 나타난 종교에 대한 인식을 파악해 보면 당시 천주교인들의 종교관을 알 수가 있다고 생각된다. 여기에서는 그 가운데 「가톨릭청년」에 나타난 종교 인식을 파악해 보고자 한다. 「경향잡지」나 「가톨릭연구」에 나타난 종교적 지식도 모두 파악해 보아야 하지만, 여기에서는 그 첫 작업으로 우선 「가톨릭청년」을 선택하였다.

「가톨릭청년」을 선택한 이유는, 우선 이것이 당시 우리나라의 중심부인 경성을 중심으로 발행된 잡지였다는 것, 그리고 경성교구와 대구교구를 담당한 사람들은 모두 파리외방전교회 소속 선교사들로, 이들은 전래 초기부터 한국 천주교를 담당했다는 것, 그렇기에 이 잡지가 대표성을 지닐 수 있다고 생각하였다. 「경향잡지」가 일반 대중을 대상으로 발행된 잡지라는 것도 「가톨릭청년」을 선택한 또 하나의 이유가 되었다. 「가톨릭청년」은 당시 천주교 지식인, 지도자들을 위한 잡지의 성격을 지니고 있었고, 따라서 이들이 당시 서구의 종교적 인식을 가장 최전선에서 받아들였을 것이기 때문이다. 이들이 지닌 종교적 지식은 당시 천주교를 비롯한 한국 사회에 어떠한 방식으로든 영향을 주었으리라고 본다.

이런 점들이 전제가 되기 때문에 필자는 당시 천주교인들이 지니고 있었을 종교적 지식을 「가톨릭청년」을 중심으로 파악하려는 것이다. 이를 위해 우선 「가톨릭청년」의 발행과정과 성격을 알아보고, 다음으로 「가톨릭청년」에 나타난 종교적 관념을 검토해 볼 것이다. 종교적 관념은 종교에 대한 기본적 인식을 바탕으로 타종교와의 비교에서 나타난 점, 그리고 과학과 관련되어 나타난 점들을 차례로 파악해 보고자 한다.

Ⅱ. 「가톨릭청년」의 탄생과 성격

한국에 천주교가 전래된 것은 선교사들에 의해서가 아니라 한역서학서(漢譯西學書)를 통해서였다. 그렇지만, 한자로 된 서적은 양반들에게만 유용할 뿐, 한자를 모르는 계층들에게 천주교를 전파하기에는 어려움이 따를 수밖에 없었다. 그래서 한국 천주교의 출판 활동은, 신자들의 교육과, 선교 활동 차원의 필요성 때문에 천주교 전래 초기부터 이루어지기 시작하였다. 다시 말해서 한자로 된 교리서들을 한글로 번역해서 보급하기 시작한 것이 출판 활동의 시작이었다. 초기에는 주로 필사에 의존하였지만, 목판본을 이용해서 활자화된 서적들도

있었다. 출판 활동은 천주교를 전파하는데 주요한 역할을 한 셈이다.[1]

1906년 10월 19일 한글체의 주간지(週刊紙) 「경향신문(京鄉新聞)」과 그 부록인 「보감(寶鑑)」을 발행하였는데, 이는 곧 천주교 교회 언론의 출발점이었다. 그러나 1910년 한일합방이 되고 난 후, 「경향신문」은 일제의 강요에 의해 폐간되고, 그 대신 순수한 종교적 내용만을 수록하는 「경향잡지(京鄉雜誌)」를 발간하게 되었다. 그 후 1927년 4월 1일 대구의 남방 천주공교청년회에서 4.6배판 4면의 「천주교회보(현재 가톨릭신문의 전신(前身))」를 발간하였고, 그 3개월 뒤인 7월에는 경성교구 천주교청년회연합회에서 「별」지를 발간하게 되었다. 그러나 「천주교회보」는 1933년 4월 1일 발행된 제73호를 마지막으로 폐간되었으며, 「별」지는 1933년 5월 10일 제71호를 끝으로 폐간되었다.

두 기관지가 폐간되기에 앞서 5교구 주교회의는, 5교구를 통합하는 월간지를 발행할 예정임을 알려주는 1933년 3월 18일 자 5교구 교구장 교서를 발표하였다. 이에 따르면 기존의 「경향잡지」와 함께 「가톨릭청년」을 새로 발간할 것이며, 이 두 잡지는 대구, 원산, 경성, 평양, 그리고 연길의 5교구의 신자들 모두를 대상으로 한다는 뜻을 밝히고 있다. 또한 「가톨릭청년」은 젊은 지식인들을 대상으로 발행할 것임도 아울러 나타내고 있다.[2] 이러한 논의를 종합하면 기존의

---

1 한국 천주교 초기의 출판활동에 관한 내용은 오세완, 「한국에서의 프랑스 선교사들의 출판·언론활동」, 「교회사연구」 5, 한국교회사연구소, 1987, 125~131쪽 참조.

2 교서의 내용을 보면, "五교구에통힝ᄒᄂ이젼잡지와새잡지를발힝ᄒᄂᄃᆡ힘쓸것이오 가톨닉됴흔긔ᄉ를셰쇽신문잡지에소개ᄒ야모든이의게련쥬를알게홀것이오"라 하였다. 또한 여기에 "十三, 금번회의에五교구가련합ᄒ야지식청년을샹ᄃᆡ로ᄒᆞ고 「가톨닉청년」이란월간잡지를발간ᄒ기로결명되여지금쥰비즁이니이 잡지와경향잡지만이五교구에셔 홈 씌명하ᄂ 것이오 기타각교구에셔월보를발간

「경향잡지」는 일반 신자들을 대상으로 삼고, 「가톨릭청년」은 식자층을 대상으로 삼고 있음을 알 수 있다.

「천주교회보」와 「별」지가 폐간된 이유는 여러 가지가 있겠지만, 가장 큰 이유는 구독자의 수가 너무 적기 때문에 재정적으로 큰 압박을 받았기 때문으로 보인다. 동시에 구독자 수가 많지 않기에 이 기관지들을 통해 가톨릭을 널리 전파하려는 목적도 별로 효과를 거두지 못했을 것이다. 이런 이유로 이 두 기관지는 폐간될 수밖에 없었을 것으로 생각된다.

> 이번탄생된 이잡지는 지방과교구를 초월한 전조선五교구의공동간행물이라 서울교구의것도아니오 대구나 원산이나 평양이나 간도교구의것도아니라 전조선二十만가톨닉대중을 지배할경종임에 다각기내것인즉 충분한리해와열렬한후원으로 이를지지하여야할 것이다.
>
> 지난四월과 五월에 종간된대구『천주교회보』와 서울『별』보의그짧은一생을 회고하면 너무도처참하엿다 남다른포부를가지고 세계종말까지살면서 가톨닉운동을할려고 낫던이두형제는 과연모든이의열렬한지지와 후원을바더왓든가? 이제모도합하야『가톨닉청년』을 일우어 노흔 오늘에와서 굿하야지나간일을 한탄하고저함은아니나『가톨닉청년』만은 과거와가튼신산한 맛을보지말고 모든이의환호하는가운데 날과달로 장족의진보가잇기를바란다.[3]

홀수잇스나그교구안에만한흠"이란 각주를 달고 있다. 『경향잡지』(影印本) 27, 한국천주교중앙협의회, 1984, 128~130쪽.

3 최정복, 「『가톨닉』청년과 우리」, 『가톨릭청년』 1권 3호, 1933.8, 39쪽.

20 제1부 근대 시기의 천주교

즉, 대구교구의 「천주교회보」와 서울교구의 「별」은 교구 신자들의 지지를 받아 발전된 방향으로 나가기를 기대하였다. 그러나 생각만큼 독자층이 확보되지 않고 결국 폐간하지 않으면 안 되는 형편에까지 다다르게 되었던 것이다. 가톨릭 정신을 전파하기 위해서는 기존의 두 교구만 가지고는 부족하며, 한국 천주교 전체 교구를 대상으로 한 잡지를 창간해 독자를 확보하면 장기적으로 발전할 수 있으리라 여겼을 것이다. 많은 독자층을 확보하게 되면, 재정적으로도 안정될 수 있고, 동시에 선교나 신자들의 교육 측면에서도 효과를 거둘 수 있다고 판단했을 것이다. 이를 위해 앞의 두 잡지는 결국 폐간을 하고 그 대신 새로운 잡지를 창간하게 된 것이다. 전체 한국 천주교인들을 대상으로 삼으면 선교와 교육 등의 가톨릭운동을 전개하는 데 있어 기존의 교구별 기관지보다도 더 효과가 있을 것으로 생각했을 것이다.

종자가 몬저싸에써러저 썩은다음에 거긔서줄기가쌧고 열매를매즐 조흔싹이 긔운차게 도다나온다. 엇더한사업 엇더한운동을물론하고 희생이먼저잇서야 후일에발전과융성을볼수잇다. 이두형제는 전선가톨닉의력량을 집중식히기위하야교회를사랑하는 결사적정신으로써 모든지방적관념을 물리치고 용맹히나아가희생하엿다.[4]

두 잡지의 희생을 통해 분산되어 있던 한국 가톨릭의 역량을 한 곳

---

4 위의 글, 40쪽.

으로 집중시켜서 교구나 소속을 가릴 것 없이 모두가 한마음 한뜻으로 선교에 앞장설 것[5]을 주문하고 있다. 이와 함께 이 기회에 가톨릭의 태도를 선명히 드러내어 정신적으로 노력하고, 물질도 될 수 있는 정도까지 희생하여 독자가 많아지도록 전력을 다할 것이며, 그리하여 동일한 정신과 행동을 취하면 전체가 정신적으로 통일이 되어 가톨릭운동에 어려움이 닥치지 않을 것이라[6]고 여기고 있다. 따라서 통합기관지인 「가톨릭청년」의 발간을 통해 부족한 독자 수를 늘려 지속해서 잡지가 간행되기를 바라는 한편, 한국 가톨릭의 5교구 전체가 유기적으로 활동하고 정신적으로도 통일을 이루기를 희망하고 있다.

그러나 전체 교구를 통합하려던 바램은 1934년 1월부터 평양교구에서 발행된 「가톨릭연구(研究)」[7]로 인해 서울과 대구교구, 즉 남쪽 지역만의 잡지로 바뀌게 된다.

「가톨릭청년」의 발간 목적은 기본적으로 신자들, 특히 청년 신자들의 신앙을 공고히 함에 있다. 당시에는 기존의 유교, 불교와 더불어 여러 개신교 교파들, 그리고 기독교계 신종교들이 들어와 활동하고 있었으며, 이외에 유물론을 기반으로 한 사회주의 사상이나, 진화론 등도 사람들에게 널리 퍼져 있었다. 따라서 이러한 사상들을 반박하고, 또 신자들이 그러한 것들에 물들지 않게 하려는 목적이었다.

---

5 위의 글, 40~41쪽.
6 위의 글, 41쪽.
7 창간호(1934.1.)부터 6호까지는 「가톨릭研究講座」였지만, 그 후 「가톨릭研究」로 제호를 바꾸었고, 1937년부터는 「가톨릭朝鮮」으로 제호를 바꾸어 사용하였으며, 1938년까지 간행되었다.

가톨닉청년의즁요흔목뎍은 남녀쳥년들의신덕을몬져굿게흠에잇ᄂ
니 혹은우리교회의긔초되ᄂ도리를 과학상으로증명ᄒ고 혹은우리교
회에반되되ᄂ거즛도리를반박ᄒ며 혹은세쇽에셔도ᄂ악흔ᄉ샹을검토
홈으로써 할 것이다

　지금셰샹은츌판물의셰샹이다 착흔졍신도츌판물노써젼ᄒ게되고
악흔졍신도츌판물노써젼ᄒ게된다 그런고로우리텬쥬교회의신덕을보
존ᄒ고젼파ᄒ기위ᄒ야 츌판물의힘을아니빌수업고 악흔졍신에딕항
ᄒ기위ᄒ야 츌판물을ᄯ흔아니리용홀수업다.[8]

　다시 말해서 가톨릭 사상을 증명하여 전파하고, 가톨릭의 정신에
반하는 다른 사상이나 정신에 대항하기 위해 「가톨릭청년」이라는
출판물의 힘을 빌리자는 것이다. 그 이유는 과거와는 달리 출판물이
널리 보급되고 있으니 그것을 이용한다면 효과적인 결과를 얻을 수
있으리라 여겼기 때문이다. 이처럼 가톨릭 정신을 보급하고 가톨릭
에 배치되는 다른 사상들을 반박하기 위한 목적에서, 그리고 가톨릭
출판물을 전체적으로 통제하여 가톨릭인들의 정신적 통일을 기하
려던 목적에서 출발한 이 잡지는 평양교구에서 발간한 「가톨릭연구」
와 「가톨릭소년」으로 인해 손상을 입고 1939년 12월호를 마지막으
로 폐간된다.[9]

---

8 『경향잡지』 27, 244쪽.
9 폐간사에 따르면 「가톨릭청년」의 폐간이유는 결코 경제적인 이유가 아니라 당시
  가톨릭출판물이 통제성을 상실했기 때문이라고 강조하고 있다. 통제성이 상실된
  것이 중요한 이유이기는 하지만, 구독자의 숫자도 전혀 무관한 것으로 보이지는
  않는다. 즉, 다시 말해서 5교구 합의로 「가톨릭청년」을 발간하고 공통의 출판물임

「가톨릭청년」의 내용을 분류해보면 신학, 철학, 호교론, 종교강좌, 한국 및 세계가톨릭의 역사, 성서에 대한 설명과 번역, 과학 및 예술, 시, 소설, 천주교에 대한 질문과 답변, 천주교와 관련된 세계의 여러 소식, 그리고 상식적 수준의 의학지식 등이다. 이외에 한글강좌와 평론 등도 수록되어 있다. 호교론은 천주교의 정당성에 관한 내용으로 이루어져 있는데, 부분적으로 타종교에서 천주교를 비난한 것에 대한 적극적 해명과, 타종교의 오류, 특히 개신교의 오류를 지적하는 글도 있다. 종교강좌에서는 여러 가지 종교적 본질을 예를 들어가며 설명하고 있는데, 이에 맞는 종교가 천주교임을 나타내고 있다. 시나 소설의 내용도 가톨릭 신앙이 바탕이 된 시와 소설이 주류를 이루고 있다.

외국 소설과 외국에서 저술된 철학이나 신학, 또는 종교와 관련된 논문들을 번역해서 꾸준하게 소개하고 있는 점도 흥미를 끈다. 물론 주류는 종교와 관련된 사상이지만, 외국 소설을 번역해 소개함으로써 문학지의 성격도 보여주고 있다.

그런데 「가톨릭청년」에 소개된 내용 대부분은 신학, 철학, 문학 등 대체로 일반 대중들이 접근하기 어려운 수준의 것들이다. 그렇기에 일반 대중을 목표로 삼는 잡지에 철학이니 문학이니 하는 정도의 논문은 대중들이 이 잡지에 접근하기 어렵게 만들었고, 따라서 독자층이 처음부터 제한될 수밖에 없는 약점을 지닌 것이라고 볼 수 있다.

을 선언하였지만, 뒤이어 평양교구에서 나온 「가톨릭연구」와 「가톨릭소년」으로 인해 의도했던 것과는 달리 반쪽짜리 잡지로 변하게 되자 통일성도 확보하고, 독자층도 늘리기 위해 「가톨릭청년」을 폐간시키고 「가톨릭연구」와 「가톨릭소년」을 5교구의 공인잡지로 승격시켰다. 「가톨릭청년」 4권 12호, 1936.11, 2~5쪽 참조.

이처럼 독자층이 제한된 것도 이 잡지의 기반이 튼튼하지 못함을 보여주고 있다.

따라서 「가톨릭청년」의 성격은 식자층을 대상으로 한 종합 지식지라고 할 수 있다. 이 잡지의 주목적은 물론 가톨릭 신앙을 공고히 하는 데 있지만, 가톨릭 신앙을 바탕으로 종교와 관련된 다양한 내용, 시나 소설과 같은 문학, 그리고 예술이나 과학, 상식 등 종합 지식지로서 손색이 없는 성격을 나타내고 있다. 그렇기에 경향잡지는 일반 대중 신도들을 대상으로 한 것이고, 그에 대립시킨 「가톨릭청년」은 현대 청년, 그 가운데서도 지식층의 청년을 대상으로 삼았던 것이다.[10]

Ⅲ. 종교적 관념

1. 기본적 관념

가톨릭 기관지로서의 「가톨릭청년」에서 주장하는 종교에 대한 관념은 기본적으로 가톨릭이 중심이 됨은 말할 것도 없을 것이다. 그러나 단순히 가톨릭적인 설명에 그치는 것이 아니라 타종교와 비교하여 차별성을 부각하거나 과학 등과 비교해서 설명하는 태도를 보여주고 있다. 다시 말해서 당시 한국 사회에는 가톨릭뿐만 아니라 기존의 유교, 불교 외에 개신교의 여러 교파, 그리고 많은 신종교가

---

10 「질의해답」, 「가톨릭청년」 1권 3호, 1933.8, 48쪽.

있었다. 가톨릭의 처지에서 생각할 때, 천주교는 이들에 대해 무조
건적 반대를 하거나 배척하기는 어려웠을 것이다. 그렇기에 천주교
에서 보는 타종교들의 장단점을 지적해 나가며 상대적으로 가톨릭
의 우월성을 입증하려 한 것이다. 「가톨릭청년」에 나타난 타종교에
대한 반박은 개신교를 대상으로 한 것들이 많았다. 이 가운데 우선
가톨릭에서 가지고 있는 기본적 종교 관념이 어떠한가를 파악해 보
려 한다.

　가톨릭에서 가지고 있는 종교적 관념을 설명하기 위해 기본적으
로 취한 방법이 세상 사람들이 종교에 대해 어떤 생각을 지니고 있는
가를 말하고 그에 대해 답변하는 것이었다. 다시 말해서 당시의 사
람들이 종교란 어떤 것이라고 말하고 있는데, 그에 대해 반박하거나
오류를 지적하는 방식으로 종교를 설명하고 있다. 이러한 성격의 글
을 파악해 보면 당시 사람들이 지니고 있었던 종교에 대한 인식과 가
톨릭에서 생각하는 종교에 대한 인식을 파악할 수 있을 것이다. 이
러한 것을 몇 가지로 나누어 보면 다음과 같다.

　먼저 기본적으로 종교에 반대하는 논리가 있다. 사람들은 종교는
무용한 것이며 부녀나 어린이들만을 위한 것이라거나, 종교적 진리
를 동화나 신화라고 한다. 더욱이 현대인들은 무종교사상을 갖고 신
이나 영혼과 같은 비물질적인 것이 존재할 리가 없다고 한다. 사후세
계란 존재할 리가 없으며, 따라서 내세의 행복을 추구하는 것과 같
은 종교는 쓸모가 없는 것이다. 그렇기에 오직 현세에서의 행복이
목적이며 현세에서만 그 목적을 달성할 수 있다고 믿고 있다. 이런
반종교적 운동의 논리는 대체로 공산주의 계열에서 나온 것이다. 특

히 "공산주의 노서아"는 반종교적 운동이 가장 심한 곳이다. 그들은 종교를 늙은 부인들의 이야기쯤으로 치부하고 국민의 아편과 같이 설명하려 한다.[11] 이들에 따르면 종교에서 말하는 사후세계나 신과 같은 이야기는 대체로 허황한 것이며, 공상에 불과한 것이다. 그렇기에 사후세계를 기원하는 것과 같은 행위는 어리석은 짓이다. 종교는 무지한 사람들이 믿는 것에 불과하다고 주장하는 것이다.

종교에 반대하는 것은 아니지만, 비슷한 논리로 사람들이 종교에 대해 생각할 수 있는 견해는 현세적인 문제에 관한 관심이다. 사람들은 현세적인 문제를 종교를 통해 해결하려 한다. 현세적인 관심사는 사람마다 다양해서 각 사람이 종교를 이해하는 것도 다양하다.

> 어떤 사람은 종교를 한 사교(社交)의 「그룹」으로만 아는 자도 잇다.(중략) 다만 자긔가 그종교단체에 가입함으로서 자긔가 생각하는 그어느 종류의 교제를 함으로만족을 삼고잇다.
>
> 물론 주색의 란잡한 교제를 멀리 피하야 신성한 사교를 도모함은 조흔일이나 종교의 본질을 거기에 두어 그것으로서 종교의 목적을 삼는 것은 그를 한구락부로만 아는것이오 사실에잇서서 종교를 리해치못하는 것으로 우리는 그를 인정할수 업다.
>
> 어떤 사람은 종교를 사회운동의 한 긔관으로 인정하야 무슨 종교라는 간판밋헤서 동지를 규합하야 어느 종류의 사회운동을 도모하고 잇는자도 볼수잇다.

---

11 안세명, 「가톨릭교회와 현대사상」, 『가톨릭청년』 4권 10호, 1936.9, 62쪽.

물론 각시대의 사회정세에 빗최여 거기에 적절한 운동을 이르킴으로 사회에 봉사함은 조흔일이나 그러나 종교를 온전이 사회에 희생시켜 종교의 생명을 죽여버리는것은 인정할수업다.

어쩐 사람은 현금 격변하여지는 사상을 과학의힘으로는 조절할수업슴으로 그에대한 보충으로 어느 종교의 필요를 늣기여 결국 종교를 한 도구(道具)로만 생각한다. 그러므로 종교의 진가를물론하고 다만 일시적으로 민중의 사상을 무마하야 혹은 무슨사상을 고취하고 혹은 무슨주의를 선전함에 리용하려한다.(중략)

종교로서 사상을 조절하고 어쩐 방향으로 인도할수잇슴은 사실이나 그러나 종교의 근본문제는 불문에 붓치고 다만 그것을 일시적 미봉책으로리용하려는 야심은 인정할수업다. (중략)

어쩐 사람은 종교란 현실의 번민을 잠ㅅ간 도피하야 일시적 위안(慰安)을 엇고저하는 한 상상물(想像物)이라고 해석한다.(중략)

물론 진정한 종교를 신봉하는 사람의 마음속에는 다른 사람의 짐작이 밋츠지못하는-모든 번민의파도에도 깨여지지안는 절대의 안정과 위안이 감초여잇슴은 사실이다. 이것은 혼돈한 현금 사상과 주의의 지배를 써나 진정한 종교안에 드러오는 자들이 스사로 고백하는 것이다. 그러나 이것은 확호불발의 진리를 긔초로함에서만 나타날 수 잇는것이오 임의로맨들어내인 그림자와가튼 상상에서 나오기는 넘우도그거리가 초연하다.[12]

---

12 김철, 「가톨릭敎理講話 : 宗敎에 對한 見解」, 『가톨릭청년』 2권 1호, 1934.1, 36~38쪽.

사람들은 종교를 사교(社交)의 장, 사회봉사단체나 사회운동을 위한 단체 등으로 생각하고 있다. 그리하여 실상 종교에서 가르치려는 진리나 교리, 신조 등에는 별로 관심이 없다. 오로지 그 종교에 소속되어 있다는 소속감만을 가지고 있으며, 그 안에서 다른 사람과의 교제나 다른 사회운동 등을 하는 것만을 주목적으로 삼고 있다는 것이다. 사람들은 사회적으로 사상(思想)이 어지러울 때, 그 사회의 사상을 조절하는 데에도 종교가 필요하다고 생각한다. 어지러운 사상은 과학의 힘만으로는 부족하다. 그렇기에 이를 조절하기 위해 종교를 이용해야 한다. 또 사람들은 종교가 개인의 정신적 안정에 도움을 준다고 한다. 정신적으로 안정을 찾기 어려울 때, 종교는 위안을 주고 잠시 정신적 의지처가 되는 것이다.

종교를 완전히 반대하는 사람들의 논의를 제외한다면, 사람들이 종교에 대해 생각하는 것은 대체로 현세적인 부분이다. 아니 그보다 종교에 반대하는 사람들의 논리도 크게 보면 모두 현실적인 것에서 비롯된다고 보아야 할 것이다. 왜냐하면, 종교에서 이야기하는 것은 누구나 인정하고 받아들일 수 있는 것이 아니기 때문이다. 현세적인 삶을 제대로 살아가기 위해 종교가 필요하다고 하는 사람들과 종교를 완전히 반대하는 사람의 차이라면 종교의 필요성 유무에 있는 것이다.

종교의 필요성을 인정하는 사람들도 종교란 단지 현세적 삶을 더욱 풍요롭게 한다거나, 아니면 정신적 위안을 주기 위해, 또한 사회적 질서를 뒷받침하는 데 필요하다고 한다. 현세에서 개인의 물질적 정신적 복리를 추구한다던가, 아니면 사회나 국가가 잘 유지되도록 하는 것 등이 그런 것이라고 할 수 있다. 사회를 잘 유지되게 하려고 봉사활동이나 운동단체, 또는 사상을 적절히 통일시키는 것이 필요한데, 종교가 그런 일을 하는데 적절한 수단으로 작용할 수 있다고 사람들은 생각한다.

위의 인용문의 필자는 이러한 점들에 대해 모두 인정하고 있다. 종교에는 물론 사람들이 일반적으로 생각하는 기능들이 있는 것이 사실이다. 사람들은 종교를 통해 타인과 교류하기도 하고, 종교단체를 통해 봉사활동이나 사회운동을 하기도 한다. 또한, 윤리나 도덕의식이 무너질 때, 여러 가지 다양한 사상들이 사회에 만연해서 사람들이 갈피를 잡을 수 없을 때, 종교는 그런 부분들에 대해 최후의 보루로 작용하고 있다. 개인적 수양을 위해서도 종교는 이바지한다. 한 개인은 종교를 통해 정신적 안정을 얻을 수 있다. 위의 인용문에는 없지만, 인간의 기복도 어느 정도는 종교를 통해 이루어질 수 있다. 그것은 때로 우리가 몹시 빈궁할 때 다른 사람의 도움을 받게 하는 것이나, 병자가 적절한 약을 만나도록 하는 것과 같은 것이다. 사람들이 기대하지 않던 위와 같은 일들을 만나게 되면 그것은 기적이라고 할 수 있는데, 사람이 그런 도움을 청하는 것을 부당하다고만 할 수는 없다는 것이다. 다만 이와 같은 것에는 조건이 따르는데, 단순히 호기심으로 신을 시험한다던가, 스스로 노력도 하지 않은 상태에서 하는 것은 부당한 것이다. 자연법칙의 테두리를 벗어나지 않는다면, 인간의 기복도 어느 정도는 종교를 통해 이루어질 수 있다. [13]

---

13 「질의해답」, 『가톨릭청년』 4권 9호, 1936.8, 44쪽.

그러나 그런 부분들이 있다고 해서 바로 그것이 종교라고 할 수는 없다. 그것은 단지 종교의 한 측면만을 본 것이며, 그것이 종교의 전부도 아니고, 주목적이 될 수도 없다는 것이다. 종교에서 그런 것들이 발생하는 것은 다만 부수적으로 일어나는 것이다. 종교에는 그와는 다른 보다 근본적인 것이 있다. 즉, 종교가 부분적으로 현세적인 목적을 위해 필요한 것임을 인정하기는 하지만, 그것은 단지 피상적인 면에 불과한 것이다.

만일 이러한 점을 인정한다면, 종교는 단지 일정 계급의 사람에게만 필요하다거나, 또는 어떤 시대에만 적합하다거나, 아니면 어떤 종교라도 다 좋다는 사상이 유행하게 된다.[14] 세상 사람들은 종교가 무엇인지 다양하게 설명하지만, 그러한 것들을 모두 배척하고, 더욱 근본적인 원리에서 출발해서 인생의 최후목적을 가르치고 그에 도달되도록 인도해야 종교라고 할 수가 있다는 것이다. 모든 윤리와 수신의 원칙, 그리고 모든 정신적 위안의 이유, 사상, 박애 정신 등의 기초는 모두 이러한 토대 위에서 이루어진 것이며, 그렇게 할 때만 가치가 있고, 힘을 얻을 수가 있다.[15]

종교의 현세적, 기복적인 기능들도 모두 그런 테두리 안에서 이루어지는 것이다. 물론 여기서 말하는 종교란 바로 가톨릭을 가리키는 말이지만, 이 말을 좀 더 넓혀서 생각한다면, 종교를 종교 그 자체로 보아야 한다는 논리와도 상통하는 말이 될 것이다. 어차피 모든 종교전통은 자신의 종교가 참종교라고 하기에 여기에서 그런 논의까

---

14 김철, 앞의 글.
15 위의 글, 39쪽.

지 할 필요는 없으리라 생각된다.

이렇게 해서 제시하는 가장 기본적인 개념이 신(여기서는 가톨릭의 하느님, 또는 천주를 말하고 있다)과 영혼이다. 이 둘은 절대로 죽지 않는 불사불멸(不死不滅)의 존재이다.[16] 인간은 영혼과 육체를 가지고 있는데, 육체는 죽지만, 영혼은 절대로 죽지 않는다는 것이다.

> 정신의지도와 량심의훈련을 늣기는자는 또한 종교교육의 필요를 안이께다를수 업슬 것이다. 웨그러냐하면 종교를써나가서는 정신교육의 튼튼한 긔초가 업는연고이오 량심을 직혀야한다는 적확한 근거를 차즐수 업기째문이다. (중략)
> 이와갓치 철저한 가톨닉적교육을 실시하면 령혼에는물론이오 육신생활에도 평화와 행복을 주는것이며 부모의게는 안심과위안을 주는 것이다.[17]

윤리나 도덕도 모두 종교를 기초로 해서 존재할 수 있다. 그렇기에 어린 자녀의 정신교육을 위해서도 종교는 필요하다. 정신교육의 기초는 모두 종교에 있고, 그런 종교교육이 바탕이 될 때, 비로소 자녀교육을 올바르게 할 수가 있다. 물론 여기에서 말하는 것이 종교의 존재 이유는 아니다. 종교의 근본은 영혼을 구원하는 것에 있으며, 육체의 평화와 행복은 여기에 부가적으로 따라오게 되는 것이다.

---

16 위의 글, 38쪽.
17 장데레시아, 「자녀의 종교교육」, 『가톨릭청년』 1권 4호, 1933.9, 45쪽.

여기에서 말하는 종교의 기본도 신과 영혼의 존재가 전제되어 있음은 물론이다. 종교에 대한 여러 가지 불합리한 해석을 버리고 신, 즉 이 세상을 창조한 조물주의 존재와 영원히 죽지 않는 영혼의 존재를 기본 진리로 인정해서 그 신에 대한 의무를 실행하는 것이 바로 종교[18]라는 것이다.

> 超自然宗教에잇서서는 全能全智한 「神」과 사람사이의交涉 卽「天啓」가 必然的으로豫想된다. 天啓가 사람의 「神」에對한信仰의根本을 形成하고 짜라서 眞正한宗教觀의 基準이되여 客觀的, 記載的事實로 傳來된다하면 이는곳 吾人의人生觀과 內的外的, 生活態度에重大한決定을주는 原理를提供하는것으로볼수박게업다.[19]

과거 인간은 신(神)의 계시를 받았으며, 그 계시가 곧 인간 신앙의 근본이 되었다. 이와 같은 신의 계시가 진정한 종교관의 기준이 될 때, 그것이 바로 인생관과 생활 태도의 기본원리가 된다는 논리이다. 다시 말해서 모든 인생관과 생활태도의 기본원리는 바로 종교에 있으며, 그 기본원리, 즉 신의 존재와 영혼의 존재가 전제된 것이 종교의 핵심이라고 할 수 있다.

2. 타종교에 대한 논리

그런데 종교에 있다는 그러한 기본원리, 즉 핵심인 신과 영혼의

---

18 김철, 「경험과 진리」, 『가톨릭청년』 2권 2호, 1934.2, 26쪽.
19 장면, 「구약성경의 역사적 가치」, 『가톨릭청년』 1권 2호, 1933.7, 14쪽.

존재는 대부분의 기독교 전통에서는 모두 인정하는 부분이다. 천주교와 개신교 모두 서양의 종교이며 예수의 가르침을 기본으로 하고 있다. 그런데 천주교나 개신교 모두 타종교와의 차별성은 절실한 문제이다. 특히 같은 서구 전통에, 예수를 신으로 믿고 있는 천주교와 개신교는, 다른 어느 종교보다 서로 간의 구별이 간절한 부분이라고 할 수 있다.[20]

그러면 천주교에서는 개신교와의 차별성을 어떤 식으로 부각하고 있을까? 천주교에서 개신교를 볼 때 부정적으로 인식하는 것이 분열상이다. 개신교인들은 처음 선교할 때의 모습과 달리 자기들 스스로 파벌을 나누어 분쟁을 벌이는 모습이 진정한 기독교인지에 의문을 일게 한다는 것이다. '김장호 목사의 파', '이용도 목사 파', 김익두 목사의 파' 등등이 생기는데 이처럼 분열된 파들이 모두 예수의 뜻에 맞을 수는 없을 것[21]이다. 루터와 캘빈 시절에 이미 그러한 분열상이 내재되어 있었던 것이라 하여 개신교의 분열상을 진종교와 그렇지 않은 종교를 나누는 근거로 사용한다. 기독교를 창시한 예수는 분명 분열된 종교를 원치 않았을 것인데, 지금 서로 다투는 개신교의 분열을 보면, 무언가 잘못되었다는 것이다. 그래서 전 세계적으로 통일된 가톨릭이 바른 기독교라고 인식하게 되었다[22]는 논리이다.

---

20 실상 「가톨릭청년」에는 개신교나 다른 기독교 전통의 종교들을 제외하면 불교나 유교, 또는 민족종교와 같은 다른 종교에 대한 반박은 찾아볼 수 없다. 이에 반해 「경향잡지」 등에서는 불교를 비롯한 다른 종교에 대한 반박을 볼 수 있다. 이 글이 「가톨릭청년」을 중심으로 하고 있기에 여기에서는 개신교 이외의 다른 종교에 대한 논의는 제외한다.

21 오봉순, 「나의 개종의 동기」, 『가톨릭청년』 4권 8호, 1936.7, 34쪽.

22 위의 글, 34~36쪽.

천주교와 개신교를 가르는 또 다른 논리는 종교 지도자들의 도덕적 인격이다. 개신교에 대한 불만이 별로 없었지만, 한 가지 개종을 생각하게 된 동기가 바로 목사의 비도덕성이었다. 겉으로는 믿음이 매우 독실한 것 같더니 어떤 유부녀와 관계를 하고 공공연히 죄를 드러내었다는 사실에 교회를 덜 신봉하게 되었다[23]는 것이다. 과거 역사상 어떠한 종교라도 그것을 창도한 자의 인격이 곧 그 앞길을 알려주는 것인데, 루터의 경우에도 이에 해당한다는 것이다.[24] 루터는 사제임에도 불구하고 수녀와 함께 몸을 더럽혔는데, 이런 자격 없는 사람이 개혁한 종교가 올바른 종교일 수는 없다는 것이다.

또한, 개신교인들이 천주교에 대해 여러 가지로 비판하지만, 실은 그것들이 다 개신교인들이 천주교에 대해 무지하기 때문에 나온 것이다. 일례를 들어 안식교는 교황이 성경을 무시하였으며, 가톨릭에서는 성경을 다른 나라 말로 번역하기를 힘쓰지 않는다고 비난한다. 그러나 이는 안식교가 천주교에 대해 제대로 알지 못하는 것이다. 가톨릭에서는 성경만이 신앙의 원천이 아니라 성전도 신앙의 원천으로 삼고 있는 까닭이다. 이것을 성경을 무시한 것으로 안식교가 잘못 알고 있는 것이다.[25]

가톨릭이 개신교에 대해 방어하는 논리는 진정한 교리와 가톨릭에 대한 무지, 그리고 성서에 대한 제멋대로의 해석, 도덕관, 분열상 등이다. 그런데 모든 구원은 진정한 교리를 알고 실천할 때 이루어진

23 박윤희, 「나의 개종의 동기」, 『가톨릭청년』 4권 4호, 1936.3, 84쪽.
24 한윤승, 「말딩·루터의 인격론」(一), 『가톨릭청년』 4권 5호, 1936.4, 36~42쪽.
25 안세명, 「안식교와 그 교리」(二), 『가톨릭청년』 4권 7호, 1936.6, 16쪽.

다. 성서를 멋대로 해석하거나 교리를 잘 알지 못하는 사람은 구원받기가 어렵다. 천주교 신자들이 생각할 때, 천주교나 개신교 모두 예수의 가르침을 기본으로 하고 있기에 개신교인들이 반드시 천주교로 입교하지 않아도 구원을 받을 수 있다고 생각할 것이다. 더구나 일평생 예수를 전혀 모르고 지내거나 그의 가르침을 따르지 않고 살았다고 하더라도 죽을 무렵에 세례를 받기만 하면 구원되는데, 하물며 개신교인들이야 더 말할 나위가 없다고 할 수 있는 것이다.

【問】일평생을 외인으로살다가 죽을째회두하고 성세(聖洗)만밧어도 구령(救靈)하거든 하물며프로테스탄(렬교) 교인이 어렷슬째 세례를 밧엇고 차차 장성함을쌀어 오주예수의 성혈공로를 진심으로밋으며 자긔가신봉하는교를진교로밋고 열심수게하다가 혹 죄를범하면 상등통회를발하야 량심의평화를누리며 쏘는 사람을맛나는대로 긔회를보아 예수의성명을 전파하엿스니 성경에누구든지만일 사람들압헤서 나를증거하면 나ㅡ쏘한 하날에게신 성부압헤 저를 증거하리라하신말슴대로 순전한마음으로써 오직 사주구령(事主救靈)하기로 일생을희생하다가 죽엇스니 엇지하야 구령은혜를 밧지못하겟습니까? 만일구령한다하면 프로테스탄교인이 불가불 천주교회로 회두할필요와 쏘는 천주교인이렬교인을 쏙회두하기로 권유할의무는 업지안습니까? (藥峴 N.F.生)

【答】당신의 말슴과갓치 그런사람이 혹시 잇다할지라도 프로테스탄들은 본시 천주교회에 회두할의무가잇고 우리는 그들을 회두식힐 의무가 잇습니다. 웨그러냐하면 ㅡ, 렬교중에서 혹시 구령하는사람이

잇다할지라도 그것은 그사람이 교리에 무식하야 량심상으로 책임이 업기째문이요 결고 렬교 그자체가 진교인연고는아닙니다. 二, 쏘 그런 사람이 혹시 잇다할지라도 모든렬교인이 일반적으로 다 그러케 구령한다고볼수는업습니다. 三, 설혹 리론상으로는 그런사람이 잇슬수잇지마는사실에드러서는 큰 의문이아니될수업습니다.[26]

평생 교리를 모르고 하느님과는 담쌓고 지내다가 죽을 무렵에 세례를 받으면 구원되는데, 하물며 예수의 가르침을 전파하는 사람이라면, 그가 개신교인이라도 당연히 구원될 수 있을 것이라는 논리에 맞서 개신교의 교리는 올바른 종교의 교리가 아니라고 주장한다. 이러한 생각에는 우선 교회밖에도 구원이 있을 수 있다는 전제가 나타난다. 하지만 여기에서 한 가지 더 나간 논리는 천주교를 통하면 구원의 길이 넓고, 그렇지 않으면 구원의 길이 매우 좁아 힘들 것이라는 생각이다. 즉, 천주교를 통할 때 구원될 확률이 더 높아진다는 설명이다.

비록 율법을 제대로 지키지 못했다고 할지라도, 자신의 과실이 없이 율법을 모르고 있었다면 구원될 수 있다고 해서 율법을 안 지켜도 구원될 수 있다고는 말할 수 없다[27]는 것이다. 구원에 이르는 올바른 길은 율법을 지키는 것이지만, 그 사람은 율법을 전혀 모르는 상태에 있었기 때문에, 겨우 구원의 턱걸이를 한 것에 지나지 않는다. 그렇기에 개신교인들이 천주교로 개종해야 하며, 천주교인들은 그들이

---

26 「질의해답」, 『가톨릭청년』 1권 3호, 1933.8, 50쪽.
27 위의 글, 51쪽.

천주교로 찾아오도록 해야 할 의무가 있는[28] 것이다.

결국, 천주교는 개신교에 비해 도덕적으로 우위에 있음과 함께 구원의 문이 더욱 활짝 열려 있다는 논리로 차별성을 내세우고 있다.

3. 과학과 종교

종교와 과학, 특히 자연과학 사이의 관계는 상보적이기도 하지만, 대립 구도를 나타내기도 한다. 한편에서는 종교와 과학이 서로 다르다고 말하기도 한다. 물론 그것은 종교의 입장일 수도 있고, 과학의 입장일 수도 있다. 이에 관한 가톨릭의 입장은 또 다른 논리를 내포하고 있다. 가톨릭이 과학과 모순이라거나 구적(仇敵)이라는 말은 한마디로 말해 교회에 대한 모욕[29]이라는 것이다.

가톨릭과 과학의 관계란 다름이 아니라 과학이 검증한 사실을 전문가들의 신용으로 승인하는 것일 뿐, 지구와 태양 사이의 거리가 얼마나 되느냐 하는 것을 가르치는 것은 아니다. 교회의 가르침은 단지 과학자들이 그릇된 추찰(推察)을 실증된 양 받아들이지 말 것을 신자들에게 권고하는 것에 지나지 않는다.[30] 종교는 과학이 하는 일에 이러쿵저러쿵 개입하는 것이 아니라 과학이 이미 이루어놓은 업적이 정당한 것인가 아닌가를 판별한다는 것이다. 그렇기에 과학자인 양하며 종교를 공격하는 것은 올바른 과학자들의 태도가 아닌 것이다.

---

28 위의 글, 52쪽.
29 오기선, 「가톨닉교회와과학」, 『가톨릭청년』 1권 3호, 1933.8, 27쪽.
30 위의 글.

저급 신문잡지에 종종 성숙지못한 사이비과학자들이 자긔부족한연구에 정당치못한 론리의비약을가하야 종교를 공격하려한다.

그러나 그들은 이러케함으로서 다만 자긔의무식함을 폭로할쑨이오 종교의 긔초에대하야 아모런동요도주지못한다. 그쑨아니라 줄수도업다. 진리와 진리에는 아모런모순도 잇슬수업슴으로 — 그런고로 진리에 상반되는 「진리」를발견한자는 사실 진리아닌환형을발견하엿슴을 자긔스사로 증명하는 것이다. 갓흔리유로 소위과학자가 자긔의 「과학」으로 진정한종교를 배격함은 자긔가 아직 진정한과학을 엇지못하엿슴을 자긔스사로 폭로하는 것이다.

이에 반하야 과학을 깁히연구한학자들은 거의다 종교를 배척하지 아니하엿슬쑨아니라 오히려깁흔신앙을 품고있다.[31]

이 말을 바꾸어 말하면 진정한 종교나 진정한 과학은 궁극적으로는 서로 동일한 결론에 이를 것이라는 논리이다. 다시 말해서 추구하는 방법은 다르지만 서로 진리를 추구하는 목적은 같으며, 그렇기에 종교와 배치되지 않는 동일한 결론에 이르리라는 것이다. 그것은 과학적 지식이 깊은 과학자들의 신앙심이 더 깊다는 것에서 증명된다고 한다.

과학과 종교가 충돌한다고 생각하는 수가 종종 있지만, 이것은 사이비 과학자가 과학상 증명되지 아니한 가설에 불과한 학설을 과학적으로 증명된 것으로 오인함에서 일어나는 일시적 현상이거나, 교

---

31 「과학자와 신앙」, 『가톨릭청년』 2권 1호, 1934.1, 55쪽.

회의 신조와 성서를 정확히 알지 못하고 자신의 사적 의견을 고집함에서 나타나는 부분적 현상일 뿐이다.[32] 종교는 과학의 영역을 대상으로 하는 것이 아니라 과학을 초월해서 우주의 궁극적 원인과 초자연적 진리를 가르치기 때문에 진정한 과학, 진정한 종교라면 결코 모순이 있을 수 없다는 것이다.

과학이 자연 물질계를 대상으로 한다면, 종교는 물질이나 자연을 초월한 초자연적 진리를 추구하기 때문에 그 영역이 근본적으로 다르다. 그렇기에 진정한 종교인 천주교는 과학에 적대적일 수가 없으며, 만일 종교, 특히 천주교가 과학에 모순되며, 적대적이라고 주장한다면 그것은 잘못된 과학이거나, 과학의 범위를 벗어난 것[33]일 뿐이다.

Ⅳ. 나가며

가톨릭인들의 일반적인 종교적 관념은 대체로 저세상주의에 있다고 알려져 있다. 물론 이 글에서도 그러한 사실이 부인되지 않는다. 그러한 이유로 과거 많은 순교자를 배출하였고, 일제강점기에도 교회의 수장들은 국가의 독립과 같은 세속적인 문제보다는 내세의 구원에 몰두했으며, 이것이 후일 한국 가톨릭이 독립운동에 소홀했다는 비판을 듣는 대목이다.

그런데 당시의 사람들이 종교에 대해 가진 일반적 견해는 여러 가

---

32 위의 글.
33 오기선, 앞의 글, 28쪽.

지로 다양하지만, 한마디로 말해서 세속적인 문제에 초점을 두고 있다는 것이다. 사람들은 종교를 사교(社交)의 장, 사회봉사단체, 사상(思想)조절수단, 현세 복리 수단, 그리고 개인의 정신적 수양을 위한 도구 등으로 이해하고 있다. 여기에 가톨릭의 답변은 부분적으로 그것을 인정하고, 그런 것들도 종교의 한 부분이 됨을 받아들이고 있다.

그러나 종교란 그것이 전부가 아니며, 주목적이 될 수도 없다. 종교는 그와는 다른 보다 근본적인 무엇이 있음을 내비치고 있다. 종교가 현세적인 목적에 이바지할 수 있음을 인정하기는 하지만, 종교는 그와는 다른 보다 본질적인 목적이 있다. 신과 영혼의 존재를 전제로 한, 더 근원적인 원리를 바탕으로 내세의 행복을 추구하도록 인도해야 진정한 종교라고 할 수가 있다는 것이다. 다른 모든 것은 그에 따른 부수적인 것들이며, 또 그 토대 위에서 이루어진 것들에 불과하다. 다시 말해서 현세에서 올바로 살아가는 것도 중요하지만, 영원히 불멸하는 영혼을 위한 내세의 구원, 즉 사후세계를 위한 제대로 된 삶이 더 근본적인 종교의 목적임을 밝힌 것이다.

타종교, 특히 개신교와의 차별성에 대한 논리에서는 참 종교와 그렇지 않은 종교로 구별시켜 나간다. 그래서 나타난 논리는 가톨릭의 교리, 율법에 따르는 것이 구원될 확률이 훨씬 높다는 논리다. 그렇기에 교회 지도자들의 인격이 중요시된다. 그들이 도덕적으로 우위에 있어야 하는데, 그렇지 못한 일이 종종 발생하기 때문이다. 개신교를 믿는다고 하더라도 예수의 가르침을 왜곡해서 듣는 정도에 지나지 않으니 타종교를 믿는 자이거나 아니면 아무런 종교를 믿지 않는 것과 같다. 이들은 양심에 거스르지 말아야 겨우 징벌을 피할 수 있을 정도다.

당시에는 서구의 과학사상과 사회주의 등이 널리 퍼져 있던 시기였기에 가톨릭에서는 이에 대한 방어의 논리도 전개한다. 대개 일반적 입장에서는 종교와 과학이 대립 구도를 지닌다고 알려져 있다는 것이 가톨릭이 본 양쪽의 관계이다. 그러나 가톨릭은 이러한 입장을 부정하고, 가톨릭과 과학은 결코 서로 모순되지 않는다고 주장하였다. 과학에 대해 가톨릭이 하는 일이란 그저 잘못된 과학적 지식이 만연하지 않도록 경종을 울리는 것에 지나지 않는다. 서로 진리를 추구하지만, 그 방법이나 대상이 근본적으로 다르다는 논리다. 한발 더 나가서 종교는 과학보다도 더 근원적인 문제, 초월적인 문제에 관심을 두기에 서로 충돌할 이유가 없는 것이다. 세간에서 말하는 종교와 과학의 모순, 내지 충돌이란 단지 잘못된 과학에서 나온 소산인 것이다. 진정한 과학과 진정한 종교는 궁극에 가서는 절대 모순됨이 없는 것이다.

결국, 가톨릭에서 보는 종교의 궁극적 모습은 내세에 있으며, 현세는 그 내세를 위한 징검다리나 도구라고 할 수 있다. 현세에도 복을 누리고 내세에도 복을 누리면 좋지만, 그렇지 않을 경우에는 내세를 추구해야 한다는 기본적 논리가 작용하고 있다고 보겠다. 저세상을 위한 원리를 토대로 해서 나타난 여러 가지 종교의 사회적 모습이나 현세적 모습만이 진정한 종교의 모습일 뿐, 그것이 배제된 종교는 참종교가 아닌 것이다.

▌『종교문화비평』 11집, 한국종교문화연구소, 2007.

제2장

천주교 선교사들의 일제 식민지배에 대한 인식

Ⅰ. 들어가는 말

1784년 이 땅에 천주교가 공식적으로 전래된 이후 백 년에 걸쳐, 많은 천주교인이 사교(邪敎), 무군무부(無君無父)의 종교를 믿는 자들이라고 해서 순교를 당하였다. 순교를 당한 천주교인들의 대부분은 신앙을 위해 기꺼이 목숨을 바쳤다. 특히 이들 가운데는 배교를 하면 죽음을 면할 수 있는 사람들도 많았지만, 그들은 현세보다는 내세의 영광스러운 삶을 선택하였다. 1886년의 한불조약 이후 정부가 공식적으로 천주교를 박해하는 일은 사라졌지만, 서울 이외의 지역에서는 천주교인들과 지방민들, 그리고 지방관리들과 천주교 선교사들 사이에 충돌이 발생하였다. 그리하여 서울 이외의 지방에서 여러 차례의 교난이 발생하였는데, 특히 1901년에 제주도에서 발생했던 사건은 박해 이후 최대의 종교적 충돌사건으로, 천주교인과 양민들을 합쳐서 700명 이상이 희생되는 결과를 낳았다.[1] 여러 차례의 교안을 겪기는 하였지만, 그 이후의 한국 천주교는 서서히 한국 사회에서 자리를 잡아가고 있었다.

천주교가 한국 사회에 자리를 잡을 무렵, 일제는 한국침략의 야욕을 노골적으로 드러내기 시작하였다. 1905년 을사늑약으로 외교권을 박탈하더니, 1910년 한일합방으로 결국 국권까지 말살한 일제는 한국에 대한 식민지배를 본격화하였다. 이러한 일제의 한국침략에 맞서 한국민들은 무력을 동원한 직접적인 독립투쟁을 전개하거나, 아니면 애국 계몽운동 등을 펼쳐서 한국인들의 민족의식을 고취하는 등의 방법으로 일제의 침략에 대응하였다. 그러나 반대로 일부에서는 일제에 적극적으로 협력하거나, 아니면 그들의 식민정책에 동조하기도 하는 등, 민족, 국가의 기대와는 전혀 다른 행동을 취하는 사람들도 있었다.

일제에 대한 이러한 여러 행동은 종교계에서도 마찬가지로 나타났다. 종교단체들은 일제의 탄압에도 불구하고, 그들의 침략에 맞서서 직간접적으로 독립운동을 전개하고 신사참배 요구에 불응하는 등, 여러 가지로 저항하기도 하였지만, 반대로 일제의 침략을 옹호하거나, 아니면 그들의 요구를 받아들여 침략전쟁을 미화하는 행동을 하고 신사참배에 호응하는 태도를 보이기도 하였다. 일제에 대한

---

1 제주도신축교난에 대한 자세한 것은 김옥희, 『濟州道 辛丑年 敎難史』, 천주교 제주교구, 1980 참조.

종교들의 이러한 태도들은 같은 종교전통에 속한 사람들도 예외가 아니어서, 서로 간의 의견충돌로 인해 교단이 분열되는 사태가 벌어지기도 하였다.

천주교의 경우, 교계 지도자들의 입장은 독립운동에 대해 반대하는 태도를 취해왔다. 따라서 일제강점기 천주교의 활동에 대한 평가는 대체로 부정적인 것이 사실이다. 즉, 당시의 서구 선교사들 대부분이 일제의 식민정책에 동조하고, 한국민들의 독립운동에 부정적인 모습을 보였기 때문이다. 3.1운동 당시 선교사들은 단지 방관적인 모습을 보인 것이 아니라 천주교 신자들이 이 운동에 참여하는 것을 적극적으로 반대하였다. 그렇기에 당시 천주교인들은 배신자, 반역자의 소리를 듣게 되고, 후일에도 이러한 평가에서 자유롭지 못한 이유가 되었다.

한편, 천주교의 활동이 꼭 그렇지만은 않았다는 주장도 제기되고 있다. 즉, 당시 천주교는 평신도들이 활발한 독립운동을 펼쳤고, 그 숫자나 비중에서도 다른 종교와 비교할 때 그렇게 적은 숫자가 아니었다는 것이다. 따라서 천주교회도 독립운동에 상당한 기여를 하였다는 주장들도 나타났다. 1990년대 이후 안중근 의사의 업적을 재조명하고 그에 관한 연구가 펼쳐지고 있는 것도 그런 시각의 하나로 볼 수 있다.[2]

그러나 비록 외국인 선교사들의 주도하에 진행되었다고 하더라

---

2 2000년 11월 4일 한국교회사연구소에서는 "2000년 대희년과 안중근 토마스"라는 주제로 '2000년 대희년·안중근 의거 91주년 기념 심포지엄'을 개최한 바 있다. 한국교회사연구소 편, 『교회사 연구』 16, 한국교회사연구소, 2001 참조.

도 천주교 측의 민족적 활동은 다른 종교들에 비할 때 미진했고, 교계 지도자들의 행동도 친일적인 성향이 컸던 것이 사실이다. 또한, 천주교 측에서 보는 안중근에 대한 평가가 달라지고, 그에 관한 연구를 시작하게 된 것도 1990년대 들어서라는 것은, 독립운동에 대한 천주교의 활동을 부정적으로 평가하는 주장이 근거 있는 것임을 입증하는 것이다.

본 연구에서는 천주교회의 활동에 대해 이상과 같은 기존의 시각과는 다른 차원에서 접근해 보고자 한다. 당시 천주교 선교사들이 조선이나 일본, 그리고 일본의 한국 식민지배에 대해 어떠한 인식을 지녔는가를 검토해서 분석해 보고자 한다. 비록 많은 박해를 받은 것이 한국의 천주교회이고, 그것을 보호하려는 선교사들의 입장도 있었겠지만, 일제에 협력하고 한국인들이 식민치하에서 고통받는 것을 옹호하는 것이 신앙이나 양심에 크게 저촉되는 것이었다면, 그들이 적어도 그처럼 행동하지는 않았을 것으로 생각하기 때문이다.

이를 위해 여기에서는 선교사들의 서한과 일기, 그리고 서울교구 연보를 중심으로 파악해 볼 것이다. 선교사들에 관한 자료는 대체로 프랑스 선교사, 그중에서도 서울교구장인 뮈텔 주교의 일기와 대구 교구장인 드망즈 주교일기를 중심자료로 사용하고, 베네딕도회 소속 선교사들의 자료를 부수적으로 활용할 것이다. 이처럼 하는 이유는 프랑스 선교사들의 경우 박해기를 직접 경험한 사람들도 있었고, 또한 한국의 식민지화 과정을 가까이에서 지켜본 사람들이었지만, 베네딕도회 선교사들의 경우는 한국이 완전히 일본의 식민지로 전락하게 되는 1909년에 이르러서야 한국에 들어왔기 때문이다.

Ⅱ. 독립운동에 대한 인식

일제강점기 천주교 선교사들은 기본적으로 한국이나 일본의 정치문제에 일절 관여하지 않는다는 철저한 정교분리의 태도를 지니고 있었다. 이러한 것은 근본적으로 당시 선교사들의 보수적인 신앙형태에서 기인하는 것이지만,[3] 결과적으로 그 이후 한국인 신자들의 독립운동을 저해하는 요소로 나타나게 되었다.

> 여기에서 잠시 여러 가지 어려움 외에 우리가 일본의 식민지하에 있기 때문에 오는 또 다른 어려움을 지적해야 하겠습니다. 물론 우리는 정치 문제에 관여할 생각이 추호도 없었습니다. 그러나 양편의 이 감정에 신중을 기하지 않을 수 없습니다. 이 편은 우리가 저 편을 든다고 비난하기 쉽고, 또 저 편도 그만큼 우리를 의심하기 쉽습니다. 교회는 단순히 질서의 편이고, 이것이 없으면 구령을 위해 일할 수가 없습니다. 이것이 바로 우리의 시국관입니다.[4]

정치적인 문제로 인해 자신들의 입장이 어려운 처지에 있다는 것을 호소하고 있지만, 어쨌든 어느 쪽의 입장에도 서지 않겠다는 태도

---

3 당시의 프랑스 선교사들은 이분법적 사고를 토대로 한 전통신학에 충실한 자들이었다. 즉 이들은 구세사와 세속사를 엄밀히 구분하면서, 하느님의 구원사업은 인간의 영혼만을 대상으로 하는 것이고 그것은 교회를 통해서만 가능하다는 신앙을 갖고 있었다. 이들은 교회가 현실세계에 참여하는 것은 영성적 생활을 저해시키는 위험한 행위라고 판단하고 있었다. 노길명, 「구한말 프랑스 선교사의 사회·문화활동」, 『교회와 역사』 5, 한국교회사연구소, 1987, 109쪽 참조.
4 한국교회사연구소, 『서울교구연보』 2, 천주교명동교회, 1984, 261쪽.

를 나타내고 있다. 현실적인 면에서는 선교를 위해 혼란이 없는 사회를 원하지만, 교회는 내세의 구원이 목적이므로 현실 세계에 참여하는 것에 대해 부정적인 태도를 나타내고 있다. 그러한 태도로 인해 안중근이 이토 히로부미를 암살한 사건을 극히 부정적인 시각으로 보고 있다. 그렇기에 뮈텔 주교는 안중근이 천주교 신자라는 것을 강하게 부정하였다. 그 이유는 종교의 이름이 정치적인 문제에 개입되는 것을 꺼렸기 때문이라고 생각된다. 이것은 비단 뮈텔 주교만의 시각이 아니라 당시 한국에 있었던 프랑스 선교사들 대부분의 시각이었다. 그러한 시각은 안중근에게 성사를 준 빌렘 신부에 대한 태도에서도 분명하게 나타나고 있다.[5] 이러한 것은 프랑스 선교사들이 친일적인 시각을 지녔다기보다는 정치와 종교의 철저한 분리라는 원칙에 충실하려는 과정, 그리고 근본적으로는 내세의 구원을 강조하려는 그들의 태도에서 기인한 것이었다. 그것은 그들이 지닌 일본에 대한 인식에서도 읽을 수 있다.[6]

한국의 정치 상황에 대한 선교사들의 기본적인 입장은 정치에 절

---

5 1914년 원산의 프와요 신부는 뮈텔 주교에게 다음과 같은 편지를 보냈다.
'그 신부(빌렘 신부)는 청을 하고는 취소하고, 또 다시 청을 하고는 결국 협박까지 하게 됩니다. 정말 너무 젊어서인지는 몰라도 저는 이런 식의 행동을 인정할 수가 없습니다. 그러나 저는 그 사람이(이런 표현을 용서하십시오.) 다시 한번 주교님과 우리 모든 동료 신부들을 조롱하고 있지 않나 하는 생각입니다. 도대체 그는 무엇으로 주교님과 동료들을 협박하는 것입니까? 알릭스 신부처럼 떠났다가 다시 돌아오지 않는 것입니까? 그것이 사실이라면 얼마나 좋겠습니까! 만일 협박이라면 저는 참을 수가 없습니다. 왜냐하면, 그것이 빌렘신부의 과실 때문이고 또 저도, 교구를 아주 난처한 입장에 처하게 했을지도 모를 한 사건으로 인해 이틀 동안 비통하게 지내야 했던 것을 이미 여러 동료들이 알고 있음을 주교님께 다시 말씀드릴 수 있습니다.' 한국교회사연구소 역편, 『함경도 천주교회사 자료집 제1집, 함경도 선교사 서한집』 1, 함경도 천주교회사 간행사업회, 1995, 583쪽.
6 4장 참조.

대로 관여하지 않는 것이었기 때문에 3.1운동이 일어났을 때도 그들은 기본적으로 천주교의 이름을 내걸고 3.1운동에 참여하는 것을 결사적으로 막았다. 장차 성직자가 될 신학교의 학생들이 만세운동에 참여하려 할 때는 단호하게 대처하였다.

> 오늘 아침 대성당에서 미사를 드리고 돌아와 아침 식사를 하고 났을 때 줄리앙 신부가 신학교 상황이 심각하다는 이야기를 하러 왔다. 샤르즈뵈프의 온갖 권면도 소용이 없었고, 학생들은 윌슨 대통령에게 편지를 보내고, 오늘 시내에서 행진을 하기로 결정했다. 샤르즈뵈프 신부는 그의 권위가 무시된 것을 보고 매우 의기소침해 있다. (중략) 나는 그들에게 복종하지 않는 신학교를 원하지 않으며 또 신학생들과 상관이 없는 이러한 정치적인 소요같은 행동이 한 가지라도 일어난다면 유죄, 무죄를 불문하고 즉시 그들 모두를 집으로 돌려 보내고, 신학교 문을 닫겠다고 아주 냉혹하고 단호하게 말했다.[7]

즉, 신학생들의 행위가 법에 저촉되는 가의 여부에 상관없이 정치적인 행위는 무조건 인정치 않겠다는 것이 뮈텔 주교의 생각이었으며, 그것은 다른 프랑스 선교사들도 마찬가지였다. 그것은 단지 경고에 그치는 것이 아니었다. 독립운동에 가담한 신학생들은 퇴교조치도 불사하겠다는 강경한 태도였다. 그렇기에 용산 신학교에서는 이에 불응하고 독립운동에 가담한 일부 신학생들이 실제로 학교를

---

7 한국교회사연구소 역, 『드망즈 주교 일기』, 한국교회사연구소, 1987, 270쪽.

떠나는 일까지 발생하게 되었다. 또한, 뮈텔 주교는 학생들에게 자신의 강경한 태도를 전달하기 위해 서품식까지도 행하지 않았다.[8]

뮈텔 주교는 신학생들뿐만이 아니라 천주교 신자들도 천주교의 명칭을 앞에 내걸고 독립운동을 하는 것에 대해 명백하게 반대하고 있다. 그것은 대구교구장인 드망즈 주교도 마찬가지였다. 1923년 드망즈 주교는 항일운동을 하는 것으로 보이는 단체에 천주교 신자들이 명도회(明道會)의 이름으로 서명하자 공소회장들 앞에서 그러한 운동에 가담하지 말 것을 주문하였다.[9]

이처럼 당시 한국천주교회를 대표하는 사람들인 뮈텔 주교나 드망즈 주교 모두 정치적인 문제에는 절대로 개입하려 하지 않았으며, 특히 그것이 우리나라의 독립운동과 관련되어 있을 때, 더욱 철저하였다.

천주교인들 이외에 다른 한국인들이 하는 독립운동에 대해서도 선교사들은 부정적인 태도를 보였다. 그 이유는 그러한 독립운동을 통해서 독립이 달성되기란 불가능하다는 생각과 독립운동의 방법

---

8 올해 우리 용산 신학교에서는 독립운동 때문에 온갖 주의를 기울였음에도 불구하고 몇몇 학생들이 거기에 가담한 것으로 인해 좀 어려웠습니다. 철학과 및 신학과 학생들은 이 때문에 그들의 성소를 잃은 것 같았고 신학교를 떠났습니다. 그래서 징계처분으로 올해에는 서품식을 거행하지 않았습니다. 『서울교구연보』 2, 157쪽.

9 이 나라 안에 퍼져 있는 소위 절제와 근검의 단체(조선물산장려회를 말하는 것으로 보인다)라고 하지만 실제로는 배일운동을 하는 한 단체가 어제 거의 전역에 비밀 회람을 보냈다. 서명자 가운데는 明道會도 있었다. 나는 그것이 불법이라고 생각한다. 이요셉 신부가 강론을 맡은 이 피정이 어제 열렸다. 성체강복 후에 나는 모든 공소회장들이 모인 자리에서 종교 자체로서는 이런 류의 모든 운동에 가담하지 말아야 하고, 또 자기 이름이나 명도회의 명의를 사용하는 것은 내가 전적으로 배척하는 바 악용인 것임을 신자들이 알도록 아주 명백한 선언을 했다. 『드망즈 주교 일기』, 462쪽.

이 자발적이기보다는 강제적인 경우가 많다고 보았기 때문이었다.

우선 그들은 한국인들이 독립운동을 하지만 그것은 공연한 행위이며, 독립이 절대로 불가능하다고 판단하였다. 그런데 한국인들은 독립이 절대적으로 불가능하다는 사실에는 아랑곳하지 않고 독립을 요구하려 한다고[10] 생각하였다. 한국의 독립이 절대적으로 불가능하다는 판단은 뮈텔 주교뿐만이 아니라 당시 한국에 와있던 파리외방전교회 소속 선교사들의 일반적인 인식이었던 것으로 생각된다. 1920년 원산 본당의 연말 보고서에서 프랑스 선교사인 프와요(G. Poyaud, 재임 기간 1910.6.~1921.1.) 신부는 천주교 신자들이 독립운동에 참가하는 것을 만류하기가 어려움을 말하면서, 한편으로는 독립이 불가능하리라는 것을 나타내고 있다.

> 현재의 정신 상태 ; 대도시의 교우들은 그 정신이나 주의가, 현재 정치적인 운동으로 흥분되어 있기 때문에, 모두 말없이 조용히 있지만 결국 이 문제에 관한 한 말하고, 생각하고, 꿈꾸지 않을 수 없습니다. 본당 신부가 이 열기를 진정시키기 위해 말할 수 있는 전부는 타오르는 불에 물방울을 던지는 것에 불과한 것입니다. 그러나 멀리서 무슨 사건의 소식이 오기를 바라고 있고, 그렇게 되면 우리 신자들의 마음에 불을 지르게 될 것입니다.

---

10 젊은이들은 겉으로는 학생들처럼 보였고 독립만세를 외치며 大漢門 앞으로 가고 있었다. 경찰은 지켜만 보고 간섭하려는 것 같지는 않았다. 황제의 장례일을 계기로 또는 그 후에 무슨 중대한 일이 일어날 것이라는 소문이 전국에 나돌고 있다. 물론 그들은 독립이 절대적으로 불가능하다는 사실에는 아랑곳하지 않고 독립을 요구하려 할 것이다. 함성이 4시 45분까지 계속 들렸으나 5시경에는 시위가 그쳤다. 한국교회사연구소 역주, 『뮈텔주교일기』 6, 한국교회사연구소, 2002, 252쪽.

그러나 이 유일한 소망 내지는 애국심이 헛된 기다림으로 실망되었을 때, 이로 인해 하느님의 뜻에 완전히 맡기게 된 교우들이 가톨릭과 이웃의 개신교들 사이의 차이를 보인 사실을 잊어서는 안 될 것입니다.[11]

　　천주교 신자들도 모두 독립의 열망을 지니고 있으며, 어떤 계기만 되면 독립운동에 참여할 것이라는 우려를 표시하면서도, 한편으로 독립운동의 목표가 상실되었을 때의 실망감을 표현하고 있다. 프와요 신부에게는 한국인들이 지닌 독립운동에 대한 소망이 헛된 기다림에 불과한 것으로 보였다. 그러면서도 프와요 신부는 이것을 신앙과 결부시키면서 개신교인들과의 차별성을 언급하는 것을 잊지 않고 있다.

　　독립운동을 하는 한국인들의 방법에 대해서도 선교사들은 부정적인 시각을 지니고 있었다. 우선 그들의 눈에 비친 독립운동이 자발적이기보다는 강제적이거나 아니면 마지못해 참여하는 듯한 모습이 나타나기 때문이었다. 선교사들이 보기에 3.1운동 초기에는 대부분의 사람이 자발적으로 참여하였지만, 시간이 흐르면서 그 운동은 강제성을 띠게 되었으며, 다른 독립운동도 비슷한 모습을 나타내게 되었다.

　　이틀 전부터 서울에서는 소란한 시위운동이 그쳤으나 이 운동을 계속 시키고자 하는 등사물들이 계속 유포되고 있다. 조선 상점들도 이

---

11 『함경도 천주교회사 자료집 제1집, 함경도 선교사 서한집』 1, 607~608쪽.

틀 전부터 문을 닫았다. 어떤 지시가 있었을 것이다. 그것은 합병에 항의하고 독립의 소원을 나타내기 위해서이다. 개중에는 상점을 열고 싶지만 두려움이나 체면 때문에 그러지 못하는 사람들도 분명히 여럿 있을 것이다. 대구에서는 최근에 매우 큰 시위가 있었다.[12]

작년에 보고한 독립운동은 그 세력이 많이 감소된 듯합니다. 그러나 간도(間島)는 예외로 보아야 할 것입니다. 이 지방의 선교사인 페랭(Perrin) 신부는 이에 관한 사건들을 다음과 같이 요약하고 있습니다.

"작년 여름, 독립운동가들의 활동이 재연되었습니다. 젊은이들은 죽음의 위협 하에 이 운동에 가담해야 했고, 60세에서 70세에 이르는 가엾은 노인들만이 집에 남아서 농사를 지어야 했습니다. 현물 징수, 진짜 도적들인 그들 부대의 유지비 부족, 빈번한 살인 행위, 그리고 독립운동에 대해 열성이 없는 것으로 조금만 의심을 받으면 사형에 처했습니다. 그들은 이미 독립을 쟁취한 것처럼 생각하고 있었습니다."[13]

선교사들은 독립운동에 관심이 없는 사람들도 독립운동을 하는 다른 사람들의 눈치 때문에 어쩔 수 없이 참가하는 경우가 있다고 생각하였다. 간도에서의 독립운동은 독립운동가들이 강제로 사람들을 동원하고 있으며, 이것을 거부하면 심지어 동족을 죽이기까지도 한다고 하여 매우 부정적인 반응을 나타내고 있다. 선교사들에게 있어서 독립운동이란, 그 자체가 질서를 흐트러뜨리는 골치 아픈 행위

---

12 『뮈텔주교일기』 6, 256~257쪽.
13 『서울교구연보』 2, 163~164쪽.

인 데다가, 또한 사람들을 강제로 동원함으로 인해서 오히려 독립운동을 하지 않는 대다수의 다른 사람들을 괴롭히는 좋지 않은 행동으로 비췄던 것이다. 따라서 그것은 일부 선동가들에 의해 주도되고 있는 것이기 때문에 선교사들에게 별로 감명을 주지 않고 있었다.[14]

선교사들에게 비친 독립운동의 부정적인 측면 가운데 또 하나는, 독립운동을 하다가 배신행위를 하는 사람들에 관한 것이었다. 일본 군대에 의해 학교가 불타고 수상한 사람들이 잡혀갔는데, 그 과정에서 배신행위를 하는 사람들이 나타났던 것이다. 즉, 이전에는 독립군이었던 자들이 일본군의 통역자가 되고, 그 상황을 이용해서 자신들에게 과거에 저항했던 사람들을 무고로 연루시킨 일도 생겨났다. 선교사들의 눈에 이러한 사람들은 가장 비열한 배신자로 낙인찍히게 되었다.[15]

선교사들은 기본적으로 정치와 종교의 철저한 분리, 즉 종교의 이름으로 정치적인 일에 절대 개입하지 않는다는 원칙으로 인해 독립운동에 천주교인이 참여하는 것을 막으면서, 한편으로 독립운동 자체에 대해서도 그리 우호적인 생각을 지니지 않았다. 더욱이 독립운동을 하면서 나타난 여러 가지 부정적인 모습들로 인해 자신들의 생각을 굳히게 되었다.

그렇지만, 선교사들은 한편으로 천주교가 (일본)정부에 대해 매우 협조적이라는 것에 정성을 기울였다. 그들은 천주교가 정교분리가

---

14 선동자들이 거리를 두루 다니며 만약 문을 열면 상점들을 불을 지르겠다고 위협하고 있다는 것이다. 진짜 이유가 그것인지는 모르겠으나 어쨌든 이같은 계속된 시위가 깊은 감명을 주지는 못하고 있다. 『뮈텔주교일기』 6, 258쪽.
15 『서울교구연보』 2, 164쪽.

철저하다고 했지만, 정부의 정책에는 최대한 협조함으로써 결국에는 천주교의 안전망을 보장하려는 이중적인 태도를 지니고 있었다.

올 봄에 '독립을 위한 운동'이 전국에 걸쳐 일어났는데, 이 운동이 대중적이었기 때문에 종교에 몰두한 사람에게 그 운동을 못하게 하는 데는 거의 기여하지 못했습니다. 그러나 본인은 우리 가톨릭이 이 운동에 가담하지 않음으로써 정부에 대해 충성의 좋은 모범을 보였다고 말할 수 있습니다.[16]

선교사들은 천주교가 독립운동에 참여하지 않은 것에 만족하는데 그 이유는 정부에 충성의 모범을 보이는 것에 있었다. 즉, 정부의 비위를 거스르지 않고 최대한 정부에 협조하면서, 그것을 통해 천주교의 안전을 보장받으려 했을 것이다.

Ⅲ. 신사참배에 대한 대응

한국을 식민지로 삼은 일제는 한국 내에 신사를 대대적으로 설치하여 신사를 통해 식민지인들을 동화시키는 전진기지로 삼으려고 시도하였다. 그것은 한국뿐만 아니라 만주, 대만, 중국 등지도 마찬가지였다. 이러한 일본의 신사정책은 1930년대 들어서 전시체제의

---

16 위의 책, 153쪽.

총동원 정책의 하나로 식민지인들에게 신사참배를 강요하는 것으로 나타났다.

그러나 선교사들은 처음 신도(神道)[17]에 대해서 심각하게 받아들이지 않았을 뿐만 아니라 신사참배에 대한 정확한 인식도 부족하였다. 따라서 그들은 신사참배에 대해 확실하게 대응하지 못하였고, 단지 미신적인 행위로 받아들여 그때의 상황에 따라 적당히 대처하려 하였다.

우선 선교사들은 신도(神道)를 조상숭배의 하나로 생각하였다. 즉, 그들이 생각하기에 신도는 일본 천황의 왕조 혈통이 유래되었다는 태양의 여신 아마테라스를 숭배하는 것이지만, 왕조 가문의 유명한 조상, 또는 생전에 조국을 위해 공로를 세운 그 밖의 사람들도 숭배하기 위한 것이기도 하다. 그러므로 가미다나[神棚]은 원래 조상숭배

---

17 일본 고유의 종교인 신도(神道)는 다신교의 형태로 고대로부터 신앙되어왔다. 천황제를 확립한 7세기 중엽에 이르러 황실과 밀접한 관련을 맺고 부흥했지만, 불교와 유교가 전래된 중세 이후 불교나 유교의 영향아래 놓이게 되었다. 그러나 18세기부터 서양세력이 나타나 위험을 느끼게 되자 일부 국수주의자들에 의해 고대의 신도로 되돌아가자는 운동이 일어났다. 이 운동이 19세기에 행해진 메이지유신을 통해 본래의 권위를 확립하게 되었다. 처음 일본은 이것을 통해 신도를 정치의 위에 위치시키는, 다시 말해서 제정일치의 사회를 만들려고 하였다. 그러나 이러한 정책은 많은 비난과 반발에 부딪쳐 결국 후퇴하지 않을 수 없게 되었다. 이에 따라 1882년 일본정부는 신사신도(神社神道)를 국가의 제사로서 일반종교로부터 분리시킨다는 제사와 종교의 분리를 선언하였다. 이것은 신사신도의 초종교적 절대우위를 확립하는 것이었다. 신사를 종교의 영역에서 분리시켜서 신사신도를 국가신도로 만들고 국가신도체제를 확립한 것이다. 그리하여 신도는 신교의 자유와 정교분리원칙을 위배하지 않으면서도 사실상 모든 종교 위에 군림하는 공법적 지위, 즉 초종교적 특권을 보유하게 되었다. 이진구, 「신사참배에 대한 조선기독교계의 대응양상 연구—신념체계 분석을 중심으로」, 서울대학교 석사학위논문, 1988, 13~17쪽, 윤선자, 「조선총독부의 종교정책과 천주교회의 대응」, 국민대학교 박사학위논문, 1997, 177쪽 참조.

를 위한 것이었다.[18] 따라서 천주교 선교사들의 기본적인 생각은 신도와 관련된 어떠한 행사에도 참여할 수 없다는 것이었다.

선교사들은 신도와 관련된 정부의 초청에 어쩔 수 없이 응하기는 하지만, 실제 종교적 의례가 시작되면 어떤 식으로든 벗어나려는 모습을 보인다. 선교사들이 일제가 주도하는 신도(神道)의 축제에서 파악해낼 수 있었던 사실은, 비록 종교의 자유가 보장되어 있다 하더라도, 일제는 신도를 통해 민족주의적으로 국민을 교육하기 위해 온갖 노력을 기울이고 있다는 점이었다.[19] 그렇지만, 그것은 천주교의 교리에는 맞지 않는 것이었다.

절대 유일신을 신봉하는 천주교인들에게 신도는 조상숭배와 같은 이교적 성격을 가지고 있기에 그 의례를 따를 수 없고 참가할 수도 없는 것이었다. 따라서 선교사들은 다른 정부 시책에는 협조하고, 심지어 독립운동에 대해서도 부정적인 시각으로 일관하지만, 신사참배에 대해서는 결코 따르려 하지 않았으며, 불가피한 경우에도 교묘하게 피해 가려 하였다. 이에 대해서는 파리외방전교회나, 베네딕도회 소속 선교사들이 모두 마찬가지였다.

2월 6일, 요바이시키[遙拜式]. 이 단어는 일본말로 "먼 곳에서의 경배"를 의미한다. 고 일본 천황을 경배하기 위해 일본의 소학교 앞 넓은 운동장에서 저녁때 불꽃놀이와 축제가 행해졌다. 본당도 정부로부터

---

18 한국교회사연구소 편, 「함경도 천주교회사 자료집 제2집, 원산교구 연대기」, 함경도 천주교회사 간행사업회, 1991, 243쪽.
19 위의 책, 80쪽.

세 가지 지령의 공문을 받았다. 1) 천황 숭배, 즉 예식에 참여할 것. (물론 가톨릭 본당은 이 초대에 따를 수 없다) 2) 기를 게양할 것 3) 제등을 걸 것. 우리는 그러한 것을 본당에 비치해두지 않았기 때문에, 이 지령에 따를 수 없었다. 이런 모든 예식은 이교적인 성격을 띠고 있으므로, 본당에서는 가톨릭 입장을 지켜야 했다.[20]

명치신궁(明治神宮) 건립을 위해 요구한 기부금에 대해서 나는 신자들이 그것을 낼 수 없다고 선언했다. 그는 그것이 신전이라기보다는 공원이고 그 안에 신전이 세워질 수 있을 것이라고 주장했다.[21]

반 시간 뒤 신도(神道) 예식에 참석하기 위해 그곳에서들 나왔다. 모든 참석자들은 등급과 품위에 따라 길이 20칸, 넓이 5칸의 두 천막으로 배당되었다.(중략) 마지막으로 모든 사람이 종려나무 한 가지씩을 들고 줄을 지어 좌우 두 제기단 위에 바쳤다. 우리는 이 예식을 피하기 위해 몰래 몸을 피했다.[22]

신도와 관련된 것은 어떤 것을 막론하고, 설사 그것이 정부의 명령이라도 따를 수 없다는 것이 선교사들의 기본적인 생각이었다. 선교사들은 그러한 것들에 정면으로 반대하고 거부하거나 불가피할 경우 그러한 예식을 피하려고 몰래 피신하기도 하는 등 상황에 따라 적

---

20 위의 책, 531쪽.
21 『뮈텔주교일기』 6, 44쪽.
22 위의 책, 255쪽.

절한 방법을 택해서 행동하였다.

일제는 한국인들에게 신사참배를 시키기 위해 큰 노력을 기울였다. 천주교의 경우 총독부 당국은 한국인 교우들을 신사참배에 참여시키기 위해 각별히 애를 썼다. 즉 종교적 이념이 전혀 없는 시민적 의식이라고 믿게 하려 하였다. 이런 목적으로 종교국의 관하에 두었던 천황과 용사들에게 바쳐진 신사(神社)들을 내무부 관하에 두도록 했다. 그러나 이러한 변화를 제외하면 모든 것이 신도(神道) 의식의 체제로 계속되었다. 따라서 가톨릭은 그 의식에 참석할 수가 없는 것이었다.[23]

이외에 여러 곳에서 경찰이 한국인 신부들에게 정부의 지시를 넘는 요구를 하는 경우가 있었다. 즉 성당 안에 일장기를 게양하고, 교우들에게 성당을 출입할 때 그 앞에서 경례하도록 요구하며, 또한, 모든 성무집행 때, 즉 미사, 성체강복, 심지어는 조만과(早晚課) 때까지도 참석자들에게 일본 국가를 부르도록 요구하였다. 그러나 성당은 오직 미사성제와 기도, 일반적으로 순수한 종교의식 만을 위한 장소라는 것, 그래서 순전히 시민적인 성격의 의식이 성당에서 용인될 수 없다는 것을 라리보 주교가 고위 당국에 지적하였고, 총독부에서는 주교의 이런 지적의 타당성을 인정하고 그 방향을 지방 경찰에 지시하였다. 성당 입구에 국기 게양대를 세우고 그 앞에서 당국의 지시를 따라 경례 선서 등을 하기로 합의하였으며, 또한, 국경일과 일정한 날에 평화와 국가의 번영을 위해, 천황의 지향에 따라 공동 기도를 드리기로 확정하였다.[24]

---

23 『서울교구연보』 2, 212쪽.
24 위의 책, 286~287쪽.

즉, 비록 국가적인 의례라고 하더라도 그것이 성당 내에서는 이루어질 수 없다는 원칙을 지키려 하였으며, 다만 국가를 위해 가톨릭의 의례를 통한 기도 등은 할 수 있다는 선에서 서로 합의한 것이었다. 이처럼 일제가 신도의식을 우리나라에 전파하려고 할 때 천주교의 선교사들은 이에 반대한 것이었다. 그렇지만 이러한 상황은 일본주교단, 주일 교황사절, 그리고 교황청의 판단에 따라 차차 신사참배를 용인하는 쪽으로 변화되어 갔다.

Ⅳ. 일제와 식민지 지배에 대한 인식

1886년 한불조약을 계기로 한국 내에서 프랑스 선교사[25]들의 활동은 자유롭게 되었다. 비록 공식적으로 종교의 자유가 보장된 것은 아니었지만, 선교사들은 자신들의 신분을 드러내놓고 활동할 수 있었기에,[26] 과거와는 달리 한국의 사회와 문화, 그리고 한국민들에 대해 이전과는 다른 직접적인 경험을 하게 되었다. 이전의 선교사들은

---

25 개항기 직후 1910년대까지는 파리외방전교회 소속의 프랑스 선교사들만이 한국에서 활동하고 있었다.

26 물론 그렇다고 해서 모든 위험이 완전히 사라진 것은 아니었다. 이 시기에 서울에서는 천주교에 대한 박해가 완전히 사라졌지만, 지방에서는 아직도 박해가 있었으며, 어떤 면에서는 더욱 심한 정도의 박해가 이루어지기도 하였다. 지방에서 행해진 천주교에 대한 박해는 대부분 지방 관리들이나 그 지역의 토호세력들에 의해 발생하기 때문에 법적인 절차를 무시하고 사사로운 감정에 따라 약탈이나 파괴, 그리고 폭행으로 나타나는 경우가 많았다. 그 결과 여러 차례의 교안(教案)이 발생하였는데, 일부의 경우 천주교인들이나 선교사들의 우월적인 행위에도 원인을 찾을 수 있다. 교안에 관해서는 이원순, 「조선말기사회의 대서교문제(對西教問題) −교안을 중심으로−」, 「역사교육」 15, 역사교육연구회, 1973, 71~139쪽 참조.

박해의 위험 속에 있었기에 항시 자신의 신분을 감추고 생활할 수밖에 없었다. 따라서 그들은 대체로 간접적인 경험에 의존할 수밖에 없었다. 그러나 개화기의 한국 선교사들은 직접 한국의 문화와 사회생활을 경험하였기 때문에, 그러한 경험에서 생겨나는 여러 가지 인식들이 나타나고 있다.

우선 뮈텔 주교는 일본에 대한 기본적인 시각을 보여주고 있다. 적어도 한일합방 이전 그가 일본을 보는 인식은 대체로 부정적이었다. 1904년부터 1906년까지 일어났던 중국의 남창교안(南昌敎案)에서 발생한 가톨릭 선교사들의 피살 소식을 전해 듣고는 그 배후에 일본인들이 관련되지 않았는지 의문을 품고 있다.

어제 전보 한 통이 6명의 가톨릭 선교사와 또 한 명의 선교사가 그의 가족과 함께 강서(江西)의 남창에서 학살되었다는 소식을 전했다.(중략) 이것은 모두 중대한 사건으로 최근 중국의 정신 상태에서 일어난 시위들과 너무나 일치하는 행위이다. 그리고 또한 일본인들이 거기에 관여되지 않았는지 의심스럽다.[27]

즉, 표면적으로는 중국인들이 일으킨 사건이었지만, 일본인들도 이일에 관련되어 있을지도 모른다는 의혹을 무의식중에 품음으로써 일본인들에 대한 부정적 인식을 나타내고 있다. 일본에 대한 부정적 인식이 이러한 의문을 갖게 한 것으로 생각된다.

---

27 『뮈텔주교일기』 4, 27쪽.

한국에서 일본인들이 하는 행위에 대해서도 부정적으로 인식하고 있었다. 미국 감리교 선교사인 존스(Jones)와 함께 뮈텔 주교를 방문한 조지 트럼불 래드(George Trumbull Ladd)가 한국의 상황에 대한 견해를 묻자, 일본인들이 좋은 일을 하는 것은 아님을 말하고 있다.[28] 뮈텔 주교는 기본적으로 일본이 한국에서 하는 여러 가지 일들에 대해 부정적 견해를 지니고 있었다. 일본인들에 대한 선교사들의 부정적 인식은 1895년 발생한 마라발 신부 사건[29]을 통해서도 나타나고 있다. 물론 이 사건은 일본인과 한국인, 그리고 프랑스 선교사가 함께 연루되어 나타난 사건이었지만, 그 과정에서 일본인들에 대한 반감이 생겨난 것이었다. 개항기 일본인들의 활동에 대해 좋지 않은 감정을 가지게 되었고, 그것이 계속해서 일본에 대한 부정적 인식으로 형성되어 간 것으로 생각된다.

한일합방 이후 대구교구장 드망즈 주교도 일본인들에 대해 부정적 인식을 나타내고 있다. 드망즈 주교가 지닌 일본에 대한 인식은 대체로 그가 겪은 일들로 인해 나타난 것들이라고 할 수 있다. 1920년대 일본인들이 교회의 토지와 한국인 소유의 토지를 강탈해가는 것을 보고, 드망즈 주교는 일본인들의 만행에 대해 분개하고 있으며, 일본에 대한 적개심을 나타내고 있다.

그들이 약속한 것을 이행할지 두고 보자. 이것은 일주일 동안 일본

---

28 위의 책, 139쪽.
29 한국교회사연구소 편, 『파리외방전교회 선교사 서한문』, 한국교회사연구소, 1988, 70쪽 이하 참조.

인들의 4번째 협잡이다. 진안에서 우리 토지를 빼앗겼다. 나는 군수에게 편지를 보내 항의 없이 그들의 부정함을 감수할 한국인이 아니라고 말했다. 진주에서도 법정이 우리 땅을 빼앗았다. 오늘 나는 편지를 보냈다. 대구 근처의 달성군에서도 우리 토지를 빼앗겼다. 나는 군수가 이곳에 보냈던 사람을 그에게 보냈다. 한국인들은 도처에서 일찍이 그런 적이 없었던 정도로 파렴치하게 수탈당하고 있다.[30]

1929년 11월에 시작된 광주학생운동에 대해서 베네딕도회 선교사들은 일본 경찰의 부당한 처사 때문에 이 운동이 전국적으로 퍼져 나가게 되었음을 밝히고 있다.

그리고 이때 부당하게도 경찰이 일본인 학생들 편을 들었기 때문에, 그 중학교가 동맹 휴업에 들어갔다. 곧 다른 도시에서도 일어났고, 끝내 동맹휴업은 조선의 모든 중등학교에 파급되고, 대부분의 국민학교에도 미치게 되었다. 동시에 중학생들을 통해 대대적인 볼셰비즘 선전이 일어나기 시작, 그들 가운데 수천 명이 좋지 못한 상태에 이르게 되자, 일본 감옥들에서 여러 주 동안의 조사를 받지 않으면 안 되었다. 동맹 휴업과 그 결과는 볼셰비즘의 사상이 바로 조선 젊은 학생들 사이에 얼마나 침투되어 있는가를 놀랍게 보여주었다. 조선 학생들이 공부를 끝마친 후에 어떤 일자리에 대한 가능성이 매우 희박하다는 사실을 고려하고, 반대로 아주 가난함에도 불구하고, 중등학교의 학생수가 도처

---

30 『드망즈 주교 일기』, 495쪽.

에서 실제로 필요로 하는 수를 훨씬 넘어 초만원을 이루고 있음을 볼 때, 수확을 거두어들이는 것은 프로테스탄티즘-많은 학교가 그들의 지도하에 있음-이 아니라 볼셰비즘임을 알게 된다. 훗날, 신분에 알 맞은 직업이라는 분명히 어려운 문제를 고려함이 없이, 단지 조선 청년의 교육에 대한 갈구, 아니 교육에 대한 오만을 만족시키고자 무책임하게 중등학교를 설립하는 것은, 공부하는 학생들을 볼셰비즘에 직접 뛰어들게 만드는 것과 다를 바 없다.[31]

일본 경찰의 부당함을 말하면서도, 학생들이 동맹휴업을 일으키는 주요 원인이 민족의식보다는 공산주의에 있음을 강조하고 있다. 동시에 교육의 확대가 다름 아닌 공산주의를 파급시키는 역할을 하는 것에 지나지 않는다고 하여, 조선에서 과도한 교육이 무책임한 행동임을 비판하고 있다. 그것은 과거 안중근이 뮈텔 주교에게 수도회를 초청하여 대학교를 세우도록 건의하자, '한국인이 학문을 하게 되면 教 믿는 일에 좋지 않을 것'이라고 해서 거절하였다[32]는 뮈텔 주교의 인식과 연장선에 있다고도 볼 수 있다.

이처럼 한국과 일본에 대한 선교사들의 인식이 부정적이었고, 한국인들의 교육이나 민족의식 등에 대해서도 비판적인 태도를 보였지만 그렇다고 해서 그들이 한국인, 적어도 한국의 천주교 신자들을 유럽식으로 개조하려고 생각하지는 않았던 것으로 보인다. 1931년 라리보 주교의 보고서를 보면 다음과 같이 기록되어 있다.

---

31 『함경도 천주교회사 자료집 제2집, 원산교구 연대기』, 157쪽.
32 『안중근 의사 자서전』, 안중근 의사 숭모회, 1979, 57쪽.

가톨릭 선교사들만이 활동하고 있을 동안은 그들의 고유한 대상인 영혼 구하는 일에만 그쳤었습니다. 그들은 한국인들을 유럽화시키려 하기는 고사하고 자신들이 한국인이 되고자 했으며 교우들로 하여금 그들의 관습에 따라, 물론 교리와 윤리에 어긋나지 않는 한에서 살도록 내버려 두었던 것입니다. 이러한 온건한, 그러나 깊이 있는 행위에서 시간이 흐르면 그리스도교 문화, 이질적이 아닌 한국적인 그리스도교 문화가 나올 수 있었을 것입니다. 그런데 가톨릭 선교사들은 추월을 당한 것을 느끼게 되었습니다. 소위 문명이라는 것이 마음의 교육을 무시하고 갑자기 밖에서 강요해 왔습니다. 이제 삶의 목적은 물질적인 발전뿐이고, 자동차를 운전할 줄 알게 된 순간부터는 시간도 없고 …… 그래서 인류의 온갖 경이로운 것의 너무나 갑작스러운 전파로 눈이 어두워진 이 백성들을, 먼저 이러한 경이로운 것의 창조주에게로 인도하고 그 분을 경탄하게 만들기 위해서는 전교도 새로운 방법을 강구하지 않을 수 없게 되었습니다.[33]

요컨대 선교사들은 한국의 문화에 따라 살려고 노력하였고, 천주교의 교리에 어긋나지 않는 한, 신자들에게도 서구식으로 살도록 강요하지 않았다. 그렇게 함으로써 토착적인 천주교 문화가 형성되기를 기대했다는 것이다. 그런데 물질문명이 고도로 발전하면서 이러한 의식의 변화가 불가피함을 지적하고 있다.

선교사들이 일본에 대해 거부감을 갖고 있었지만, 그들은 기본적

---

33 『서울교구연보』 2, 258~259쪽.

으로 이 땅에서는 한국인이 아닌 외국인들이었다. 그렇기에 이 나라의 운명에 대해 사실상 큰 관심을 두고 있지 않았다. 뮈텔 주교의 일기에서 그것은 분명히 나타나고 있다. 종교적인 소명의식으로 인해 한국에서 선교하고 있지만, 외국인 선교사들에게 한국인과 같은 감정을 기대하는 것은 근본적으로 어려운 것이었다. 더군다나 그들은 제국주의 문화에 익숙해져 있는 사람들이기에 문명국이 미개국을 식민지로 만드는 것에 큰 모순을 느끼지 못하였다.

뮈텔 주교는 1차 세계대전이 유럽에서 발발하자 자신의 조국 프랑스와 유럽의 전황에 대해 관심을 두고, 전황에 따라 그들의 감정을 표시하였다. 1916년 독일 소속의 베네딕도 수도회 수도원장이 자신에게 미사를 요청하고 다른 신부들까지도 점심 식사에 초대하려 하자, 그는 전쟁으로 인해 친밀한 그들의 관계를 어렵고 까다롭게 만들었기 때문에 아무도 초대하지 말라고 했다. 그러나 뮈텔 주교는 이 초대를 받아들였다.[34] 그러면서 한편으로 같은 해 3월, 동생으로부터 자신의 조카인 장이 프랑스 정부로부터 레종 도뇌르 훈장을 받은 소식을 알리는 편지가 왔다. 또한, 장이 또 독일 비행기 한 대를 격추하는 데 성공했다는 소식도 있었다. 이러한 소식에 뮈텔 주교는 표창을 받을 만한 일[35]이라고 하여 조국애를 나타내고 있다. 또한, 자신들이 성직자라는 신분임에도 불구하고 3만 명의 독일군들이 사망했다는 사실을 좋은 소식으로 받아들이고 있기도 하다.[36]

---

34 『뮈텔 주교 일기』 6, 28쪽.
35 위의 책, 40~41쪽.
36 『드망즈 주교 일기』, 109쪽.

그렇지만 이 전쟁으로 인해 선교사들이 프랑스 정부로부터 징집을 당하자 그들이 빨리 돌아오기를 바라면서, 한편으로는 그 징집에서 벗어날 수 있기를 바라는 마음도 나타내고 있다. 드망즈 주교는 병역에 소집된 프랑스인들을 태우고 갈 선박인 아마존 호에서 자신들을 진찰하도록 명령한 것을 어기고 병역에 적합하다고 한, 그 선박의 대사(大使)를 아무런 가치가 없는 사람[37]이라고 하였다. 또한, 드망즈 주교는 중국에 도착해서도 소집이 연기될 수 있는 정보를 얻고 그것이 가능한가를 알아보고 있다.

> 중국에서의 동원에 관해 프라드(de la Prade) 씨가 준 정보에 따라 나는 도쿄 주재 프랑스 대사에게 다음과 같은 전보를 보냈다. "여기 와서 중국의 주교들이 교구장으로서 소집이 연기된 것을 알게 됨. 같은 직위에 의해 내게도 징집유예를 허락할 수 있는가 회전(回電) 바람. 드망즈 주교. 상하이 아마존 호에서."[38]

즉, 상하이에 도착해서 교구장 주교들은 그 직분으로 인해 소집이 연기된다는 정보를 알고 자신도 연기될 수 있는가를 알아보고자 한 것은 그가 비록 프랑스의 국민으로 그 의무를 다해야 하지만, 교회의 일을 더 중시하고 있음을 보여준다. 그것은 주교뿐만 아니라 다른 선교사들의 경우에도 나타나고 있다. 상하이의 파리외방전교회의 경리부에서 아직 진찰을 받지 않았던 선교사들이 의사의 진찰을

---

37 위의 책, 110쪽.
38 위의 책, 113쪽.

받겠다고 신청했다. 해군군의관은 그들 중 서울, 대구, 일본의 선교사 13명의 소집을 연기시켰다.[39] 대구교구의 부주교인 베르모렐(Vermorel, 張若瑟) 신부가 쓴 일기에는 정부에서 병역 소집 관계의 일을 잘못 처리하는 것에 대한 원망이 나타나 있다.

> 부주교 일기 – 비에모 신부가 편지를 보내 미알롱과 부이용 신부가 소집되지 않았기 때문에 돌아올 것임을 알려주었다. 잘된 일이다. 그렇지만 전쟁 사무국과 외무성이 그들이 원하는 것을 모르고 있는 것이 정말 민망하다![40]

물론 모든 선교사가 그런 것은 아니다. 카넬과 뤼카 신부를 비롯한 일부 선교사들은 소집연기 결정을 받은 후, 자신들이 다시 병역에 응할 수 있는가에 대해 고민하고 주교와 상담하기도 하였다.[41]
이러한 선교사들의 태도는 조국에 대한 기본적 충성심을 보여주는 것이지만, 특히 자신들의 신분이 선교사라는 것으로 인해 현세적인 일보다는 내세적인 일에 더 몰두하는 것이라고 볼 수 있다. 즉, 조국에 대한 기본적 의무와 사랑이 있지만, 그보다는 종교적인 의무를 우선시하는 태도를 보여주고 있다. 선교사들이 지닌 이러한 인식은 그대로 한국의 천주교인들에게도 이식되어, 한국의 천주교인들이 현세적인 삶보다는 내적, 영적인 삶에 몰두하는 경향을 보여주게 되어, 독립운동

---

39 위의 책, 114쪽.
40 위의 책, 115쪽.
41 위의 책, 115쪽.

에 대한 천주교인들의 참여도가 떨어지는 하나의 원인이 되었다고 본다. 천주교 전래 초기부터 진행되어온 한국교회의 속세 이탈의 사상이 강조되어 신도들을 이 세상으로부터 보호하고 신앙생활을 교회 내로 몰입시켜 신앙의 사회적 차원을 완전히 망각하게 한 것이었다.[42]

　일본이 한국을 식민지로 삼은 것에 대해 선교사들은 표면적으로 정치와 종교의 분리라는 원칙을 지키려 하였지만, 내면은 교회를 보호하기 위한 여러 태도를 보여준다. 또한, 그들은 일제의 식민지배에 우호적이었고, 더 나아가 일제에 의해 한국이 오히려 도움을 받았다는 인식을 지니고 있었다. 1933년 독일의 베네딕도 수도회 신부는, 한국은 25년간 일본의 식민지로 있으면서 큰 발전을 이룩한 것에 의심이 없으며, 일본인들이 들어오지 않았다면 한국은 아직도 그 당시의 수준에 머물러 있었을 것[43]이라고 하여 일본인들이 한국의 발전에 큰 공헌을 하였다고 생각하였다.

V. 나가면서

　일제강점기 한국에 온 서양 선교사들은 당시의 세계적 조류인 제국주의의 시대를 경험한 사람들이었다. 프랑스, 독일을 비롯한 당시의 서방 국가들은 아시아와 아프리카 등에 식민지를 소유하고 있었다. 이들 국가 출신의 선교사들이 식민지의 부당함을 인식하는 것은

42　양한모, 『신도론』, 가톨릭출판사, 1982, 104쪽.
43　『함경도 천주교회사 자료집 제2집, 원산교구 연대기』, 594쪽.

어려운 일이라고 생각된다.

　당시의 서구인들은 서구의 문화, 종교가 가장 우월한 것으로 판단하고 있었다. 그렇기에 열등하고 미개한 나라의 개화는 오히려 식민 지배를 통해 실현되는 것이 바람직하다고 판단했을 것이다. 그렇기에 그들은 서양에는 뒤지지만, 한국보다는 개화된 일본의 식민지배가 한국에는 오히려 도움이 된다고 여겼을 것이다.

　천주교 선교사들은 한국인들의 독립운동에 대해서 큰 관심을 보이지 않았고, 오히려 독립운동에 대해 부정적으로 생각하였다. 그들이 한국의 독립운동에 이러한 태도를 보인 이유는 우선 독립운동을 통해 한국의 독립이 불가능하다는 인식이 자리하고 있었다. 불가능한 독립에 대한 소망이나 애국심이 실망으로 끝날 때 나타날 혼란에 대한 염려도 자리하고 있었다. 선교사들이 독립운동에 부정적인 시각을 가진 또 하나의 이유는 초창기에는 자발적으로 참여했던 독립운동이 시간이 흐르면서 강제성을 가지게 되었기 때문이었다. 특히 독립운동을 하다가 배신해서 동족을, 그것도 사사로운 감정으로, 일본에 무고하는 모습은, 가장 비열한 한국인의 모습으로 여겨졌다.

　독립운동에 대한 이와 같은 부정적인 인식을 바탕으로 선교사들은 천주교의 이름으로 독립운동에 연루되는 것을 적극적으로 반대하였다. 그 가장 큰 이유는 정치와 종교의 분리라는 대전제가 있었다. 그러나 그 내면에는 현세의 구원보다는 내세의 구원에 충실해지려는 인식, 그리고 정치적인 소용돌이에서 천주교를 보호하려는 의식도 자리하고 있었다. 그리하여 독립운동에 연루된 천주교인이 없다는 것을 강조하고, 그것이 정부에 충성하는 천주교의 모습임을 알리려고 노력하였다.

일제의 신사참배 문제에 대해서는 거부감을 느끼고 그것에 반대하는 태도였다. 비록 후에 여러 가지 이유로 신사참배를 허용하는 쪽으로 태도를 바꾸었지만, 신사참배를 반대할 때, 그들은 일본의 한국에 대한 태도를 문제 삼은 것이 아니라 단지 종교적인 이유에서 반대한 것이었다. 그러나 선교사들은 일본에 대한 거부감을 가졌음에도 불구하고, 일본이 한국을 식민지로 삼은 것에 대한 인식은 대체로 우호적이었다고 할 수 있다. 왜냐하면, 일본에 대한 거부감 못지않게 미개한 한국에 대한 거부감도 크게 작용했을 것이기 때문이다.

서구인들은 기독교를 가장 발달한 종교로 인식하고 있었다. 그렇기에 그들은 애초에 조선의 독립이나 자주 등에는 별로 관심이 없었다. 한국인들의 독립에 대한 열망에는 아랑곳하지 않고, 오히려 일제에 협력하는 선교사들의 태도에서 그것은 명확하게 드러난다. 이들의 이러한 태도는 천주교 전래 초기에 들어온 선교사들의 시각과 크게 다르지 않은 것으로 보인다. 초창기의 선교사들도 조선을 야만국, 조선인들을 야만인 등으로 보아왔기 때문이다. 그들은 이러한 미개국을 서양의 문명과 종교, 즉 기독교로 개화시켜야 한다는 사명감을 지녔다.

일제강점기가 말기로 가면서 점차 바뀌기는 하지만, 선교사들의 시각에서 볼 때, 자신들의 사명을 완수하는데 일제가 한국을 지배하는 것은 오히려 도움이 되는 것이기도 하였다. 그렇기에 일제의 한국 지배가 오히려 잘 된 것으로 생각한 것이었다. 자신들은 오로지 한국민의 영혼 구원, 즉 세속을 초월한 부분을 담당하는 것이었다. 또한, 선교사들은 한국인들에게는 민족의식이나, 교육 등이 불필요한 것으로도 보았다. 그런 것은 오히려 천주교 정신에 맞지 않는 것으로 생각하였다. 그들의 입장은 신도들을 이 세상에서 보호하고 오로지 속세를 이탈하여 교회 안으로, 그리고 내적, 영적인 구원에만 몰두하도록 하는 것이었다. 그리하여 천주교 신자들은 사회적, 민족적인 의식에서 점차 유리되는 존재로 육성되어 갔다.

그러한 경향은 한국의 초기 천주교회사가 순교의 역사로 점철되었던 것과 결코 무관치 않은 것이다. 순교한다는 것은 결국 현세에서의 삶보다 영광스러운 내세를 지향하는 것에서 나온 것이기 때문이다.

▌『근대 한국 종교문화의 재구성－근대성의 형성과 종교지형의 변동 2』, 한국학중앙연구원, 2006.

제3장

일제강점기 천주교 선교사들의
한국 인식

Ⅰ. 들어가는 말

18세기 천주교가 이 땅에 전해진 이후 일제강점기까지 한국의 천주교는 외국 선교단체의 영향 아래 있었다. 한국 천주교의 특징 중 하나로 외국 선교사의 도움 없이 도입되어 자생적으로 전파되고 뿌리를 내렸다는 것을 꼽는다. 이러한 현상은 세계역사상 유례가 없었음도 언급된다. 그러나 천주교가 한국인들 자체의 판단으로 시작되었을지는 모르지만 이후 150여 년간 한국의 천주교는 외국 선교사들의 영향 아래 있었다. 다시 말해서 1942년 최초의 한국인 교구장 주교가 탄생하기 전까지 한국 천주교는 외국 선교사들의 판단에 맡겨져 있었다. 적어도 이때까지는 한국의 독자적 천주교라고 말하기 어렵다.

본 연구는 이런 문제의식에서 출발한다. 일제강점기 독립운동이나 신사참배, 그리고 일제에의 협력 등에 있어 한국 천주교에 대한 평가는 긍정적 측면과 부정적 측면으로 이야기된다. 그러나 이런저런 평가를 하기에 앞서 서양 선교사들이 한국을 어떻게 인식하고 있었는가를 파악해보는 것이 중요하다고 본다. 왜냐하면, 일제강점기의 천주교는 서양 선교사들의 판단에 따라 운영되었기 때문이다.

일제강점기 서양 선교사들은 한국 천주교인들의 독립운동 참여를 적극적으로 막았으며, 신학교 학생들의 경우 3.1운동에 참여한다는 이유로 퇴학 조치까지도 불사하였다. 이처럼 외국 선교사들의 영향과 지휘 아래 있었던 당시의 한국 천주교인들은 그들의 명령을 따를 수밖에 없었다. 그렇기에 서양 선교사들이 한국을 어떻게 인식하였는가 하는 것은 천주교인들이 독립운동이나 항일운동에 참여하였는지의 여부에 앞서서 파악되어져야 할 것이다. 그들은 자신들의 인식에 따라 당시 한국의 천주교를 이끌려고 했을 것이며, 적어도 천주교를 탈퇴하지 않는 한 신자들은 그들의 명령에 따라야 했을 것이기 때문이다. 따라서 그들이 한국에 대해 어떻게 인식하고 있었는지, 그리고 한국의 독립에 대해 어떤 인식을 지녔는가를 파악해야 일제강점기 천주교에 대한 바른 이해에 도달할 수 있다고 본다. 이와 함께 당시 선교사들이 지닌 한국에 대한 시각을 파악해내는 것은 한국 종교사를 서술함에 있어서도 매우 중요한 주제의 하나가 될 것이다.

시기는 일제강점기가 되겠지만, 시점은 대한제국의 외교권이 강탈된 1905년을 전후한 시기로 정할 것이다. 연구대상의 시기를 한일합방이 일어난 1910년이 아니라 1905년부터 시작하는 이유는, 실제로 일제가 한국을 본격적으로 통치하기 시작한 것이 1905년부터이며, 또한 이때부터 본격적으로 다양한 항일운동과 독립운동이 활발하게 전개되기 때문이다.

연구 대상인 외국인 선교사들은 파리외방전교회와 베네딕도회 소속 선교사들이 중심이 될 것이다. 파리외방전교회 소속 선교사들은 개항기 이전부터 한국에 들어와서, 일제강점기에도 한국 천주교의 중심에 있었다. 특히 1890년부터 1933년까지 조선대목구장과 서울대목구장을 맡았던 뮈텔 주교는 한국 천주교에 결정적 영향을 끼친 중심인물이었다. 1911년 조선대목구가 서울대목구와 대구대목구로 분리되면서 초대 대구대목구장에 임명된 드망즈 주교 역시 한국 천주교에 영향을 끼친 주요 인물이었는데, 그도 역시 파리외방전교회 소속 선교사였다. 1933년부터 1942년까지는 라리보 주교가 서울 대목구장을 맡았다.

1920년에는 서울대목구에서 원산대목구가 분리되어 독일의 상트 오틸리엔 베네딕도 수도회가 담당하게 되었다. 이들은 해방 전까지 원산이북과 간도지방까지를 담당하게 된다. 이런 이유로 파리외방전교회 선교사들과 함께 독일의 베네딕도 수도회 선교사들이 지닌 한국에 대한 인식이 본 연구의 대상에 포함되는 것이다.

이들 외에 미국의 메리놀회, 아일랜드의 성 골롬반 외방선교회 등이 한국 사회에 진출하여 활동해 왔지만, 본 연구의 대상이 되지는 않는다. 이들은 상대적으로 늦은 시기에 한국에 들어왔고, 또한 일제강점기 이들이 끼친 영향도 상대적으로 약하다고 보기 때문이다.

따라서 본 연구에서는 파리외방전교회와 베네딕도회 소속 선교사들의 한국 인식을 중심으로 살펴볼 것이다. 파리외방전교회는 식민지 상황과 독립운동에 대한 인식을 중심으로 하고 베네딕도회는 한국과 한국 종교에 대한 인식을 중심으로 볼 것이다. 그 이유는 베네딕도회는 1909년 한국에 들어와 처음 본 한국에 대한 인식을 기록에 남겼기 때문이며, 파리외방전교회는 개항기 이전 조선에 대한 기록을 남겼기 때문이다.[1]

Ⅱ. 일제강점기 천주교 선교사

한국 천주교의 시작은 1784년 이승훈이 북경에서 세례를 받음으로써 시작되었다. 1795년에는 최초로 외국인 선교사가 조선 사회에 입국하게 되는데, 그는 중국인 주문모 신부였다. 그러나 주문모 신부는 1801년 5월 순교하였다. 주문모 신부가 순교한 이후 30여 년간 조선의 천주교회에는 선교사가 없는 상태가 되었다. 1834년 초 두 번째 외국 선교사인 유방제[2] 신부가 조선에 입국하였는데, 그도 역시 중국인이었다. 유방제 신부는 3년간 조선에서 활동하다가 1836년 중국으로 귀국하였다. 그리고 이보다 1년 전인 1835년 프랑스인 선

---

1 조선의 개항 이전 프랑스 선교사들의 한국 인식에 대해서는 조현범, 『조선의 선교사, 선교사의 조선』, 한국교회사연구소, 2008, 209~281쪽 참조.
2 우리나라에서는 유방제(劉方濟)라고 일반적으로 부르지만 본래 이름은 여항덕(余恒德)이라고 한다. 전수홍, 「유 파치피코, 劉 Pacificus」, 『한국가톨릭대사전』 9, 한국교회사연구소, 2002, 6808쪽.

교사 모방(Maubant, Pierre Philibert) 신부가 조선에 들어와 활동을 시작하였는데, 모방 신부는 조선에 입국한 최초의 서양인 선교사이며, 파리외방전교회에 속해 있었다. 이후 한국 천주교회는 1942년 한국인 교구장으로 노기남 신부가 임명될 때까지 파리외방전교회 선교사들의 영향 아래 있었다.[3]

한편 한국의 외교권이 일제에 의해 강탈되는 을사늑약이 체결된 1905년까지 한국에는 파리외방전교회가 유일한 서양 선교단체였으며, 여기에 속한 선교사들은 한국천주교회의 정책을 전적으로 주도하고 있었다. 특히 대목구장은 한국천주교회의 정책을 입안하고 실행에 옮기는데 가장 중요한 역할을 하고 있었다. 당시 한국천주교회는 1831년 조선대목구가 설정된 상태 그대로 하나의 대목구를 이루고 있었으며, 대목구장으로는 파리외방전교회 선교사인 뮈텔(Muttel, Gustave Charles Marie) 주교였다. 뮈텔 주교는 전임인 블랑(Blanc, Gustave Marie Jean) 주교의 뒤를 이어 1890년 8월 제8대 조선대목구장에 임명되었다. 그는 조선대목구가 1911년 경성대목구와 대구대목구로 분리될 때까지 한국천주교회의 책임자였다.[4]

1911년 4월 8일 조선대목구가 경성대목구와 대구대목구로 분리되고 경성대목구장은 뮈텔 주교가 그 직위를 이어받고, 대구대목구장에는 파리외방전교회 소속의 드망즈(Demange, Florian) 신부가 임명

---

3 1836년부터 1865년까지 조선에 파견된 선교사에 대한 자료는 조현범, 앞의 책, 97~119쪽 참조. 이 부분에 대한 소개는 본 연구의 범위와 관련이 없기에 여기에서는 생략한다.
4 두 개의 대목구로 분리되기 전인 1910년 한국 천주교회의 사제는 외국인 46명, 한국인 15명이었다. 유홍렬, 『증보 한국천주교회사』 下卷, 가톨릭출판사, 1992, 434쪽.

되면서 주교로 승품되었다. 이들은 1920년 8월 함경도 지역과 간도 및 의란 지역을 담당하는 원산대목구가 설정될 때까지 한국 천주교회를 이끌었다. 다시 말해서 한국 천주교회의 정책을 세우고 실행에 옮기는 것은 파리외방전교회원인 두 주교의 영향이 결정적이었다. 게다가 신자들과 대면하면서 직접적인 영향을 주는 신부들의 경우에도 한국인 신부보다 외국인 신부들의 숫자가 압도적으로 많았다. 한국인 신부의 숫자가 많이 증가한 1940년대에도 외국 사제들의 숫자가 훨씬 많았다. 특히 한국인 신부가 많은 서울과 대구 등을 제외하면 다른 교구[5]들은 한국 신부들보다 외국 신부들의 숫자가 압도적으로 많았다.[6]

1933년 뮈텔 주교의 뒤를 이어 경성대목구장에 라리보(Larribeau, Adrien Joseph) 주교가 임명되어 1942년 한국인인 노기남 신부가 대목구장에 임명될 때까지 경성대목구장으로 활동하였다. 1938년에는 드망즈 주교의 뒤를 이어 무세(Mousset, Germain) 주교가 2대 대구대목구장에 임명되었으며, 그도 역시 1942년 일본인인 하야사까 구베에(早坂久 兵衛) 신부가 대구대목구장에 임명될 때까지 대구대목구장으로 활동하였다.

한편 1909년 독일의 상트 오틸리엔 베네딕도 수도회가 한국에 진출하게 되는데, 처음 그들이 한국에 들어오게 된 목적은 교육사업에

---

5 1940년대가 되면 대목구와 지목구들을 합쳐 8개가 되기에 이들을 따로 부르지 않고 편의상 통칭해서 교구라고 부를 것이다.
6 1940년 통계를 보면 외국인 신부의 숫자는 169명이고 한국인 신부의 숫자는 139명으로 되어 있다. 여기에 주교 및 교구장(신부)들은 제외되어 있는데, 이들은 모두 합쳐서 8명이다. 『경향잡지』34(제39권 제939호), 경향잡지사, 1941.10, 190쪽.

있었다. 뮈텔 주교는 이전부터 교육사업의 중요성을 인식하고 있었고,[7] 이 무렵에는 학교를 세워 교육사업을 하기 위한 노력을 하고 있었다. 그는 외국의 수도회를 초청하기 위해 직접 유럽 각국의 여러 수도회를 방문하여 교육과 선교를 위해 한국에 진출할 수 있는지를 타진하였다. 그 과정에서 독일의 베네딕도 수도회가 이 제안을 수용하여 한국에 진출할 수 있게 된 것이다.[8]

그 결과 1909년 2월 25일 독일의 베네딕도회 선교사인 보니파시오 사우어(Sauer, Bonifatio)와 도미니코 엔쇼프(Enshoff, Dominiko)가 제물포에 도착하였다.[9] 교육사업을 위해 한국에 왔지만, 이들은 무엇보다 수도회였기 때문에 가장 시급한 것이 수도원을 건립하는 문제였으며, 다음으로 그들의 한국진출 목적인 교육사업의 기반을 마련하는 것이었다. 그들은 백동에 3만 평의 부지를 매입하고 수도원 건물을 짓기 시작하여 12월 6일 임시 수도원 건물을 완성하였다. 12월에는 2명의 신부와 4명의 수사가 새로 파견되어 수도원에 정착하였다. 이에 앞서 8월에는 엔쇼프 신부가 본국으로 귀국하였다.

12월 13일 교황청은 베네딕도회 서울 수도원을 인가하고 사우어 신부를 초대 원장으로 임명하여 한국에서의 본격적인 수도회 활동

---

7 한국교회사연구소 역주, 『뮈텔주교 일기 4 1906~1910』, 한국교회사연구소, 1998, 156쪽.

8 위의 책, 233~311쪽.

9 베네딕도회는 수도회로는 두 번째이고 남자수도회로는 첫 번째로 한국에 들어온 외국 수도단체였다. 한국에 처음으로 들어온 수도회는 '샬트르 성 바오로 수녀회'인데 이 수녀회는 제7대 조선대목구장이었던 블랑 주교의 요청에 의해 이미 1888년에 선교, 구제, 교육을 목적으로 한국에 들어와서 고아원을 세워 그들을 교육시키고, 시약소를 운영하면서 약품을 보급하는 등의 활동을 하고 있었다. 김옥희, 「한국 천주교 수도회사」, 『한국교회사논문집 II』, 한국교회사연구소, 1985, 311~312쪽.

이 시작되었다.

1910년 직업학교인 숭공학교를 개교하고 학생들을 받아들여 실업 교육을 시작하였다. 당시 한국에 파견된 수사들이 이 교육을 담당하였다. 그러나 1914년 제1차 세계대전이 발발하면서 일부 수사들이 징집대상이 되어 본국으로 소환되었다. 게다가 1918년 독일이 패망하자 일제는 숭공학교를 적국인 독일의 재산으로 간주하여 몰수하려 하였다.[10]

1911년 9월에는 사범학교인 숭신학교를 설립하여 학생들을 모집하고 교육을 시작하였다. 그러나 한국인 교사를 양성하는 것을 허락하지 않으려는 일제의 식민지 교육정책, 그리고 처음 23명이 지원했던 것과는 달리 다음 해에는 학생 수가 급감하는 등의 이유로 숭신학교는 개교한 지 2년 만에 폐교되었다.[11] 처음 한국에 올 때는 한일합방이 되기 전이었지만 1년 만에 한일합방이 되면서 모든 상황이 변하게 된 것이다. 한국은 식민지로서 일제의 식민지 교육정책에 따라야 했기에 여러 제약을 받을 수밖에 없었다. 사범학교는 이런 정책에 결정적인 영향을 받게 되었다. 직업교육도 이런 영향에서 자유롭지 못하였다.

이러한 외부적 요인 이외에 수도회 소속 신부들은 학교에서 계속해서 교육을 담당하기보다는 본당 사목을 더 원하고 있었다. 따라서 당시 서울 수도원의 책임자인 보니파시오 대원장은 이미 1914년부

---

10 한국교회사연구소 편, 『함경도천주교회사』, 함경도 천주교회사 간행사업회, 1995, 191~197쪽.
11 위의 책, 198~199쪽.

터 독자적으로 본당 사목을 할 수 있는 선교지를 물색하고 있었다.[12]

교육사업을 목적으로 진출하였지만, 뜻대로 사업이 진행되기 어렵게 되자 서울 수도원의 정체성을 놓고 고민을 하지 않을 수 없었다. 그래서 내린 결론이 결국 본당 사목이었지만 이 결론은 또 다른 장벽에 이르게 되었으니 그 장벽은 바로 한국천주교회의 주도권을 지닌 파리외방전교회 소속 선교사들의 반대였다. 더구나 제1차 세계대전으로 서로 적국이 되면서 베네딕도회 신부들이 전쟁에 소집된 프랑스 선교사들을 대신해서 그들의 본당을 맡을 수는 없었다.

결국, 사우어 대원장은 수도원이 있는 서울 지역이 아닌 다른 지역의 새로운 포교지를 물색하게 되었고 이를 위해 뮈텔 주교와도 협의를 하였다. 그러자 뮈텔 주교는 평안남북도 지역을 베네딕도회가 맡도록 하였다. 그러나 사우어는 평안도 대신 함경도 지역을 원했고 뮈텔 주교도 이에 동의하여 원산 교구의 설립이 이루어지게 되었다.

1920년 8월 5일 교황청에 의해 원산대목구가 설정되었고, 8월 25일 초대대목구장에 보니파시오 사우어 대원장이 임명되었으며, 1921년 5월 1일 사우어 대원장은 주교로 승품되었다. 1921년 3월 19일 교황청은 함경도뿐만 아니라 북간도와 흑룡강성의 의란 지역까지도 베네딕도회의 포교지로 위임하였다.[13]

이처럼 원산대목구를 관할하게 되자 서울 수도원은 포교지인 덕원으로 이전하게 되었다. 1922년부터 부지를 매입하고 정지작업을

---

12 윤용복, 「간도지역 한국 천주교회의 설립과 활동」, 『간도와 한인종교』, 한국학중앙연구원, 2010, 162쪽.
13 한국교회사연구소 편, 『함경도천주교회사』, 200~206쪽.

거쳐 1926년부터 건물을 짓기 시작하였다. 수도원의 이전은 4층 건물 가운데 1층이 관공된 1926년부터 10월 10일경부터 시작하여 1927년 11월 17일 완료되었다. 서울 수도원은 서울대목구로 이전되어 또 하나의 본당(백동본당, 지금의 혜화동 본당)이 1927년 10월 27일자로 탄생하였다.

1928년 7월에는 간도지역을 연길지목구로 하여 원산대목구에서 분할하였고, 1940년 원산대목구는 덕원면속구와 함흥대목구로 분리되었다. 사우어 주교는 덕원면속구의 초대 독립수도원장이 되었다. 또한 사우어 주교는 함흥대목구의 교구장직도 그대로 수행하면서 해방을 맞이하였다.[14]

독일의 베네딕도 수도회 다음으로 한국에 진출한 선교단체는 미국의 외방전교회인 메리놀회였다. 메리놀회는 아시아 지역의 선교를 목적으로 1911년 창설된 미국 최초의 선교단체였다. 당시 중국에 진출해 있었던 메리놀회는 한국 진출을 모색하고 있었다. 이를 위해 메리놀회 총장인 월시(J.A. Walsh) 신부는 1916년 내한하여 한국의 사정을 파악하고 뮈텔 주교와 만나서 한국에 대한 관심을 표명하였다. 파리외방전교회는 메리놀회가 평안도 지방을 관할하도록 하는데 동의하였다. 당시 평안도 지방은 개신교 선교사들의 활동이 왕성한 지역이었고, 그 선교사들의 국적이 미국이었으며, 파리외방전교회 선교사들의 활동이 부진한 지역이기도 하였다. 베네딕도회 선교사

---

14 해방 이후 공산정권이 들어서자 수도원 건물은 몰수되었고 북한 지역의 독일인 선교사들은 한국인 성직자들과 함께 체포되어 피살되거나 옥사하였으며, 이 가운데 신부 12명, 수사 12명, 수녀 18명 등은 1954년 본국으로 송환되었다. 병을 앓고 있던 중에 체포된 사우어 주교도 옥사하였다. 위의 책, 363~395쪽.

들도 이런 이유로 평안도 지역을 피하고 함경도 지역을 포교지로 선택하기도 하였다. 교황청 포교성성은 1922년 메리놀회에 평안도 포교권을 위임하였다.[15]

메리놀회 본부에서는 1923년 5월 10일 번(P.J. Byrne) 신부를 서울에 파견하였고, 10월 22일에는 클리어리(P. Cleary) 신부, 11월 24일에는 모리스(John Edward Morris) 신부가 내한하여 평양지목구의 신설을 준비하였다. 1927년 3월 17일 평안도 지역을 관할하는 평양지목구가 설립되었으며, 번 신부가 지목구장에 임명되었다. 이때부터 태평양전쟁이 발발한 다음 해인 1942년 6월 메리놀 외방전교회 선교사 전원이 강제로 미국에 송환되기 전까지 평안도 지역의 천주교회는 미국의 메리놀 외방전교회의 영향 아래 있었다.

성 골롬반 외방선교회는 중국 선교를 목표로 1916년 아일랜드에서 에드워드 갤빈(Edward Galvin) 신부와 존 블로윅(John Blowick) 신부가 창설한 선교단체이다. 처음 그들은 중국에 진출하였지만, 이후 여러 나라로 확장되어 갔다. 한국진출은 교황청 포교성성의 제안으로 이루어졌으며 1933년 10명의 신부가 내한한 것이 출발점이다. 1934년 대구대목구장인 드망즈 주교는 기존의 전라도 감목대리구를 전라남도 감목대리구와 전라북도 감목대리구로 나눈다고 공표하였다. 제주 지역을 포함한 전라남도 감목대리에는 골롬반회 선교사인 맥폴린(Owen Mcpolin) 신부를 임명하고 이 지역을 골롬반회에서 관할하도록 하였다. 이후 대구에 머물던 골롬반 선교회 선교사들은 1934년 4

---

15 김수태, 「1930년대 메리놀외방전교회의 선교활동」, 『교회사연구』 29, 한국교회사연구소, 2007, 102쪽.

월 1일 이 지역 각 본당의 주임 신부로 임명되어 4월 3일부터 9일까지 모두 대구를 떠났다.

1939년에는 서울대목구에서 춘천지목구가 새로 설정되면서 역시 골롬반 선교회 선교사인 퀸란(Tomas Quinlan) 신부가 초대 지목구장에 임명되어 전라남도와 강원도 지역의 천주교가 골롬반 외방선교회의 관할에 있게 되었다. 1941년 제2차 세계대전을 일으킨 일본은 메리놀회의 미국 선교사들과 마찬가지로 아일랜드 출신의 골롬반회 선교사들도 모두 체포하였다. 그러나 미국 선교사들을 본국으로 강제 송환시킨 것과는 달리 아일랜드 선교사들은 가택연금을 당하거나 감옥에 갇혀 고문을 당하기도 하였으며, 그 가운데 일부는 옥사하기도 하였다. 해방이 되자 그때까지 감옥에 갇혀있던 선교사들은 석방되었다.[16]

이들 외에 일제강점기에 베네딕도 수녀회, 메리놀 수녀회, 그리고 앞에서 언급했던 샬트로 성바오로 수녀회 등의 외국 여자 수도회 수녀들이 내한하여 여러 가지 구제사업과 교육사업 등을 통한 선교 활동을 하면서 각 선교회의 활동을 돕고 있었다.

---

16 옥현진, 「머나먼 동쪽을 찾아온 선교사들:1945년 해방까지 광주교구의 골롬반 선교회」, 『교회사연구』 29, 한국교회사연구소, 2007, 139~158쪽.

Ⅲ. 서양 천주교 선교사들의 한국 인식

1. 한국에 대한 인식

일제강점기 서양 선교사들의 한국에 대한 인식은 한국인, 한국문화, 그리고 종교 등에 관한 것들이다. 먼저 파리외방전교회 선교사들은 어떻게 한국을 인식하고 있었을까? 일제강점기 파리외방전교회 선교사들은 개항기 이전에 있었던 선교사들과는 다른 인물들이다. 따라서 그 이전의 선교사들과는 다른 시각을 지니고 있었을 것이다.[17]

파리외방전교회 드뇌(Eugéne Deneux) 신부가 1907년 12월 일본에서 뮈텔 주교에게 보낸 편지에 그가 한국을 어떻게 인식하고 있는지 간접적으로 나타나고 있다. 일본에 가기 전에는 잘 몰랐지만, 일본에 와서 보니 드뇌에게 한국은 이미 고향과 같은 곳으로 인식되고 있는 것으로 생각된다.

> 최근에 프와넬 신부에게 이야기한 것처럼 한국에서와 같은 겨울의 포근함이라곤 없습니다. 출발 전에는 노스탤지아 또는 본인이 알지 못하는 귀국하고 싶은 것과 같은 어떤 증세로 고생하리라고는 꿈에도 생

---

17 조선의 개항 이전 프랑스 선교사들의 한국 인식에 대해서는 조현범, 앞의 책, 209~281쪽 참조. 1866년 발생한 병인박해로 인해 당시 조선에 있던 12명의 선교사 가운데 9명이 처형되었으며, 리델(F.C. Ridel), 페롱(S. Féron), 칼레(A.N. Calais) 등 3명의 신부가 탈출하였다. 이들 가운데 리델 신부는 1877년 재입국하였지만 5개월 만에 체포되어 다시 추방되고, 페롱은 임지가 변경되었으며 칼레는 재입국을 시도하였지만 여의치가 않자 본국으로 돌아갔다. 따라서 개항 이후에는 이전과는 완전히 다른 인물들이 새롭게 조선에 입국하게 된다.

각하지 않았습니다.[18]

일제강점기 베네딕도회가 본 한국에 대한 인식은 1909년 한국에 진출한 베네딕도회 총원장 베버(Norbert Weber)가 1911년 새로운 선교지인 한국을 방문하고 돌아가서 1915년 펴낸 여행기 『고요한 아침의 나라』[19]를 통해서이다. 그는 약 4개월에 걸쳐 한국을 다니면서 여행 중 보았던 것, 만나는 사람들과의 대화, 개별 안내자의 설명뿐만 아니라 사전에 책으로 습득한 조선에 대한 지식을 군데군데 삽입하여 조선의 역사, 사회, 문화, 종교, 선교역사 등에 대해 독자에게 꼼꼼하게 전달하려고 하였다.[20]

베버는 한국에 전해지고 있는 일본의 신문화보다는 한국의 전통적인 요소를 보다 높이 평가한다. 그는 지난 몇백 년 동안 자신의 고유한 정체성을 유지한 조선이 일본의 식민정책과 근대화 과정을 통해 그 정체성을 상실할 위기에 처하게 되었다고 하였다. 그는 조선을 두 가지 이유에서 존경했는데 하나는 게르만 민족이 숲에서 뛰놀고 있을 때 조선은 이미 고도의 문화를 가졌다는 것이다. 그 사례로 벼농사가 일찍부터 정착했고, 유교와 불교를 중국에서 일본으로 전달했으며, 독일보다 훨씬 빨리 활자 인쇄를 발명하였다는 것을 들고 있

---

18 한국교회사연구소 편, 『자료로 본 천주교 인천교구사 제2집, 파리외방전교회 선교사 서한문』, 한국교회사연구소, 1988, 274쪽.

19 Weber, Norbert, *Im Lande der Morgenstille, Reise −Erinnerungen an Korea,* 박일영, 장정란 역, 『고요한 아침의 나라』, 분도출판사, 2009.

20 이유재, 「노르베르트 베버 신부가 본 식민지 조선:가톨릭 선교의 근대성」, 『서양사연구』 32, 한국서양사연구회, 2005, 154쪽.

다. 두 번째는 천주교의 도입과정에서 일어난 많은 순교자 때문인데, 순교란 조선인들의 순수한 믿음의 증거이므로 선교의 꽃이 활짝 필 것이라고 보았다.[21] 근대화를 명분으로 한국을 식민지화하면서 서양의 근대문물을 한국에 이식시키려는 일본에 대해서는 부정적인 인식이 깔려 있었다.

> 일본은 한국을 안전하고 평화적으로 점령하고 있다고 강변하고는 있다. 한 민족의 문화 수준을 도덕과 풍습에 대한 사랑과 관심을 기준으로 판단하려는 이들에게는 매우 안타까운 일이지만, 일본은 이미 시작된 하향평준화 작업을 계속 추진할 것이 틀림없다. 일본인들 특유의 능력으로 보아 이 작업은 머지않아 완료될 것이다. 한국을 가로지르는 철도, 한창 생겨나고 있는 공장 같은 일본 산업의 잉여 생산물들은 고립된 이 민족 안에 그나마 남아있는 고유한 것들을 더 빠르게 소멸시킬 것이다.(베버, 고유한 아침의 나라, 10~11쪽)

> 성벽에 대한 규제가 풀렸다. 한국인들은 성벽에서 돌을 마음대로 가져다 썼다. 이 성벽이 간직한 무한한 가치가 사실상 무용지물이 되고 말았다. 지천에 널린 게 돌인데, 왜 하필 이 성벽이 법적 보호를 받지 못한다는 건지 의문스러웠다. 지방에서 올라온 한국인들에게 이 위풍당당한 성벽은 애국심의 일부다. 일본이 던진 미끼를 덥석 문 한국인들은 급기야 제 손으로 성벽을 헐어버린 것이다. 다른 사안에서도 그

---

21 위의 글, 159~160쪽.

렇듯 일본 정부는 제 손에 피 한 방을 안 묻히고 성벽을 헐어내는 데 성공했다.(베버, 고요한 아침의 나라, 263쪽)

일본인들은 한때 해주의 자랑이자 주민들을 지켜주던 이 성벽을 철거하려 한다. 철거에 주민들이 강제 동원되었다. 벌써 성벽은 황량한 폐허로 변했다. 각 농가마다 성벽에서 마름돌을 가져다가 돌담을 쌓는 데 썼다. 해주 성곽이 존경스런 한국의 민족적 유산을 지켜주었건만, 이곳에도 언젠가는 일본의 훈령에 따라 넓은 외곽 순환도로가 뚫리게 될 것이다. 일본인들은 이 나라를 병합하고 점령할 때부터 경탄할 만한 인내심과 불굴의 일관성으로 그런 일을 추진해왔고 또 앞으로도 변함이 없을 것이다. 옛 건축물들이 하나씩 헐려나갔다. 이런 파괴 공정은 오래전부터 때로는 은밀히, 때로는 공공연히 자행되어 왔다.(베버, 고요한 아침의 나라 362~363쪽)[22]

과거 개항기 이전 프랑스 선교사들과는 비교할 수 없을 정도로 베버는 한국의 역사와 한국의 문화에 대한 이해가 높음을 알 수 있다. 개항기 이전 프랑스 선교사들은 조선을 서구에 대비시켜 문명과 야만의 구도로 보았기 때문이다.[23]

이렇게 본다면 독일인 선교사와 프랑스인 선교사들의 인식의 차이점을 그들의 민족성이나 선입견의 차이로 볼 수도 있지만, 그것은

---

22 박보영, 일제강점기 성 오틸리엔 베네딕도회 선교지(Missionsblätter)에 나타난 한국인식과 의례변화, 경북대학교 대학원 박사학위 논문, 2014, 21~22쪽에서 재인용.

23 이에 대해서는 조현범, 앞의 글 참조.

너무나 평면적인 분석일 것이다. 그보다는 다른 시각에서 분석할 필요가 있다.

개항기 이전 프랑스 선교사들의 한국에 대한 이해는 제한적이었다. 그들은 마음대로 조선 사회를 다닐 수 있는 처지가 아니었다. 접촉하는 사람도 천주교 신자들로 제한되었으며 사람이 많이 모인 곳도 피해 다녀야 할 처지였다. 따라서 단편적으로 그들이 경험한 대로 한국에 대한 인식을 기록할 수밖에 없었을 것이다. 또한, 자신들의 문화적 배경, 당시 처한 답답한 환경에 입각한 선입관도 무시할 수 없었을 것이다.

이에 비해 베버는 자유롭게 보고 싶은 것을 보고, 이미 한국에 대한 여러 정보가 서구에 많이 알려졌을 것이기 때문에 한국에 오기 이전부터 한국에 대해 어느 정도 알고 있었을 것이다. 이런 한국의 사회적 환경의 변화가 더 영향을 준 것으로 봐야 할 것이다.

베버의 이런 인식은 다른 베네딕도회의 선교사들에게도 많은 영향을 미쳤을 것이다. 그러나 베네딕도회 선교사들이 한국에서 행한 역할은 직업교육이었으며, 1920년대 가서야 선교 활동을 시작하였지만, 그것도 함경도 지역과 간도 지역이었다. 한국에 전반적인 영향을 미치기에는 한계를 보일 수밖에 없었다. 그리고 당시 한국 천주교의 전반적인 영향력은 파리외방전교회가 지니고 있었다.

2. 한국의 종교에 대한 인식

한국 천주교회사라고 하면 가장 대표적이며 기본적인 저술로 달레(Dallet, Claude Charles)의 한국천주교회사(Histoire de L'Église de Corée)를 꼽는다. 달레는 이 책을 1부와 2부로 나누어 저술하였는데, 1부는 한국을 소개하는 글로 되어 있다. 한국을 소개하는 1부에서 그는 한국의 종교로 유교와 불교를 들고 있다. 그러나 불교는 쇠락하여 이제는 거의 양향을 미치지 못하는 종교로 보고 있으며, 유교도 종교라고 본다며 조상숭배를 들고 있다. 즉 "학자들의 종교의 주요한 부분이고 국민의 대다수가 알고 충실히 믿고 있는 유일한 종교는 조상숭배"라는 것이다. 그러면서도 유교와 불교가 근본적으로는 무신론에 불과하다며 한국인들은 종교적인 문제를 심각하게 생각하지 않는다고 언급하기도 한다.[24]

달레는 한국에 한 번도 온 적이 없기 때문에 그의 저술은 기본적으로 당시 조선에 온 파리외방전교회 선교사들의 서한과 보고서 및 각종 기록들을 토대로 작성된 것이다. 그의 저술에는 조선 시대에 중국이 강제해서 유학을 들여왔다는 등의 여러 오류들이 있다. 그러나 달레의 저술은 이후 한국으로 오려는 프랑스 선교사들에게 영향을 주었을 것이다. 그러므로 처음 프랑스 선교사들은 한국의 종교에 대해 제대로 된 인식을 지니지 못한 채 한국에 왔을 것으로 생각된다. 그러나 일제강점기가 되면 더 많은 정보가 유입되면서 어느 정도는 다른 시각을 가졌을 것이라고 본다.

그보다 베네딕도회 선교사가 본 한국의 종교는 어떤 모습이었을까? 독일의 베네딕도회는 기본적으로 수도회 차원에서 동양의 문화와 종교에 대한 관심이 높았다. 따라서 한국에 파견된 선교사들도

---

24 달레, 안응렬, 최석우 역주, 『한국천주교회사』 상, 한국교회사연구소, 1990, 209~223쪽.

사전에 한국에 대한 기본적인 지식을 지녔던 것으로 생각된다. 새로운 선교사가 오면 자주 들르는 곳이 서울 홍은동의 옥천암인데 한 선교사가 서울 홍은동의 옥천암을 방문해서 보고 느낀 소회를 담담히 기록하고 있다. 그는 옥천암의 마애불을 '하얀 부처님'으로 묘사한다. 부처가 깨달은 자라는 뜻이며, 그런 의미에서 '가톨릭이 참 부처가 되기를' 희망한다고 언급한다. '소풍을 왔는지 용산신학교 학생들이 보인다'는 말에서 전해지듯, 종교적 배타성보다는 문화적 수용으로 균형추가 맞추어져 있다. 가족에게 불상사가 생겼을 때 부처님의 가피를 빌기 위해 아녀자가 혼자 오기에는 너무 외지고 먼 길이라는 염려를 피력하면서 오랜 시간 비바람에 노출되어 부식의 위험에 처한 불상에 대해 염려도 하고 있다.[25]

이전 서양 선교사들과 달리 독일 선교사는 하얀 부처님의 부식 상태를 염려하고 있는데 이것은 종교에 대한 이해에서도 기인한 것이겠지만, 기본적으로 보존되어야 할 한국의 전통문화가 사라지는 것에 대한 안타까움에서 비롯된 것이 아닐까 한다. 베버가 한국을 여행하면서 많은 사진을 찍고, 여행기를 작성하면서 그 안에 자신이 찍은 사진을 집어넣은 것도 곧 사라질 한국의 전통을 기록으로라도 남기고자 하는 사명감에서였다고 한다.[26]

1910년대 초반 독일인 선교사 퀴겔겐(P. Canisio Kügelgen)은 한 고찰을 방문해서 직접 스님들과 대담하고 나서 느낀 소회를 밝히고 있다. 퀴겔켄은 담소를 마치고 돌아가면서 스님들이 "진정 선으로 나아가

---

25 박보영, 앞의 글, 96~98쪽.
26 이유재, 앞의 글.

려 노력하지만, 그것은 부처의 상과 인간의 손으로 그린 그림들에 대한 숭배와 헌신에 달려있다는 점에서 그 가난한 승려들에 대한 깊은 연민과 동정심이 나를 사로잡았다."고 기술하고 있다.[27] 스님들이 깨달음과 해탈을 추구하려 하면서도 부처의 상이나 인간의 손으로 그린 그림들에 매몰되고 그것을 숭배하고 있음을 비판하면서도 일면 그들의 노력이 헛된 것이라는 점에 대한 동정심을 말하고 있는 것으로 보인다.

1928년 독일 선교사 에크하르트는 불교 자체보다는 불교 승려의 정체성에 대한 비판을 가한다.

가뭄이 지독할 때 종교예식을 하고 경전을 읽어 비가 내리도록 빌고, 비가 너무 많이 내려 피해가 있을 때는 맑은 날씨를 빌고 흉작에 기근이 나고 배를 곯을 때는 이를 해결하는 것이 스님의 의무가 되었다. 이런 종교예식을 치를 때는 수백 마리 용이 주역을 맡았다. 동아시아의 승려계는 미신을 숭상하며 풍수를 믿는 이교도적인 승려계라고 말할 이유가 충분하다.[28]

이것은 불교 자체에 대한 비판이라기보다는 깨달음과 해탈을 추구해야 할 불교의 승려가 그것과는 거리가 먼 여러 미신을 숭상하는 것에 대해 비판을 하고 있는 것이다. 즉, 승려가 불교의 본질과 다르

---

27 박보영, 앞의 글, 100쪽.
28 Echardt, P. Andreas, "Das 'Drachenjahr' Ostasiens" *Die Missionsblätter von St. Ottilien,* 1928, S. 151~156. 박보영, 앞의 글, 104쪽에서 재인용.

게 여러 미신을 숭상하면서 풍수를 믿고 기우제를 지내는 등 선교사들이 볼 때 미신과 관계된 의례를 행하고 있는 것에 대해 비판을 가하고 있다.

> 중국이나 그 외 동아시아 나라들이 진정한 문화에 도달하기 위해서는, 이런 이교도 미신, 용신숭배사상이 먼저 붕괴되어야 마땅하다. 무엇보다도 우선되는 문화 사안이다. 유교도 불교도 이 오래된 용신숭배사상과 싸우지 않았다. 오로지 가톨릭교회만이 이 숙제 앞에 서 있다. 결코 동화 논리가 적용될 겨를이 없는 사안이다. 타협이란 없다. 신앙이냐 미신이냐하는 문제, 죽느냐 사느냐 하는 문제가 있을 뿐이다. 성스러운 교회는 성 미카엘처럼, 미신과 이교도의 오래된 뱀, 용과 싸워 용을 추락시킬 것이라 확신한다.[29]

에크하르트에 의하면 이교적인 미신, 용신숭배사상 등이 존재하는 한 진정한 문화에 이를 수 없다. 그러므로 이런 것들이 사라져야 한다. 그런데 이전에 동아시아에 있었던 유교나 불교와 같은 종교는 모두 용신, 미신 숭배사상을 없애기 위해 노력하지 않았다. 그러므로 가톨릭이 나서서 이런 미신들을 척결해야 한다는 것이다. 그리고 반드시 그렇게 될 것이라고 확신도 한다. 이런 관점에서 본다면 그는 불교나 유교를 동양의 고유종교로 인식하고 그 자체에 대해서는 비판적인 시각을 지닌 것은 아니다. 다만 불교의 경우 이런 미신들과

---

29 *Ibid*, 박보영, 108~109쪽에서 재인용.

타협하고 특히 승려들은 그것을 받아들여 대중영합적인 행위를 하고있는 것에 대해 비판을 가하고 있다.

민간신앙에 대해 독일 선교사는 선입관을 가지고 단순히 미신이라고 치부하지 않고 자신이 보고 체험한 대로 보고하고 있다. 선교사 칼리투스 히머의 1929년 보고서에 따르면 다양한 신들을 믿는 모습과 무당을 불러 행하는 여러 의례에 대해 말하고 있다.

이교도들은 또한 혼령들을 믿는데, 산신령, 물귀신, 집귀신, 부엌귀신, 나무귀신 등등이다. 그러나 이들 혼령들을 사랑해서가 아니고 해를 입지 않으려 단지 제물만 바친다. 모든 질병이나 사고는 이 혼령들의 시기심이나 분노에서 온다고 생각하기 때문이다.[30]

죽을병이 걸리면 어떻게 되는가? 그때에도 인간은 하느님에게 맨먼저 가는 것이 아니고 자신을 도와줄 여러 신들에게 호소하면서 방황한다. 먼저 집안의 수호신에게 음식을 바친다 ……… 기름이 흐르는 밥과 잘 조리된 음식들을 접시에 담고, 좋은 술을 잔에 따라 무릎을 꿇고 비는데, 영혼을 달래고 질병에 시달리지 않게 되기를 바라는 것이다. 그리고는 아무 소용도 없는 무당을 부른다. 그들은 집안에 어떤 혼들이 있고, 어떤 질병으로 그들을 치는지 스스로 안다고 생각한다. 무당은 그 일로 좋은 보수를 받는다. 그는 …… 일종의 북을 두들기면서 집구석구석과 마당을 돌며 혼령을 찾아 두세 시간 이상 신을 불러낸다 …… 그리고는 예를 들어 혼령이 남쪽으로부터 질병을 가져올 것이니

---

30 Hiemer, P. Callitus, "Wege zum Heil", *Die Missionsblätter von St. Ottilien,* 1929 S. 346~347. 박보영, 109쪽에서 재인용.

좋은 제물로서 그를 달래라고 명령한다. 곧 풍성한 음식상이 차려지고 귀신은 그 음식을 먹고 한 번 더 생각하여 질병을 거두고 원래 있던 곳으로 돌아갈 것을 요청받는다. 그러나 그것은 거절당한다. 환자의 상태는 악화되고 죽음에 이른다. 죽음의 그림자가 드리운다. 근심과 외로움이 영혼을 덮친다. 그러면 비로소 하느님에게 생각이 미친다. 환자 스스로 하느님에게로 돌아가, 하느님 날 살려주시오, 한다.[31]

무당의 행위는 이런 행위를 함으로써 보수를 받는 직업인 셈이다. 그러나 그 행위는 아무런 쓸모가 없는 것이다. 이런저런 혼령들을 믿고 신들을 믿고, 무당을 불러 각종 치병의례를 해봐야 상황은 악화되기만 할 뿐 점점 죽음에 가까워지게 된다. 그때에서야 사람들은 비로소 하느님을 찾게 된다는 것이다. 이런 것들을 보고하는 것은 바로 이 지점에 천주교 선교의 공략지점이 있다고 판단했을 것이다.

3. 식민지 지배에 대한 인식

일본의 식민지 지배에 대해서는 복잡한 시각을 보여준다. 파리외방전교회 선교사들은 기본적으로 한국인들이 하는 독립운동을 부정적인 시각으로 보았다. 1920년 4월 26일 제물포 본당의 드뇌(Eugéne Deneux) 신부는 뮈텔 주교에게 연말보고서를 보내면서 일 년 전에 있었던 기미독립운동과 관련된 사람들의 생각을 세 부류로 나누어 이야기하면서 아무것도 하지 않는 사람들을 현명한 것으로 판단하고

---

31 *Ibid*, 박보영, 110쪽에서 재인용.

있다.

　　1919년 봄 사건의 결과에서 이 지역의 교우들은 이 운동과 관련하여 세 부류로 나뉘어지는 듯 합니다. 우선 수가 적고 또 영향력이 없는 사람들인데 그들은 베르사이유나 워싱턴이 대한(大韓)의 복구를 도울 것으로 설득되어 바라던 정체(政體)를 일으켜 세우기 위해 당장에 필요한 일을 해야 한다고 확신하고 있습니다. (중략) 끝으로 여러 가지 동기에서 모든 소요를 비난하는 현명한 사람 또 무관심한 사람들인데, 전자는 기정사실 앞에서 그들에게 맡겨진 어떤 진지한 일을 해야 하는데 그것은 할 수 없다는 것과 같은 그들의 무능력을 확신하고 있는 사람들이고, 후자는 조용하게 기다리기로 작정하고 또 우발적으로 사건이 발생할 수 있는 모든 가능성에 대해 미리 체념한 사람들입니다. 본인은 이유가 있어 운동에 가담한 사람들만 만났고 또 현 정치체제에 대해 진심으로 찬동하는 사람은 한 명도 만나지 못했음을 고백하지 않을 수 없습니다.[32]

　　이 이야기에 따르면 국제사회에 호소하면 아마도 프랑스나 미국이 한국의 독립을 위해 도움을 줄 수 있을 것이기 때문에 그런 행동을 해야 한다는 사람들, 독립운동에 참여해야 한다고 주장하는 가장 많은 대다수 사람, 그리고 일체의 행동을 비난하거나 무관심한 사람들인데, 그런 행동을 비난하는 사람들을 현명한 사람으로 판단하고

32　한국교회사연구소 편, 『자료로 본 천주교 인천교구사 제2집, 파리외방전교회 선교사 서한문』, 한국교회사연구소, 1988, 399쪽.

있다. 그러나 어떤 사람들이건 간에 일제의 식민지 체제에 찬동하는 사람은 하나도 없음도 밝히고 있다. 이렇게 볼 때 드뇌 신부는 한국의 독립을 바라지 않거나 일제의 식민지배에 대해 찬동하는 것은 아닌 것으로 볼 수 있다. 다만 현재는 그런 운동을 해봐야 독립에 이를 수 없다고 판단한 것으로 생각된다.

을사늑약 이후 일어난 의병운동에 대해서도 비판적인 태도를 취하고 있다. 1906년과 1907년 뮈텔 주교가 파리외방전교회 본부에 보낸 보고서를 보면 그 이유가 나타난다.

> 새로운 상황에 항거한다는 이유 이외에는 다른 뚜렷한 목적없이 "의병"(義兵)들이 투쟁에 나섰습니다. 조직도 잘 안되고 규율은 더 엉망인 그들은 처음부터 실패하게 되어 있었습니다. 의병운동은 겨울 동안에 강원도 산속에서 시작되었습니다만, 결국 의병으로 가장한 노략질과 강도질이 되어버리고 말았습니다.[33]
>
> 조선 황제의 양위(讓位)와 조선 군대의 해산은 여러 지방에서 큰 소란이 일어나는 계기가 되었습니다. 이 군인들은 생활을 위해 일하려 하지 않고 항쟁(抗爭)으로 들어가 이미 전국을 휩쓸고 있는 소위 「의병」들과 합세하였습니다. 선의(善意)의 소수 애국자들을 제외하면 자칭 이들 '의병'들의 대부분은 약탈자들이거나 산적들인 것이 틀림없습니다.[34]

일제에 항거한다는 취지에서 의병운동이 일어났으나 여기에 참

---

33 한국교회사연구소 역편, 『서울교구연보(Ⅱ)』, 명동천주교회, 31쪽.
34 위의 책, 44~45쪽. 1907년 보고서.

가한 사람들이 일부를 제외하면 명확한 목적의식을 상실한 채 의병운동을 가장해서 도리어 자국민들을 약탈하는 강도나 산적들의 행위를 하고 있음을 비판하고 있다. 뮈텔의 이런 비판적인 보고는 1909년까지 매년 되풀이되고 있다.

한일합방이 일어나자 선교사들이 제일 걱정하는 것은 사회가 혼란에 빠지는 것이었다. 그러나 아무런 소요사태가 발생하지 않자 그것을 다행으로 생각하면서 또 아무런 행동을 하지 않는 것이 지혜로운 것임을 아울러 말하고 있다.

> 일본의 한국 보호 정책은 드디어 한일합병(韓日合倂)에 이르고 말았습니다. 이 같은 조치로 인해 일본이 한 걸음씩 전진해 올 때마다 일어난 저항운동이 또다시 일어나지 않을까 두려워했는데, 다행히도 그 같은 일은 일어나지 않았고 놀라운 평온 가운데 변화가 이루어졌습니다. −중략−애국지사들은 일본의 압박에서 벗어날 수 있는 희망을 가지고 있는 한 항거를 해야 했겠으나, 불가항력의 상황 앞에서 그들은 지혜롭게 굴복한 것입니다.[35]

일제의 식민지에서 벗어날 수만 있다면 저항운동을 해도 되겠지만, 어차피 그런 운동을 통해서는 이루어지지 않기 때문에 가만히 있는 것이 비록 굴복하는 것이라도 지혜롭다는 것이다. 여기에서도 그들이 식민 상황을 어떻게 보고 있는지를 알 수 있다. 한국인들이

---

35 위의 책, 81쪽. 1910년도 보고서.

어떤 식으로 독립운동을 하더라도 결코 독립에 이르지 못할 것으로 그들은 생각하고 있었다.

일제강점기 서양 선교사들이 한국인들의 민족문제를 이해하지 못한 채 성속이원론(聖俗二元論)과 정교분리원칙에 입각한 신앙을 주장하면서 선교권 보장을 중요시하는 등 교회의 존속만을 생각하였다는 주장들도 있다.[36]

> 이미 한국병합 이전부터 정치와 교회의 분리를 주장하던 조선교구장 뮈텔 주교를 비롯한 파리외방전교회 소속 선교사들은 선교 활동을 보장하겠다는 일제의 말에 저항할 이유가 없었다. 더구나 일제는 외국 선교사들의 친일화를 위한 방법으로 선교사들이 누리던 기득권을 보장해 주는 등 유화정책을 썼다. 즉 선교사들의 명의로 되어 있는 교회 부지·전답·주택 등의 소유권을 인정해 주고 각종 세금에 대한 면세 특권을 허락하는 등 종교의 자유를 보장할 뿐만 아니라 교회 재산을 보호해 주겠다고 약속하였다.[37]

이러한 주장이 전혀 근거가 없는 것은 아니다. 실제로 정교분리원칙은 그들에게 교회를 보호하기 위한 중요한 근거가 된다. 일제가 신사참배를 강요할 때에도 처음에는 반대하였지만 결국에 허용하는 쪽으로 태도를 바꾼 것은 비록 교황청의 승인이 있었다고는 하더

---

36 백병근, 「일제시기 명동본당의 교육사업과 신자 단체 활동」, 서울시립대학교 대학원 석사학위논문, 2008년, 12쪽.
37 김진소, 『천주교 전구교구사Ⅰ』, 천주교 전주교구, 1988, 767~768쪽.

라도 교회의 보호가 우선인 그들의 태도 때문이었을 것이다. 이런 선교사들의 태도는 여러 곳에서 나타난다. 뮈텔의 1919년도 보고서를 보면 어떤 태도를 지니고 있었는가를 엿볼 수 있다.

> 이 나라의 정치적 상황이 그 주요 원인입니다. 올봄에 '독립을 위한 운동'이 전국에 걸쳐 일어났는데, 이 운동이 대중적이었기 때문에 종교에 몰두한 사람에게 그 운동을 못하게 하는 데는 거의 기여하지 못했습니다. 그러나 본인은 우리 가톨릭이 이 운동에 가담하지 않음으로써 정부에 충성의 좋은 모범을 보였다고 말할 수 있습니다. [일본] 당국은 이것이 오로지 성교회의 규율과 교리에 기인하는 예외적인 것인 만큼 더욱더 그것을 주목했습니다.[38]

기본적으로 정치적 상황으로 인해 사람들을 종교에 몰두하게 하지 못하며, 이로 인해 교세의 확장에도 영향을 받는다는 것이다. 한편으로 적어도 천주교는 이 운동과 무관하다는 것을 식민정부에 모범을 보였기에 안도할 수 있다고 판단했다.

뮈텔 주교는 독립운동과 무관한 시절에도 천주교의 행사 때 공공연하게 정치적인 몸짓을 보여주고 있으며 그런 점에서 그들이 과연 정교분리와 성속의 구분에 대한 의식을 하고 있다고 보이지는 않는다. 구체적인 것은 1913년 6월 25일 명동성당에서 거행된 성체거동에서 드러난다.

---

38 한국교회사연구소 역편, 『서울교구연보(II)』, 153쪽.

⊙ 죵현대셩당에처음되는셩톄거동

> 년릭에죵현대셩당의셔는셩톄거동례식을거힝 혼 일이업더니금년에
> 는이례식을거힝 ᄒ 기로결뎡되매일반교우가다이날이니 릭 기를손가락
> 을솝으며고틱 ᄒ 고그셜비임무를당 ᄒ 이들은 삼ᄉ일젼브터열심으로셜
> 비에급급 ᄒ 더라
> 이례식을거힝 혼 날은거월二十五일(셩신강림후二쥬일)이니이날샹오
> 八시三十분에모힐죵을치매각쳐남녀교유가구름모히ᄃᆺ 스방에셔모혀
> 들고셜비를대강말 ᄒ 건대셩당마당에니 릭 매셩당좌우로는솔노각각삼
> 문을세웟ᄂᆞ뒤다홍례록문이라가온대큰문우흐로즁앙에는교화황긔를
> 놉히세우고그좌우로는국긔를세우고쏘그좌우로는법국긔를세웟스며
> 큰문좌우로젹은문우혜는각각법국긔를세우고문에는법국긔와국긔를
> 차립(叉立) ᄒ 고 ‒이하생략‒ [39]

교황기와 함께 일장기, 그리고 프랑스 국기를 걸어놓고 진행된 성체거동은 누가 봐도 성속을 구분하고 있다고 하기 어려운 것이었다. 더구나 명동성당은 예나 지금이나 상징적으로 한국 천주교의 중심이다. 일장기를 종교행사에 건 것은 식민지배의 정당성을 인정한다는 것을 선포한 것이다. 비록 한국 천주교의 수장이 프랑스인인 뮈텔이라고 하더라도 이 종교의례는 프랑스에서 진행된 것이 아니라 한국에서 행하는 한국 천주교의 의례이다. 이렇게 본다면 정교분리

---

[39] 『경향잡지』 279, 1913.6.15. 243쪽.

는 천주교를 보호하기 위한 명분에 지나지 않으며, 성속이원론에 사로잡혔다는 분석도 무리가 있어 보인다. 일제의 통치를 인정하면서 한국인들의 입장은 전혀 대변하지 못한 반면에 한국인들에게는 제삼국인 프랑스에 대한 애정을 공공연히 강요하고 있는 것으로 읽힐 수도 있는 대목이다.

베네딕도회 선교사들은 식민 상황에 대해 어떤 입장이었을까? 결론부터 말하자면 큰 틀에서 볼 때 그들도 한국인들의 인식과는 거리가 멀다고 하겠다. 그러나 각론에서는 부분적으로 차이를 보인다. 여기에서도 베버가 본 한국의 모습을 먼저 언급해 볼 필요가 있다.

식민주의와 관련하여 베버가 무엇보다 날카롭게 관찰한 것은 식민주의의 폭력성이었다. 일본은 한국 민중을 무시하면서 동시에 그들의 도움으로 동양의 지도적 세력을 꿈꾸고 있다는 것이다. 많은 서양 여행자나 선교사들에게 일본의 한국식민지 지배는 소위 문명화론으로 정당화되었다. 그러나 베버는 오히려 세속적 이익과 경제적 성장만을 추구하는 일본의 물질주의가 한국의 존귀한 이상적 정신을 말살하고 말 것이라는 우려가 컸다. 또한, 식민지 경영을 위한 투자는 당연히 더 높은 이익 회수를 위한 전제이며, 동아시아의 약소국에 불과했던 일본이 어떻게 세계열강과 어깨를 나란히 할 수 있는지 과시하려는 욕망에 기반한다고 보았다.[40]

---

40 박보영, 앞의 글, 19~20쪽.

식민지를 경제적으로 부흥시키려는 일본의 노력은 놀랄만하다. 일
본은 이 일을 그들의 의무로 여긴다. 다른 곳들도 마찬가지려니와 특
히 이곳에서 그런 인상을 받았다. 중국이 지금까지 자행해왔고, 한국
위정자가 마땅히 해야 했으며 러시아가 한국을 차지해도 그리했어야
할 일들을 그 나라들보다 더 심각하게 수행하고 있는 것이다. 물론 이
것이 옛 통치자에게 짓밟힌 백성을 향한, 일본의 사욕 없는 애정일 리
가 있겠는가? 일본은 서양에서 배운 것이 헛되지 않음을 유럽인들에
게 과시할뿐더러, 그들이 이미 스승을 능가한 양 처신하고 싶은 것이
다. 게다가 그들의 식민지를 수익성이 양호한 수준까지 끌어올려, 적
어도 투자금의 일정 비율을 세수로 회수해가려는 것이다. 그러나 무엇
보다 그들은 자국 이주민으로 넘쳐날 이 나라가 제대로 정비되기를 원
한다. 어차피 가장 좋은 것들은 그들이 차지할 것이다.[41]

그러나 이러한 식민지에 대한 비판적인 관점에도 불구하고 어떤
때는 식민지배를 필수적인 것으로 보고 또 어떤 때는 필요악으로 보
았다.[42] 일제의 한국 식민지배를 필수적이고 필요한 것으로 본 것은
베버만이 아니었다. 아마도 베네딕도회 선교사들의 대부분이 비슷
한 생각을 하였을 것으로 보인다. 1933년 5월~1935년 10월간 영흥
본당에서 한 선교사가 보낸 보고서를 보면 일본이 한국을 식민지로
삼으면서 많은 발전을 하였다고 묘사하고 있다.

---

41 Weber, Norbert, *op. cit.* p.229
42 이유재, 앞의 책, 177쪽.

한국은 25년간 일본의 식민지로 있으면서 큰 발전을 이룩한 것이 의심 없다. 일본인들이 들어오지 않았다면 한국은 아직도 그 당시의 수준에 머물러 있었을 것이다.[43]

Ⅳ. 나가는 말

일제강점기 서양 선교사들이 한국을 어떻게 인식하고 있었는가에 대해 파리외방전교회, 그리고 베네딕도 수도회를 중심으로 알아보았다. 파리외방전교회는 일제강점기 이전부터 한국천주교회를 이끌던 위치에 있었으며, 또한 개항기 이전 이들의 한국 인식에 관한 여러 연구가 있었다. 그리고 일제강점기 이들의 문헌을 통해 알 수 있는 것은 단지 식민 상황에 대한 이들의 시각을 파악할 수 있었을 뿐이다. 따라서 파리외방전교회는 그 부분에 집중해서 파악해 보았다. 베네딕도 수도회는 한일합방 일 년 전에 한국에 진출하였다. 따라서 베네딕도회 선교사들의 한국에 대한 인식은 복합적이며 다양한 측면에서 서술될 수 있다. 그 부분에서 이 글은 미진한 부분이 있다. 연구의 범위를 설정하고 그 안에서 서술하려는 목적을 이루려고 보니 지면의 한계 상 어쩔 수 없는 부분도 있었다.

베네딕도 수도회가 인식한 한국, 한국의 종교는 과거 파리외방전교회에서 보는 것과는 차이를 보였다. 과거 파리외방전교회의 한국

---

43 한국교회사연구소 편, 『원산교구 연대기』, 함경도천주교회사 간행사업회, 1991, 594쪽.

인식을 본다면 서구와 한국은 문명과 야만으로 비유될 수 있었다. 그러나 베네딕도회 선교사들은 평가를 유보하고 객관적으로 서술하려고 했다는 점에 차이를 보인다. 특히 베버는 한국에 대한 사전 지식이 풍부해 보였다. 그래서 한국의 문화를 높게 평가하고 있다는 것도 큰 차이점이라 하겠다. 그러나 두 선교회 모두 천주교, 특히 선교사의 임무를 잊지는 않은 것으로 보인다. 파리외방전교회는 천주교만이 이러한 야만을 문명으로 바꿀 수 있다고 생각했다. 이에 비해 베네딕도회는 다소 완화된 측면을 보인다. 유교, 불교 자체의 종교성을 높이 인정하는 태도를 보인다. 다만 현재 불교는 승려들이 스스로의 정체성을 의심받고 있기에 비판적 태도를 나타내며 이 부분이 천주교가 바로잡을 일, 다시 말해 선교의 사명이 여기에 있다고 인식하고 있다.

일제강점기 서양 선교사들이 한국을 어떻게 인식하였는가는 한국의 종교사, 그리고 나아가 한국사를 서술하는 데 있어서 매우 중요한 부분이다. 이에 이 글은 실제로 그들이 어떻게 한국을 인식하고 있었는가를 알아보았다. 여기에서 그들의 입장을 모두 파악했다고 이야기할 수는 없으며, 시각에 따라서는 달리 평가될 수도 있을 것이다. 고려해야 할 여러 가지 시대 상황이나 사회적 분위기, 그리고 그들 본래의 사고방식 등 여러 가지가 있을 것이다. 궁극적으로 더 세밀하게 시기별 분류를 통해서, 그리고 개인별 사고방식이나 가치관 등을 고려해서 파악한다면 그들이 한국을 그렇게 인식하게 된 배경을 이해할 수 있으리라 생각한다. 막연하게 추측해서 결론을 내리기보다는 이런 과정을 거쳐야 더 합리적인 이해에 도달할 것이라고 본다. 이것은 앞으로 더 많이 연구되어야 할 부분이다.

▌『한국학연구』62권, 고려대학교 한국학연구소, 2017.

제4장

간도지역 한국 천주교회의
설립과 활동

I. 시작하는 말

간도 지역에 한국천주교회가 진출하게 된 것은 한국인의 간도 이주와 맞물려 있다. 조선 후기부터 대한제국, 그리고 일제강점기에 많은 한국인이 정치적, 경제적 이유로 간도로 이주하였다. 한국인들이 간도로 이주하면서 그들이 신봉하던 종교들도 같이 간도 지역으로 전파된다. 천주교도 여기에서 예외가 아니었다. 간도에 처음 전파되기 시작할 무렵의 천주교는 박해상황이 종식되고 공식적으로 한국에서 활동을 시작한 기간이 채 20년도 되기 전이었다. 여러 가지 기도서나 교리서를 한국말로 번역하기는 하였지만, 아직 한국적 천주교라고 할 수 있는 상황은 아니었다. 그렇지만, 이주한 한국인들이 천주교로 입교할 때에는 중국에 진출한 선교사를 통해서가 아니라 한국의 천주교 선교사들을 통해서였다. 따라서 이것은 한국 천주교의 간도 진출이라고 할 수 있다. 과거 한국인들의 중국 이주는 역사적으로 여러 차례 있었지만, 여기에서는 구한말과 일제강점기를 중심으로 살펴볼 것이다.

간도 지역의 한국 천주교에 관한 기존의 연구들은 전체 한국천주교사의 한 부분으로 다루어지거나, 아니면 외국 선교단체의 한국선교 활동의 한 부분으로 다루어지거나, 아니면 여타 다른 종교들과 함께 부분적으로 다루어지거나, 또는 독립운동과 관련되어서, 그리고 이민사 등의 관점에서 다루어졌다. 여기에서는 이런 관점에서 벗어나 간도 지역 천주교의 시작과 발전을 중심으로 교육사업과 독립운동 등의 측면에서 조명해 볼 것이다. 이처럼 하기 위해서는 천주교 측의 사료와 당시 선교사들과 관련된 자료와 함께, 한국인의 관점에서 정리된 사료를 함께 비교해 보아야 할 것이다. 그래야만 당시의 상황을 제대로 구성해 낼 수 있다고 생각된다. 그렇지만, 필자는 교회 측의 자료를 중심으로 파악해보기로 하였다. 이러한 것이 지나치게 한쪽의 관점을 대변한다는 측면도 있지만, 한편으로 한쪽의 입장을 먼저 정리하고, 차후에 반대편을 정리하여 서로 비교하는 것도 가능하다고 생각하여 시도하게 되었다. 그렇지만, 최대한 객관적 입장을 견지하려 노력할 것이다. 그러나 부분적으로 다소 한쪽으로 치우치는 부분도 나타나리라 생각한다. 그것은 다음번 반대편의 관점을 정리하면 바로 잡히리라 생각한다.

논의의 전개는 간도 지역에 천주교가 도입된 경위와 그 역사를 살펴보고, 다음으로 천주교가 간도 지역에서 행한 여러 가지 활동들을 파악해보기로 하겠다. 다음으로 이러한 천주교의 활동이 간도 지역의 한국 사회에 어떠한 영향을 주었으며, 반대로 천주교는 간도 한국인사회에서 어떤 영향을 받게 되었을까를 파악해보고자 한다.

Ⅱ. 간도지역 한국 천주교의 형성과정

1. 교우촌의 형성과 본당설립

간도 지역 한인들의 이주는 매우 오랜 역사를 지니고 있지만, 현재 중국에서 조선족이라고 부르는 소수민족은 19세기 중엽부터 이주하기 시작한 조선인들을 일컫는다.[1] 조선 후기에 이르면 관리들의 수탈, 수해 등과 같은 자연재해, 그리고 홍경래의 난과 같은 민란 등이 겹치면서 하층민의 생활은 극도로 궁핍하게 된다. 이러한 요소들로 인해 압록강과 두만강 등의 변경지역에 거주하던 조선인들이 국경을 넘어 간도 지역으로 이주를 시작하였다. 그들은 간도 지역에 버려진 많은 땅을 개간하고 농사를 짓게 되는데, 처음에는 아침에 가서 저녁에 돌아오는 형태였지만, 시간이 지나면서 봄에 가서 가을에 돌아오는 형태로 바뀌게 되고, 조선 말기와 대한제국 시기로 접

---

1 구한말 이전에 중국에 정착하게 된 한국인들을 조선족으로 칭하기도 하지만, 이들은 대부분 중국에 동화되어 비록 그 흔적은 남아있다 하더라도 사실상 한국인으로서의 정체성을 상실했기 때문에 조선족이라고 부르기는 어렵다. 이에 대한 자세한 사항은 이윤기, 『잊혀진 땅 간도와 연해주』, 화산문화, 2005, 32~35쪽, 임채완 외『재외한인 집거지역 사회 경제』, 집문당, 2005, 159~172쪽 참조.

어들면 차차 영구 이주의 형태로 바뀌게 된다.[2]

적어도 20세기 이전까지 조선인의 간도 이주는 대체로 경제적인 요인이 주요 원인이었다. 그러나 이후의 이주는 일제강점기와 만주국 시대를 거치면서 정치적, 경제적 요인이 함께 작용하게 된다. 그렇기에 20세기 이전까지는 단순히 한 가족이나 개인의 이주형태가 주를 이루었지만, 이후에는 일가친척이나 이웃이 함께 이주하는 형태로 바뀌게 된다.[3]

이러한 이주 과정에서 한국인들이 본국에서 신봉하던 종교도 같이 간도 지역에 전해지게 된다. 한국 천주교의 중국 진출도 이주 한인들로부터 비롯된다. 그렇지만, 간도 지역의 천주교는 한국의 천주교 신자들이 이주해서 시작된 것이 아니라 천주교와는 무관한 사람들이 스스로 천주교를 찾으면서 시작되었다.

---

2 인조6년(1628년) 청태종과 인조 사이에 사사로이 월경을 엄금한다는 협정을 체결했는데, 그것은 이 시기에 이미 조선인들이 국경을 빈번히 넘나들고 있기 때문이었다. 또한 숙종38년(1712년)에 백두산정계비를 건립한 것도 단순한 국경의 문제를 떠나 조선인들의 월경(越境) 문제도 주요한 원인을 제공한 것으로 보인다. 이러한 정책들로 인해 19세기 중엽 이전까지는 조선인들이 월경(越境)을 하지는 못했고 아침에 강을 건너가 농사를 짓고 저녁에 돌아오는 형태였지만, 19세기 중엽(1840년대)이 되면 봄철에 압록강이나 두만강을 건너가 가을철 추수를 마치고 돌아오는 형태로 바뀌게 된다. 그것은 청국의 정책과도 맞물려 있는데, 이전까지는 완전한 봉금정책이었지만, 이후에는 암묵적으로 묵인하는 형태로 바뀌었기 때문이다. 玄圭煥, 「韓國流移民史」, 語文閣, 1967, 135쪽. 물론 부분적으로 완전히 이주하는 형태도 있지만, 대체로 위와 같은 현상을 보이다가 1860년대 이후로 가면 완전한 이주의 형태가 본격적으로 나타나게 된다. 최봉룡, 「만주국의 종교정책과 재만 조선인 신종교의 대응」, 한국학중앙연구원 박사학위논문, 2006, 17~19쪽.

3 물론 그 원인이 국내의 사정에만 있는 것은 아니라고 볼 수 있다. 이미 조선인 마을을 이루고 있는 경우에는 크게 문제가 되지 않았지만, 완전히 새로운 지역을 개척하는 경우에는 한두 가족만의 능력으로는 어려웠고, 또한 비적과 같은 약탈자들을 방어하기 위해서도 되도록 많은 가족이 한곳에 정착해야 집단적 대응을 할 수 있다는 요소도 있었다.

19세기 말 간도 지역은 중국의 한 교구에 속해 있었다. 1690년 포르투갈 보교권 교구로 출발한 북경교구[4]가 설립되고, 다시 만주와 몽고를 포함한 요동대목구가 1838년에 분할 설립되었다. 1840년에 몽고지역이 분리되어 라자로회에 위임되었고, 1851년에는 요동대목구의 명칭을 만주대목구로 변경하였으며, 다시 1898년 5월 10일 만주대목구는 길림을 중심으로 한 북만주 대목구과 심양을 중심으로 한 남만주대목구로 나누었다.[5] 당시 간도 지역은 북만주대목구 소속이었다.

간도 지역으로 이주한 한국인들에게 처음 천주교가 전파된 것은 19세기 말이다. 간도의 알미대로 이주하여 살던 김영렬(金英烈)[6]이 1896년 5월 16일 원산본당에서 베르모렐 신부로부터 세례를 받으면서 간도 최초의 한국인 신자가 되었다. 김영렬이 천주교를 찾게

---

4 포르투갈 보교권으로 인해 중국에서는 선교사들 간에 여러 가지 갈등이 일어났으며, 교황청도 이 문제로 인해 선교에 관해 어려움을 겪었다. 청대 중국에서 선교사들 간에 발생한 갈등 양상에 대한 자세한 내용은 다음의 논문을 참조할 것. 신의식, 「청대 천주교 선교사간에 발생한 약간의 문제－선교보호권 및 선교사간이 교권 갈등을 중심으로－」, 『중국근현대사연구』 40, 중국근현대사학회, 2008.

5 요동대목구의 설정과 분구에 대해서는 이석재, 『중국천주교회와 조선천주교회의 연계활동에 관한 연구－19~20세기 만주지역 천주교회를 중심으로－』, 한국학술정보, 2006, 117~123쪽 참조.

6 김영렬은 함경북도 온성 사람인데, 윤선자는 김영렬의 간도 거주지를 호천개(湖泉浦, 지금의 용정시 회경가)라고 하고 있지만, 정확한 곳은 알미대(棲鶴台, 지금의 개산툰 자동골)라고 하는 것이 옳다고 생각된다. 윤선자가 인용한 문헌(한홍렬의 글)에는 호천개는 김이기가 정착한 곳으로 나오지만 김영렬의 거주지라고 되어있지는 않다. 다른 글(한승윤)에 의하면 김영렬의 거주지는 호천개에서 30리 정도 떨어진 알미대로 되어있다. 윤선자, 「간도 천주교회 설립과 조선인 천주교 신도들의 간도 이주」, 『역사학연구』 10, 호남사학회, 1996, 71쪽. 한홍렬, 「연길교구 천주교회약사」, 『가톨릭청년』 4, 1936.10, 3쪽. 한윤승, 「간도천주교전래사 연길교구의 향도 김이기와 그 제자」, 『가톨릭청년』 4, 1936.10, 3쪽 참조.

된 것은 그의 스승이자 동료인 김이기(金以器)[7]의 마지막 권유를 받았기 때문이었다. 그러므로 최초의 신자는 김영렬이지만, 천주교를 전하는 초석은 김이기가 놓은 셈이다. 김이기는 천주교 신자가 아니었지만, 천주교가 진교임을 깨닫고 제자들에게 천주교를 받들 것을 당부하였다.

김영렬은 김이기의 권유로 스스로 천주교를 알기 위해 서울을 향해 길을 떠났다. 서울에 가야 천주교를 접할 수 있으리라 생각한 때문이었다. 그러나 서울로 여행을 하던 중 원산을 지나면서 천주교인들의 연도 소리를 듣고 그 음률에 호감을 느끼고 또한 그 내용을 음미한 결과 그 교리를 알기를 원하였다. 이튿날 원산본당 주임신부인 베르모렐 신부를 찾아가 장시간 토론한 후 천주교에 입교하기로 결심하였다. 그는 두 달간[8]을 열심히 교리를 배우고 난 후인 1896년 베르모렐 신부로부터 세례를 받기에 이른다. 세례를 받은 김영렬은 다

---

7 김이기는 1858년 서울에서 출생하였으며, 본래 이름은 진구(鎭九)였지만 나중에 스스로 이기(以器)로 고쳐 불렀다. 어렸을 때 서울에서 보냈지만, 후일 부모를 따라 충청도로 이사하였다. 16세에 김옥균의 개화파에 가입하였는데, 개화파의 혁명이 실패로 끝나자 고향을 떠나게 된다. 김이기는 처음에 동학을 접했었지만, 나중에 천주교에 호감을 느끼게 된 것으로 보인다. 김이기가 어떻게 천주교로 방향을 전환하게 되었는지는 명확하지 않지만, 「西方有聖人」이란 말을 인용하여 서학을 신봉할 것을 말하고 있는 것으로 보아 방랑생활을 하며 종교연구에 몰두하던 중 천주교 서적도 일부 접했을 것을 것으로 생각한다. 김이기의 마지막 정착지였던 호천개(湖泉浦)에서 종교연구를 하면서 김영렬을 만났고, 동학란에 연루되어 체포된 이후 김영렬 등의 제자들에게 천주교를 신봉하라고 하였다. 1895년 3월 25일 김이기는 사형을 당하였으며, 1년 뒤 김영렬은 김이기의 당부에 따라 천주교를 찾아 나서게 된다. 한윤승, 앞의 글, 23~27쪽.

8 앞의 한흥렬의 글에서는 3주간이라고 되어있지만, 베르모렐 신부가 뮈텔 주교에게 보낸 서한에는 두 달이라고 되어 있다. 한흥렬, 앞의 글, 3쪽. 한국교회사연구소 역편, 『함경도 천주교회사 자료집 제1집』, 함경도 천주교회사 간행사업회, 1995, 258~259쪽 참조.

시 간도로 되돌아가 친척과 같이 공부하던 동료들에게 천주교 교리를 전하였다.

김영렬에게 천주교에 대해 전해들은 사람들이 모두 천주교에 입교하기로 하자 김영렬은 최규녀(崔規汝)와 류패룡(劉覇龍) 두 사람과 함께 원산으로 가서 누운달이라는 원산 부근 동리에 집과 전장(田庄)을 얻어 뒤이어 올 사람들을 위한 거소를 마련하였다. 그리고 함께 온 두 사람은 다시 교리공부를 한 후 세례를 받았고 김영렬은 다시 간도로 되돌아갔다. 간도에서 그는 다시 친지들과 동료를 포함해서 수십 명[9]과 함께 원산으로 길을 떠났다. 이들 가운데 김영렬과 그의 동생 김중렬(金仲烈), 그리고 이영보(李永甫), 이명윤(李明允)은 가족과 함께, 그리고 나머지 9명은 가족이 없는 홀몸이었다. 이들이 원산에서 교리를 배워 모두 세례를 받았는데, 이때 세례를 받은 사람들 가운데 성인 남자의 숫자가 12인이었기에 당시 본당 신부였던 브레 신부는 이들을 북관(北關)의 12종도라고 불렀다. 세례를 받고 난 이후 몇 사람은 바로, 그리고 나머지는 가을경 간도로 되돌아갔다.[10]

간도의 천주교는 이들 초기 세례자들에 의해 시작되어 간도 전역으로 퍼져 나가게 된다. 한국에 천주교가 들어올 때와 마찬가지로 간도의 한국인들도 선교사들이 찾아가서 선교한 것이 아니라 스스로 천주교에 대해 전해 듣고 찾아 나선 경우로 이것은 한국 천주교의 역사에서 보이는 독특한 현상이라고 생각된다.

---

9 한홍렬의 앞의 글에서는 수십 명이라고 했는데, 1897년도 보고서에 따르면 세례를 받은 사람이 모두 16명이라고 하고 있다. 한홍렬, 앞의 글, 4쪽. 명동천주교회, 『서울교구연보』I, 한국교회사연구소, 1984, 212쪽.
10 한홍렬, 앞의 글, 5쪽.

처음 세례를 받은 사람들은 간도로 되돌아가 모두 한곳에 정착한 것이 아니라 용정과 연길, 화룡 등지로 흩어져서 살게 된다. 이들은 간도로 돌아가 천주교를 선교하기 시작하였다. 김영렬[11]은 처음 자신의 일가친척 20가족을 모두 천주교에 입교시켰으며, 박연삼, 김성준, 조여천 등도 모두 화룡, 용정 등지에서 열심히 선교 활동을 하였다.

간도에 천주교 신자들이 생겨나자 뮈텔 주교는 간도 지방을 원산 본당에서 관리하도록 하고 브레 신부가 간도 지방을 순회하도록 하였다. 이에 따라 1897년 12월에 간도를 순회하기 시작한 브레 신부는 이듬해 2월까지 있는 동안 405명이 새로 세례를 받았다고 한다.[12] 이와 같은 이들의 노력으로 이듬해인 1898년 간도 지방을 관리하기 위한 공소가 국경 지역인 회령에 생기게 되었다.

간도의 한국인 신자들을 위해 처음 회령에 공소를 정한 이유는 당시 간도는 중국의 만주대목구에 속해 있었기 때문이었다. 브레 신부는 뮈텔 주교에게 서신을 보내 이 문제를 해결해 주도록 요청하였다.[13] 그러자 뒤이어 뮈텔 주교는 당시 만주대목구장인 귀용(Laurentius Guillon) 주교에게 양해를 얻어 간도의 한국인들은 한국의 천주교회가 사목을 담당할 수 있게 되었다.[14]

---

11 그는 승지골(勝趾洞)에서 가족과 함께 살며 선교활동을 하다 1931년 연길현 투도구 근처의 남서구에서 서거하였다. 한홍렬, 앞의 글, 5~8쪽.

12 그렇지만, 1898년 말 보고에 의하면 162명에게 세례를 베풀었고, 예비신자가 100여 명이 있는 것으로 되어 있다. 명동천주교회, 앞의 책, 231쪽.

13 함경도 천주교회사 간행사업회, 앞의 책, 271쪽.

14 물론 여기에는 조건이 있었는데, 신자들을 보살피기 위한 선교사의 권한은 만주 주교 권한 밖의 일이며, 이 신자들에게 만주대목구에서 신부가 보내지는 날까지만 허용한다는 것이었다. 다시 말해서 선교에 관한 책임은 전적으로 한국천주교회의 몫이고, 만주대목구에서 신부를 파견하면 그날로 한국천주교회는 철수해야

그러나 회령과 간도 곳곳에서 한국인과 중국인을 막론하고 천주교에 반대하는 사람들이 천주교인과 선교사를 공격하는 일이 발생하였다. 따라서 신자들끼리 함께 모여서 살 필요를 느끼게 되었다. 이렇게 해서 부처골에 천주교 신자들이 모여 살게 되었으며, 브레 신부가 두 번째 간도 지역을 방문할 때 이곳이 간도 지역의 중앙공소가 되었다.[15] 뒤이어 1900년에는 용정에서 천주교 신자 가운데 재산이 있는 사람 4~5명이 함께 땅을 매입해서 신자들의 농토로 사용하도록 하여 새로운 천주교 마을이 되었다. 1903년에는 천주교인 12가족이 조양하(팔도구)로 이주하여 신자 마을을 형성하였는데, 팔도구는 이후 1930년까지도 천주교 마을로 알려지며, 만주 지역 전체 한국 천주교의 바탕이 된다.

천주교의 교세가 급속히 불어났지만, 이들은 대부분 연길현과 화룡현을 중심으로 한 것이었다. 그런데 훈춘의 팔지 사람들이 용정 등을 다니며 천주교를 접하고, 특히 '천주교를 믿으면 중국 관장들의 압박을 피한다.'는 생각으로 천주교에 입교하게 되면서 이 지역에도 한국인 천주교 신자들이 생겨났다.

한다는 조건이다. 위의 책, 230~231쪽 참조. 이것이 가능했던 이유는 첫 번째로 이 때까지 간도 지역이 조선의 영토인지, 청국의 영토인지 분명하지 않았고, 두 번째로, 한국인들을 담당하려면 한국말을 할 수 있는 선교사가 필요한데, 만주대목구에는 그러한 선교사가 없었으며, 마지막으로 당시 만주를 담당한 선교회는 조선을 담당한 선교회와 마찬가지로 파리외방전교회였기 때문에 상호 협조가 비교적 쉽게 이루어질 수 있었기 때문이었다. 고병철, 「일제하 기독교인들의 만주 이주와 민족운동: 간도참변(1920) 이전까지를 중심으로」, 『종교문화비평』 8, 한국종교문화연구소, 2005, 201쪽.

15 브레 신부가 1897년~1898년에 걸쳐 간도 지역을 처음 방문한 이후 러일전쟁이 일어난 1904년을 제외하고는 매년 방문하였다고 한다. 따라서 이곳의 공소는 다음 해인 1899년이 될 것이다.

간도에 천주교가 전해진 지 10여 년이 지난 1909년 용정[16]과 영암촌(삼원봉)의 두 곳에 최초의 본당이 설립되었다. 용정은 충청도 공주 본당의 퀴를리에 신부가, 영암촌은 원산 본당의 라리보 신부가 맡게 되었다. 다음 해인 1910년에는 조양하(朝陽河=八道溝)에 또 하나의 본당이 설립되었으며, 본당 신부로 한국인 최문식 신부가 부임하였다. 이후 간도의 천주교는 비약적으로 발전하여 1920년도의 간도 총 신자 수가 7천5백여 명이고, 1921년의 신자 수는 8,087명이 되었다.[17]

2. 연길지목구의 설정과 발전

1909년 독일의 베네딕도 수도회가 서울에 진출했는데, 수도회로는 두 번째이고 남자수도회로는 처음이었다. 로마 교황청 포교성성은 1909년 2월 20일자[18]로 베네딕도 수도회가 한국에서 수도원을 설립할 수 있도록 공식적인 허가문서를 발송하였다. 베네딕도 수도회는 뮈텔 주교의 요청으로 한국에 오게 되었는데, 한국에 진출한 목적은 포교 이외에 사범, 실업, 농업학교를 비롯한 교육사업이었다. 이들은 혜화동에 수도원을 건립하고 한국에 진출한 목적대로 교육사업을 시작하였다. 우선 1910년에는 숭공학교(崇工學校)를 세워

---

16 1년 전에 원산 본당 신부인 브레 신부가 간도에 파견되었기에 용정 본당은 이미 일
   년 전에 설립된 것으로 보아야 할 것이다. 한국교회사연구소 역주, 『뮈텔 주교 일
   기』 4, 한국교회사연구소, 1998, 183쪽.
17 이러한 천주교인들의 숫자는 모두 선교를 통해 증가한 숫자는 아니다. 이전까지
   와는 달리 1910년대 이후로는 천주교인들도 간도로 이주하고 있었기 때문이다.
   1912년 원산본당의 프와요 신부의 연말보고에도 이러한 내용이 나타나고 있다.
   한국교회사연구소 역편, 『함경도 천주교회사 자료집 제1집』, 570쪽.
18 한국교회사연구소 역주, 『뮈텔 주교 일기』 4, 361쪽.

실업교육을 시작하였고, 1911년에는 숭신학교(崇信學校: 현 동성 중고등학교)를 세워 사범교육을 실시하였다. 그렇지만 숭신학교는 1913년 폐교하게 되었는데, 표면적 원인은 지원자 수가 적은 때문이었지만, 근본적 원인은 사범교육을 독점하려는 일제의 탄압 때문이었다.[19]

그렇지만 처음의 의도와 달리 베네딕도 수도회의 교육사업은 순탄치가 못했다. 그 이유는 한일합방과 일제의 문교정책, 독일의 패망 등 외부적 요인과, 수도회 소속 신부들이 학교에서 계속해서 교육을 맡기보단 본당 사목을 더 원하고 있다는 내부적 요인이 함께 작용한 것이었다. 따라서 이미 1914년부터 당시 서울 수도회의 책임자인 보니파시오 대원장은 독자적으로 본당 사목을 할 수 있는 선교지를 물색하고 있었다.[20]

한편 간도 지역의 교세는 나날이 발전하여 1921년에 8천명을 넘어서게 되었다. 따라서 그간 파리외방전교회에서 관할하던 이 지역은 함경도 지역과 함께 베네딕도 수도회로 넘겨졌다. 1921년 원산대목구가 새로이 서울대목구[21]에서 분리 설정되면서 동시에 원산대목구가 베네딕도 수도회에 맡겨졌고, 이에 따라 간도 지역은 원산대목구에 속하게 되었다.

원산대목구 소속이 된 간도의 교세는 꾸준히 발전하였다. 1922년

---

19 성 베네딕도 왜관 수도원(http://www.osb.or.kr/).

20 백 쁠라치도, 「한국에서의 초기 베네딕도회의 선교방침」, 『한국교회사논문집』 I, 한국교회사연구소, 1984, 787~788쪽.

21 이전까지는 조선대목구였지만, 1911년 4월 대구대목구가 새로 생겨나면서 조선대목구는 서울대목구와 대구대목구로 양분되었다. 명동천주교회, 『서울교구연보』 II, 한국교회사연구소, 1987, 94쪽.

명월구, 차조구, 지등평, 사초봉에 공소가 생기고, 뒤이어 1924년 연길현 길성촌에, 1926년에는 훈춘현 대등천에도 공소가 생겼다. 1923년에는 훈춘현 육도포에 새 본당이 설립되었고, 1924년에는 훈춘현 본당, 1926년에는 차조구 본당, 그리고 1929년에는 투도구 본당이 설립되는 등 간도 지역에 새로운 본당이 속속 설립되었다.

　1928년 7월 로마 교황청은 원산대목구의 분할을 인준하였다. 교황의 소칙서(小勅書)에 의하면, 조선 북동부의 2개 도와 동만주의 큰 부분을 포함했던 원산대목구가 3개의 독립된 포교지, 즉 원산대목구, 연길지목구, 의란(依蘭)포교지로 분할되는 것이었다. 따라서 원산대목구는 함경남북도만을 관할하게 되었다.[22] 1929년에는 테오도르 신부를 연길지목구장으로 임명하였는데, 이 당시 연길지역의 본당은 연길, 용정, 삼원봉, 팔도구, 대령동, 훈춘, 육도포, 돈화의 8곳이었으며, 신자 수는 12,057명이었다. 연길지목구의 관할 지역은 화룡, 훈춘, 연길, 왕청의 네 현과 부근의 다섯 현을 합한 지역이었다.[23]

　연길지목구가 설립된 이후에도 간도 지역의 교세는 꾸준히 증가하여, 대방자, 명월구, 연길상시(延吉上市), 왕청, 목단강, 그리고 액목현의 신참본당이 생겨나 1936년 선교 40주년 행사 때에는 14개 본당에 74개의 공소, 그리고 선교사의 숫자는 22명이었고, 신자수가 15,000여명에 이르렀다.[24]

22　한국교회사연구소 편, 『원산교구 연대기』, 함경도천주교회사 간행사업회, 1991, 123쪽.
23　한홍렬, 앞의 글, 14~15쪽.
24　북경대학 조선문화연구소, 『중국조선민족문화사대계 6-종교사-』, 민족출판사, 2006, 277쪽.

연길지목구가 설립된 이후 간도 지역에는 수도회의 활동도 활발해지게 되었다. 함경도와 간도 지역을 담당하고 있는 베네딕도 수도회는 1927년 수도원의 근거지를 서울에서 원산 부근의 덕원으로 옮겨갔다. 그렇지만 여기서 연길지목구에 해당하는 모든 지역을 담당하기에는 그 범위가 너무 넓어서 다시 연길에 새로운 수도원을 건립하게 된다. 이미 1922년 연길에는 베네딕도 수도회 분원이 설치되고, 분원장에 브레허 신부가 임명되어 있었다. 1934년 연길의 성 베네딕도 성가수도원은 대수도원으로 승격되고 브레허 신부가 초대 아빠스가 되었다. 한편 1931년 브레허 신부는 스위스의 성 십자가 수녀회 수녀들을 초빙하여 연길에 성 십자가 수녀원을 개원하였다. 그로부터 1936년까지 4명의 한국인 수녀가 서원을 받았고, 25명의 예비수녀가 생겼다. 1933년부터 지방 분원을 설치하기 시작하여 용정, 명월구, 훈춘, 연길 등 4곳에 분원이 생겼다.

이러한 간도 지역 천주교의 발전은 1945년 해방 이후 이 지역에 중국의 공산군이 진주함으로써 쇠퇴의 길을 걷게 된다. 수도원이 모두 폐쇄되고 선교사들은 모두 체포되어 본국으로 추방되는데, 이는 물론 천주교만의 상황은 아니었다.

Ⅲ. 간도지역 한국 천주교의 활동상황

1. 교육활동

간도에 한국 천주교인들이 모여 사는 집단부락이 생겨나자 교리와 한글을 가르치는 교육기관이 생겨났다. 간도 지역 한국 천주교인들은 성당이 있는 곳에 학교가 있고, 학교가 있는 곳에 성당이 있을 만큼[25] 서로가 거의 불가분의 관계를 형성하여 공소가 설립되면 작은 규모의 학교를 세웠는데, 1899년에 이미 싸리밭골, 호천개, 부처골 등에 교리학교를 세워 한글과 함께 교리를 가르쳤다. 천주교인들에 의해 1905년 용정에 세워진 삼애학교(三愛學校)[26]는 최초로 학교란 명칭을 사용하였는데, 이것은 한 신자가 집을 기증하고 교사는 무보수로 학교를 경영하였다. 그러나 3년 후 이 학교는 폐교되었다.[27] 각본당에서는 야학 등을 열어서 미처 학교에 가지 못한 사람들을 위해 여러 가지 교육을 하였다.

1907년 화룡현 지신사 영암촌의 천주교인 김성덕은 화룡서숙을 설립하였다. 화룡서숙은 설립한지 1년 후 덕흥서숙으로 변경했다가 1911년에 덕흥학교로 바뀌었다. 1917년에는 여학교를 설립하였고, 이것이 1919년에 초등교육기관이 되었으며, 1922년 경제사정으로 남녀공학제로 바뀌어 운영되었다. 그러나 1931년 공산주의자들의 방화로 교사가 소실되었고, 그 위치도 불안하여 대랍자로 이전하고 학교명을 왕심학교로 고쳤다가, 다시 덕흥학교로, 그리고 나중에 해성학교로 개칭하였다.

1918년에는 연길현 팔도구의 조양학교가 한국인 최문식 신부에

---

25 김병찬, 「연길교구의 교육사업개황」, 『가톨릭청년』 4, 1936.10, 49쪽.
26 1907년에 설립되었다는 설명도 있는데, 아마도 이것이 맞을 것으로 생각된다. 왜냐하면 이상설이 간도 용정에 최초로 서전서숙을 세운 것이 1906년이기 때문이다. 한흥렬, 「간도천주교회 사회적 공헌」, 『가톨릭청년』 4, 1936.10, 70쪽.
27 한흥렬, 앞의 글, 9쪽.

의해 설립되었고, 1921년 용정해성학교, 1924년 명월구해성학교, 1931년 연길해성학교, 1934년 훈춘해성학교 등 여러 학교가 각처에 설립되었다. 1936년 당시 이 학교들은 모두 연길지목구에서 직영하는 학교들이었다.[28] 각 학교의 학생들은 다양한 종교적 배경을 지녔지만, 그 가운데서도 천주교인이 가장 많았다. 또한 해성학교의 설립자는 일부 예외가 있긴 했지만, 대부분 선교사들이었다.

간도의 한국 천주교인들은 처음부터 교육을 중시하였다. 천주교 마을이 생기면 작은 규모라도 교육기관을 설립하였는데, 교리를 가르치려는 목적이 우선이었다. 그것은 교육기관마다 공통으로 가르친 것이 한글과 교리라는 것으로도 알 수 있는데, 한글은 생활에 필요하기도 했겠지만, 교리를 배우기 위해서도 필수적이기 때문이었을 것이다. 본당이 생긴 이후에도 각 본당에서는 야학 등을 열어 지속적인 교육활동을 벌였다.

이런 단위 마을 형태의 교육이 체계적으로 변화되고 활성화되기 시작한 것은 원산교구가 설립되고 베네딕도 수도회 소속 신부들이 간도 각 지역의 본당 신부가 되면서부터였다. 베네딕도회가 처음 한국에 진출한 목적이 교육사업에 있었지만, 중도에 포교로 방향전환을 하게 되었는데, 연길을 독자적 포교지로 삼고 나서 과거 수도회의 목적을 실현해 나가는 것으로 볼 수 있다. 물론 교육사업은 궁극적으로 간접선교의 한 방식이었다. 교육을 통해 외교인들이 천주교에 대해 느끼는 이질감을 해소하고, 천주교인들에게는 교리 지식을 보

---

28 김병찬, 앞의 글, 53~55쪽.

급하고, 또한 점증하는 여성들의 교육에 대한 욕구도 해소하게 해준
다는 목적도 있었다.

1921년 용정에서 4년제 해성학교가 문을 연 이래 1923년까지 사립학교가 30개소, 1926년까지 41개소의 4년제 초등학교가 설립되었다. 이런 사실들은 당시 베네딕도 수도회가 교육사업에 얼마나 많은 관심을 기울였는가를 알 수 있고, 더불어 간도의 천주교인들도 교육의 중요성을 깊이 인식하고 있었음을 보여준다.

1925년 이후 조선총독부 교육령에 의해 4년제 교육이 보통과 6년제로, 그리고 이전까지 한글로 수업을 진행하던 것을 일본어로 시행하게 되었다.[29] 그러나 학교마다 교과목의 차이는 있지만, 이전까지 대부분 학교에서 역사와 한글, 그리고 수신, 윤리, 지리 등의 과목을 가르쳤는데, 이는 외국 선교사들이 경영하는 사립학교나 조선인들이 경영하는 사립학교가 비슷하였다. 그들은 암암리에 조선인 신도들에게 배일사상을 고취하면서 "종교적인 혁명에 의하여 광복을 기도하고 민족의 안심입명을 구하라"고 고취하였다.[30] 이러한 교육은 학생들에게 민족의식을 일깨우고, 애국심을 키우는 한편, 일제에 대한 증오심을 키워 독립운동에 참여하도록 하는데 밑거름이 되었다고 볼 수 있다.

2. 독립운동

일제강점기의 천주교를 다른 종교와 비교할 때 항시 논란이 되는

---

29 김병찬, 앞의 글, 57쪽.
30 최봉룡, 앞의 글, 61쪽.

것은 독립운동에 관한 부분이다. 다른 종교인들에 비해 독립운동에 참여한 비율이 특별히 높은 것도 아니고, 당시 천주교의 지도자들은 독립운동에 참여하는 것을 결사적으로 반대하였기 때문이다. 한국 천주교를 이끌고 있던 뮈텔 주교를 비롯한 파리외방전교회 소속 선교사들은 비록 천주교인이 개인적으로 독립운동에 참여하더라도 천주교의 이름을 앞에 내세우는 것을 철저히 막았다. 이러한 모습은 특히 3.1운동 시기에 두드러지게 나타났다. 선교사들은 서울과 대구의 신학교 학생들이 3.1운동에 참여하자 학교를 폐쇄하고 일부 학생은 퇴교를 시키는 등의 강경한 태도로 일관했다. 그러므로 국내에서 천주교 신자들의 독립운동은 위축될 수밖에 없었다.

이에 반해 간도 지역에서는 비록 2~3년의 기간이지만 천주교 신자들의 독립운동이 활발히 전개되었다고 볼 수 있다. 간도 지역 독립운동의 출발은 1919년의 3.13운동이었다. 이 지역의 독립운동가 33인은 1919년 2월 18일과 20일 국자가 하장리의 박동원의 집에 모여서 '간도 내 각 교회와 단체는 서로 단결하고 일치 협력하여 한민족 독립운동에 힘을 다하기'로 결의하였다. 그 구체적 방안으로 개신교, 천주교, 대종교, 공자교의 각 유력자와의 연락을 밀접히 하고 그 신도 및 지기(知己)를 권유하여, 각 단체가 수백 명을 집합하여 독립 선언을 한다고 합의하였다.

1919년 3월 13일 용정성당의 종소리와 함께 만세운동이 시작되었는데, 3만여 명이 참가한 이 집회에는 천주교, 개신교, 천도교, 대종교, 공교 등의 여러 종교 신도들과 간도 지역의 독립운동가들이 참여하였다. 천주교 신자촌인 대교동의 교향학교 학생들도 참여하였다. 이날 시위에서 중국군의 발표로 17명의 시위군중이 희생되자 시위운동을 주도하였던 독립의사회는 그날 밤으로 회의를 소집, 조선독립기성회(朝鮮獨立期成會)로 개편하였다. 1919년 4월 상해 임시정부가 수립되자, 기성회는 단체 이름을 대한국민회로 변경하고 임시정부의 산하단체가 되었다. 대한국민회는 천주교를 비롯하여 개신교와 천도교 신자들을 중심으로 조직되었으며, 연길, 왕청, 화룡 등 3개 현에 10개 지방회와 133개 지회를 조직하였는데, 1920년 8월에는 회원이 800명에 이르렀다.[31]

1920년 2월 4일 용정을 경유하여 종성으로 가던 일본인을 4명의 한국 독립군이 붙잡아 삼원봉 성당에 감금하였다. 4명의 독립군은 천주교 신자들이거나 천주교와 관련이 있을 것으로 보인다. 간도의 천주교 신자들은 왕청현 춘화사 석현에 근거를 두고 독립운동을 전개하였던 신민단에도 참여하였다. 신민단의 단원은 300명이었는데, 훈춘 지역의 신자들이 여기에 참여하였다. 당시 훈춘 지역은 용정 본당에 소속되어 있었다.

천주교인들로 조직된 독립운동단체도 있었다. 1920년에 조직된 대한의민단이 그것으로, 왕청현 춘화향 알하하에 본부를 두고 팔도구지부, 사부지구 등의 지방조직도 설립하였다. 1920년 7월 1일 왕청현 춘화향 알하하에서 9개 독립군 단체들이 연합회의를 개최하여 독립군 단체들의 통합을 결의하였는데, 여기에 참석한 9개 단체 가운데 3개 단체가 천주교 신자들이 설립한 단체였다. 1920년 7월 26일

---

31 북경대학 조선문화연구소, 앞의 책, 257~258쪽.

북간도의 독립군 부대들이 재연합하여 동도독군부를 창설하였을 때, 의민단은 대한독립군과 함께 2대대로 편성되었는데, 방우룡이 부대장으로 임명되었고, 주둔지는 연길현 숭례향 명월구, 그리고 소 명월구에 있던 방우룡의 집과 천주교회 건물이 제1군사령부로 이용 되었다. 천주교회 건물을 사령부로 이용할 정도라면 적어도 간도에 서는 국내에서와 달리 천주교인들이 독립운동을 함에 있어서 다른 종교나 단체들에 뒤지는 것은 아니었다고 볼 수 있다. 그러나 이후 일제의 종교탄압과 독립군 부대들의 분열, 중국 군벌의 독립운동 방 해, 공산주의 운동과 함께 일어난 반종교 운동 등이 이어지면서 천 주교인들은 독립운동에서 멀어져갔다.[32]

간도의 천주교인들이 참여한 독립운동은 독립운동 전체를 놓고 볼 때 두드러진 것은 아니다. 그러나 국내에서와 달리 활발히 전개된 것도 사실이다. 그렇지만 이들이 천주교 신앙을 근거로 독립운동에 참여했다고 보기는 어렵다. 왜냐하면, 앞에서도 언급했듯이 당시 천 주교 지도자들은 정교분리원칙을 내세우면서 천주교 신자들이 독 립운동에 참여하는 것을 금하였기 때문이다. 간도의 천주교 신자들 은 당시 유행했던 민족주의 사상을 수용하고, 그것이 천주교 신앙 과 상호 충돌하지 않는다고 스스로 판단하고 독립운동에 참여한 것 이다.

간도의 천주교 신자들이 국내에서와 달리 활발하게 독립운동에 참여할 수 있었던 요인으로 다음의 세 가지를 꼽을 수 있다. 첫 번째

---

32 윤선자, 「조선총독부의 종교정책과 천주교회의 대응」, 국민대학교 대학원 박사학 위 논문, 1997, 128~140쪽.

로 활발한 교육활동을 통해 많은 신자가 민족의식과 같은 독립사상을 받아들일 수 있었다. 두 번째로는 간도의 다른 종교단체들의 독립운동에 영향을 받았으며, 세 번째로는 다른 종교단체들과 마찬가지로 천주교도 이미 간도에 뿌리를 내리고 있었기 때문에 독립운동에 필요한 인적자원과 경제적 자원 모두를 뒷받침할 수 있었다는 것 등이다.[33]

이러한 요인들 이외에 또 다른 요인도 생각해 볼 수 있다. 국내에서는 선교사들에 의해 천주교인들의 독립운동이 대부분 좌절되었다. 그러나 간도에는 국내에서와 달리 선교사의 숫자도 많지 않았고, 담당 지역도 매우 광범위하였다. 따라서 국내에서처럼 선교사들이 천주교인들의 독립운동에 대응하는 것에는 한계가 있을 수밖에 없다. 현지 중국인들이 빈번하게 공격하고, 그로 인해 선교사들도 피살되는 마당에 선교사들이 적극적으로 대응하기에는 무리가 따를 수밖에 없었을 것이다.[34]

IV. 간도의 천주교 활동의 특성과 의의

간도의 초기 천주교인들은 우선 경제적으로 어느 정도 안정된 위

---

33 윤선자, 앞의 논문, 131~132쪽. 북경대학 조선문화연구소, 앞의 책, 259~260쪽.
34 윤선자는 그의 논문에서 일본인을 감금한 것이 본당을 의미하는 것이 아니라 공소 가운데 하나라고 하였는데, 이것은 공소에서 일어난 일을 선교사가 모두 담당할 수 없었다는 의미이기도 하다. 윤선자, 「조선총독부의 종교정책과 천주교회의 대응」, 129쪽.

치에 있었다. 이것은 김영렬 일행이 초기 천주교에 입교하려는 사람들을 위해 즉시 원산 부근에 살 곳을 마련하고 농토까지도 매입할 수 있었다는 것, 그리고 1900년에 최문화, 김일룡, 최병학 등 4~5인의 주도로 용정에 있는 중국인의 땅을 매입하고 천주교인 20호를 이주시켜 천주교 마을로 만든 사실 등이 그런 것을 말해 준다.[35]

이러한 경제적 기반으로 마련된 천주교 신자들의 집단부락은 1910년대 이후 간도로 이주해 오는 천주교 신자들의 의지처가 되었으며, 동시에 천주교가 주도적으로 교육사업을 전개할 수 있는 기반이 되기도 하였다. 앞에서도 언급했지만, 실제로 간도 지역의 천주교 신자들은 처음부터 선교뿐만 아니라 교육에도 심혈을 기울였다. 그리하여 비록 정규학교는 아닐지라도 마을에 서당과 같은 교육기관을 세우고 학생들을 모아서 가르쳤다. 이상설이 1906년 서전서숙을 세우고 난 후, 천주교인들은 1907년 교항서숙, 삼애학교, 화룡서숙을 설립하였는데,[36] 이것은 서구 선교사들에 의해서 설립된 것이 아니라 한국 천주교 신자들에 의해 설립된 것이다.

간도 지역을 베네딕도 수도회가 관할하면서부터는 선교사들의 주도로 정규학교들이 설립되었는데, 새롭게 세운 것들도 있고, 기존에 천주교 신자들이 운영하던 것을 인수해서 개편한 것들도 있었다. 이 학교들을 운영함에 있어서도 선교사들에게만 의존한 것이 아니라 신자들도 적극적으로 지원하였다. 신자들의 지원은 개인이나 단체가 지원하는 형태로 이루어졌다. 각 본당의 학교후원회, 자모회(팔

---

35 X생, 「연길교구 각 교회연혁과 현세」, 『가톨릭청년』 4, 1936.10, 32쪽.
36 한흥렬, 「간도천주교회 사회적 공헌」, 70쪽.

도구), 성모회(용정) 등이 단체로 지원하는 형태라면, 개인적으로 수천 원, 수백 원을 기탁하거나, 아니면 무보수로 교원으로 봉사하는 것 등이었다.[37]

이들 학교에서는 천주교 신자들뿐만 아니라 한국인은 누구나 종교와 관계없이 교육을 받을 수 있었고, 극빈자 가정의 자녀는 수업료를 면제해 주기도 하였다. 학생 가운데 성적이 우수한 학생은 상급학교(중학교)에 진학하도록 주선해주고 수업료를 지원해주는 등, 한국인에게는 누구나 균등한 교육을 받을 수 있도록 노력하였다.

비록 1925년 이후 일제에 의해 교과목이 강제로 배정되고, 여러 곳에 산재해 있던 교육기관의 숫자도 차차 줄어들게 되지만, 이전까지 천주교인들에 의해 설립된 학교는 기본적으로 인재를 양성하면서 학생들에게 민족의식을 심어주는 역할을 하였다. 이러한 학교의 역할은 국내에서와 달리 천주교인들이 독립운동에 참여할 수 있는 사상적 뒷받침이 된 것이라고 할 수 있다.

천주교 신자들은 집단부락을 이루어 살면서 새로 이주해 오는 주민, 그리고 아직 터전을 잡지 못한 사람들을 위해서 경제적인 기반을 다진 사람들을 중심으로 상호 여러 가지 노력을 하였다. 공동 마을을 이루어 함께 살기 위해 농토를 매입하여 함께 경작하는 것이 그 하나의 사례이다. 팔도구의 조양하는 1903년 12가구의 천주교 신자들이 함께 토지를 매입하여 한국인 천주교 마을을 만들었다. 용정은 1900년 이전까지는 중국인 가구 몇 집과 그들의 농토를 소작하는 한

---

37 김병찬, 앞의 글, 51~52쪽.

국인 가구 5,6호만이 있었다. 그 때 부처골에 있던 최병학을 비롯한 천주교인들이 중국인으로부터 토지를 매입하여 20가구가 이주하도록 하였다. 그로부터 30여 년이 지난 후 용정시 내 토지의 대부분이 최병학의 명의로 되어있었다고 한다. 또 다른 형태의 공동 협력 활동도 있었다. 흑룡강의 해북진 선목촌에서는 천주교 신자들이 함께 땅을 임대받아 경작하고 소작료를 공동으로 지불하였다. 이런 노력 덕분인지 이 지역에도 천주교 신자들이 늘어나게 되자, 해북진 본당은 신자들에게 봄철에 씨앗이나 농업에 필요한 경비를 빌려주는 형태의 지원을 하기도 하였다.

천주교인들은 금융기관도 설립하였다. 1905년 화룡현에서는 김성덕이 주체가 되어 광식회사를 설립하였는데, 후에 연화조합으로 변경하였다. 팔도구 식산조합 용정의 공신사 그리고 동만산업 등이 모두 한국인들에게 경제적인 어려움이 있을 때 도움을 주던 금융기관들이었다. 이외에 소규모의 금융기관들도 있었다.[38]

한국의 천주교 신자들이 처음에는 중국인뿐만 아니라 같은 한국인이기는 하지만 비천주교인들에 의해 공격을 받았고, 후에는 중국의 마적 등의 공격도 받게 된다. 중국인 마적들이 공격한 이유는 사람을 납치해가면 몸값을 받게 되거나, 아니면 마을을 습격하면 금품이나 식량을 강탈해 갈 수 있다고 생각했기 때문이었다. 마적들이 그렇게 생각할 정도로 천주교인 집단마을은 경제적으로 안정되었다. 1919년 7월 중국인 마적이 팔도구 천주교회를 습격하여 최문식

---

38 한홍렬, 앞의 책, 69~70쪽.

신부를 비롯한 조선인 천주교 신자 10여 명을 납치하는 사건이 벌어졌다. 다양한 구조 노력으로 6개월이 지난 후 이들은 풀려날 수 있었지만, 이들이 풀려날 수 있도록 몸값을 지불하는 등의 노력도 동반되었다.

연길지목구가 설립된 이후에는 적어도 간도의 한국인들은 천주교를 더는 공격하지 않은 것으로 보인다. 여러 가지 이유가 있겠지만, 그 하나는 천주교가 교육사업 등을 통해 사회와 소통하려는 노력을 게을리하지 않았고, 병원이나 시약소 등을 여러 곳에 세워 질병치료에도 많은 도움을 준 덕분이라고 생각된다. 다른 이유를 든다면 처음에는 간도 지역의 천주교인들이 한국인 사회에서 차지하는 비율이 소수에 불과했지만, 20여 년이 지나면서 그 비율이 급증했다는 것이다. 1930년대가 되면, 처음엔 거의 황무지에 불과했지만, 천주교인들이 중심이 되어서 세워진 부락이 간도일대 여러 곳에 산재하게 된다. 과거와 달리 간도 지역에서 천주교의 세력은 무시할 수 없는 위치가 되었으며, 사회적 영향력도 커졌다는 것을 시사한다. 따라서 한국인 사회에서 천주교 신자들은 더는 사회적 약자가 아니라 주도적 위치에 서게 된 것이다.

간도의 천주교는 단지 천주교인들만의 종교가 아니라 한국인들의 종교로 활동하였다. 그 방법은 교육과 경제, 그리고 의료라는 사회복지를 통해서 이루어졌다.

간도의 한국인들에게 전래된 천주교는 한국인들의 정체성 유지에도 영향을 끼친 것으로 보인다. 과거에도 한 나라의 국민이 이웃국가로 이주해 들어가는 경우가 많았다. 그것은 현재에도 진행형이라고 말할 수 있다. 대규모의 이주가 흔한 편은 아니지만, 대규모의 이주도 있었다. 이럴 경우 예외적인 경우가 있기는 하지만, 대부분 그 국가에 동화되어 그 국민이 되고 만다. 구한말 이전까지의 조선인들이 그러한 경우이다.

그렇지만, 이후의 한국인들은 간도로 이주한 이후에도 정체성을 유지하며 한국인끼리 모여 마을을 이루며 살았다. 그러한 것이 가능했던 것은 이 지역이 당시까지 개간되지 않은 채 남아있어 중국인들이 많이 거주하지 않은 지역이기 때문이기도 했지만, 외부의 적을 방어하기 위한 수단이기도 하였다. 함께 모여 살아가는 동안에 자신들의 문화를 지킬 수 있었기에 한국인으로서의 정체성을 잃지 않았다.

그렇지만 단순히 모여 살기만 한다고 그러한 것이 가능할까? 여기에 또 다른 외부적 요인을 든다면 종교를 들 수 있을 것이다. 천주교의 경우 신자집단을 이루고 함께 모여 신앙생활을 하면서 자연스레 한국인들만의 집단을 이루게 된다. 집단부락에서 천주교는 조직도 함께 제공하게 된다. 천주교인들만으로 이루어진 마을은 교회의 조직이 곧 그 마을의 조직과 다름없다. 그렇기에 이러한 조직은 교회의 일을 처리할 때에는 물론이고 마을의 일상사를 처리함에 있어서도 마찬가지로 가동되었다고 생각된다. 비록 의도적인 것은 아니겠지만, 천주교는 자연스럽게 그런 기반을 제공하였다. 한국인들을 대상으로 한 교육은 여기에 직접적인 영향을 준 것이다.

국내에서는 천주교 지도자들이 독립운동에 관해 극렬히 반대함으로써 천주교 신자들의 독립운동 참여가 저조할 수밖에 없었다. 적어도 천주교의 이름을 내건 독립운동은 용납되지 않았다. 그렇지만 간도에서는 사정이 달랐다. 적어도 1920년대 초까지는 선교사들의 큰 제지를 받지 않은 것으로 보인다. 앞에서 언급했듯이 간도 지역이 광범위하기 때문에 선교사가 모든 부분을 관할할 수 없었던 것이 하나의 요인일 수 있다. 또한, 베네딕도 수도회가 간도 지역을 담당하기 전까지의 학교 설립과 교육 담당은 대부분 한국인 천주교 신자들에 의한 것이었다. 신자들이 스스로 학교를 세우고 교육을 직접 맡았다. 그 과정에서 민족의 역사, 지리, 윤리 등의 과목을 가르침으로써 민족과 역사에 대한 자부심과 애국심을 고취할 수 있었고, 이것은 독립운동에 참여할 수 있는 기틀을 제공하였다.

베네딕도 수도회가 간도 지역을 담당하면서 근대식 교육을 도입하고, 일제의 영향을 받으면서부터 민족교육은 거의 말살되었다. 다만 각 본당에서 야학 강좌를 개설하여 교육의 혜택을 받지 못한 부녀자를 비롯한 기타 한국인들에 대한 교육은 지속하였다.[39]

그렇지만 다른 어떤 특성보다도 더욱 독특한 것이 간도 지역에 한국의 천주교회가 관할하는 교구가 생겼다는 것이다. 그것은 지역 경계를 중시하는 천주교에서 발생한 매우 특이한 현상이라고 할 수 있다. 이미 이 지역은 중국에 속한 교구가 담당하고 있었기 때문이다. 다시 말해서 교구 속의 교구라고 해야 할 것이다. 그것은 당시의 독특한 국제사회의 현상이 반영된 것이라고 볼 수 있다. 이것은 그만큼 이 지역에 중국인보다는 한국인들이 훨씬 많았다는 사실을 보여주는 것이기도 하다. 비록 해방 이후 중국의 길림교구로 편입되고 한

---

39 야학 강좌의 과목은 한글을 기본으로 산술, 외국어 등이었다. 『가톨릭청년』 3, 1935.4, 30쪽. 1935.8, 39쪽 등 참조.

국인들의 연길교구는 사라지지만, 이전까지는 간도 지역에서 한국인들의 교구로 활동하면서 오히려 부수적으로 중국인들이 연길교구에 편입되기도 하였다.

V. 맺음말

중국에 한국인들이 이주하기 시작한 것은 오래되었지만, 19세기 이후부터 이주하기 시작한 사람들을 제외한다면 대부분 중국에 동화되어 그 뿌리를 찾을 수가 없다. 현재 중국에서 조선족이라고 부르고 있는 소수민족은 대부분 조선 후기에 이주한 사람들과 그 후손들이다.

19세기부터 20세기 중엽까지 한국의 천주교는 외국 선교사들의 관할 아래 있었다. 그렇지만 간도 지역에 전파된 천주교는 분명 한국인이 그 중심에 있었다. 간도 지역에 중국인을 대상으로 한 천주교가 전래한 시기는 분명하지 않지만, 1838년에 처음으로 요동대목구가 북경대목구로터 분리 설립된 것으로 보아서 아마도 1800년대부터 전해졌을 것으로 보인다. 그렇지만, 간도 지역은 만주의 다른 지역과 달리 중국인이 별로 거주하는 지역이 아니었다. 오히려 한국인들이 대량 이주해서 많은 농토를 일군 이후에야 중국인들도 대거 이주하기 시작하였다.

따라서 만주대목구가 설정되기는 하였지만, 중국인 신도가 상대적으로 그리 많았던 것은 아닌 것으로 보인다. 그렇기에 간도 지역은 처음부터 조선교회에 소속되었고 그것은 원산대목구가 설정되었을 때, 그리고 연길지목구가 설정되었을 때도 마찬가지로 조선교회에 소속되어 있었다. 도리어 일부 중국인들은 연길교구의 관할 아래 있었다.

원인이 어디에 있건 천주교의 주체 세력이 한국인이었기 때문에 간도의 천주교는 한국인 사회에 여러 가지로 영향을 주었다. 국내에서는 독립운동에 미온적인 태도로 인해 비난을 받기도 하였지만, 간도에서만큼은 차이가 있었다. 교육을 통해 민족의식을 일깨우는 한편 한국인들의 홀로서기에도 직간접적으로 영향을 주었다.

그렇지만, 베네딕도 수도회가 이 지역을 담당하면서 그만큼 신자들과 선교사들 사이의 접촉은 늘어나게 되고 교육에 있어서도 선교사들이 직접 교육사업을 담당하는 쪽으로 변화되어 갔다. 특히 일제가 만주 전역을 관리하게 되면서 간도의 천주교와 관련된 교육기관들도 대부분 일제의 교육방침을 따르면서 사실상 민족교육은 한계를 드러내게 된다.

이 글에서는 간도 한국 천주교인들의 활동을 간도 한국 사회와 관련해서 파악해 보려고 하였다. 간도 천주교의 역사 이외에 천주교와 관련해서 간도 한국인들의 종교생활, 경제생활 등을 다루고 이미 여러 곳에서 다루어 많은 사실이 밝혀진 독립운동 부분을 제외하려고 하였지만, 필자의 한계로 그러한 방향으로 가지 못한 아쉬움이 남는다.

| 『간도와 한인종교』, 한국학중앙연구원, 2010.

제2부

현대 시기의 천주교

제1장

종교 사회복지의 과제와 전망

I. 서론

사회복지의 언어 그대로의 의미는 사회적으로 행복한 상태를 말하지만, 일반적으로 사용되는 의미는 한 개인이나 집단이 사회 안에서 행복한 상태에 이르도록 도움을 주는 제반 활동들을 말한다.[1] 이러한 활동들이 종교와 관련되어 있을 때 종교 사회복지라고 언급하는데, 그 연결이 어떤 것이어야 하는지는 명확하게 말하기 어렵다. 종교가 사회복지에 참여하는가의 문제로 종교 사회복지를 말하기도 하지만, 그조차도 사실 명확한 것은 아니다. 종교 교리가 종교단체

---

[1] 사회복지의 개념 정의, 사회복지의 목적은 다양하게 거론되지만, 이에 관한 논의는 본 고의 주된 관심사가 아니므로 일반적으로 언급되는 사회복지의 의미만을 간략히 언급하였다. 사회복지의 개념이나 목적에 대해서는 노길희 외, 『사회복지개론』, 양서원, 2016, 13~22쪽 참조.

들의 숫자만큼이나 다양하고 종교가 사회복지에 참여하는 이유도 다양하다. 그 이유는 각 종교가 그 종교의 교리나 이념을 사회복지에 어울리도록 해석해서 나온 것이기 때문이다. 각 종교는 그 종교 교리나 이념에 근거해서 사회복지에 참여하지만, 사회에서 나타나고 있는 종교들의 사회복지 활동은 부분적으로 그 종교의 교리와 무관한 것으로 보인다. 예를 들면 사회복지의 비리, 부도덕, 범죄 현장에 일반 사회복지기관뿐만 아니라 종교단체 소속의 복지기관들도 종종 나타나고 있고 설혹 이와는 무관하다고 하더라도 오늘날 흔히 말하는 소속 종사자들에 대한 기관의 혹사나 갑질 등의 문제도 일반 사회복지단체들과 마찬가지로 종교사회복지단체들에서도 나타나고 있기 때문이다. 그런 점에서 일반사회복지와 종교사회복지가 다른 점은 무엇일까를 고민하게 만든다.

한편 1990년대 이후 종교 사회복지에 대한 연구들은 꾸준히 이어지고 있지만, 대부분 각 종교전통의 입장에서 연구된 것들이고 종교 사회복지 일반에 대한 연구들은 많지 않은 편이다. 각 종교전통의 경우 기독교, 불교, 원불교에서 많은 연구가 이루어지고 있으며, 최근에는 대순진리회에서도 사회복지 관련 연구가 나타나고 있다.[2]

종교전통에 속한 연구들은 역사적인 사실들을 거론하면서 종교가 사회복지에 지대한 영향을 끼쳤음을 논하는 것은 기본이고 종교계의 사회복지 활동에 대해 자화자찬하는 경향이 대부분이었다.

---

2 관련 연구논문이 매우 많기 때문에 그것들의 숫자를 일일이 비교하는 것은 이 글의 성격상 큰 의미가 없다고 보기에 구체적인 숫자는 생략한다.

이것은 주로 종교전통 내부자의 관점에 기인하는 것이기는 하지만, 사회복지 활동에 대한 긍정적인 인식도 자리하고 있기 때문이라고 할 수 있다.[3]

종교전통에 속하지 않은 종교 사회복지 일반에 관한 연구들은 상대적으로 많지 않지만, 대체로 종교 사회복지의 현황에 대한 성격 규정과 함께 미래에 대한 전망이나 과제에 관한 연구가 주를 이루고 있다. 관련 연구들 가운데 몇 가지만을 간단히 소개하자면 다음과 같은 연구들이 있다.

우선 노길명은 사회복지 활동을 위해서는 세 가지 조건인 행동의 동기, 필요한 자원, 공급과 소비를 연결하는 전달체계가 충족되어야 하는데, 이를 가장 확실하게 충족시킬 수 있는 분야가 바로 종교이기 때문에, 종교가 사회복지 활동에 참여한다면 사회복지가 크게 발전할 수 있다고 보았다. 그는 한국의 각 종교전통이 사회복지에 기여해 온 점을 파악한 다음 한국 사회에서 종교가 사회복지에서 해야 할 과제로 일곱 가지를 꼽고 있다. 그가 제시한 일곱 가지 과제 가운데 사회복지 이념의 토대인 사회교리의 개발과 보급, 여타 사회복지 기관과의 중첩되지 않는 분야에의 서비스, 그리고 영적 복지 활동의 강화 등이 일반 사회복지와 구별되는 종교 사회복지의 특색을 이룬다고 생각된다.[4]

고병철은 종교계의 사회복지 활동도 종교현상이므로 종교학계

3 최원규, 「한국 전쟁기 가톨릭 外援 기관의 원조 활동과 그 영향」, 『교회사연구』 26, 한국교회사연구소, 2006, 161~162쪽.
4 노길명, 「종교사회복지의 성격과 과제」, 『종교와 사회』 1, 한국종교사학회, 2010, 194~210쪽.

의 연구가 필요함을 주장하면서 정부의 사회복지 정책의 역사에서 세 가지 특징을 지적하고 있다. 첫 번째는 사회보장 법률의 상당수가 군사독재 정권에서 만들어졌다는 점이고, 두 번째는 사회복지 정책에서 민간 복지의 역할이 점차 강조되어왔다는 점이며, 마지막으로 민간 복지의 역할에서 종교계의 적극적인 사회복지참여가 요청되고 있다는 점 등이다. 실제로 민간 사회복지 영역에서도 그간 종교계가 중추였음을 지적하면서도 각 종교계의 사회복지 활동이 저조하다고 평가되고 있는데, 이것은 실제라기보다는 정부가 종교계의 사회 참여를 유도하기 위한 맥락으로 분석하고 있다. 그러면서 종교계 사회복지의 쟁점을 네 가지로 정리하고 세 가지의 과제를 제시하고 있다. 세 가지의 과제는 종교 사회복지 개념의 정립, 종교 활동과 사회복지의 연관성에 대한 합의 도출, 그리고 마지막으로 각 종교가 사회복지 증진을 위해 상호 연계하고 공유하는 것 등을 제시하고 있다.[5] 고병철은 세 가지로 나누어 지적하고 있지만, 이들은 사실 별개의 것이라기보다는 서로 관련되어 있다고 보는 것이 더 적절하다.

전명수는 이제까지의 종교 사회복지 담론은 기성종교의 이념을 현대복지 이론에 접합시키려고 재구성한 것이며 사회복지 활동에서도 복지의 대상자가 아닌 복지를 실행하는 사람에 초점이 있었음을 논하였다. 그는 종교 사회복지가 일반 사회복지와 구분되는 요인은 인간의 영적 욕구에 대한 관심 때문이라고 주장한다. 그러므로

---

5 고병철, 「한국 종교계 사회복지의 쟁점과 과제」, 『종교문화비평』 19, 종교문화비평학회, 2011, 246~276쪽.

종교적 복지에는 영성 복지가 추가되어야 한다고 하였다. 그는 종교 사회복지의 종교 활동, 즉 선교와 같은 것이 문제가 되지만, 이런 것들은 지역시민단체와의 협력을 통해 극복하면서 지역에 뿌리내리는 종교 사회운동으로서의 종교 사회복지라는 영역이 될 수 있다고 제시하고 있다.[6] 그러나 위에 언급된 연구들은 모두 종교 사회복지의 범위나 개념 정의가 명확하게 드러나 있지 않다. 다만 종교 사회복지의 서비스는 일반 사회복지의 그것과 구분돼야 함을 논하고 있을 뿐이다.

이상과 같은 논의를 바탕으로 2장에서는 종교 사회복지의 개념에 대해 종교별 입장을 기준으로 파악하고, 3장에서는 현재 한국 종교 사회복지의 현황에 대해 간단하게 알아볼 것이다. 현황은 통계보다는 현재 종교 사회복지가 어떤 방향에서 진행되고 있는가에 초점을 맞출 것이다. 이어서 4장에서는 종교 사회복지의 과제와 전망을 살펴볼 것이다.

II. 종교 사회복지의 개념

종교 사회복지를 논하려면 일반 사회복지와의 구분이 필요하다. 왜냐하면, 사회복지 행위는 정부뿐만 아니라 민간의 영역에서도 이루어지고 있으며, 민간 영역의 사회복지 활동이라도 종교와 무관하

---

6 전명수, 「종교사회복지담론의 재고찰 : 비판적 성찰과 전망」, 『종교문화연구』 20, 한신대학교 종교와 문화연구소, 2013, 284~304쪽.

게 이루어지고 있는 것도 있기 때문이다. 다시 말해서 사회복지 활동 중에서 종교 사회복지의 범위를 정하여 그것에 대해 논의해야 한다는 것이다. 종교 사회복지에 대한 연구들 가운데 이러한 것을 정확하게 언급한 것은 찾아보기 어렵다. 기존의 연구들은 각 종교전통의 입장에서 사회복지에 대해 논하고 있는 것의 대부분이고, 종교 일반의 사회복지에 관한 연구라고 하더라도 명확한 한계나 잠정적인 범위를 규정하고 있지 않기 때문이다. 다만 그간의 연구들을 종합해보면 대체로 종교단체나 종교인들이 하는 사회복지 활동을 종교 사회복지라고 보고 있다.

그렇다면 종교사회복지를 어떻게 규정해야 할까? 이에 대해서는 크게 두 가지로 분류할 수 있을 것이다. 우선 사회복지 활동의 주체가 누구인가의 문제이다. 그것은 종단 차원, 그리고 종단의 하위기관, 즉 교구나 교당 차원, 그리고 종교에 속한 개인 차원에서 이루어지는 사회복지 활동을 말한다. 이제껏 논의되고 있는 대부분의 종교 사회복지 관련 연구들은 대체로 이 기준을 따르고 있는 것으로 보인다. 다음으로 사회복지 활동에 종교 교리나 이념이 관련되어 있는가의 문제이다. 예를 들어 기독교의 경우 하느님의 인간 사랑을 사회복지와 연결한다던가, 불교의 경우 붓다의 이타행, 또는 인간을 고통의 세계에서 해방한다는 개념 등을 사회복지와 연결하는 것 등이다. 그러나 이것은 곧 종교 교리가 복지와 동의어로 들릴 수 있기에 논란의 여지가 있다. 그것은 종교가 곧 복지와 동일하다는 논리로 이어질 수 있기 때문이다.

종교와 사회복지 활동이 무관한 것은 아니지만 종교가 바로 복지

일 수는 없기 때문이다. 종교 사회복지에 대한 개념을 간단하고 명확하게 규정하기는 어렵다. 종교 사회복지에 관한 기존의 연구에서 몇 가지 규정을 추려보면 다음과 같다. 원석조는 '종교가 주체가 되어 행하는 사회복지'[7]라고 규정하고 있으며, 조흥식은 '사회문제의 해결과 예방, 인간의 사회적 기능수행의 활성화, 생활의 질적 향상 등을 위해 종교가 행하는 복지서비스'[8]라고 하였다. 이것은 모두 종교가 행동하는 것에 초점이 맞추어져 있다.

사회복지의 개념 정의에도 여러 가지가 있는데 노길희는 '개인 및 집단과 지역사회의 문제에 관심을 두고 이들의 사회적 욕구를 충족시키기 위한 제반 법률, 프로그램 및 서비스 체계'[9]라고 정의하고 있다. 이를 다시 종교와 연결한다면 "개인 및 집단과 지역사회의 문제에 관심을 두고 이들의 사회적 욕구를 충족시키기 위해 종교가 행하는 프로그램 및 서비스"를 종교 사회복지라고 규정할 수도 있다.

복잡하게 연결되었지만, 종교 사회복지는 다름 아닌 사회복지와 종교, 또는 종교와 사회복지가 연결된 것이다. 종교사회복지에 대한 이러한 규정들은 모두 복지 활동의 주체가 누구냐에 초점이 맞추어져 있을 뿐이다. 다시 말해서 사회복지에 대한 정의만 내려져 있을 뿐 종교에 대한 고민의 흔적은 보이지 않는다. 물론 여기에서 종교란 무엇인가에 대해서 언급하라는 것은 아니다. 다만 그 연결점이 단지

---

7 원석조, 「원불교와 가톨릭 사회복지의 비교 연구」, 『원불교사상과 종교문화』 32, 원광대학교 원불교사상연구원, 2006, 349쪽.
8 조흥식, 「종교 사회복지활동의 방향과 과제」, 『제1회 종교와 사회복지 심포지엄 자료집』, 한국종교계사회복지 대표자협의회, 1998, 9~21쪽.
9 노길희 외, 앞의 책, 18쪽.

앞에서 규정된 대로 종교가 개입되어 행동하느냐에 달려 있을 뿐이다. 즉 이것은 사회복지의 입장에서만 논의된 것이다. 이것은 종교가 복지 활동을 하는 근거를 말하기 어렵다는 문제가 있다.

그럼 종교 교리나 이념에 근거한 종교 사회복지는 어떤 것일까? 이를 위해 종교전통별로 사회복지를 어떻게 설명하고 있는지 간단하게 알아볼 필요가 있다. 불교와 천주교, 개신교, 그리고 원불교와 대순진리회의 순서대로 사회복지에 대한 논의를 파악해 볼 것이다.

다른 종교들도 마찬가지겠지만 불교 사회복지의 이념을 한 마디로 설명하기는 어렵다. 그것은 불교 이념을 근거로 사회복지를 행하는 것인데, 사회복지와 관련된 불교의 이념이 무엇인가를 한마디로 설명하기 어렵기 때문이다. 불교와 사회복지의 공통점이 인간이 처한 환경의 현실적 문제를 해결하려는 것이라고 한다면 불교는 인간이 고통의 속박에서 해탈하는 데 목적을 두는 데 반해, 사회복지는 인간이 처한 상황이나 생활상의 문제를 해결함으로써 행복한 삶을 추구하는 데 목적이 있기에 근본적으로 차이가 있다고 할 수 있다.[10] 이러한 차이에도 불구하고 불교 이념과 사회복지를 연결하는 근거는 대체로 자비(慈悲), 보시(布施), 복전(福田), 보살(菩薩) 사상에 두고 있다. '모리나가(森永松信)는 불교의 복지이념을 일관하는 기본적 원리는 자비이고, 이 자비의 정신은 경전에서도 단순히 정신적 구제만을 한정하고 있지 않고 사회악인 빈곤에 대해서도 지향하고 있다'[11]고 하였다. 그 외에도 자비를 언급하면서 자비가 불교 사회복지

---

10 권경임, 「시민사회에 있어서 불교사회복지의 역할」, 『시민사회와 종교복지』(종교사회복지포럼 편), 학지사, 2003, 107쪽.

의 근본이념임을 나타내고 있는 설명들[12]이 있다. 사회복지의 근거로 여러 가지 불교 이념들을 들고 있지만, 그 모든 것들을 일관하는 것은 자비임을 나타내는 것이라고 할 수 있다. 따라서 불교 사회복지의 이념을 다소 좁혀서 설명한다면 자비의 이념에 따라 사회복지 활동을 전개하는 것이라고 할 수 있을 것이다. 다만 불교에서 말하는 사회복지는 단순히 육체적 물질적인 면에 그치는 것이 아니라 인간의 내면적인 주체성을 확립하는데 본질적인 목표를 두는 것을 강조하고 있다.[13]

천주교의 경우 심흥보는 천주교 사회복지를 '개인적으로 대처하기 어려운 욕구나 문제에 그리스도의 사랑 정신으로 함께 참여하여 그 문제를 나누고 함께 풀어나가기 위한 교회의 가르침과 교회의 사목적 지침, 그리고 그 가르침에 따른 교회 공동체의 직.간접적인 행위와 신자 개인이 신앙의 정신을 가지고 교회의 이름으로 또는 교회의 가르침과 지침을 실천하려는 다양한 노력'[14]이라고 규정한다. 가톨릭 사회복지 활동과 일반 사회복지사업이 다른 점은 '가톨릭 사회복지 활동의 지향이 그리스도 정신에 따르는 인간의 구원이라는 점과 주 대상이 물질적 혹은 정신적으로 소외된 사람들'[15]이라는 것이다.

---

11 권경임, 「불교사회복지 사상과 실천세계에 관한 연구」, 동국대학교 대학원 박사학위논문, 1998, 29쪽.

12 이원식, 오주호, 「종교사회복지의 현황과 원불교 사회복지의 발전 방안」, 『원불교 사상과 종교문화』 42, 2009, 163쪽.

13 노득용, 「한국 민간사회복지 체계 속에서의 종교사회복지의 종교별 비교분석」, 명지대학교 사회복지대학원 석사학위논문, 2004, 8쪽.

14 심흥보, 「한국 천주교 사회복지사 연구」, 가톨릭대학교 사회복지대학원 석사학위논문, 1998, 1쪽.

15 김인숙 외, 『한국 가톨릭 사회복지의 실태와 전망』, 주교회의 사회복지위원회 전

개신교의 경우 박종삼은 기독교 사회사업은 '지역사회 내의 사회 문제를 교회의 선교적 출발점으로 받아들이고 교회가 주체가 되어 사회봉사 프로그램을 기독교적 관점에서 실천하는 것'이라고 규정한다. 김기원은 기독교 사회복지를 '상실된 하나님의 형상을 회복시키려는 기독교인들의 제도적이고 체계적인 노력이자 자치체계'라고 한다.[16] 이러한 기독교의 사회복지 이념은 성서에 바탕을 두고 있으며, 하느님과의 관계가 전제되고 있다. 기독교의 사회복지 활동은 하느님의 명령이며, 그 명령을 따를 때 보상이 결과로 나타나는 등의 이유로[17] 타인을 위한 활동은 마땅히 해야 할 일이다. 같은 기독교 전통인 천주교와 개신교의 사회복지는 모두 하느님과의 관계, 하느님의 정신, 하느님의 명령에서 기인하는 것이고, 선교와 관련되어 있다고 볼 수 있다.

원불교의 사회복지 이념은 개교의 동기, 일원상 진리와 사은, 그리고 삼학과 사요를 통해서 설명된다. 개교의 동기가 복지의 기본 이념이라면 일원상의 진리와 사은은 사회복지의 이념을 제시한 것이고, 삼학과 사요는 실천적인 측면의 사회복지 이념으로서 삼학은 개인의 구원, 사요는 사회의 구원을 지향하는 것이다. 원불교를 창시한 소태산 박중빈은 "진리적 종교의 신앙과 사실적 도덕의 훈련으로써 정신의 세력을 확장하고 물질의 세력을 항복 받아 파란 고해의 일제 생령을 광대 무량한 낙원으로 인도하려 함이 그 동기"라고 개

국연수회 자료집, 1997, 15쪽.

16 김인, 「한국 교회사회복지의 정책과제」, 『교회와 사회복지』 4, 한국기독교사회복지실천학회, 2006, 121쪽.

17 유장춘, 「기독교사회복지의 이념과 실제」, 『시민사회와 종교복지』, 192~193쪽.

교의 동기를 밝히고 있는데, 이를 통해 물질문명과 정신문명이 병행되어 조화를 이룬 낙원세계의 건설이 원불교 사회복지의 기본 이념임을 알 수 있다.[18] 원석조는 원불교 사회복지의 핵심 이념은 소태산이 교단의 사업목표로 교화·교육·자선을 병진할 것을 명시한 데 있다고 하면서, 그 가운데서도 특히 원불교 사회복지 이념은 자선이라고 규정한다.[19] 다른 어떤 이론적 이념보다도 교조가 제시한 원불교의 사업목표인 자선이야말로 사회복지의 핵심이고, 따라서 원불교의 사회복지 활동은 모두 이 이념에 근거해서 이루어지고 있다는 것이다.

한편, 대순진리회 사회복지 실천의 이념은 해원상생(解冤相生)과 보은상생(報恩相生)으로 이야기된다.[20] 해원상생이란 글자 그대로는 원을 풀어 서로 함께 살아가자는 의미이지만, 대순진리회에서 말하는 해원과 상생의 의미는 대순진리회의 교리와 연결된다. 간단하게 말하기는 어렵지만, 해원상생은 선천세계에서 서로 간의 상극으로 인해 원이 맺혔는데 후천세계에서 그러한 원한을 풀고 타인을 도와 잘되게 하면 그것은 결국 나도 잘되게 된다는 논리이다. 그런 점에서 상생은 그냥 함께 살아간다는 의미보다 더 적극적인 표현이라고 할 수 있다. 보은상생도 마찬가지 논리로 연결된다. 나라는 존재는 혼자서 살 수 없고 누군가의 도움, 즉 은혜를 입고 살아가는 존재이다.[21] 그것

---

18 서윤, 「원불교와 사회복지」, 『종교문화학보』 4, 한국종교문화학회, 2007, 98~100쪽.
19 원석조, 앞의 글, 357~358쪽.
20 박종수, 「대순진리회의 사회복지사업 현황과 과제」, 『대순사상논총』 24-1, 대진대학교 대순사상학술원, 2014, 296쪽.
21 신철균, 「해원상생·보은상생의 의미와 실천에 관한 연구」, 『대순진리학술논총』 4, 대진대학교 대순사상학술원, 2009, 171~185쪽.

에 대해 보은하는, 즉 은혜를 갚는다는 의미이니 사회복지에의 참여는 선택의 문제가 아니라 종교 생활에서 필수적인 의무라고 할 수 있다. 그러나 다른 무엇보다도 대순진리회를 창설한 박한경 도전이 1972년에 종단의 3대 중요사업으로 구호자선사업·사회복지사업·교육사업을 정한 것[22]은 이를 뒷받침하는 중요한 근거가 된다.

사회복지의 입장에서 논의된 종교 사회복지가 단순히 종교단체가 사회복지 활동을 하는 것을 말하고 있는 것에 비해서 종교의 입장에서 말하는 종교 사회복지는 각 종교의 이념에 따른 것이라는 차이가 있다. 사회복지의 입장에서 종교 사회복지를 논하는 것은 일반 사회복지와의 차별성을 찾기 어렵다. 이것은 정부나 지자체에서 하는 공공 사회복지가 아닌 민간사회복지라는 큰 틀에서 논의하면 될 뿐, 굳이 종교사회복지를 별도로 거론할 필요는 없을 것이라고 본다.

한편 종교의 입장에서 논의되는 종교 사회복지의 경우 종교가 행하는 사회복지가 종교적 수행의 목적이 될 수도 있고 종교적 목적에 이르는 수단이 될 수도 있다는 점에서 비판의 여지가 있을 수 있다. 불교나 원불교, 대순진리회의 경우에는 사회복지의 실천이 수행의 한 방편이 될 수가 있고, 천주교와 개신교는 신과 관계 속에서 개인의 구원을 얻는 방편이 될 수 있다는 점이다. 다만 동기나 과정이 어찌 되었든 종교가 사회복지 활동에 참여하는 것은 궁극적으로 인간의 행복, 그리고 인간의 더 나은 삶과 낙원 시대를 바라는 열망에서 비롯되는 것으로 볼 수 있다.

---

22 정지윤, 「대순진리회의 사회사업 실천 방향성에 관한 연구-대만 자제공덕회와의 비교를 중심으로」, 『신종교연구』 35, 한국신종교학회, 2016, 115쪽.

Ⅲ. 한국 종교 사회복지의 현재

문헌에 등장하는 전통적 의미의 사회복지는 삼국시대부터 나타나고 있는데 예를 들어 고구려의 고국천왕은 진대법을 정하여 춘궁기에 관아의 곡식으로 빈민을 구제하게 하였다. 불교가 융성한 고려시대에도 국왕이나 승려, 양반 부호들이 구빈사업을 적극적으로 벌였으며, 의창과 같이 제도적인 구휼기관도 있었다. 유교국가인 조선시대에는 왕도정치 이념에 입각하여 구빈행정이 제도적으로 강화되었다.[23]

조선 사회에도 민간 사회복지가 있었지만, 친족 중심의 역할이었고 기본적으로 가족과 친족들에게 우선적인 책임이 있었다. 따라서 현대적 의미의 민간 복지는 조선 후기 천주교에 의해 시작되었다고 볼 수 있다. 파리외방전교회 선교사인 매스트르(Joseph Ambroise Maistre) 신부는 1854년에 프랑스 성영회의 지원을 받아 고아들을 신도들의 가정에 유료로 위탁하여 양육시키고 있었다. 고아원을 세울 의도가 있었지만, 아직 박해가 끝난 상황이 아니었기 때문에 위탁양육을 선택한 것이었다.[24] 천주교 박해가 끝난 뒤인 1885년에 천주교는 조선 최초로 고아원과 양로원을 설립하였고, 전국 각 지역에 시약소를 설치하여 빈민에게 무료로 약을 나누어 주었다.[25] 서구 각국과 조약을

---

23 임희섭, 「한국의 사회복지와 종교」, 『한국사회개발연구』 17, 고려대학교 아세아문제연구소, 1987, 54~56쪽.
24 Dallet, Claude Charles, 안응렬, 최석우 역주, 『한국천주교회사』 하, 한국교회사연구소, 1990, 209~210쪽.
25 손덕수, 「사회복지를 향한 가톨릭교회의 사회봉사」, 『기독교와 한국사회』 7, 숭실

체결한 이후에는 개신교 선교사들이 입국하면서 학교와 병원을 통한 사회사업을 진행하였는데, 정동의원과 같은 병원, 그리고 배재학당, 이화학당과 같은 학교들이 이 무렵에 설립된 것들이었다.[26]

일제강점기를 거쳐 해방을 맞이한 한국 사회는 사회적 혼란과 경제적 빈곤에 시달리고 있었다. 특히 한국전쟁은 빈곤과 함께 많은 전쟁고아를 만들어 사회복지에 대한 엄청난 수요를 유발하였다. 이러한 사회적 환경으로 인해 1950년대 한국의 사회복지는 외원 시대라고 부를 만큼 외국, 특히 미국을 비롯한 서구의 원조에 절대적으로 의존한 시기였다. 이때 한국에 원조를 제공한 외국의 원조 기관 가운데 80% 정도가 천주교와 개신교를 비롯한 기독교 단체들이었다.[27] 따라서 이 시기 사회복지라고 하면 외원 물자의 분배업무와 고아 및 무의탁자들의 수용 보호사업인 사회복지시설사업을 뒷바라지하는 정도[28]에 불과한 수준이었다. 즉, 이 시기는 공공 사회복지보다는 민간 사회복지, 그 가운데서도 특히 종교계의 사회복지 활동이 중심을 이루고 있었다.

한국 사회복지정책의 역사에서 전환점이 이루어진 것은 1969년의 10월 헌법이었다. 이때 '모든 국민이 인간다운 생활을 할 권리'와 '사회보장 증진에 대한 국가의 노력 의무'가 최초로 명시되었

대학교 기독교사회연구소, 2000, 220쪽.

26 노치준, 「사회복지를 향한 개신교의 사회봉사」, 『기독교와 한국사회』 7, 2000, 163쪽.

27 위의 글, 166쪽.

28 권오구, 『사회복지발달사』, 홍익재, 2000, 319~320쪽. 박문수, 「가톨릭교회와 근대적 사회사업의 도입과 발전」, 『가톨릭사회과학연구』 16, 한국가톨릭사회과학연구회, 2004, 31~132쪽에서 재인용.

다.[29] 미군정기 사회복지 정책은 빈곤 상황을 완화시키는 구호사업에 초점이 맞추어져 있었으며, 이승만 정부에서도 사회복지 관련법들이 차례로 도입되지만, 공무원연금을 제외한 나머지들은 실효성이 없었기[30] 때문이다. 이후 적지 않은 사회보장 관련 법률들이 주로 군사독재 정권 시기에 만들어졌고 이를 토대로 종합적인 사회보장 계획이 수립되기 시작하였다.

특히 민간 복지의 역할이 강조되면서 점차로 종교계의 사회복지에 대한 적극적인 참여가 요청되었다는 것[31]은 종교에 대한 정부의 기대를 엿볼 수 있는 대목이다. 종교단체가 사회복지에 적극적으로 참여하기를 기대하는 정부의 사례로 현재 대부분 지역에서 설치·운영되고 있는 지역사회복지관을 들 수 있다.[32] 1980~90년대를 거치면서 지역사회복지관은 법인이 설립해서 운영하는 것 이외에 국가나 지자체에서도 설립하여 직접 운영하거나 종교단체 등에 위탁·운영하고 있었다. 그런데 이 무렵 이러한 제도를 법적으로 뒷받침하게 되면서 지역별로 국가나 지자체, 또는 민간법인에 의해 많은 사회복지관이 생겨나게 되었다. 이렇게 만들어진 복지관들의 운영 주체는

29　고병철, 앞의 글, 247쪽.

30　권오구, 앞의 책, 286쪽. 박문수, 앞의 글, 133쪽에서 재인용.

31　고병철, 앞의 글, 254쪽.

32　1970년 제정되고 1983년 5월에 개정된 사회복지사업법 제22조에 의해 국가와 지방자치단체가 사회복지시설을 설치·운영할 수 있게 되었고, 제13조에 의해 복지시설의 설치 운영에 대해 국가나 지방자체단체의 보조를 받을 수 있는 길을 열었다. 1997년 개정된 사회복지사업법은 제34조에 의해 국가나 지자체가 설치한 사회복지시설을 사회복지법인 또는 비영리법인에 위탁·운영할 수 있도록 하였고, 2008년 2월 개정된 사회복지사업법은 제2조 1의2에 의해 '지역사회복지'가 정의되고, 3의2에 의해 '사회복지관'에 대한 정의가 만들어졌다. 국가법령센터 (http://www.law.go.kr/) 참조.

민간법인, 그중에서도 종교단체들이나 종교단체가 설립한 사회복지법인들이 대부분이었다. 따라서 정부나 지자체는 복지관의 설치와 지원, 그리고 종교 단체는 운영을 하는 역할의 분담이 일어났다.[33] 이러한 상황은 현재까지도 이어져서 2019년 9월 기준 전국 466개의 종합사회복지관 가운데 약 350여 개가 종교단체 및 종교계 사회복지법인이나 사회복지협회 등에 의해 운영되고 있다.[34] 지자체가 운영하는 공공복지관을 제외한다면 사실상 대부분의 복지관이 종교 관련 단체에 의해 운영되고 있다고 볼 수 있다.

한편 종교단체들은 다양한 분야에서 복지 활동을 펼치고 있다. 대한불교조계종은 2010년 기준 전체 시설의 약 45%가 아동복지와 관련되어 있고 32%가 노인복지에 해당되었으며, 나머지는 장애인 및 청소년 복지기관이고 그 외 여성, 근로, 의료 복지가 뒤를 이었다. 그러나 불과 몇 년 사이에 조계종의 사회복지 활동은 더 다양한 측면으로 전개되었다. 2019년 기준으로 대한불교조계종사회복지재단 산하 시설은 185개에 이른다. 가장 많은 시설이 노인복지관 및 노인복지시설로 47개소에 달하고 어린이집 40개소, 장애인복지관 및 장애인시설이 30개소 그리고 지역사회복지관이 24개소에 달한다. 다음

---

33 한국의 사회복지관의 역사는 1906년 원산 인보관운동에서 사회복지관사업이 태동하면서 시작되었다. 1921년 개신교 선교사들에 의해 복음전도, 여성교육, 그리고 사회사업을 설립이념으로 하여 서울에 '태화여자관'(현 태화기독교사회복지관)을 개관하였는데, 이것이 최초의 사회복지관이다. 한국사회복지관협회(http://kaswc.or.kr/greeting) 및 양혜원, 「기독교사회복지실천 경험에 관한 질적 사례연구-태화기독교사회복지관 사례를 중심으로-」, 『신앙과 학문』 22-3, 기독교학문연구회, 2017, 149쪽 참조.
34 한국사회복지관협회(http://kaswc.or.kr/greeting).

으로 아동·청소년시설 16개소, 다문화가족지원센터 7개소, 지역자활센터 6개소 등이 뒤를 이었다.[35] 아동청소년과 노인복지가 주를 이루는 가운데 다양한 복지 활동이 전개되면서 지역사회복지관을 운영하는 측면이 늘어나는 추세에 있다. 그러나 정신보건시설 1곳을 제외하면 아직 의료복지에까지는 이르지 않고 있는 것으로 보인다.

2010년 기준 대한불교천태종의 경우 8개의 사회복지 기관 중 노인복지 기관이 6개였다.[36] 천태종도 과거보다 다양해지는 측면이 있기는 하지만 현재까지는 아동복지와 노인복지가 중심을 이루고 있어 전체 31개소 가운데 어린이집 11개소, 노인복지관 및 요양원 등 노인복지 시설이 15개소이며 이외 종합사회복지관, 직업재활시설, 장애인복지관 등이 있다.[37]

대한불교진각종의 경우 아동복지시설 17개소, 노인복지시설 14개소가 중심을 이루는 가운데 지역종합사회복지관 3곳과 장애인복지시설, 그리고 한부모 가족복지시설 등이 뒤를 잇고 있다.[38] 불교는 과거보다 다양해지기는 했지만, 아동과 노인복지가 주를 이루는 가운데 지역사회복지관들이 점차로 늘어나는 특색을 보이고 있다. 불교는 조계종과 천태종, 그리고 진각종 이외에 조계종의 각 교구 본사나, 또는 별도 불교단체, 그리고 다른 종파 등에서 운영하는 사회복지활동 등도 있지만, 전반적인 사회복지의 흐름은 앞에서 언급한

35 대한불교조계종사회복지재단(http://jabinanum.or.kr/).
36 김학주, 임정원, 「불교사회복지의 현황 및 과제 - 조계종과 천태종을 중심으로 - 」, 『한국교수불자연합학회지』 17-2, 사단법인 한국교수불자연합회, 2011, 17~18쪽.
37 대한불교천태종 복지재단(http://www.with99.org/).
38 진각복지재단(http://www.jgo.or.kr/).

경향과 비슷한 모습을 나타내고 있다. 이외에 다른 불교종단이나 불교 관련 단체 및 개인에 의해 운영되는 사회복지시설들도 있지만, 전체적인 구조를 파악하기는 쉽지 않다.

2019년 기준 천주교의 사회복지시설은 노인복지시설이 269개소, 아동청소년복지시설 300개소, 장애인복지시설 310개소, 지역복지(종합사회복지관 포함)시설 107개소, 여성복지시설 62개소, 행려인(노숙인) 복지시설 47개소, 의료복지시설 20개소 나환우복지시설 15개소, 상담시설 8개소, 결핵환자시설 3개소 등이 있고 이외에 다문화가족지원, 알코올상담센터, 무료진료소, 외국인쉼터 등을 포함해 약 50여 개소의 기타시설들이 있다.[39]

기독교 가운데 한국장로교복지재단 소속 복지시설은 노인복지시설 50개소, 어린이집 13개소, 아동복지 8개소, 지역복지관 7개소, 장애인복지 12개소, 여성복지 6개소, 다문화가족지원, 노숙인 복지 등이 있다.[40] 한국기독교장로회 복지재단 산하 복지시설은 노인복지시설 59개소, 지역아동센터 16개소, 어린이집 10개소, 장애인 복지 9개소, 종합복지관 8개소, 지역자활센터 5개소, 푸르뱅크 5개소, 노숙인 시설 2개소와 청소년 시설 등이 있다.[41] 그러나 개신교는 해외와 연결된 법인, 개신교인들로 구성된 법인, 노회나 개교회에서 운영하는 법인, 그리고 개신교 기업에 의해 운영되는 복지법인 등 다양한 복지재단들이 있어 전체적인 통계나 구조를 파악하기 어려운

---

39 한국천주교주교회의 사회복지위원회(http://caritas.cbck.or.kr/).
40 한국장로교복지재단(http://www.pckwel.or.kr/).
41 한기장 복지재단(http://www.prokwfm.org/g5/).

점이 있다.[42] 이처럼 다양한 구조 속에 많은 사회복지 활동을 펼치고 있지만 역시 노인과 아동복지시설이 주를 이루고 이어서 장애인이나 여성, 다문화가족 지원 등이 뒤를 잇고 있음을 알 수 있다.

원불교는 원불교사회복지협의회를 축으로 여러 복지재단을 운영하고 있다. 전체 192개의 복지시설을 운영하고 있는데, 노인복지 94개소, 아동청소년복지 43개소, 장애인복지 23개소, 사회복지관 14개소, 정신보건유형 4개소, 지역자활센터 4개소, 그리고 8개소의 다문화, 노숙인, 여성, 모자복지 관련 시설들이 있다.[43] 원불교는 노인과 아동복지를 중심으로 장애인과 정신보건 복지 활동에도 관심을 기울이고 있다는 것을 알 수 있다.

각 종교단체가 운영하는 내용을 보면 전체적으로 아동청소년과 노인복지가 주를 이루는 가운데 지역종합사회복지관과 장애인복지 등이 뒤를 잇는다. 현대사회의 추세와 환경에 따라 노숙인 지원, 다문화가정 지원, 여성 지원, 그리고 자활 지원과 같은 복지 활동을 펼치고 있다는 점은 주목할 부분이다. 이러한 추세는 대부분 종교가 공통적이지만, 천주교의 경우 나환우, 결핵환자, 알콜중독자 지원 등과 같은 특수한 복지 활동을 하는 측면은 다른 종교의 복지 활동과 다른 특색을 나타내고 있으며, 의료복지 분야 활동에서도 주목을 받고 있다.

---

42 기독교 소속 복지재단에 관해서는 이준우, 「한국 기독교사회복지재단의 현황과 방향성」, 『교회와 사회복지』 19, 한국기독교사회복지실천학회, 2012, 104~109쪽 참조. 그러나 여기에서도 모든 복지재단을 소개하고 있지 못할 정도로 다양한 기독교 복지재단들이 있다고 한다.

43 원불교 사회복지협의회(http://www.wonwelfare.net/).

특히 2000년대 이후 종교마다 지역사회복지관이나 지역노인복지관, 그리고 장애인복지관 등으로 복지 활동이 확대되고 있는 것도 주목을 끈다.

종교계 사회복지 활동이 이처럼 다양한 측면에서 시행되고 있지만, 한편에서는 종교 사회복지에 대한 비판도 등장한다. 불교나 기독교 등의 복지 활동에 대해 많이 지적되는 내용은 개별 교당(불교의 사찰, 천주교의 본당, 개신교의 개별 교회 등)이나 교당 소속 신자들이 사회복지에 제대로 참여하지 않는다는 점이다. 이것은 개인의 신앙심이 사회복지로 연결되기 어렵다는 것을 뜻한다. 이것은 또한 종교가 곧 복지가 아니라는 것을 확실하게 인식시켜주는 것이기도 하다. 다만 그렇다고 하더라도 개별 교당이나 신자들이 자발적으로 사회복지에 참여하도록 어떻게 유도할 것인가를 고민할 필요는 있다고 본다.

한편 많은 수의 지역사회복지관이 종교단체에 의해 운영되고 있다. 이러한 시설을 운영하면서 일부에서 종교 행위의 강요가 나타나고 있다. 과거 종교단체가 복지시설을 운영하면서 나타났던 종교적 강요나 권유가 많이 사라진 것은 사실이다. 그러나 아직도 일부에서 시설 종사자들에게 종교 행위에 참여하거나 기금을 내도록 강요하는 행위들이 있다는 것이다. 이것은 아직도 종교단체가 사회복지 활동을 선교의 수단으로 생각하고 있음을 알 수 있다. 사회복지에 선교라는 목적이 개입될 경우 적절한 복지 활동이 이루어지기 어렵고, 동시에 선교 활동이라는 목적도 제대로 이루어지기 어렵다는 사실도 깨달아야 한다.

종교단체가 사회복지 시설을 설립하거나 운영할 때 종교단체 자체의 기금도 투입하지만, 정부나 기타 외부 지원에 많이 의존하는 형태도 발생한다. 특히 지역복지관의 경우 정부나 지자체의 재원이 결정적일 경우가 많다. 이렇게 할 경우, 경제적인 어려움은 해결되겠지만, 그 구조가 고착화할 때는 종교 사회복지가 정치색에 휘둘릴 가능성도 존재한다. 그러므로 되도록 외부의 영향력에서 자유로운 사회복지가 이루어지도록 하는 것도 주의를 기울일 필요가 있다고 본다. 일반 사회복지 시설과 마찬가지로 종교 복지시설의 규모도 과거와 비교해 점차로 커지고 현대화·조직화·체계화되면서 그에 맞는 전문적인 인력을 필요로 하는 현상이 나타났다. 그러므로 대부분의 복지시설에서 사회복지 전문가들을 고용하는 형태가 점차 일반화되고 있다. 그러나 일부에서 피고용인들의 종교와 무관하게 법인이 소속된 종교행사에 참석을 강제하거나 후원금을 강요하는 사례들도 있다.[44] 서울시에서 이러한 종교적 강제행위에 대해 신고하도록 안내할 정도로 종교적 횡포가 드러나고 있기도 하다. 또한, 직원을 고용할 때 피고용인의 종교를 고려하는 사례도 아직 나타나는 모습이다.

Ⅳ. 종교사회복지의 과제와 전망

지금까지의 논의를 바탕으로 종교 사회복지 활동에 대한 몇 가지

---

[44] 「매일 야근에 강제 종교행사까지... 사회복지사의 눈물」, 『머니투데이』, 2019.3.30.

과제와 전망을 정리하였다. 첫 번째로 종교 사회복지에 대한 명확한 개념화가 필요하다고 본다. 이것은 하나의 주제이기는 하지만 전체 종교 사회복지의 과제 가운데 첫 번째이면서도 가장 중요한 과제라고 본다. 제2장에서 살펴본 종교사회복지의 개념은 두 가지 입장으로 정리되었다. 첫 번째가 사회복지 관점에서 본 것이고, 두 번째가 각 종교전통의 관점에서 본 것이다. 종교전통의 관점이란 각 종교의 이념이나 교리를 기준으로 사회복지 활동을 한다는 것이 전제되었다. 어떤 것을 기준으로 하든 간에 종교가 사회복지에 참여하는 것에 대한 분명한 개념화가 필요할 것이다. 이것은 왜 종교가 사회복지 활동에 참여해야 하는가에 대한 답변을 위해서도 그렇고 앞으로 종교 사회복지의 연구를 위해서도 필요하다고 본다. 종교별 규정이 있고, 사회복지 관점의 규정도 있지만, 그것으로는 충분하지 않다. 앞에서 보았듯이 그 규정들에는 모호한 측면도 있고 어떤 면에서는 지나치게 선교 중심의 입장도 나타나고 있기 때문이다. 그러므로 이러한 상황에서 벗어나려면 종교사회복지에 대해 명확한 개념을 만들어야 할 것이다.

필자의 관점에서 하나의 사례를 제시하자면 개인적 사회복지의 개념을 확장해서 개인적 복지보다는 전체 사회의 구조적 측면을 기준으로 삼아서 사회복지의 개념을 논하는 것도 하나의 방법이 될 수 있을 것이다. 한국 천주교 사회복지의 대표기관인 한국 천주교주교회의 사회복지위원회의 목적을 보면 '인종, 종교, 이념에 관계없이 특별히 가난하고 소외된 이들을 비롯하여 모든 인간들이 같은 인간 공동체 안에서 하느님으로부터 부여받은 인간다운 생활을 영위할 수 있도록 그리스도교적 사랑과 정의에 입각한 사회를 건설하는데 적극 기여함에 있다'[45]고 하고 있다. 여기에 등장하는 '사랑과 정의에 입각한 사회 건설'이라는 좀 더 포괄적인 개념을 인용해서 규정해 볼 수 있다. 이것을 종교학적 입장에서 논한다면 '인종, 종교, 이념과 관계없이 모든 인간이 인간 사회 안에서 인간다운 생활을 영위할 수 있도록 각 종교적 이념과 정의에 입각한 사회 건설을 위해 노력하는 행위'라고 규정할 수 있다. 이렇게 본다면 사회복지의 관점과 종교의 관점이 반영되면서도 어느 한쪽에 치우치지 않고 일반 사회복지와 종교 사회복지의 구별이 가능하리라고 본다.

더불어 종교와의 관계에서만 사회복지를 볼 것이 아니라 종교의 입장에서 새롭게 사회복지를 규정할 필요도 있다고 본다. 즉, 사회복지를 단지 사회적 약자나 소수자를 위한 개인적 복지로 규정해서 시혜적 차원에서 머물 것인가, 아니면 전체 사회를 대상으로 사회적 정의에 근거해서 사회를 구조적으로 개선하는 데 초점을 맞출 것인가의 문제와 같은 것들이다. 이러한 측면에서도 사회 구조적 측면에서의 사회복지 개념은 유용하리라고 본다. 개념 정의가 이루어지면 각 종교 소속 신자들에게 왜 사회복지에 참여하는 것이 필요한지에 대해 명확하게 전달할 수 있을 것이다. 이러한 과정이 순조롭게 이루어진다면 사회복지 활동에 참여하는 것에 대해 신자들의 관심을 끌어내게 될 것이다. 관심은 관심으로 끝나는 것이 아니라 그들의 참여로 이어지게 되고 이러한 것이 실현될 때 각 종교단체에서 더 입

---

45 천주교 주교회의 사회복지위원회(http://caritas.cbck.or.kr/).

체적으로 사회복지 활동을 수행할 수 있는 환경이 조성될 수 있을 것으로 본다.

두 번째로 대부분 종교에서 비중이 높은 아동청소년복지와 노인복지 분야 외에 일반사회 복지 분야에서 접근하기 어렵거나 소홀하기 쉬운 틈새 복지에 대한 종교단체의 역할이 필요하다고 본다. 아동청소년복지와 노인복지 분야가 비중이 높은 것은 한국 사회가 저출산 고령화사회로 환경이 변화하면서 일반 사회복지와 마찬가지로 종교 사회복지에서도 관심을 지녀야 할 분야인 것은 옳다고 본다. 그러나 그 이외에 현대 사회에서 안고 있는 여러 가지 문제점들, 예를 들어 우울증으로 인한 자살과 같은 사회적 문제, 그리고 세월호 사고와 같은 대형 참사로 인한 심리적 불안 등등은 일반 사회복지가 접근하기 어려운 분야들이라고 본다. 이러한 영역에 종교적 특성, 예를 들어 참선이나 명상, 그리고 피정 등과 같은 종교적 프로그램을 일반적인 내용으로 개발해서 접근한다면 사회복지에서 종교만이 할 수 있는 역할을 기대할 수 있을 것으로 본다.

세 번째로 다른 법인들과 마찬가지로 종교 사회복지 법인이나 시설들이 점차 조직화·전문화되면서 따라오는 대형화 추세에서 벗어나는 것이 필요하다고 본다. 법인이나 시설들의 대형화는 사회에서 또 하나의 권력으로 작용할 수 있다. 사회복지란 클라이언트의 복지에 목적이 있는 것이다. 사회가 점차 고도로 발달하면서 조직화와 전문화는 피할 수 없는 흐름이지만 대형화에 따른 클라이언트의 비인격화나 사물화의 경향이 나타날 위험이 있다고 본다. 특히 사회적, 경제적, 육체적 약자들은 정신적으로도 약자일 경우가 많다. 따라서 앞의 불교 사회복지에서 내면적 주체성을 강조한 것처럼 육체적, 물질적 측면뿐만 아니라 정신적 측면의 복지도 염두에 두어야 할 것이다. 그러기 위해서는 지나친 대형화보다는 개개인을 인격적으로 대할 수 있는 규모의 시설들이 적합할 수 있다.

네 번째로 요구되는 것이 각 종교의 이념에 집착한 나머지 클라이언트가 종교적 실천을 위한 도구가 되어서는 안 될 것이다. 이것은 종교 사회복지가 종교적 수행이나 실천을 위한 수단인가, 아니면 종교적 목적을 위한 수단인가의 문제와 연장선에 있는 것이다. 다른 말로 바꾸어 말하면 종교 사회복지는 항상 클라이언트의 관점에서 활동하도록 노력해야 한다는 말이다. 단순히 종교적 구원을 위한 행위는 사회복지의 효과도 기대하기 어려울 뿐만 아니라 도리어 종교 사회복지에 대한 사회적 반감만 일으킬 수 있다고 본다. 또한, 이것은 시혜적 성격의 종교 사회복지에서 벗어나기도 어려울 것이다.

마지막으로 종교 사회복지 활동에서 지나친 종교적 목적을 설정하는 것을 피해야 할 것이다. 다시 말하면 사회복지 활동을 선교의 수단으로 삼지 말고 사회복지 자체를 목적으로 삼아야 한다는 것이다. 그것은 종종 복지시설에서 여러 가지 문제를 발생시킨다. 이것은 클라이언트들뿐만 아니라 사회복지사 등 종교 시설에 소속된 종사자들에게 해당하는 문제이기도 하다. 사회복지사에게 강제로 종교행사에 참여하게 하고 후원금도 강요했다는 기사[46]는 사회복지의 문제가 단지 복지 활동의 대상인 클라이언트만의 문제가 아님을 보

---

46 각주 44 참조

여주고 있다.

이제까지 대부분 사회복지는 단순히 경제적·육체적 약자들만을 대상으로 전개되어 온 것이 사실이다. 그러나 이들만이 사회복지의 대상이 아니라 전체 사회의 복지를 추구하는 큰 그림을 그려야 할 것이다. 즉 사회정의라는 측면에서 사회구조의 개혁을 위한 접근이 필요한 것이다. 그런 점에서 불교의 경우 불국토 사회라는 원대한 목표, 기독교의 경우 하느님의 나라, 또는 천국의 지상화라는 목표가 필요할 것이라고 본다. 그것은 다른 종교들도 마찬가지로 적용할 수 있을 것이다. 종교적 이념에는 단순히 개인이 아닌 전체 사회나 세계를 바꾸려는 이념이 들어가 있기 때문이다. 이에 따른다면 소수의 대상자를 위한 소극적 복지가 아닌 보다 적극적인 복지가 될 것이라고 본다. 물론 이 경우에도 지나친 종교적 목적은 피해야 할 것이다. 불국토라고 해서 클라이언트나 시설 종사자들을 불교 신자로 만들고, 하느님 나라라고 해서 그들을 기독교 신자로 만들어야 한다는 의무감에서 벗어나야 한다는 것이다. 앞에서도 언급했듯이 개개인에 대한 목적보다는 사회적 개혁을 통해 불국토와 같은 이상사회, 하느님 나라와 같은 이상사회를 목적으로 해야 할 것이다.

V. 결론

종교와 사회복지가 밀접하게 연결되어 있기는 하지만, 사회복지가 곧 종교는 아니고, 또 종교가 곧 사회복지는 아니다. 분명 사회복지의 일부가 종교이고, 종교의 일부가 사회복지일 것이다. 즉, 서로의 전문분야가 다르다는 것이다. 물론 종교인이 사회복지의 전문가가 될 수 있고, 사회복지 전문가가 종교인이 될 수도 있다. 그렇다고 하더라도 서로의 전문 영역은 존중하고 지켜줘야 할 의무가 있다. 종교 이념을 그대로 사회복지에 투영시켜 나간다거나 반대로 사회복지에서 종교를 추출해서 그것을 종교인 양 바라보는 것은 문제가 있다.

종교가 사회복지에 참여하여 활동하는 것은 종교가 한 국가와 사회 안에 존재하는 한 국가와 사회로부터 요청받는 일이 될 것이다. 그러나 지나치게 선교만을 앞세운다면, 그리고 선교가 목적인 사회복지 활동이라면 겉으로 드러나는 것은 단순한 숫자놀음에 불과할 것이다. 사례는 다소 다르지만 군 선교에서 이러한 결과들이 나타났다. 즉, 군대에서 초코파이 하나에 종교에 입교한 사람들이 제대 후에도 계속 그 신앙을 지키는 경우는 거의 없다고 이야기된다.[47] 따라서 사회복지에 참여해야 한다고 주장할 때 선교를 위해서 사회복지를 잘 사용해야 한다[48]는 것은 기본적으로 사회복지에 대한 방향이 잘못되었다고 본다. 사회복지의 대상들을 단순히 선교의 목적, 또는 수단으로만 본다면 기본적으로 제대로 된 사회복지 활동이 될 수 없고 선교조차도 제대로 되지 않을 것이다.

대부분의 종교에서 노인복지와 아동청소년 복지 분야에서의 활

---

[47] 「군 선교에 대한 관점 전환에 대한 북 콘서트 열려」, 『크리스챤라이프』, 2015. 11.12. 단순히 개신교의 사례이지만, 모든 종교에 적용할 수 있는 것으로 실제 군대를 제대한 사람들에게 들은 이야기들도 이와 별반 다르지 않다.
[48] 김인숙 외, 앞의 책, 16쪽.

동이 많은 것은 사회적 변화와 맞물려 문제가 될 것은 아니라고 본다. 다만 여기에 그치지 않고 더욱 다양한 측면에서 사회복지 활동을 전개하는 것이 종교의 역할이 아닐까 생각한다.

과거와 비교하면 사회복지 시설에 종사하는 피고용인들의 숫자는 앞으로 사회복지가 확대될수록 더욱 늘어날 것으로 보인다. 그러나 피고용인들이 대하는 클라이언트들뿐만 아니라 피고용인들도 사회정의라는 측면에서 역시 사회복지의 대상이라는 점이 고려되어야 할 것이다. 따라서 이들에 대해서도 배려가 있어야 함은 물론이고 시설에 종사하는 책임자를 포함한 모두에게 적용되는 것으로 인식해야 할 것이다. 복지법인의 조직화와 체계화 등과 함께 규모가 커지는 것은 사회복지의 외연 확대에 필요할 것으로 보이지만 시설의 규모가 커지는 것은 신중하게 접근해야 할 부분으로 생각된다.

▌『종교문화비평』37권, 종교문화비평학회, 2020.3.

제2장

한국의 정치에 대한 천주교의 대응

Ⅰ. 들어가는 말

언제부터인가 특정 종교가 주관하는 종교의례에 대통령이나 다른 공직자들이 참석하는 모습이 언론에 보도되기 시작했다. 그런데 얼마 전에 그런 모임에서 무릎을 꿇고 기도하는 대통령의 모습이 생생하게 국민에게 전달됨으로써 여러 가지 논란을 불러왔다. 대통령이나 공직자들의 이런 행위가 논란거리가 되는 것은 기본적으로 한국 사회는 다양한 종교가 활동하는 다종교사회이기 때문이다. 다종교사회에서 국가는 모든 종교를 평등하게 대해야 한다는 기본원칙이 자리하고 있다. 그렇기 때문에 공직에 있는 사람들이 종교에 대해 하는 행위 하나하나는 이런 기본원칙에서 벗어나지 않는 가운데 이루어져야 함은 기본이다. 특히 대통령이나 공직자가 특정 종교에 소속된 신도라고 할 때는 더욱 신중한 행동을 해야 한다. 이런 이유는 공직자가 종교에 대해 하는 행위는 그것이 긍정적 행위이건, 부정적 행위이건 모두가 그 종교에 어떤 식으로든 영향을 줄 것이라는 인식이 깔려있기 때문이다.

그런데 이명박 정부가 들어서면서 종교차별 논란이 끊이지 않고 있다. 과거에도 종교적 갈등이 부분적으로 있었지만, 현재의 모습은 과거와는 또 다른 종교적 갈등의 요소를 보여주고 있다. 다시 말해서 과거에는 종교와 종교 간의 갈등이 논란의 주요인이었다고 한다면, 현재는 여기에 정부나 지자체가 개입되어 있다는 것이다. 이런 종교차별 논란과 함께 종교단체들은 정부의 여러 가지 정책과 사업에 반대를 표방하면서 국가와 종교 사이의 긴장도 끊이지 않고 있다. 특히 현 정부가 출범하면서 행해진 일련의 사건들[1]은 정부가 불교를 차별하고 있는 것으로 비치면서 많은 논란을 불러일으켰다. 현 정부의 불교 차별과 관련된 갈등은 지금의 대통령이 개신교 신자이고, 또한 과거의 언행[2]으로 볼 때, 기독교, 특히 개신교를 우대하고 불교를 위시한 타종교를 차별할 것이라는 의구심에서 출발한다.

건국 이후 현재까지 정치와 종교의 관계는 정치에 대한 종교의 지지와 반대라는 상반된 상황을 나타내면서 지속되었다.[3] 천주교를 중

---

1 국토해양부에서 만든 대중교통이용서비스인 <알고가> 시스템에 불교사찰이 모두 누락되었고 이어서 만든 '경관법', '경관계획수립지침'의 대상에도 전통사찰이 누락되었다. 교육과학기술부의 교육지리정보서비스에도 전통사찰정보가 누락되어 불교차별 논란을 불러 일으켰다.
2 이명박 대통령은 과거 서울시장 재직시절인 2004년 5월 31일 장충체육관의 한 기도모임에서 '수도 서울을 하나님께 봉헌한다.'고 선언하여 당시에도 불교계와 논란을 일으켰다.

심으로 본다면 미군정 시절에는 대체로 지지의 입장에 있었다고 본다면, 이후의 이승만, 박정희, 5,6공 시절에는 반대의 입장에 서 있었다고 보아야 할 것이다. 그러나 이처럼 지지와 반대의 입장에 있다고 해서 모든 천주교인이 일치해서 동일한 패턴을 보인 것은 아니었다. 겉으로 나타난 모습들이 그런 인식을 지니게 했을 뿐, 그 내부에서는 또 다른 기류가 존재했다.

이 글은 한국 천주교를 중심으로 한국 현대사에서 국가와 종교의 관계를 이해하려는데 기본적 목적을 두고 있다. 더 정확히 말한다면 정권이 바뀔 때마다 정부와 천주교와의 관계에서 정부의 천주교에 대한 태도, 그리고 천주교가 정부에 대해 취한 지지와 반대의 입장을 파악하면서 그러한 입장이 나온 배경에 대한 이해가 목적이다. 이러한 이해를 바탕으로 앞으로 그 관계가 어찌될 것인가도 논의해 볼 것이다.

종교와 정치와의 관계에 관해서는 많은 연구 결과들이 있다. 종교와 국가 일반에 대한 연구서와 함께 개별종교와 정치와 관련된 연구가 많았는데, 특히 개신교와 정치와의 관련 연구 성과가 가장 많이 눈에 띄었다. 여기에 관련 연구를 모두 다 소개하는 것은 큰 의미가 있으리라고 생각되지 않는다.

---

3 잉거는 종교와 정치의 관계를 세 가지, 즉 정치와 종교의 일치, 정치의 종교 이용, 그리고 종교의 정치권력에 대한 도전으로 보았지만, 오경환은 일치와 이용은 결국 종교가 정치를 지지하면서 나타난 것이기 때문에 이 둘을 같은 것으로 보고 있다. 오경환, 『종교사회학』, 서광사, 2006, 325쪽.

Ⅱ. 한국 천주교와 정치의 역사적 변화

한국 사회에서 종교의 자유가 용인된 것은 1886년 프랑스와 체결한 한불조약이 출발점이라고 볼 수 있다. 물론 이 조약에 종교의 자유를 인정한다는 구체적인 조항은 없었지만, 외국인 선교사의 선교의 자유 및 치외법권 등이 인정되고 있었다. 또한, 한불조약 이전부터 이미 종교의 자유가 인정될 수 있는 국가적 흐름도 이어지고 있었으며,[4] 조약체결 이후 서울의 중심에 성당을 건립하기 위해 대지를 구입하고 정지작업을 하는 등 구체적인 계획을 진행시키고 있었다. 즉, 조선인들에게는 아직 법적으로 완전한 종교의 자유를 명시하지는 않았지만,[5] 사실상의 종교의 자유가 주어지기 시작하였다고 본다. 이를 계기로 개신교와 불교에도 역시 종교의 자유가 주어지면서 한국 사회는 다양한 종교들이 공존하는 다종교사회가 되었다. 이처럼 조선인들에게 신교(信敎)의 자유가 주어졌다는 것은 국가와 종교가 분리되었다는 의미도 지닌다. 즉, 종교의 자유가 주어지고 사람들이 자유롭게 자신이 원하는 종교를 선택할 수 있는 다종교사회

---

4 조선 정부는 1878년 체포된 리델(Ridel) 주교와 이듬해 체포된 드게트(Deguette) 신부를 모두 과거처럼 사형에 처하지 않고 추방하였다. 또한 비록 국지적인 충돌과 마찰은 있었지만, 1880년대 들어서는 이들 외국인 선교사들뿐만 아니라 조선인 천주교 신자들도 과거와 달리 체포되었다가 그대로 석방되거나 아니면 아예 체포하지 않는 등의 조치들이 이어지고 있었다. 한편 한불조약 이전에 천주교는 이미 고아원과 양로원, 그리고 시약소 등을 운영하는 등 과거와는 완전히 다른 움직임을 보이고 있었다. 한국교회사연구소, 『서울교구연보』Ⅰ(1878~1903), 명동천주교회, 1984, 7~75쪽.

5 조선인들에게 종교의 자유에 해당하는 신교(信敎)의 자유가 법적으로 보장된 것은 1899년 3월 천주교와 대한제국 사이에 체결된 교민조약(敎民條約)을 통해서였지만, 이후에도 지방에서는 지방관을 비롯한 천주교에 반대하는 사람들과 천주교인들 사이에 지속적인 충돌이 있었다.

가 되었기에 공식적으로는 정교분리의 사회가 시작된 것이다. 종교가 공적 영역에서 활동했던 조선 시대와 달리 종교의 자유가 인정된 다종교사회는 종교에의 가입을 완전히 개인의 자유의사에 맡기고 있기 때문에 사적인 영역으로 자리 이동을 한 것이고 이는 곧 정교분리의 기본적인 틀이 마련되었다고 볼 수 있기 때문이다.

한편 국가와 종교의 분리라는 근대적 의미의 정교분리 개념은 일제강점기에 제도적으로 도입되었는데, 이때의 정교분리는 종교의 자유를 위한 정교분리라기보다는 일제가 식민지를 효율적으로 통치하기 위한 수단으로서 종교, 특히 천주교를 비롯한 서구의 종교들이 일제 식민통치에 간섭하는 것을 배제하기 위해서 도입한 것이었다. 이러한 제도에 따라 일제강점기 천주교는 일제에 순응하는 태도를 보였으며, 특히 천주교 지도층은 일반 신자들의 독립운동을 적극적으로 제지하기도 하는 등, 이 땅의 천주교는 외연상으로는 철저한 정교분리의 태도를 보였다.

1. 미군정과 이승만 정부

해방 정국은 우리 민족이 일제의 압제에서 벗어난 것일 뿐만 아니라 종교단체들도 역시 압제에서 벗어난 것이며, 진정한 의미의 종교의 자유가 시작되는 전환점이기도 하다. 해방 직후 남한에 진주한 미군은 한국 사회에서 종교의 자유를 보호하기 위해 최선을 다할 것이라고 공언하였다.[6] 해방 정국의 종교적 상황은 유교, 불교, 천주교

---

6 『경향잡지』 978, 1946.9, 28쪽.

와 개신교를 포함한 기독교, 그리고 천도교와 만주에서 귀국한 대종
교 등 다양한 종교들이 있었다. 그런데 해방 이후 유교, 불교, 천도교
등은 일제 잔재의 청산과 좌우익 갈등의 소용돌이에 휘말려 스스로
를 발전시키는데 힘을 쏟을 여유가 없었다. 미군정기 대종교는 6대
종교에 포함될 정도로 큰 교세를 가지고 있었지만, 6.25를 거치면서
급격히 교세가 위축되었다.

해방 직후 미군정의 종교정책은 친미·반공 이데올로기의 관철과
남한만의 단독정부 수립을 지지하거나 그것에 도움이 될 수 있는 종
교들은 지원하고 그에 반대하거나 저해가 된다고 판단되는 종교들
은 억제하는 것이었다.[7] 천주교를 포함한 기독교는 처음부터 미군정
과 우호적인 관계를 맺었다. 미군이 진주한 즉시 천주교는 노기남
주교 주례로 명동성당에서 세계 평화회복을 감사하는 의미의 장엄
미사를 거행하고 성대한 미군 환영식을 가졌다.[8] 또한, 노기남 주교
는 군정장관 아놀드 소장을 비롯한 많은 미군 신자들이 참석한 가운
데 2차 대전에서 희생된 미군을 위한 위령미사를 거행하고 명동성당
에서 매주 한 차례씩 미군을 위한 미사를 하도록 편의를 제공하였다.[9]

한편 해방 이후 귀국한 이승만은 1945년 11월 30일 노기남 주교
를 방문하여 우호적 분위기를 연출했고, 12월 8일에는 노기남 주교
집전으로 중국에서 귀국한 김구를 비롯한 임시정부 요인들을 위한
장엄미사를 거행하고 환영식을 열었다.[10]

---

7 노길명, 「광복 이후 한국 종교와 정치간의 관계」, 『종교연구』 27, 한국종교학회,
　2002, 4쪽.
8 위의 책, 26~27쪽.
9 『경향잡지』 979, 41쪽.

이처럼 해방 직후 천주교는 미군에 대해 환영 의사를 보임으로써 그들의 정책에 협조할 우호적 분위기를 만들었고, 후일 대한민국 정부의 구성에 참여하게 될 수 있는 인사들에 대해서도 좋은 관계를 유지하고자 하였다.

천주교의 반공 입장은 일제강점기에도 이미 상당 부분 진행되고 있었다. 그 결과 미군정과 천주교는 처음부터 협력 내지 우호적 관계를 형성해 나갔다. 이런 협력 때문인지는 모르지만, 천주교는 미군정으로부터 정판사를 인수하여 가톨릭 출판물을 인쇄할 수 있는 여건을 갖추고『경향신문』을 창간하게 된다. 물론 이는 천주교만의 노력으로 가능한 일은 아니었을 것이다. 서구의 종교인 천주교를 비롯한 기독교에 대한 미군정의 인식이 다른 종교들보다 우호적이었다는 것도 고려해야 할 것이다.

왜냐하면, 종교의 자유를 인정하고, 다양한 종교의 활동을 보장하는 것이 미군정의 기본적 정책이기는 했지만, 실질적으로 미군정이 모든 종교를 동등하게 대한 것은 아니었기 때문이다. 미군정은 외연적으로는 종교의 자유를 모든 종교에 동등하게 적용하는 듯했지만, 실질적으로는 기독교 우선 정책을 취하게 된다. 그 사례의 하나가 당시 신자 수가 총인구의 2~3퍼센트에 불과한 기독교를 위해 성탄절을 공휴일로 지정한 것이다. 이때 지정된 성탄절 공휴일은 감리교 신자인 이승만 정부에서도 그대로 시행하게 된다.[11] 이 사례로 볼 때

---

10 위의 책, 42~43쪽.

11 강돈구는 미군정의 이런 정책을 공인교적 종교정책이라고 하면서 미군정이 천주교를 비롯한 그리스도교에는 공인교적 정책을, 그리고 여타 다른 종교에는 종교의 자유를 억압하는 파행적 종교정책을 시행하였으며, 이승만 정부에서도 이것을

미군정은 다른 어느 종교보다도 기독교를 우선하는 정책을 취한 것
이고, 그 이유는 기독교가 단지 자신들에게 협조한 때문이라기보다
는 자신들의 종교이기 때문에 그러한 행동을 하였다고 볼 수 있다.

  미군정이 끝나고 시작된 이승만 정부는 미군정의 종교정책을 그
대로 이어받았다. 이승만은 대통령 취임식 선서를 기도로 시작하고,
국기에 대한 경례를 개신교의 반대로 주목례로 대체하는 등 여러 가
지로 기독교 중심의 정책을 펼쳤다. 특히 한국 전쟁 중인 1951년 미
군의 군종제도를 받아들여 군종제도에 장로교, 감리교, 성결교 등의
개신교와 천주교만 참여하도록 배려하여 군 선교에 결정적으로 유
리한 위치를 제공하였다.

  한편 이승만은 개신교 지도자들을 권력 구조에 충원시킴으로써
개신교를 '사실상의 국가종교'로 만들어 갔으며, 친개신교 정책을
통해 미국과의 우호 관계를 강화하고 개신교를 자신의 지지기반으
로 삼으려 하였다. 그리하여 개신교는 순조롭게 지배구조 안으로 편
입되어 갔으니, 예를 들어 개신교계는 1952년 제2대 대통령 선거에
서 한국기독교연합회의 이름으로 이승만을 대통령으로 선출할 것
을 촉구하기도 하였다.[12]

  이처럼 미군정기의 그리스도교 우선 정책에 힘입어 천주교는 사
실상의 국가적 종교의 위치에 서게 되었다. 종교정책에 있어서 미군
정기의 연장선이라고 할 수 있는 이승만 정부에서도 천주교는 마찬

  그대로 이어받았다고 하고 있다. 강돈구, 「미군정의 종교정책」, 『종교학연구』 12,
  서울대학교 종교학연구회, 1993, 37~41쪽 참조
12 노길명, 앞의 글, 9쪽.

가지의 지위를 확보하고 있었다. 그러나 이승만 정부는 천주교보다는 개신교를 보다 우선시하는 정치적 행위도 나타내고 있었다.

이와 같은 개신교 우대 행위에 영향을 받은 것인지는 분명하지 않지만, 친미, 반공이데올로기라는 입장에서 서로 친화감을 보였던 이승만 정부와 천주교의 관계는 보도연맹사건(1950), 국민방위군사건(1951), 거창양민학살사건(1952), 부산정치파동(1952)을 거치면서 변화하기 시작하였다. 이미 1948년 제2대 국회의원 선거에서 이승만은 불리한 위치에 있었다. 부산정치파동은 이승만의 정적이랄 수 있는 장면의 대통령 진입이 좌절되는 사건이기도 했다.

이 무렵 천주교 측에서는 천주교회보나 경향신문, 경향잡지 등을 통해 천주교 측 인사들에게 투표하거나 교회를 옹호해 줄 사람들에게 투표하도록 하고 있었다. 특히 1956년 제4대 부통령 선거에 입후보한 장면을 당선시키기 위해 경향잡지와 경향신문, 천주교회보 등에 많은 지면을 할애하여 장면을 소개하고 그에게 투표할 것을 강조하였다.[13] 이런 사실들로 미루어 천주교에서는 이승만 정부가 개신교와 천주교를 차별하고 있음을 인식하고, 천주교의 차별행위를 불식시킬 수 있는 정치세력을 만들기 위해 활동한 것으로 생각해볼 수 있다. 물론 이승만 정부의 부정과 부패가 심각하다는 인식도 동시에 작용했을 것이다.

이처럼 노골적으로 천주교 측에서 정부를 반대하고 장면을 지원하자 이승만 정부는 천주교에서 운영하던 경향신문의 발행을 중지

13 『경향잡지』, 1058, 1956.5, 166~179쪽.

시키는 등 천주교와 본격적인 갈등 관계를 형성하였다. 이에 서울교구장 노기남 주교는 정부의 이러한 처사를 비판하는 등 강력히 반발하였다. 4.19혁명으로 이승만은 대통령직에서 물러나고 뒤를 이어 장면 내각이 들어섰지만, 장면 내각은 박정희가 주도하는 5.16 군사 쿠데타로 인해 단명내각으로 끝나고 만다.

2. 박정희와 전두환 정부

종교가 없었던 박정희 정부가 취한 종교정책은 종교단체 등록법을 통해 국가 권력이 종교단체를 승인하는 제도를 만들어 종교에 대한 통제력을 강화하는 데 목적이 있었다. 내분을 겪고 있던 유교, 불교 등 국제적 연결고리가 없는 종교들은 그 내분에 깊숙이 개입하여 한쪽을 일방적으로 지원하는 정책을 펴서 자신들의 권력에 종속시키는 정책을 취하였다. 한편으로 불교에 군승제도를 허용함으로써 불교에도 군선교를 할 수 있는 장치가 마련되기도 하였다. 개신교의 경우 한국기독교교회협의회를 비롯한 일부 진보적 그룹은 인권이나 사회정의 등을 외치며 정치권력을 비판하기도 하였지만, 보수측은 국가조찬기도회까지 개최하는 등으로 정권에 협력하는 자세를 보였다.

박정희 정권은 천주교 측에 대해서는 처음 중립적 태도를 보였다. 일단 천주교는 로마를 중심으로 한 체제를 가지고 있기 때문에 마찰을 일으킬 필요가 없으리라 생각했을 것이다. 장면 정부에 대한 지지 의사를 보였던 천주교였다면, 그 장면 정부를 전복시킨 쿠데타에 대한 태도는 쿠데타에 반대 의사를 표시하거나 적어도 출발부터 불편한 관계가 되어야 했을 것이다. 그러나 천주교는 침묵으로 일관했고, 도리어 1962년의 연두교서에서 노기남 주교는 "오늘 우리 국가는 재건국민운동을 부르짖고 있습니다. 우리 교우들도 구태의연한 미지근한 교우가 되지 말고, 신앙적 혁명을 우리 자신 안에 일으켜야 마땅하다고 생각합니다."[14]라고 하여 군사정부에 순응하는 태도를 보였다. 대구교구에서는 과거 장면을 그렇게 했듯이 영남 출신의 천주교 신자인 이효상을 정권의 중심으로 연결시키려 하였다. 이효상은 박정희 정부에서 요직을 두루 거치며 권력의 중심부에서 활동하면서 천주교와 박정희 정부의 연결고리 역할을 하였다.[15]

천주교가 박정희 정부가 추진한 일부 정책에 반대하는 입장도 있었는데, 그것은 산아제한 정책이었다. 1961년 7월 15일 재건국민운동본부에서 발표한 국민운동 실천 사항 중 '가족계획'운동이 포함되어 있었는데, 이것을 공개적으로 반대한 것이었다. 주교단 공동교서까지 발표하며 이 운동에 반대했지만,[16] 사실상 박정희 정부는 이 운동을 시종일관 지속하였다.

천주교 측과 박정희 정부의 갈등이 본격적으로 시작된 것은 1967년의 강화도 심도직물 사건이었다. 당시 이 회사에서 노동운동을 주도한 사람들은 천주교인들이었다. 당시 천주교는 가톨릭노동청년회(JOC)라는 국제적 단체와 연대하여 가톨릭 노동자들을 대상으로 노

---

14 『경향잡지』54-1, 1962.1, 10쪽.
15 문규현, 『민족과 함께 쓰는 천주교회사Ⅱ-1945년부터-』, 빛두레, 1994, 401~402쪽.
16 『경향잡지』53-9, 10, 11, 12. 1961. 참조.

동운동을 펼치고 있었다. 심도직물에서 노동운동을 주도했던 노동자들이 모두 가톨릭노동청년회 소속이었으며, 이들은 기업주로부터 노동운동을 했다는 이유로 해고를 당하고 기업주는 앞으로 가톨릭 신자들은 노동자로 받아들이지 않겠다고 공언하였다. 이 갈등은 표면적으로는 기업주들과 노동자들과의 갈등이지만, 당시의 정부는 기업가들의 입장을 대변하고 있었기 때문에, 결국 노동자 편을 든 천주교는 사실상 정부와의 갈등관계로 이어졌다. 이 사건에서 주교회의는 노동자들의 권익을 옹호하는 두 차례의 성명서를 발표하고 사태가 일단락되었다.[17] 그러나 이 사건을 계기로 천주교는 개신교와 합동으로 노동문제에 깊은 관심을 갖기 시작하였다. 개신교는 비록 일부이기는 했지만 이미 도시산업선교회와 같은 단체를 중심으로 노동운동에 활발히 참여한 상태였다.

천주교가 정부와 정면으로 대립한 것은 원주교구 지학순 주교 납치 사건이었다. 1971년 원주교구는 부정부패 추방운동을 벌였는데, 이 운동을 벌인 이유는 당시 원주교구가 지분을 갖고 있었던 원주문화방송의 부정과 부패가 원인이었다. 원주교구가 이 운동을 벌이기 시작하면서 원주교구와 정부와의 갈등이 구체적으로 표면화되기 시작하였다. 이 운동에는 신부와 평신도만 참석한 것이 아니라 교구장 지학순 주교가 앞장서서 참여하였다. 교구장인 주교가 참여하였기 때문에 그 파급효과가 매우 컸다. 1974년 지학순 주교가 해외 출장 후 귀국하는 길에 공항에서 체포되면서, 천주교와 박정희 정부는

---

17 문규현, 앞의 책, 340~341쪽.

극단으로 대립하게 된다. 이 사건은 천주교 측에서는 젊은 신부들을 주축으로 정의구현사제단이 출범하는 계기가 되었다.

한편 이념이 다른 연장자 그룹의 사제들이 정의구현사제단과는 다른 목소리를 냄으로써 천주교회는 이념논쟁에 휘말리기도 했다. 보수적 성향의 신부들은 '구국사제단을 만들어 정의구현사제단에 대해 우려를 표명하였고, 가톨릭시보사는 보수, 진보 세력을 대변하는 두 신부의 논쟁을 게재하였으며, 광주 대건신학대(현 광주 가톨릭대) 학생회는 시국에 대한 분명한 태도 표명을 하도록 주교단에 요구하기까지 하였다. 정부의 조치에 대해 반대하는 성명을 발표하면서 갈등을 빚고 있었던 주교회의 의장 김수환 추기경을 대교구장직에서 몰아내기 위한 세력들도 있었다.[18] 하지만 이들의 이런 활동과 구국사제단의 활동은 교회 내외로부터 큰 주목과 호응을 얻지는 못했다.

박정희 정부의 독재체제가 강화되고, 1976년의 명동성당 3.1절 기도회 사건, 1978년의 동일방직 사건, 1979년의 오원춘 사건 등에 천주교가 지속적으로 개입하면서 천주교와 정부의 갈등 관계는 더욱 심화되었다. 많은 신부들이 체포되고, 고문을 받는 등 천주교에 대한 조직적 탄압도 서슴지 않았다. 그러나 이러한 박 정권의 행위로 인해 천주교인들은 더욱 강한 반발을 하였고, 이는 정권 말기까지 지속적으로 이어졌다.

박정희가 군사쿠데타로 정권을 잡았듯이 제5공화국의 전두환 정부도 군대를 기반으로 정권을 장악하였다. 소위 신군부 세력은 과거

---

18 김수환 추기경 구술, 평화신문 엮음, 『추기경 김수환 이야기』, 평화방송·평화신문, 2005, 222~225쪽.

박정희 정권의 정책을 그대로 답습하는 과정을 밟았다. 5공화국의 전두환 대통령은 '불교계 정화'라는 미명아래 군과 경찰 3만 2천여 명을 동원하여 전국의 5,731개의 사찰과 암자를 수색하였다. 이 과정에서 무차별 폭행과 고문이 자행되고 각 사찰의 주지들을 강제로 연행하였다. 이는 당시 조계종의 송월주 총무원장이 신군부에 협조하지 않았기 때문이라고 이야기되기도 한다.[19]

통치자들, 그 가운데서도 특히 정통성이 약한 통치자들일수록 종교에 대한 정책은 억압과 회유의 전략이라고 볼 수 있다. 즉, 정권에 협력하게 하려고 우선 회유를 하지만, 여의치 않으면 억압, 탄압이라는 수순을 밟는다는 것이다. 이와 같은 과정은 유교, 개신교, 그리고 신종교 등에도 행해졌는데, 특히 3군 본부 이전을 명목으로 소위 6.20사업을 벌여 계룡산 신도안에 있는 작은 규모의 신종교 단체들을 강제로 철거시켰다. 신군부는 이처럼 종교를 억압하는 정책을 펴기도 하였지만, 한편에서는 회유의 정책도 펼쳤는데, 그 한 사례가 정권 출범 초기 국보위에 일부 개신교 인사와 천주교 성직자들을 임명한 것이다. 개신교의 원로 목사들은 전두환을 위한 조찬기도회까지 열어 정권을 정당화하는데 일조하였다. 이러한 사례로 비추어보면 규모가 작거나 분열상태, 그리고 국제적 연결망 등이 없는 종단의 경우는 정권의 행태에 따라 이용되거나 탄압을 받기 쉽다는 것을 보여준다.

신군부가 12.12쿠데타를 통해 정권을 장악한 이듬해 5월 한국 천

---

19 이 사건은 당시 합동수사단이 불교정화실무대책반을 편성해 운용하면서 종교계를 재편하려한 것에서 비롯된 것으로 알려졌다. 『한겨레신문』 1989. 1.31.

주교 주교단은 비상계엄 해제와 언론의 자유를 요구하는 시국담화문을 발표하는 것으로 첫 반응을 보였다. 광주민주화운동이 벌어지자 광주교구와 전주교구의 사제들은 유인물을 배포하고 성명을 발표하면서 광주의 진상을 알리려 하였다. 뒤이어 서울, 수원 등 다른 교구 사제들이 이들을 지지하는 태도를 보이자 광주와 서울 등의 사제들이 구금되고, 일부 사제들은 고문과 폭행을 당하는 등의 사태가 이어졌다. 이런 가운데 대구교구의 일부 사제는 국보위 입법회의에 참여하였다. 천주교 정의평화위원회는 성직자의 공직 참여 금지의 조항을 들어 이의를 제기하였지만, 주교단은 아무런 제지를 하지 않았다.

한편 1980년 11월이 되면서 한국 천주교는 모든 관심이 온통 '한국 천주교 200주년 기념사업'에 쏠려 있었다. 이 사업에는 '조선교구 설정 150주년 기념행사', '천주교 전래 200주년 기념행사', '교황 방한', '103위 성인 시성식'과 같은 굵직한 행사들이 포함되어 있는데, 이 행사들을 성공적으로 치르기 위해서는 천주교와 정부의 긴밀한 협조가 필요했다. 실제로 교황 방한에 대한 환대나, 여의도 행사 등은 5공 정권의 도움을 받았다. 이 사업의 중간에 미문화원 방화사건으로 인해 다소 껄끄러운 관계도 있었지만, 이후 5공화국과의 갈등 관계는 주로 정의구현사제단을 중심으로 한 것이었다.

3. 5공화국 이후

정권이 자신의 권력을 유지하기 위해 종교계를 탄압하는 정책은 5공화국을 기점으로 종언을 고하였다. 5공화국의 뒤를 이어 선출된 노태우 대통령은 불교 신자로서 이전 정권 시절 자신의 위치상 불교계를 탄압하는데 핵심적 위치에 있었다. 따라서 노태우 대통령은 취임 후 불교계와 원만한 관계를 유지하기 위해 대구 동화사 대불 건립을 지원하고 불교계 행사에 참여하는 등 여러 가지로 노력하였다. 그렇지만 여타 종교들과 특별한 마찰을 빚지는 않았다.

충현교회 장로 출신인 김영삼 대통령은 재임 중 청와대에 목사를 불러 가족예배를 자주 했지만, 그로 인한 종교적 갈등은 없었다. 이때부터 청와대 안에 기독교 모임이나 불교 모임과 같은 종교 신행 단체가 만들어졌다고 한다. 재임시절인 1995년 6월 명동성당에 경찰을 투입하여 시위대를 강제 연행한 것과 관련 종교계의 항의를 받았는데, 당시 김수환 추기경은 미사에서 정부의 조치를 공개적으로 비판하였다. 그밖에 종교방송의 지방국 배분 문제로 특히 천주교와 불교가 불만을 표했는데, 이는 기존의 기독교계 방송국이 많은데 획일적으로 두 개씩 신설했다는 것이었다.

천주교 신자인 김대중 대통령도 종교계와 갈등을 일으킬만한 정책을 펴지는 않았다. 특히 부인이 개신교 신자로 부부가 상대방의 종교를 존중하는 입장이었다. 다만 천주교 쪽에서 사형제 폐지, 국가보안법, 국가인권위원회법, 부패방지법 등과 같은 3대 개혁입법을 촉구하는 건의서를 올리는 정도이고 정의구현사제단의 경우 이전에 김대중 대통령에 대해 비판적 지지를 선언했던 터라 많은 비판이 나오지는 않았다. 과거 김영삼과 김대중이 모두 대통령 후보였던 시절 정의구현사제단이 김대중을 비판적으로 지지한다고 선언하였지만, 그다음 선거에서는 공식적으로 지지 선언을 하지 않았다.

노무현 대통령은 천주교 세례를 받기는 하였지만, 본인 스스로 밝혔듯이 종교적 신앙이 없다고 보아야 할 것이다. 부인은 불교 신자였지만, 재임기간 중에는 불교사찰을 방문하는 것도 꺼릴 정도로 종교와의 갈등에 세심한 편이었다고 볼 수 있다. 천주교와 노무현 대통령과의 갈등관계는 사학법 개정으로 인한 것이다. 당시 이는 천주교만의 문제가 아니라 보다 많은 종립학교를 운영하고 있는 개신교계의 문제이기도 하였다. 따라서 두 종교는 연대하여 노무현 정부의 사학법 개정을 둘러싸고 갈등을 일으켰다.

이명박 대통령은 김영삼 대통령과 마찬가지로 장로교 신자이다. 서울시장으로 재직시에도 서울시 봉헌 문제로 구설에 올라 시작부터 의혹의 시선을 가졌다. 정권 출범 초기 정부 부처가 일을 처리하면서 특정종교를 차별하는 것과 같은 모습으로 비치면서 종교차별 갈등에 휩싸였다. 물론 대통령이 앞장서서 종교를 차별하도록 주문했다고 생각하지는 않지만, 정부의 세심한 일 처리가 얼마나 중요한지를 보여주는 사건이었다.

이명박 정부와 천주교 사이에 갈등관계가 형성된 것은 4대강개발 문제, 제주 해군기지 문제이다. 주교회의는 공동성명을 내고 4대강 개발 반대, 제주해군기지 건설에 반대한다는 입장이었다.

Ⅲ. 한국사회의 갈등과 대통령의 종교

한국 사회에서 대통령이 된 사람이 종교를 가지고 있는 것은 종교에 어떤 영향을 줄 것인가? 반대로 종교계는 이들에게 어떻게 대응할 것인가? 이를 알기 위해서는 역대 대통령의 정책을 다시 한번 살펴볼 필요가 있다. 미군정 시기에는 미국적 종교라고 할 수 있는 그리스도교 우대정책이 시행되었다. 뒤를 이어 감리교 신자였던 이승만 대통령은 미군정 시기와 마찬가지로 종교 일반이 아닌 감리교가 속한 개신교와 천주교에 특혜를 부여한 정책을 폈다. 따라서 이 시기에는 두 종교가 공인종교[20]의 위치에서 여러 가지 혜택을 부여받고 교세를 신장시켰다.

천주교는 처음 미군정과 이승만 정부에 대한 지지를 보냈다. 그러나 천주교 신자인 장면이 이승만 대통령의 정적으로 등장하면서 상황은 달라졌다. 천주교는 장면이 정권으로 진입할 수 있도록 다양한 지원책을 펼쳤다. 심지어 부통령 후보로 나섰을 때 기관지를 동원해 장면에게 투표하도록 신자들을 설득하고, 신자들이 선거운동까지 하도록 유도하였다. 결국 이승만 정부는 천주교와 대립관계를 형성하였으며, 그 관계는 대통령에서 물러날 때까지 지속되었다. 이와 같은 태도의 변화는 장면의 등장과 함께 개신교 측의 이승만 지지 공개선언이 요인으로 작용했을 것으로 추정된다.

천주교는 미군정과 이승만 정부 초기에는 정부에 대한 지지를 표시하였지만, 결국 이승만의 여러 가지 실정과 천주교인인 장면과의 대립으로 인해 갈등의 관계로 돌아서게 되었다. 한편으로 미군정, 그리고 이승만 정부는 자신들의 정책에 맞는 종교, 특히 기독교를

---

20 강돈구, 앞의 글.

중심으로 한 공인교적 정책을 펼쳤다. 그러나 이승만 정부는 1950년대 들어서면서 천주교와 갈등관계를 형성하고, 이는 정적인 장면과의 관계 때문에 더욱 심화되었다. 그러므로 이승만은 결국 1950년대부터는 개신교의 지지를 받고 개신교 중심의 정책을 펼친 것으로 규정할 수 있다.

적어도 미군정과 이승만 정부 시절 천주교는 통일된 태도를 보이고 있었다. 즉, 천주교 내부에 실질적으로 갈등이 존재했는가의 여부와는 상관없이 정부에 대해서는 일치된 견해를 표명하였다.

박정희 대통령은 개인적으로 종교적 신앙을 갖지는 않았지만, 부인인 육영수 여사가 불교 신자라고 한다. 그런 이유인지는 몰라도 박정희 정부에서는 상대적으로 불교가 혜택을 받았다고 볼 수 있다. 과거 기독교가 받았던 혜택을 동등하게 부여했기 때문이다.[21] 불교를 기독교와 동등한 위치로 끌어올리기는 했지만, 그렇다고 기독교를 차별하는 정책을 편 것은 아니라고 볼 수 있다. 그러나 한편으로 불교계의 내분에 관여하여 한쪽을 지원하고 반대파를 탄압하면서 자신을 지지하는 세력을 만들기도 하였다. 석가탄신일을 공휴일로 지정하였지만, 군승제도에는 조계종만 참여하도록 한 것이 그 사례라고 볼 수 있다.

정권 출범 초기 천주교와 박정희 정부와의 관계는 지지나 반대, 어느 편도 아닌 어정쩡한 관계였으며, 오히려 정권에 협력한다는 측면이 있었다. 그러나 강화도 심도직물 사건은 천주교 신자들이 대거

---

21 군승제도, 석가탄신일 공휴일 지정 등이 그것이다.

관련되었으며, 천주교 신부가 용공분자로 몰리고 있었다. 당시 천주교는 세계적 노동운동인 가톨릭노동청년회(JOC) 활동을 펼치면서 노동자들의 인권운동을 진행하고 있을 때였다. 심도직물 사건에 연루된 가톨릭 신자들이 모두 JOC 회원이었으므로 천주교의 입장에서는 이 사건이 노동자 탄압, 그리고 천주교에 대한 압박으로 받아들여졌기에 적극적으로 나설 필요성이 제기되었다. 주교단이 공동성명서를 발표하면서 일단락되었지만, 이것은 천주교가 행한 최초의 대사회적 발언이었다.

원주교구에서 벌어진 부정부패 추방운동은 사실상 정부와 직접 마찰을 빚게 되는 사건이었다. 원주교구는 5·16장학회와 공동으로 투자하여 원주문화방송국을 설립했는데 당시 방송국 내부가 부정과 부패로 얼룩져 있음을 확인한 것이 이 운동의 출발점이었다.[22] 이것이 정권의 부도덕성과 부패를 알리는 계기로 작용하여 결국 천주교는 정부와 정면으로 충돌하는 양상으로 발전하였다. 그러나 이 무렵에도 대구교구에서 발행되고 있는 가톨릭시보는 이 사건에 대한 보도를 제대로 하지 않아 일치된 교회의 모습을 보여주지는 못했다.

박정희 정권 출범 초기 천주교가 정부와 취했던 관계는 지지나 반대의 표시가 없는 어정쩡한 거리두기였다면, 1960년대 후반에 이르면서 본격적으로 갈등 행보를 보이기 시작하여 정권이 끝날 때까지 지속적으로 이어졌다고 할 것이다. 천주교가 인권과 사회정의를 내세우면서 본격적인 대사회적 운동을 펼칠 때 한편에서는 그에 반대

---

22 문규현, 앞의 책, 342쪽.

되는 행동도 나타났다. 일부 보수적 사제들이나 대구 지역의 분위기는 지속적으로 정권의 입장에 있었다. 천주교 내부의 갈등관계가 처음으로 외부에 표출된 시기였으며, 이때 시작된 갈등관계는 지속적으로 이어져 오고 있다고 할 수 있다.

5공화국의 전두환 대통령은 천주교 신자였지만, 대통령 퇴임 후 백담사에서 은둔 생활을 할 때 불교로 개종했다고 한다. 5공화국 전체를 통해 볼 때, 그가 특별히 어떤 종교를 우대했다고 보이지는 않지만, 상대적으로 천주교가 혜택을 보았다고 할 수 있다.

광주민주화운동에 대해서도 천주교는 일치된 견해를 나타내지 못했다. 당시 천주교의 상황은 광주교구와 전주교구가 광주의 진실을 알리기 위해 적극적으로 나서고, 여타 교구는 젊은 신부들과 정의구현사제단이 중심이 되어 여기에 동조하였지만, 이에 대한 주교단의 입장은 유보적이었다. 그 이유는 때마침 천주교 전래 200주년을 맞아 여러 가지 행사를 치러야 하는 천주교의 입장에서 정부의 지원이 필요했기 때문이라고 생각된다. 전두환 정권도 세계적 네트워크를 지니고 있는 천주교의 정당화가 필요했을 것이기에 서로의 갈등을 피하자는 입장에 있었을 것이다. 결국 교황의 방한과 회담을 통해 정부의 적법성을 인정받게 되고, 정부는 천주교에 200주년 행사에 많은 도움을 주었다. 미문화원 방화사건 관련자를 도와준 최기식 신부 문제로 인해 부분적으로 잡음이 있기는 했지만, 천주교 지도층과는 원만한 관계를 유지한 것으로 본다. 사실상 이 무렵 천주교의 대사회적 발언과 민주화운동을 이끈 것은 정의구현사제단이 주축이었으며, 김수환 추기경을 비롯한 일부 주교들이 이들의 활동을 인정하는 상황이었다.

5공화국 정권 출범 초기 천주교의 분위기는 반대하는 측면이 있었지만, 정권에 협조하는 태도도 보인다. 일부 주교와 정의구현사제단을 중심으로 한 젊은 사제들은 주로 반대의 입장에 있었다면, 한편에서는 일부 신부가 국보위 입법회의에 참여하여 협력하는 모습을 보이고, 주교 중 일부는 정권의 입장을 옹호하는 태도도 보였다. 5공 정권이 말기로 접어들면서 명동성당은 민주화의 성지로 거듭나게 되고, 정의구현사제단의 활동으로 5공 정권의 온갖 만행이 밝혀지면서 천주교와 정부가 대립구도를 형성했지만, 이는 사실상 천주교 전체라기보다는 일부 주교들과 정의구현사제단을 중심으로 한 활동이라고 해야 할 것이다. 이러한 활동에 반대하는 보수적인 주교들과 신자들도 있었기 때문이다.

5공화국 이후에는 시민의식의 성숙으로 인해 더는 과거의 정책을 그대로 답습하기 어려운 상황이 되었다. 실제로 이후의 대통령들은 가능한 종교와 갈등을 피하려 하였다. 이는 특히 대통령의 선출이 직접선거로 바뀌면서 더욱 심화되었다고 볼 수 있다. 선거철만 되면 공직 후보자들이 앞다투어 각 종교의 지도자들을 찾고 이를 언론에 공표하는 것이 단적인 사례라고 할 것이다.

Ⅳ. 평가와 전망

해방 이후 우리나라의 정치와 종교의 관계를 살펴보면서 파악할 수 있었던 것은 미군정 시기와 이승만 정부를 제외한다면 대통령이 특정 종교를 갖는 것이 정치와 종교와의 갈등이나 협력 관계에 큰 영향을 주는 것으로 보이지는 않는다. 다시 말해서 대통령이 무슨 종교를 가졌는가가 아니라 대통령이 종교를 어떻게 받아들이는가가 더 중요한 요소로 작용한다는 것이다. 이승만 정부의 경우 기본적으로 개신교 우대정책을 펼쳤지만, 한편으로 개신교를 이용해서 자신의 정권을 유지, 또는 연장하려고 시도하였다. 다시 말해서 대통령이 종교자체를 위해 어떤 행위를 한 것이라기보다는 자신을 위해 종교를 이용하는 모습을 보인 것이다.

큰 흐름에서 본다면 이승만 대통령 이후 박정희, 전두환, 노태우 대통령에 이르기까지의 모습은 여기에서 크게 벗어나지 않을 것으로 생각된다. 그들은 자신의 정권에 걸림돌이 된다면 종교를 억압하거나 회유하려 했고, 도움이 되면 그 종교를 이용하려고 하였다. 개신교 장로였던 김영삼 대통령도 스스로가 개신교 신자였지만, 개인적으로 청와대에서 예배를 본 것 말고는 특별히 개신교를 위한 어떤 정책을 행하지는 않은 것으로 보인다. 그보다는 개신교라 할지라도 자신의 정권에 걸림돌이 된다면 억압하는 모습도 보였다.

천주교 신자였던 김대중 대통령의 인식에서도 잘 드러난다고 생각된다. 그는 자신이 천주교 신앙을 지니고 있었지만, 모든 종교가 결국 고유의 역할이 있을 것으로 생각한 것 같다. 예를 들어 유교의 경우 그 도덕적 근본이 국가를 지탱하는 요소라고 인식하였다. 종교가 진정으로 '으뜸 가르침'이라면 다른 종교를 인정해야 한다고도 보았다. 2000년 아프가니스탄의 탈레반 정권이 바미얀 석굴을 파괴

하는 것을 보고 개탄하며, 그런 종교는 '으뜸 가르침'이 될 수 없다고 여겼다.[23] 이렇게 본다면 대통령이 특정 종교를 가지고 있을 수는 있지만, 그 자체가 특정 종교와 갈등을 빚거나 협력을 하는 것이 아니라 종교 자체에 대한 인식이 더욱 중요하다고 볼 수 있다. 물론 대통령의 종교가 중요한 요소가 아니라고 단순하게 판단하기에는 몇 가지 전제되어야 할 요소들이 있다.

첫 번째가 정권의 정당성과 도덕성 문제이다. 이승만 정부가 천주교와 갈등을 빚기 시작한 것은 비도덕적인 행위들이 나타나면서 시작되었다. 특히 부산정치파동 같은 사례는 이미 정권을 내놓아야 할 상황임에도 불구하고 정당하지 못하게 정권을 연장하려 함에서 비롯된 것이다. 이승만은 자신의 정권을 유지하기 위해 개신교를 이용하는 한편 정적인 장면을 지원하는 천주교에 대해서는 갈등관계에 놓이게 된다. 박정희와 천주교와의 갈등은 노동문제, 인권문제, 부정부패문제 등이었다. 전두환 정권은 광주민주화운동 시기에는 광주교구와 전주교구, 그리고 정의구현사제단 등과 불편한 관계에 있었지만, 천주교 자체와는 사실상 상호 협력하는 관계에 있었다고 본다. 이는 정권의 입장에서는 이용, 또는 회유에 해당된다고 할 수 있다.

두 번째는 국민의 의식 수준을 들 수 있다. 우리나라의 종교 자유나 정교분리의 출발점은 사실상 국민이 스스로 의식하고 많은 갈등

---

23 김대중, 『김대중 자서전』 2, 도서출판 삼인, 2010, 429쪽. 김대중 대통령은 특별히 종교를 이용하거나 차별적 정책을 펴지는 않았지만, 과거의 인식을 관습적으로 물려받기는 한 것으로 보인다. 그는 노벨평화상을 수상하는데 불교계, 개신교계, 그리고 천주교, 원불교의 인사들과 동행하였다.

을 겪으면서 쟁취된 것이 아니라 위로부터 주어진 것이었다. 한불조약으로 인해 종교의 자유가 주어졌고, 일제의 잘못된 정교분리정책이 뒤를 이었으며, 해방 이후에도 종교의 자유나 정교분리에 대한 인식이 미약한 상황이었다. 따라서 국민이 미처 여기에 대한 확실한 의식이 없는 상태는 통치자들이 종교를 회유와 억압으로 이용하는 여건을 만들어 준 것이라고 할 수 있다. 이후의 사회적 상황은 국민의 의식이 성숙해지면서 정권이 과거와 같은 행위를 하기 어렵게 되었다. 다시 말해서 위로부터 주어진 자유가 아니라 국민 스스로 인식해서 쟁취해낸 자유가 만들어졌을 때 정치는 함부로 종교나 국민을 이용하기가 어려울 것이다.

세 번째는 다종교사회도 중요한 요인이 될 수 있다는 점이다. 다양한 종교가 공존하면 종교들끼리 경쟁관계를 형성하게 되고 정치는 이러한 경쟁관계를 이용하려 들 수 있다. 한쪽은 탄압과 억압, 그리고 한쪽은 회유와 지원 등으로 자신을 지지하는 종교를 만들어 갈 수 있다. 미군정과 이승만 정부는 이를 위해 신자 수가 채 10%에도 미치지 못하는 기독교를 선택해서 자신의 지지 세력으로 삼았다. 박정희 정부는 불교를 선택했고, 전두환 정부는 개신교와 천주교를 선택한 것으로 생각할 수 있다.

네 번째는 종교 내 분열이다. 천주교를 사례로 본다면, 박정희 정부 시절 대구 출신의 이효상이 정권과 연결되면서 대구 지역은 거의 박정희 정부의 지지 세력으로 남았다. 이는 5공화국 정부에도 그대로 연결되고 있는 것으로 보아 정권은 적어도 이 지역에서는 성공한 것으로 보인다.

그럼 종교가 정권에 대해 지지를 나타내는 요인에는 어떤 것이 있을까? 일부 변수가 있기는 하겠지만, 여기에도 몇 가지 요인을 고려할 수 있다. 첫 번째가 종교지도자들의 기득권 유지이다. 천주교의 지도자들은 자신들의 종교가 사회적 갈등과 연결되는 것을 되도록 피하려 해왔다. 이는 일제강점기부터 유지되어온 태도이다. 그것은 교계에서의 자신들의 위치와도 관련되어 있다고 생각된다.

두 번째는 천주교가 사회적으로 위기에 처했는가의 문제이다. 강화도 심도직물 사건은 천주교 신자들이 대거 연루된 사건이었다. 이에 천주교는 의기의식을 느끼고 대사회적 발언을 시작하였다. 여기에 덧붙이자면 정권의 정당성 여부는 천주교의 입장에서 크게 고려할 사항은 아니었다는 것도 포함된다.

세 번째는 신자들 의식 수준의 문제이다. 천주교의 경우 과거에는 사제의 말을 금과옥조처럼 여겼다. 따라서 지도자들의 언행이나 태도는 신자들의 태도에 많은 영향을 주게 된다. 지도자가 기득권을 유지하고 천주교에 위기가 닥치지 않는 한 천주교인들도 지도자들과 비슷한 태도를 취해왔다. 심도직물 사건은 천주교에서 이미 가톨릭노동청년회를 통해 많은 가르침을 받은 근로자들이 회사의 부당함에 맞선 행위였다. 다시 말해 가톨릭 지도자의 가르침에 따른 실천이었다. 그러나 유신시기를 거쳐 80년대에 접어들면서 신자들과 젊은 사제들 의식의 눈높이가 매우 높아진 상황이었다. 따라서 5공화국 시기 천주교의 상층부는 정권의 부당성을 외면하였지만, 일부 신자들과 젊은 사제들은 반대의 위치에 서게 된 것으로 볼 수 있다.

그러면 앞으로 정치와 종교, 특히 천주교와 정치와의 관계는 어떤 방향으로 흘러갈 것인가도 궁금하지 않을 수 없다. 그 예견은 앞에서 지적했던 요인들을 되짚어보는 것으로 가능하리라 본다. 첫 번째 정권의 정당성 문제이다. 적어도 이 부분은 앞으로 불가능할 것이기 때문에 정권에서 종교를 탄압한다거나 차별한다거나 아니면 지나치게 특정종교를 우대하는 정책을 펴지는 못할 것으로 보인다.

두 번째는 국민의식, 또는 신자들의 의식에 대한 부분이다. 우리 사회는 1960년의 4·19와 1970년대의 노동인권운동, 그리고 1980년대의 민주화운동을 국민의 힘으로 이룩해 냈다. 정교분리에 대한 인식도 여기에 기초해서 파악할 수 있다. 천주교가 1960~70년대의 침체기를 벗어나 1980~90년대를 거치면서 폭발적으로 성장한 배경은 바로 이런 의식이 한몫했다고 볼 수 있다. 신자들의 의식도 과거와 많이 달라진 부분이다. 이는 물론 지도자들이 보여준 모습도 한몫했다고 볼 수 있다. 1960년대부터 현재까지 이어진 과정을 볼 때 대사회적 문제에 대해 주교단 스스로 통일된 의견을 제시하는 것은 극히 일부에 불과했다. 이런 모습은 신자들을 방황하게 만들고 결국 지도자들에 대한 불신으로 이어지게 된다. 과거와 달리 신자들도 다양한 교육과 정보에 노출되어있기 때문에 지도자들의 말 몇 마디가 곧 천주교 신자 전체를 대변한다고 보기 어렵고 신자들도 그대로 수용한다고 보기 어렵게 되었다.

이러한 상황과 관련지어 말할 수 있는 것이 기득권의 문제인데, 이것도 과거 지도자의 입장에 따라 좌우되는 신자들이 존재할 때 가능했다고 볼 수 있다. 그러나 모든 사제와 신자들이 주교의 인식을 그대로 수용한다고 보장하기는 어려울 것으로 생각된다.

세 번째는 다종교사회, 혹은 종교 간의 분열 상황이다. 어찌 보면 이것은 앞에서 제기한 두 가지의 종속변수에 해당된다. 다시 말해서 위의 상황을 정치가 이용할 수 있을 때는 여러 종교 가운데 특정 종교들을 취사 선택하여 차별과 우대를 함으로써 정권의 지지 세력으로 삼겠지만, 정치가 종교를 이용할 수 없는 상황이 되면 오히려 다종교사회는 건전한 정치발전에 도움이 될 수 있다. 정치에 대한 적절한 거리두기와 건전한 비판은 국민으로부터 많은 호응을 얻을 것이고 이는 곧 그 종교의 성장에 기여할 것이기 때문이다.

V. 나가는 말

종교도 사회 안에 존재하는 한, 그리고 그것을 억지로 외면하지만 않는다면 사회적 문제에 초연할 수는 없다. 그것은 남의 일도 아니고 종교와 무관한 일도 아니다. 반드시 어떤 형태로든 종교에 영향을 끼치게 되어 있다. 삼도직물 사건과 원주교구의 문제가 그것을 말해준다. 사회적 권력의 경우 종교도 사실 예외가 아니어서 그 유혹도 뒤따르기 마련이다. 정권의 속성상 그 합리화를 위해 언제든 종교의 지지를 원할 것이고, 또한 그 반대급부를 주려 할 것이다. 그러나 이는 곧 종교가 정권의 시녀 내지 야합으로 전락하는 수순에 불과하다. 그 상황에서 어떤 태도를 취할 것인가는 전적으로 종교의 손에 달려 있다고 생각된다.

한국의 천주교는 일제강점기를 거치면서 성속이원론과 정교분리의 태도에서 사회문제에 초연한 태도를 유지해왔다. 한편으로는 정치 권력에 순응하거나 지지의 태도를 표명해 왔다. 그러한 관계가 처음 깨진 것은 이승만 정부에서이며 박정희 정부에서도 다시 반복되었다. 그러나 그것은 사회문제에 대한 인식이 근본적으로 달라졌기 때문이라기보다는 천주교의 이익이 침해를 당하기 시작했기 때문이라고 본다. 물론 이를 계기로 사회적 인식이 달라졌다는 점에서는 긍정적으로 볼 수 있다.

지난 20여 년간 일부 주교와 정의구현사제단, 정의평화위원회, 가톨릭농민회를 비롯한 가톨릭 노동단체들이 인권과 민주화를 위해 정권에 저항하였지만, 그것이 천주교 전체를 대변한 것은 아니었다. 정부와의 갈등이 표출될 때마다 한편에서는 다른 목소리가 나타나면서 파열음을 내곤 하였다. 이처럼 다른 목소리를 내는 측의 입장은 종교의 자유, 그리고 교회의 권위나 재산에 정부가 억제하거나 간섭하지만 않는다면 정치 권력과의 갈등을 피하거나 동조해왔다고 볼 수 있다. 천주교 지도층의 이런 일치되지 못한 모습은 신자들에게도 그대로 전해져 보수화된 평신도협회에서 이탈해 새롭게 사회운동을 꾸려가는 신자들도 생겨나고 있다.

제2차 바티칸 공의회에서는 평신도가 주체적으로 참여하는 교회를 역설하였지만, 한국 천주교회가 이런 정신을 적극적으로 살려 나가고 있는지는 의문이다. 특히 정치와의 관계, 대사회적 관계의 측면에서 볼 때 그것은 더욱 자명해 보인다. 앞에서도 지적했듯이 8~90년대와 2000년대 초반까지 천주교의 인구가 폭발적으로 증가한 것은 천주교의 대사회적 활동에 힘입은 바가 크다고 할 수 있다. 이와 함께 고려해야 할 사항은 냉담자가 급속도로 증가하고 있다는 사실이다. 이제까지의 고성장에 순진하게 함몰될 때 천주교의 미래는 불투명해질 것으로 생각된다.

▌한국사회역사학회·한국종교사회학회 공동학술심포지엄, 《한국사회의 갈등과 대통령의 종교》발표문, 이화여자대학교 대학원관, 2011.11.25.

제3장

한국의 종교정책과 종교계의 대응
불교, 천주교, 개신교를 중심으로

Ⅰ. 시작하며

2013년 한국 사회에 나타난 종교들의 모습 두 가지. 2013년 5월 한국의 대표적 관문인 인천공항청사 내에 불교계에서 연등을 설치하려는 것을 인천공항공사에서 거부하자 불교계와 공항공사 간에 논란이 일어났다. 우여곡절 끝에 연등이 설치되기는 하였지만, 논란은 수그러들지 않았다. 한편 2013년 7월 천주교 부산교구 사제단은 국가정보원이 불법으로 선거에 개입하였다는 시국선언을 하였다. 이를 시작으로 천주교의 여러 교구와 수도회 등에서 시국선언과 시국미사, 시국기도회 등이 이어졌다. 두 가지 모습 모두 종교와 정부, 또는 정치와 관련된 것이다. 인천공항공사가 국토부 산하기관이라는 점에서 연등의 설치를 거부한 것은 정부 종교정책의 한 단면이라고 본다. 그러나 천주교의 모습은 정부의 종교정책과는 무관하며 국민과 정부와의 관계 속에 나타난 것이다. 한국 천주교도 한국 사회의 일부이며 따라서 국민적 관심사를 외면할 수 없기에 나타난 모습이라고 판단된다.

여기에서 다루고자 하는 것은 앞의 불교의 사례와 관련된 것이다. 천주교의 사례도 정교관련 문제가 되겠지만, 그것은 종교정책과는 무관한 것이기 때문이다. 해방 이후 현재까지 정부의 종교 관련 정책에 대해서는 종교별, 시기별로 각각 연구되어왔다. 이것들은 표면적으로 드러난 현상을 서술하거나 아니면 정부 정책의 오류나 무지, 실패 등을 파악하는 것에 주안점을 둔 연구들이 대부분이다. 그러나 여기에서는 중앙 정부나 지자체의 종교정책에 대한 각 종교의 반응이 어떠한 것이었는가를 고찰할 것이다. 연구의 대상은 정부 수립 이후 국가나 지자체에서 행해진 종교와 관련된 여러 가지 공식적, 비공식적 정책이나 행위들이다. 공직자나 정치인들이 종교와 관련해서 행한 여러 가지 행위들도 공식화된다는 점에서 본 연구의 대상이 될 수 있다. 따라서여기에서는 이러한 주제들에 초점을 맞추어 서술하고 이에 대한 각 종교의 반응을 고찰함으로써 종교들의 사회적 행동특성을 이해하려 한다. 이를 위해 여기에서는 한국의 대표적 종교인 불교, 천주교, 개신교를 중심으로 진행될 것이다. 세 종교만을 중심으로 하는 이유는 여러 가지가 있지만 몇 가지만을 언급하면 다음과 같다.

첫 번째로 한국사회의 종교적 모습은 '종교백화점'이나 '종교시장' 등으로 표현될 정도로 다양한 종교단체들이 공존하고 있다고 한다.[1] 다양한 종교단체들이 있지만, 그 가운데 불교와 개신교, 그리고 천주교가 한국 사회에 끼치는 영향력은 매우 크다고 할 수 있다. 2005년 통계청의 종교인구 조사를 보면 한국인의 약 53.1%가 종교를 가지고 있으며, 52%가 이 세 종교에 속해 있다.[2] 다시 말해서 전체 한국인의 절반 이상이 이 세 종교에 속해 있다는 말이다.

두 번째로 한국의 종교는 여러 분야, 특히 교육과 복지 분야를 통해 한국 사회에 영향력을 행사한다. 예를 들어, 한국의 종교 교단들은 약 128개의 고등교육기관과 1,246개의 유치원·초·중등교육기관, 약 621개의 종교계 법인, 약 20,745개의 요양기관, 약 169개의 의료기관, 약 372개의 사회복지사업 법인, 약 50개의 방송 관련 기관, 그리고 약 200개의 연구소를 가지고 있거나 아니면 그 운영에 관여한다.[3] 특히 한국 사회의 교육이나 복지 부분에서 종교들의 역할이 간

---

1 2008년 12월에 발표된 문화체육관광부 자료에 따르면, 한국사회에는 대략 500여 개의 종교단체가 존재한다. 이 가운데 불교계 168개, 개신교계 290개로 두 종교를 합치면 458개가 된다. 천주교, 유교, 천도교, 원불교, 대종교 등 1개 교단으로 이루어진 종교들도 있지만, 대체로 여러 교단들로 이루어진 종교들이 많다.『한국의 종교현황』, 문화체육관광부, 2008, 23쪽.

2 이러한 통계청의 종교조사는 몇 가지 문제점들이 존재한다. 예를 들어 통계조사에서 '당신은 어떤 종교를 믿는가?'와 같은 물음을 묻는다고 했을 때, 기독교와 같은 종교는 그 종교에 가입하는 의례가 존재하므로 기독교인임을 명확히 밝힐 수 있다. 그러나 불교의 경우, 이런 의례가 명확하지 않기 때문에 예를 들어 일 년에 한 번 정도 절에 가거나 아니면 아예 안 갈 수도 있다. 심정적으로는 불교적 믿음을 지니고 있지만, 절에 제대로 나가지 않기에 불교신자라고 답할 수 있는가의 문제가 제기된다. 불교는 분명한 기준이 없기 때문이다. 이것은 유교의 경우도 비슷하다고 할 수 있다.

3 문화체육관광부, 앞의 책, 64쪽; 107쪽; 114쪽; 119~122쪽; 132쪽; 209쪽; 221~224쪽.

과될 수 없음은 주지의 사실이다. 그런데 이들 분야에서도 세 종교가 차지하는 비중은 압도적이다.

세 번째는 종교가 정치 영역과도 밀접한 연관성을 보인다는 점이다. 특히 선거철만 되면 세 종교전통과 그에 속한 종교인들의 존재가 부각된다. 선거철이 되면 주요 후보자들은 비교적 교세가 큰 교단이나 교파를 방문하여 수장들을 만나고, 그 과정에서 교단이나 교파의 요구를 수용하는 모습을 보인다. 종교들의 요구로 다양한 법률들이 신설되거나 개정된다. 2011년에도 종교 교단의 해외 선·포교와 관련하여 외교부가 <여권법> 시행령의 개정 움직임을 보인 바 있다. 이처럼 종교와 정치가 밀접하게 연관성을 보이는 곳에서도 특히 이들 3개 종교의 활동은 더욱 두드러지며, 언론은 이들 3개 종교의 수장과 정치인들의 만남을 시시각각 보도하고 있다.

마지막으로 현재 한국 사회에 나타나고 있는 종교들의 갈등은 한국 사회의 통합을 저해하는 요인으로 작용하기도 한다. 종교로 인한 갈등은 종교 교단들 사이의 갈등, 종교인들 사이의 갈등, 종교인과 비종교인, 그리고 종교와 정치 사이의 갈등 등이 있을 수 있다. 가령 개신교계 주요 교단의 총회에 구성되어 있는 '이단'이나 '사이비' 관련 대책위원회의 존재와 활동은 전자의 사례에, 2010년 2월에 비종교인 중심의 단체가 버스 광고란에 개신교를 비판하는 내용을 게재하였다가 사회적으로 제재를 당한 사건은 후자의 사례에 해당된다. '공직자 종교차별 논란'처럼, 종교 교단들이 정치 영역을 매개로 갈등을 보이기도 하는데, 이런 갈등은 한국 사회에 적지 않은 혼란을 야기하기도 한다. 이런 갈등의 중심에도 3개 종교가 대부분을 차지하고 있다. 따라서 여기에서는 이 세 종교를 중심으로 연구를 진행할 것이다.

연구의 기본 구조는 해방 이후 현재까지 정부나 지자체에서 시행한 여러 가지 종교 관련 정책들과 그에 대한 종교의 반응을 불교, 천주교, 개신교의 순서로 파악하고, 다음으로 이러한 반응을 바탕으로 세 종교를 비교해 볼 것이다. 정부에서 시행한 종교정책들은 법제화되어 나타난 내용을 중심으로 하되, 비공식적으로 정부나 지자체, 또는 공직자나 정치인들이 종교와 관련해서 행한 행위들도 포함될 것이다. 이들을 모두 포함하는 것은 종교의 반응을 파악하는 것이 중심이기 때문이다. 다시 말해서 이 연구는 정부의 정책이 어떠했는가가 아니라 정부의 행위에 대해 각 종교가 어떻게 반응했는가를 중심으로 종교를 이해하려는 것이 중심 목적이다. 그러므로 초점은 정부의 종교정책이 아니라 종교의 반응이 중심이 될 것이다.

II. 현대 한국의 종교정책

일제강점기에 한국의 종교들을 통제하기 만들어진 종교정책[4]은 해방 이후 전환기를 맞게 된다. 해방 직후 대한민국 정부가 정식으로 출범하기 전 종교정책은 다른 정책과 마찬가지로 미군정에 의해 주도된다. 기독교적인 배경을 지닌 미군정의 종교정책은 출발부터 여

---

4 해방 이후의 종교 상황 및 종교정책과 관련된 내용은 당시 한국 사회에 존재했던 다양한 종교들이 대상이지만, 이 글에서 제시한 가이드에 따라 여기서는 불교와 천주교, 개신교를 중심으로 논의할 것이다.

러 가지 잡음과 불합리한 점들이 나타나게 되었다.

1945년 9월 해방과 함께 점령군으로 한국에 진주한 미군은 포고 제1호를 통해 "오랫동안 조선인의 노예화된 사실과 적당한 시기에 조선을 해방 독립시킬 결정을 고려한 결과, 조선 점령의 목적이 항복문서 조항 이행과 조선인의 인권 및 종교상의 권리를 보호함에 있음을 조선인은 인식할 줄로 확신함[5]"이리고 발표하였다. 종교상의 권리를 보호한다는 말에는 여러 가지 의미가 있겠지만, 가장 기본적인 의미는 종교의 자유를 보장한다는 것을 나타낸다. 그것은 일제의 감시와 통제 하에 사실상 신앙의 자유를 금지당했던 종교들에게 그 자유를 인정한다는 것이며, 따라서 억압 속에서도 명맥을 유지해왔던 종교는 물론이고, 해체의 수순을 밟았던 종교들까지도 다시 정상적인 활동을 할 수 있는 여건이 조성되어 다양한 종교들이 서로 경쟁할 수 있는 장이 마련되었음을 의미하는 것이다.

불교는 일제강점기에 만들어진 불합리한 법률을 철폐하는 것이 주요한 문제였다. 1947년 3월 3일 '불교혁신연맹'이 이들 법안의 폐지를 입법의원에 제출하고, 그해 8월 8일 이 법들의 대체법안인 '사찰재산임시보호법안'이 입법의원 본회의를 통과하지만, 군정장관 대리는 이 법안의 인준을 거부하였다. 그 이유는 사찰재산이라는 것이 과거 일본 불교의 재산도 포함된 것으로 해석할 수 있고, 그렇게 되면 그러한 막대한 적산이 조선불교라는 일개 종교단체로 귀속될 우려가 있다는 것이었다.[6]

---

5 한국법제연구회 편, 『미군정법령총람』, 한국법제연구회, 1971, 1쪽.
6 『경향신문』, 1947년 11월 28일.

미군정은 1945년과 1946년 성탄절을 공휴일로 지정했는데,[7] 이때 성탄절의 공휴일은 제도화된 것이 아니라 임시 공휴일의 성격을 지닌 것이었다. 1947년 12월 24일에는 야간 통행 금지가 해제되어 성당과 교회에서는 자정 미사와 예배를 할 수 있었다. 미군정이 끝난 1949년 개천절과 함께 성탄절이 대통령령으로 공휴일이 되었는데, 개천절은 종교적 의미와 함께 국가와 민족과도 관련된 행사였고 성탄절은 순수하게 종교와 관련된 최초의 공휴일이었다.

1948년 5월 31일 대한민국 최초의 제헌의회가 열리던 날 회의에 앞서 이승만 의원은 목사인 이윤영 의원에게 하나님께 감사기도를 드릴 것을 요청하여 기도를 한 일이 있었다. 이때 이승만이 기도를 요청한 이유는 대한민국이 수립되는데 사람의 힘만이 아니라 하나님의 힘도 작용했기에 감사의 기도를 드려야 한다는 것이었다.

> 대한민국독립민주국 제1차 회의를 여기서 열게 된 것을 우리가 하나님에게 감사해야 할 것입니다. 종교사상(宗敎思想) 무엇을 가지고 있든지 누구나 오늘을 당해 가지고 사람의 힘으로만 된 것이라고 자랑할 수 없을 것입니다. 그러므로 하나님에게 감사를 드리지 않을 수 없습니다. 나는 먼저 우리가 다 성심으로 일어서서 하나님에게 우리가 감사를 드릴 터인데 이윤영 의원 나오셔서 간단한 말씀으로 하나님에게 기도를 올려주시기 바랍니다.[8]

---

7 『동아일보』, 1945년 12월 21일, 1946년 12월 22일.
8 국회사무처, 『제1회 국회속기록』 1, 1948.

정부 수립 초기 안호상 문교부 장관은 초등학교 아동들에게 국기에 대해 경배를 하도록 하였다. 그러자 개신교는 이에 대해 이의를 제기하여 결국 1949년 4월 국기에 대한 경례를 주목례로 바꾸게 하였다.[9] 일제강점기 일본불교 승려들이 담당했던 형무소의 교화활동을 개신교의 목사들이 담당하게 하였으며[10], 한국 전쟁 중인 1951년 대통령령으로 군종제도가 시행되었는데, 이 군종제도에는 천주교와 개신교만 참여하였다.

특히 1948년 8월 15일 대통령 취임식 선서에서 "나 이승만은 국헌을 준수하며 국민의 복리를 증진하며 국가를 보위하여 대통령의 직무를 성실히 수행할 것을 국민과 하나님 앞에 엄숙히 선서한다." 라고 하였고, 취임사에서도 "죽었든 이 몸이 하나님 은혜와 ......", "오늘 대통령선서하는 이 자리에 하나님과 동포 앞에서 ......"와 같이 하나님의 존재를 강조하였다.[11]

제1공화국이 출범한 후인 1954년 5월 23일 이승만 대통령은 유시를 통해 왜색불교의 잔재를 일소한다는 명분으로 절에서의 음주, 가무를 금지하고 왜색승려는 절에서 나가도록 하였다. 정교분리의 헌법 조항을 위반하고 정치가 종교에 간섭하는 사태가 벌어진 것이다. 이것은 재야 세력에게 대처승을 공격할 수 있는 빌미가 되어 불교 분

---

9 강돈구, 「미군정의 종교정책」, 『종교학연구』 12, 서울대학교 종교학연구회, 1993, 38쪽.

10 유호준, 「민족사적 맥락에서 본 한국 개신교」, 『종교와 문화』, 2, 서울대학교 종교문제연구소, 1996, 57쪽.

11 고병철 외, 『21세기 종무정책의 기능강화와 발전방안 연구』, 종교문화연구원, 2007, 6쪽.

쟁이 가속화되었고 급기야 행정당국의 간섭뿐만이 아니라 사찰 인수 문제 등을 법정으로 끌고 가 종교문제를 법원의 판결에 의존하는 상황으로까지 치닫게 된다.

불교에 대한 차별과 간섭이 있었을 뿐 미군정과 그 뒤의 제1공화국 시기는 기독교 우대정책, 또는 기독교 공인교 정책[12]을 취한 시기였다고 본다. 이승만 정권이 무너지고 출범한 제2공화국 대통령 윤보선은 기독교인이고 총리였던 장면은 천주교인이었다. 그러나 제2공화국은 단명으로 끝났기 때문에 종교정책이 달라질 시간도 없었지만, 실제로도 크게 달라진 것은 없었다. 다만 형무소의 재소자를 교화하는 목적에서 시행되었던 형목제도가 개신교가 전담하던 과거와 달리 정권이 바뀌면서 다른 종교들에도 개방된 것이 달라진 점이라 하겠다.

요컨대 미군정기 및 제1공화국 시기는 정교분리의 원칙에 대한 개념도 명확하지 않고, 정치의 주류를 담당하던 사람들의 기독교적 성향 등으로 인해 이들 정치인 개인의 선택에 따라 종교정책이 좌우되던 시기였다.

군사쿠데타로 인해 단명으로 막을 내린 2공화국의 뒤를 이어 출범한 3~4공화국은 한마디로 정권에 순응하는 종교는 지원하고 비판하는 종교는 탄압하는 시대였다. 1961년 6월, 5.16 직후 구성된 국가재건최고회의는 '사회단체등록에 관한 법률안'을 마련하였다. 이 안의 제2조를 보면 "① 본 법에서 사회단체라 함은 정치성이 없는 구호

---

12 공인교 정책에 대해서는 강돈구, 앞의 글 참조.

단체, 학술단체 및 종교단체와 국가재건최고회의의 허가를 얻은 단체를 말한다."라고 되어 있으며, "④ 제1항의 종교단체라 함은 종교의 교의의 선포, 의식의 집행, 신자의 교화육성을 목적으로 하는 것으로서 사회공익에 위배되지 아니하는 단체를 말한다."고 규정하였다. 또한 제6조의 사회단체의 해체에 관한 규정은 "등록된 사회단체라 할지라도 그 활동상황이 반국가적, 반민족적이거나 또는 신고사항에 허위가 있은 때에는 주무장관은 각의의 결정을 거쳐 이를 해체할 수 있다."고 하였다.[13]

이에 따른다면 종교단체의 성격은 사회단체의 하나가 되고 사회단체는 반국가적, 반민족적, 또는 허위가 있을 때 해체할 수 있다고 하여 종교단체가 정부에 비판적이거나 정부의 지시를 제대로 따르지 않으면 언제라도 해산시킬 수 있음을 보여준 것이다. 따라서 이 법률안은 종교단체를 규제 속에 두려 했던 것으로 본다.

한편 이 시기에는 이전부터 지속되고 있는 불교계의 분규로 인해 사찰의 피해가 이어지고 있었다. 이에 정부는 1962년 사찰령을 폐지하고 '불교재산관리법'을 제정하여 불교단체와 사찰의 등록을 의무화하고 등록된 불교단체의 재산과 사찰을 처분하는데 정부의 승인을 얻도록 하였다. 또한 '사찰령'으로 정부에 속해 있던 주지 임면권을 불교로 귀속시켰다. 1964년부터는 불경번역사업을 위해 정부가 불교에 재정을 지원하기 시작하였다. 1967년에는 불교계가 군종에 참여할 수 있도록 허가하여 이듬해부터 군승제도가 운영되었다.

---

13 고병철 외, 앞의 책, 7쪽.

1975년에는 성탄절과 마찬가지로 불교계의 숙원인 석가탄신일도 국가공휴일로 지정되어[14], 그간 기독교와 비교하여 차별받아오던 여러 가지 제도적 장치가 균형을 이루게 되었다.

이 시기 또 하나의 독특한 모습으로는 1974년 8월 19일 대통령 부인인 육영수의 국민장에 불교, 천주교, 개신교 등 세 종교의 의례가 포함되었다는 것이다. 이것은 개인의 종교에 따라 개신교식 의례를 행했던 1949년의 김구, 1965년의 이승만 등의 장례식에서는 볼 수 없던 모습이었다. 김구나 이승만의 경우는 개신교 신자였기에 개별적으로 개신교식 장례를 행했었다.[15] 육영수의 이런 장례 모습은 박정희의 국장에서도 볼 수 있었다. 이후로 행해진 국민장이나 국장 등에는 이들 3개 주요 종교의 의례가 행해졌으며, 2009년 5월에 행해진 노무현 전 대통령의 장례식부터는 원불교 의례가 추가되었다.

한편 1948년 정부 수립 이후 종무행정의 담당부서는 문교부의 문화국 교도과와 사회교육과, 문화보존과 등이었다. 당시에는 종무행정을 담당하는 부서가 적어도 하나의 과로서 독립적인 행정조직을 지니지 않았다. 이것은 2공화국과 3공화국으로 이어지면서도 거의 비슷한 상황에 있었다. 이와 같은 종무행정 업무는 1968년 7월 문교부에서 문화공보부로 이관되고, 담당 부서로 문화공보부 문화국 종무과가 설치됨으로써 하나의 독립적인 과로서 출범하게 된다. 독립적인 하나의 부서가 된 이후, 종무행정 부서는 문화부, 문화체육부,

---

14 김정수, 「우리나라 종교갈등의 특성과 바람직한 종교정책의 모색」, 『한국정책학회 하계학술발표논문집』, 한국정책학회, 2013, 703쪽.

15 『동아일보』, 1949년 7월 6일자. 『경향신문』, 1965년 7월 27일.

문화관광부, 문화체육관광부로 명칭이 변경되면서도 지속적으로 이어지고 있다. 종무과도, 종무국에서 종무실로 변화를 거쳤으며, 내부 직제도 지속적으로 변화하여 현재에 이르고 있다.[16]

이렇듯 부서의 변화도 있었지만, 종무행정에 있어서도 시기별로 차이를 보이고 있다. 문교부에서 종무행정을 관할하던 시절에는 일제강점기와 같이 종교와 유사종교를 구분하는 양분법적인 시각에서 종교에 대해서는 우호적이면서도 유사종교에 대해서는 비우호적인 태도를 견지하였다. 이러한 상황은 사실상 문화공보부로 이관된 4공화국까지 이어졌다.[17] 다만 4공화국에서는 특정종교와 종교재산을 보호하는 업무가 주를 이루었다. 따라서 이때까지는 종교 일반에 대한 종교정책의 수립·계획·총괄 기능이 없었다. 4공화국 말기에 이르게 되면 여기에 '활동 지원'에 관한 종교정책이 추가되었다. 5공화국 초기에는 '종교 활동에 관한 조사·연구'업무가 추가되었으며, 6공화국에 들어서야 '종교정책에 관한 종합계획의 수립 및 추진' 업무를 신설하면서 종교 일반에 대한 정책 수립이 가능해졌다.[18]

군사반란을 통해 집권한 5공화국은 정권 내내 종교들과 긴장 관계를 형성하고 있었다. 특히 5공화국 출범을 앞둔 1980년 10월 27일, 군대를 동원해 불교를 유린한 소위 10.27법난은 불교계에 씻을 수 없는 상처를 주었다. 한편 1962년에 제정되었던 불교재산관리법

---

16 정부의 종무행정 변화에 대한 자세한 사항은 다음을 참조할 것. 문화체육관광부, 『2009 종무행정백서』, 2010, 3~13쪽.

17 위의 책, 4쪽.

18 고병철, 「한국 종교정책의 진단과 과제 - 문화체육관광부의 종무실을 중심으로 -」, 『종교연구』 65, 한국종교학회, 2011, 6~7쪽.

은 폐지되고 1987년 불교단체에 대한 불필요한 간섭을 배제하고 민족문화 유산으로서 역사적 의의가 있는 전통사찰을 중점적으로 보존·관리하려는 목적에서 전통사찰보존법이 제정되었다. 이 법은 과거의 불교재산관리법에 비해 민족문화유산의 보존이라는 보다 분명한 목적이 있다.[19] 5공화국 말기의 10월 항쟁을 겪고 난 뒤 출범한 6공화국은 종교에 간섭하는 것을 멀리하고 되도록 종교 자율에 맡기려는 태도를 유지하였다.

개신교 장로인 김영삼 대통령 시절에는 종교방송의 지방방송국 배분 문제가 개신교에 특혜를 주는 등 형평성을 잃었다는 것으로 논란이 되었다. 김영삼은 대통령 재임 중 청와대에 목사를 초청하여 가족예배를 자주 보았다. 그리고 국방부 내 국군중앙교회의 주일 예배에 현직 대통령의 신분으로 참석하면서 논란을 야기하기도 하였다.[20]

2008년 종교로 인해 우리 사회는 다시 한번 갈등 상황을 맞게 되는데, 그것은 종교차별에 관한 것이다. 종교 간의 사소한 갈등은 현대 한국 사회에서 지속해서 있었지만, 종교차별에 관한 문제는 정부가 나서서 종교차별을 주도했다고 인식하는 데 있다. 이명박 정부 출범 직후인 2008년 6월 국토해양부에서 대중교통정보이용시스템인 '알고가'의 지도상에 교회에 대한 정보는 표기되어 있는 반면, 불교 사찰에 대한 정보가 누락된 사건이 발생하였다. 실무자의 실수라고는 하지만 현직 대통령이 개신교 장로였고 정부기관이 주체였다

---

19 한국문화정책개발원,『우리나라의 종교정책에 관한 연구』, 1997, 19~20쪽.
20 『동아일보』, 1996년 1월 28일자.

는 점에서 불교계의 종교차별 의혹을 불러왔다.[21] 이런 논란은 같은
해 7월 국토해양부의 '경관법', '경관계획수립지침'에 전통사찰이
누락되었고, 8월에는 교육과학기술부의 교육지리정보서비스에도
교회는 표시된 반면 역시 사찰정보는 누락되어 불교계의 큰 반발을
야기하였다. 결국 문화체육관광부 장관과 국무총리가 불교계에 사
과하고 대통령도 유감을 표명하고, 동시에 공직자에 대한 종교차별
교육을 지속적으로 실시하는 상황으로 이어지게 되었다. 이와 함께
국가공무원 복무규정과 공무원행동강령 등을 개정하여 종교차별 금
지조항을 신설하였다.

　문화체육관광부의 종무실에서 담당하는 종무행정은 그간 여러
변화가 있었다. 직제 개편이 지속적으로 이루어지면서 새로운 업무
가 추가되거나 기존 업무가 변화되는 과정을 거쳤다.[22] 그리하여 현
재 종무실은 종교 행정 업무를 총괄하며 종교 간 협력 및 연합활동
지원, 종교문화콘텐츠 개발, 종교 시설의 문화 공간화 지원 등을 통
해 종교 간 화합에 기여한다고 되어 있다.[23] 여기에 2008년부터 나타
나기 시작한 공직자 종교차별에 관한 업무까지 포함된 것을 고려하
면 종무실의 행정 목적은 종교 활동의 지원이라는 측면과 함께 종교
간 화합을 통해 사회 안정을 꾀하고 종교를 문화로 인식하면서 동시
에 문화산업이라는 측면을 강조하는 것으로 요약될 수 있다. 실제로
종교 간 화합을 위해 종무실은 국가 예산을 편성해서 종교예술제나

21　『경향신문』, 2008년 6월 24일자.
22　그 변화에 대한 과정은 문화체육관광부, 앞의 책, 3~10쪽 참조.
23　문화체육관광부(http://www.mcst.go.kr/).

종교평화포럼과 같은 활동을 지원하고 있다. 해외선교사 활동, 국제 종교교류, 남북종교교류 등의 활동들도 지원해 오고 있다. 전통문화 보존과 전승을 위해 불교의 전통사찰 지정 및 보수 정비 지원이나 대장경 번역 및 DB화 지원, 그리고 템플스테이 지원 등도 종무실의 업무에 포함되어 있다.

종교정책은 아니지만, 마지막으로 한 가지 더 언급할 내용은 개신교의 보수층들이 참여하여 시작되었던 국가조찬기도회에 대한 것이다. 국가조찬기도회는 1965년 개신교계가 대통령과 국회의장, 대법원장 등 국가 지도자들을 초청해 기도하는 모임으로 시작되었다. 기독교적인 문화풍토를 가지고 있는 미국의 국가조찬기도회를 본떠서 개신교인들은 대통령을 중심으로 국회조찬기도회라는 모임을 만들었다. 그리고 이듬해 '대통령조찬기도회'라는 명칭으로 바뀌었는데 말 그대로 대통령을 위한 기도회가 되었으며, 나중에 국가조찬기도회라는 명칭으로 바뀌었다. 이 모임은 10.26사태 등으로 인해 잠시 중단된 적은 있지만, 그 이후에도 중단되지 않고 지속해서 개최되어 현재까지 이어지고 있다. 대통령의 종교와 상관없이 역대 대통령이 모두 이 기도회에 참석한 점도 특색이랄 수 있다.

Ⅲ. 국가의 종교정책에 대한 종교계의 대응

종교별로 다소 간의 차이는 있지만, 해방 정국에서 각 종교가 소망하는 것은 일제 잔재청산과 이전 상황으로의 복귀였다. 해방 직후 불교는 총무원을 중심으로 하는 세력과 재야 세력으로 나뉘어 서로의 주장을 내세웠지만, 일제 잔재청산이라는 명분은 동일하였다. 이런 명분 아래 총무원 측은 '조선불교 조계종(朝鮮佛敎 曹溪宗)'이라는 종명(宗名)을 '조선불교'로, 그리고 종정(宗正)과 종헌(宗憲)이라는 명칭을 각각 교정(敎正)과 교헌(敎憲)으로 변경하고, 종회(宗會) 대신에 중앙교무회(中央敎務會)를 설치한 뒤 중앙총무원 산하기관으로 각 도에 교시원(敎施院)을 두는 등 혁신안을 마련하였다. 그러나 불교혁신연맹은 혁명불교연맹과 선학원 등 7개 재야단체와 합동으로 전국승려대회를 개최하여 사찰령, 조계종 총본산 태고사법, 그리고 31본말사법의 폐지를 결의하였다.[24] 양분된 세력 사이의 분쟁은 현실적으로 친일잔재의 일소와 적산의 반환과 같은 재산권 인수문제였다. 그러나 내부적으로는 이념적 갈등이 주를 이루고 있었다. 즉 일제의 조선사찰령 이후 교종을 표방하는 것이 당시 총무원의 이념이었다. 그러나 한국불교의 주류는 선종이라는 것이 재야단체의 입장이고 보면 현실적으로는 재산권으로 인한 문제이지만 내부적으로는 선교의 대립이라는 측면도 간과할 수 없다.[25]

광복 직후 불교의 김법린(金法麟) 총무원장은 하지 중장과 만나 일본불교의 사원을 조선불교에서 인수하기로 협의하였다. 그리하여 박문사, 동본원사, 서본원사, 화광교원, 조계학원, 용곡대학 등 일본불교 여러 종파의 재산을 선학원이 관리하게 되었다. 그러나 나중에

---

24 강돈구, 앞의 글, 18~19쪽.
25 정병조, 「한국불교의 성찰과 전망」, 『1945년 이후 한국종교의 성찰과 전망』, 민족문화사, 1989, 63쪽.

이들 일본불교의 재산관리권을 두고 선학원 측과 총무원의 갈등이 생겼다.[26] 1946년 7월 27일 총무원 측에서는 군정 장관에게 사찰령 등의 폐지를 신청하였고, 이어 1947년 3월 3일 사찰령, 포교규칙 등 네 가지 탄압법령의 폐지를 입법의원에 제출하였다. 그 결과 사찰령 등의 폐지와 대체법안인 '사찰재산임시보호법안'이 입법의원 본회의를 통과하게 된다.[27] 이에 대해 조선불교총본원과 산하 10여 단체에서는 연명으로 하지 중장과 입법의원의장, 군정장관, 민정장관, 대법원장 등 관계방면에 항의문을 제출하여 반대하였다.[28] 불교의 자율성 회복을 위해 노력하기보다는 총무원 측과 재야단체는 서로 불교의 지배권을 둘러싼 내분을 일으킴으로써 단합된 노력을 보여주지 못하였다.

　미군정기로부터 이승만 정부에 이르기까지 지속적으로 펼쳐진 친기독교 정책에도 불교계는 적절히 대응하지 못하고 서로 간의 분열된 모습으로 일관하였다. 해방 당시 기독교인은 남한 전체 인구의 5퍼센트에도 미치지 못하였다. 그럼에도 불구하고 성탄절이 공휴일로 지정되는 것을 지켜보았고, 국가기관의 공적인 자리에서 기독교 의례가 행해지고 있음에도 아무런 대처가 없었다. 6·25전쟁 시에는 군종병과에 기독교만 참여하였음에도 역시 제대로 된 대응을 하지 못하였다. 일제강점기 일본불교 승려들이 담당했던 형무소의 교화

26　강돈구, 앞의 글, 36쪽.
27　송기춘, 「미군정기 및 대한민국 건국 초기의 종교관련제도의 정립과 관련한 헌법적 논의－입법의원과 제헌국회에서의 논의를 중심으로－」, 『법과 사회』 24, 법과 사회이론학회, 2003, 170쪽.
28　『동아일보』 1947년 11월 14일자.

활동이 개신교 목사들의 전유물이 되었을 때 불교 측의 반발이 있기는 하였지만 지속적이지는 못했다. 도리어 1954년의 이승만 대통령이 일제 잔재청산이라는 명분으로 왜색승려는 절에서 나가도록 유시를 발표하자 재야불교세력은 이것을 환영하며 대처승을 공격할 수 있는 빌미를 만들어 불교 내부의 분쟁만 격화시켰다. 이러한 불교의 내분은 결국 비구승과 대처승이 결별하여 조계종과 태고종이라는 종단으로 양분되는 결과를 표출하였다.

그간 불교계에서는 지속적으로 과거 정부의 친기독교 정책에 대해 비판해왔지만, 정부의 그런 정책에 제대로 대응하지 못한 점도 부인할 수 없는 사실이다. 1965년에 들어서야 불교계에서는 조계종을 중심으로 군승종 제도의 도입을 원하는 청원서를 국방부에 제출하였고,[29] 계속해서 이 제도의 도입운동을 펼친 결과 1968년에 가서 처음으로 군승을 배출하게 된다.

석가탄신일의 공휴일 문제는 1950년대부터 나타난 것으로 보인다.[30] 이 문제도 역시 1960년대 들어서 조계종을 중심으로 본격적인 활동을 펼치게 된다. 불교계에서 지속해서 석가탄신일의 공휴일 지정을 정부에 건의하자 불교계의 표를 의식한 국회의원들도 공휴일 지정을 정부에 건의하기 시작하였다. 또한, 불교법조인회가 법원에 총무처장관을 상대로 행정소송을 제기하고 불교신도회 등도 여기에 동조하였다.[31] 1974년 4월 23일에는 불교계 11개 종단 명의로 석가

---

29 『동아일보』 1965년 3월 17일자.
30 『경향신문』 1967년 5월 15일자.
31 『경향신문』 1974년 4월 3일자.

탄신일 공휴일 제정에 관한 청원서를 대통령을 비롯한 국무위원들에게 보내는 등 불교계의 일치된 모습이 나타났다.[32] 결국, 1975년부터 석가탄신일은 공휴일로 지정된다.[33]

1980년의 10·27법난이 일어난 직후 조계종은 정화중흥위원회의를 출범시키고 계엄사에서 수사한 결과를 토대로 관련자들을 징계하였다.[34] 정도의 차이는 있지만, 과거 이승만 대통령이 대처승은 절을 떠나라고 할 때와 비슷한 모습이 재연된 것으로 본다. 불교의 정화가 필요하다면 불교 자체에서 시행되어야 하지만, 국가권력이 종교에 개입해서 또다시 종교의 분열이라는 모습이 재연되었다. 1980년대 후반에 가서야 불교계에서는 이 사건에 대한 진상규명을 요청하며 국가권력이 부당하게 개입했음을 비난하게 된다. 그렇지만 이후로도 조계종은 종권을 둘러싸고 계속해서 갈등을 표출하였다. 조계종의 종권은 갈등을 수습하고 출범한 지 겨우 6개월 만에 군부에 의해 강제로 바뀐 것이 원인이기는 하지만, 1980년대 초반에는 조계종 총무원장의 임기가 평균 4.8개월에 불과할 정도로 종권이 빈번하게 바뀌었다.[35]

불교계의 갈등은 외부의 세력이 작용한 것이 근본적 원인이다. 일제에 의해 변질된 불교의 모습으로 해방을 맞이하게 되어 불교의 갈등이 시작된 것이다. 이에 더하여 해방 이후에는 이승만 정권에 의해 갈등에 불을 지핀 꼴이 되었다. 법령과 여러 가지 정치적 행위를

---

32 『동아일보』 1974년 4월 24일자.
33 『매일경제』 1975년 1월 15일자.
34 『매일경제』 1980년 11월 3일자, 11월 20일자.
35 『동아일보』 1982년 3월 26일자.

통해 비구와 대처 사이의 갈등을 심화시켰다. 1970년대로 접어들면서 종단끼리 불교계의 현안에 서로 협력하는 모습이 나타났지만, 비정상적으로 출범한 국가권력에 의해 10·27 법난이 자행되면서 새로운 갈등 구조가 생겨났다.

한편 불교계는 김영삼 정부 시절 종교방송국 개국 문제와 대통령의 신분으로 외부교회에서 개신교 예배에 참석하는 등의 중립적이지 못한 대통령의 행위에 대해 비판하였다. 정부의 중립적이지 못한 행위에 대해 불교계가 가장 민감하게 반응한 것이 공직자 종교차별 행위에 관한 것이다. 이명박 정부 시절 정부기관에서 시행한 여러 사업에 불교가 차별대우를 받고 있다고 본 불교계는 서울광장에서 수많은 불교인이 모인 가운데 범불교도대회를 개최함으로써 불교의 힘을 보여주었다. 이에 대해 정부는 대통령과 국무총리, 그리고 주무장관인 문화체육관광부 장관까지 나서서 유감을 표명하고 대책을 발표하는 등의 반응들이 나타났다. 그 결과 공직자종교차별금지를 위한 법령의 개정과 세미나 개최 등이 이루어지고 동시에 공직자 종교차별예방교육을 실시하게 되었다.

천주교는 일제강점기 신사참배를 허용하고 황군의 무운 장구를 기원하는 미사나 기도회를 개최하는 등의 친일 행각이 있었지만, 해방 직후 미군과 밀월관계를 형성하며 좋은 분위기를 유지시켜 나갔다. 노기남 주교는 미군을 명동성당으로 초청하여 미사와 환영회를 개최하고 미군정청에 유력인사의 명단을 작성해 주는 역할도 하였다.[36]

---

36 강돈구, 앞의 글, 20쪽.

또한, 소위 공산당원 위폐사건으로 폐쇄상태에 있던 정판사라는 인쇄소를 불하받아 대건인쇄소로 이름을 바꾸고 천주교 출판물과 경향신문을 발행하기 시작하였다.

미군정기 친기독교정책에 힘입어 천주교는 개신교와 마찬가지로 국가적 종교의 위치에 서게 되었다. 종교정책에 있어서는 미군정기의 연장선이라고 할 수 있는 이승만 정부 초기에도 천주교는 마찬가지의 지위를 확보하고 있었다. 그러나 초기를 지난 이승만 정부는 천주교보다는 개신교를 보다 우선시하는 정치적 행위를 나타내기 시작하였다. 앞에서도 언급했듯이 국가의 공식적인 행사에 목사를 앞세워 기도하게 한다거나 개신교 지도자들을 권력구조 속에 편입시키고 개신교만 독점적으로 형목제도를 담당하는 등의 정책이 이어졌다. 이승만의 친기독교정책, 그 가운데서도 개신교를 우선하는 정책의 영향으로 1952년 제2대 대통령 선거에서는 한국기독교연합회의 이름으로 이승만을 대통령으로 선출할 것을 촉구하기도 하였다.[37]

이와 같은 개신교 우대 행위에 영향을 받은 것인지는 분명하지 않지만, 친미, 반공이데올로기라는 입장에서 서로 친화감을 보였던 이승만 정부와 천주교의 관계는 보도연맹사건(1950), 국민방위군 사건(1951), 거창 양민학살사건(1952), 부산정치파동(1952)을 거치면서 변화하기 시작하였다. 이미 1948년 제2대 국회의원 선거에서 이승만은 불리한 위치에 있었다. 부산정치파동은 이승만의 정적이랄 수 있는

37 노길명, 「광복 이후 한국 종교와 정치간의 관계」, 『종교연구』 27, 한국종교학회, 2002, 9쪽.

장면의 대통령 진입이 좌절되는 사건이기도 했다. 이 무렵 천주교 측에서는 천주교회보나 경향신문, 경향잡지 등을 통해 천주교 측 인사들에게 투표하거나 교회를 옹호해줄 사람들에게 투표하도록 하고 있었다. 특히 1956년 제4대 부통령 선거에 입후보한 장면을 당선시키기 위해 경향잡지와 경향신문, 천주교회보 등에 많은 지면을 할애하여 장면을 소개하고 그에게 투표할 것을 호소하였다.[38] 이런 사실들로 미루어 천주교에서는 이승만 정부가 개신교와 천주교를 차별하고 있음을 인식하고, 천주교의 차별행위를 불식시킬 수 있는 정치세력을 만들기 위해 활동한 것으로 판단된다. 물론 이승만 정부의 부정과 부패가 심각하다는 인식도 동시에 작용했을 것이다.

이처럼 노골적으로 천주교 측에서 정부를 반대하고 장면을 지원하자 이승만 정부는 1959년 4월 30일 천주교에서 운영하던 경향신문의 발행을 중지시키면서 "경향신문이 천주교 재단에서 발행하는 신문으로 천주교 본래의 교지와 입장을 달리하며 종교와 정치를 구분하지 못하고 쓸데없이 정부 비난과 허위보도를 계속해오는" 등의 행위로 인해 폐간한다고 발표하였다.[39] 이에 서울교구장 노기남 주교는 정부의 이러한 처사를 비판하는 등 강력히 반발하였다. 대구교구는 가톨릭시보를 통해 비록 이것이 "교회 박해는 아닐지라도 무신적(無神的) 공산주의라는 공동의 적을 대항하여 반공의 대열을 지어 치열한 싸움을 계속하고 있는 전우"로 묘사[40]하며 정부의 경향신문

---

38 『경향잡지』, 1058, 1956.5, 166~179쪽.
39 『경향잡지』, 1095, 1959.6, 193쪽.
40 『가톨릭시보』 1959년 6월 10일자.

폐간을 비판하는 등 천주교는 일치된 모습을 나타냈다. 경향신문은 4·19혁명이 발생한 직후인 1960년 4월 26일 복간되었다.

그러나 5·16 쿠데타 이후 집권한 군사정부와 뒤이어 출범한 3공화국 초기 천주교는 중립적인 태도를 유지하고 있었다. 일반적으로 판단하건대, 장면 정부에 대한 지지 의사를 보였던 천주교였다면, 그 장면 정부를 전복시킨 쿠데타에 대해 반대 의사를 표시하거나 적어도 출발부터 불편한 관계가 되어야 했을 것이다. 그러나 천주교는 침묵으로 일관했고, 도리어 1962년의 연두교서에서 노기남 주교는 "오늘 우리 국가는 재건국민운동을 부르짖고 있습니다. 우리 교우들도 구태의연한 미지근한 교우가 되지 말고, 신앙적 혁명을 우리 자신 안에 일으켜야 마땅하다고 생각합니다."[41]라고 하여 군사정부에 순응하는 태도를 보였다. 대구교구에서는 과거 장면을 그렇게 했듯이 영남 출신의 천주교 신자인 이효상을 정권의 중심으로 연결하려 하였다. 이효상은 박정희 정부에서 요직을 두루 거치며 권력의 중심부에서 활동하면서 천주교와 박정희 정부의 연결고리 역할을 하였다.[42]

천주교는 박정희 정부가 추진한 일부 정책에 반대하는 입장도 있었는데, 그것은 산아제한 정책이었다. 1961년 7월 15일 재건국민운동본부에서 발표한 국민운동 실천 사항 중 '가족계획'운동이 포함되어 있었는데, 이것을 공개적으로 반대한 것이었다. 주교단 공동교서

41 『경향잡지』, 54-1, 1962.1, 10쪽.

42 문규현, 『민족과 함께 쓰는 천주교회사Ⅱ -1945년부터-』, 빛두레, 1994, 401~402쪽.

까지 발표하며 이 운동에 반대했지만,[43] 사실상 박정희 정부는 이 운동을 시종일관 지속하였다.

천주교가 박정희 정부와 정면으로 대립하기 시작한 것은 원주교구 지학순 주교 납치 사건이었다. 1971년 원주교구는 부정부패 추방 운동을 벌였는데, 이 운동을 벌인 이유는 당시 원주교구가 지분을 갖고 있었던 원주문화방송의 부정과 부패가 원인이었다. 원주교구가 이 운동을 벌이기 시작하면서 원주교구와 정부와의 갈등이 구체적으로 표면화되기 시작하였다. 이 운동에는 신부와 평신도만 참석한 것이 아니라 교구장 지학순 주교가 앞장서서 참여하였다. 교구장인 주교가 참여하였기 때문에 그 파급효과가 매우 컸다. 1974년 지학순 주교가 해외 출장에서 귀국하는 길에 공항에서 체포되면서, 천주교와 박정희 정부는 극단으로 대립하게 된다. 이 사건은 천주교 측에서는 젊은 신부들을 주축으로 정의구현사제단이 출범하는 계기가 되었다.

한편 이념이 다른 연장자 그룹의 사제들이 정의구현사제단과는 다른 목소리를 냄으로써 천주교회는 이념논쟁에 휘말리기도 했다. 보수적 성향의 신부들은 '구국사제단을 만들어 정의구현사제단에 대해 우려를 표명하였고, 가톨릭시보사는 보수, 진보 세력을 대변하는 두 신부의 논쟁을 게재하였으며, 광주 대건신학대(현 광주 가톨릭대) 학생회는 시국에 대한 분명한 태도 표명을 하도록 주교단에 요구하기까지 하였다. 정부의 조치에 대해 반대하는 성명을 발표하면서 갈

---

43 『경향잡지』 53-9, 10, 11, 12. 1961. 참조.

등을 빚고 있었던 주교회의 의장 김수환 추기경을 대교구장직에서 몰아내기 위한 시도도 있었다.[44] 하지만 이들의 이런 활동과 구국사제단의 활동은 교회 내외로부터 큰 주목과 호응을 얻지는 못했다. 또한 대구교구 발행지인 가톨릭시보는 지학순 주교 사건에 대해 제대로 보도를 하지 않음으로써 일치된 모습을 보여주지 못하였다. 대구교구의 이런 모습은 군사반란으로 출범한 전두환 정권에서도 나타나는데, 1980년 10월 28일 국회의 기능을 무력화시키고 그것을 대신할 국가보위입법회의 의원에 2명의 대구교구 신부가 참여하기도 하였다.[45] 김영삼 정부 시절의 종교방송국 문제에서 천주교는 불교와 마찬가지로 개신교에 편중된 정책을 비판하는 태도를 취했다.

개신교는 일제강점기 신사참배에 관한 문제로 내분을 보이지만, 해방 이후에는 미군정과 이승만 정부의 혜택에 힘입어 사회의 중심 세력으로 등장하였다. 우선 미군정기 미군은 한국어 통역요원으로 한국에서 선교 활동의 경험이 있었던 미국 선교사들과 미국에 유학 경험이 있는 한국인들을 채용하였는데, 미국 선교사들은 물론이요, 한국인들도 대부분 개신교인들로 구성되었다. 이들은 단지 통역만을 담당한 것이 아니라 미군정과 한국 개신교의 가교역할을 하며 개신교 중심의 정책을 펼치는 일에도 영향력을 발휘하였다. 부분적으로 천주교 선교사들도 참여하여 역시 천주교도 일부분 혜택을 받았다고 할 수 있다. 적산을 불하함에 있어서도 개신교인들은 다른 어

---

44 김수환 추기경 구술, 평화신문 엮음, 『추기경 김수환 이야기』, 평화방송·평화신문, 2005, 222~225쪽.
45 『동아일보』 1980년 10월 28일자.

떤 종교보다도 적극적으로 움직였는데, 특히 월남한 개신교인들은 자신들의 교회를 세우기 위해 개별적으로 미군정청과 교섭을 벌여 일본 종교인들이 남겨둔 적산을 불하받아 교회를 세울 수 있었다. 개신교 목사들인 한경직과 김재준 등은 천리교의 적산을 양도받을 수 있었는데, 이들은 미국 유학경험을 살려 미군정청 통역 고문으로 활동하면서 맺은 개인적 유대를 바탕으로 적산을 인수하여 교회를 세울 수 있었다.[46]

군목의 참여에도 개신교는 능동적인 움직임을 보였다. 이미 정부 수립 후인 1948년 NCC가 앞장서서 군선교를 국방부에 건의하였지만, 실현되지 못하였다. 그러다가 한국전쟁 중 미군사령부 종교 고문관인 William 목사의 주선으로 맥아더 사령관에게 군종제도의 도입을 승인받았다. 이를 바탕으로 유호준, 배은희 목사 등이 이승만 대통령에게 건의하여 1951년 대통령령으로 군종제도가 시행되었다.[47]

이처럼 미군정과 이승만 정부 시절 능동적으로 자신들의 활동영역을 확장하던 개신교계는 그들이 원하는 대로 문제가 잘 해결되어 가자 이승만 정부에 적극적으로 협조하는 자세를 취한다. 그 결과 제2대 대통령 선거에서는 한국기독교연합회의 이름으로 이승만을 대통령으로 선출하도록 하여 단합된 모습을 보여주고 있다. 그러나 성결교는 여기에서 한발 벗어나 한국교회의 정치참여에 부정적인 견해를 표방한다. 성결교회 김기삼 목사는 기고를 통해 정교분리를

---

46 박승길, 「미군정의 종교 정책과 기독교의 헤게모니 형성」, 『사회과학연구』 5, 대구가톨릭대학교 사회과학연구소, 1998, 77쪽.
47 유호준, 앞의 글, 57~58쪽.

주장하며 종교의 정치참여를 비판하였다. 1956년의 정부통령 선거에서도 개신교는 이승만과 자유당의 당선을 위해 기독교도중앙위원회(위원장 전필순 목사)를 구성하였다. 그러나 이 무렵은 이전과는 달리 종교의 정치참여에 대한 우려의 목소리들이 개신교 내부에서도 나타나기 시작하였다. 목회자들의 정치참여에 대한 비판의 목소리도 강하게 나타나는 등, 해방 후 좌우익으로 분열되었던 개신교는 종교의 지나친 정치참여로 인해 다시 한번 균열을 보이게 된다.[48]

　개신교계에서 정부의 시책에 반발한 하나의 사건은 국기에 대한 배례 문제였다. 개신교계는 국기에 대한 배례가 일제의 신사참배 강요와 다를 바가 없다고 규정하였다. 개신교계에서 신사참배에 반대한 이유는 민족이나 국가적인 이유가 아니라 신앙적인 차원에서였다. 그런데 해방 이후에도 일장기가 태극기로, 궁성요배가 백두산을 향해 절을 하는 것으로만 바뀌었을 뿐 다를 것이 하나도 없는 것으로 인식하였다. 특히 1948년 6월 개신교계 학생들이 국기에 대한 경례를 거부했다는 이유로 담임교사에게 구타당하는 사건이 능곡군의 국민학교에서 발생하였고, 1949년 4월에는 파주의 봉일천국민학교에서 개신교계 학생들이 국기배례를 거부하여 퇴학당하는 사건이 일어났다. 특히 파주의 사건은 목사의 구속으로까지 확대되었다. 이에 개신교계는 전국적인 반대서명운동을 전개하는 한편 대표단을 구성하여 정부와 이 문제를 교섭하는 등의 노력을 기울였다. 그리하여 1950년 4월 25일 국무회의를 통해 국기배례가 주목례로 바뀌는

48　허명섭, 「제1공화국 시대의 한국 교회─정부 당국과의 관계를 중심으로」, 『성결교회와 신학』 19, 한국기독교학회, 2008, 79~83쪽.

결과를 낳게 되었다.[49]

3공화국에서의 개신교는 보수세력과 진보세력으로 분열된 양상을 보이기 시작하였다. 보수층은 정권과 협력하고 기득권을 유지하기 위해 노력하는 반면, 진보세력은 노동자, 농민 등 재야 세력과 야권 등에 협력하는 태도를 나타냈다. 특히 진보 세력은 한일회담 반대와 산업선교 등을 통한 노동자 운동 등에 활발히 참여하면서 정권과 마찰을 일으켰다.

한편 3~4공화국 시기 불교의 군종 참여와 석가탄신일의 공휴일 지정과 관련해 개신교계에선 정부의 이런 조치를 환영한다는 모습을 나타냈다. 개신교가 국가와 관련해서 마찰을 빚은 것은 단군에 관한 것이다. 박정희는 민족주체의식을 강조하며 1966년 남산에 거대한 단군상을 세울 것을 지시하였다. 개신교에서는 이것을 민족주의와 민족종교가 결합한 것으로 보고 강력히 반대하여 시행되지 못하였다. 그러나 1973년 서울시는 1968년에 사직공원에 세운 단군상을 서울시 보호문화재로 등록하였으며, 1985년에는 이 단군상을 중심으로 단군성전을 확충하는 데 국고를 사용하기로 하였다. 개신교계에서는 이런 움직임에 강하게 반대하여 결국 무산시키게 된다. 이후에도 단군과 관련된 문제는 지속적으로 개신교와 마찰을 빚게 된다. 개신교가 단군문제에 민감한 이유는 우선 단군이 대종교라는 특정 종교단체의 신앙대상인 데다가 단군이 민족의 시조로 존경받는 것은 인정하지만 신으로 받드는 것을 받아들이기 어렵기 때문이다.[50]

---

49 위의 글, 72~75쪽.

50 이 문제에 대한 개신교의 입장에 대해서는 박명수, 「다종교 사회에서의 한국 개신

개신교계가 정부의 종교관련 시책에 반발하는 또 하나의 문제가 공직자의 종교차별문제이다. 불교계에서는 공직자의 종교차별행위로 인해 부당하게 대우받았다고 주장하는 반면, 개신교계의 입장은 공직자의 종교차별예방대책이 오히려 개신교를 차별하고 있다며 반발하고 있다. 그간 전통문화 지원책으로 인해 불교가 오히려 정부의 각종 특혜를 받고 있으며 개신교는 소외되어 있다고 주장하는 목소리도 있다. 공직자종교차별문제도 마찬가지로 그 대책으로 인해 불교는 보호되는 반면 개신교만 일방적으로 비난을 받고 있다고 주장한다. 공직자 종교차별 문제는 공직자도 대한민국의 국민으로서 마찬가지로 종교의 자유라는 권리를 인정해야 하는데 이것이 침해당하고 있다고 한다.[51]

전통문화를 보존한다는 측면과 관광지 개발이라는 측면이 서로 상승효과를 일으키면서 오래된 불교성지를 국고를 지원해서 개발하는 사례들이 지방자치단체를 중심으로 여러 곳에서 나타나게 된다. 대표적인 것이 대구 팔공산의 불교테마공원 조성사업이었다. 대구시에서 국고를 들여 이 사업을 진행하려 하자 특정 종교를 위한 사업에 국민의 세금이 들어가는 것은 있을 수 없으며 이것이 바로 종교차별 사례라고 주장하며 대구 기독교계가 적극 반대에 나서 결국 이 사업은 취소되었다.

교와 국가권력」, 『종교연구』 54, 한국종교학회, 2009, 19~27쪽 참조.
51 위의 글, 28~29쪽.

Ⅳ. 마치며

이제까지 정부의 종교정책과 종교와 관련된 정부의 행위에 대해 불교, 천주교, 개신교가 어떻게 대응했는가를 살펴보았다. 정부에서 종교와 관련된 정책을 펼 때, 그 권리나 자유를 침해당했다고 느끼는 종교들의 대응은 불교와 개신교, 천주교가 서로 다르게 나타났다.

불교는 좌우익으로 분열된 측면도 있지만, 근본적으로 일제에 의해 형성된 불교계 구조가 갈등의 씨앗이었다. 해방이 되자 대처와 비구의 갈등이 시작되었고, 정치권의 움직임에 따라 그 갈등은 증폭되었다. 내부의 갈등에 치중한 나머지 외부의 환경에 능동적으로 대응하지 못함에 따라 정부의 친기독교 정책에 대해서도 적절히 대응하지 못하게 되었다. 불교계의 이런 모습은 일제강점기가 근본적 원인이지만, 해방 이후 미군정과 이승만 정부에도 원인이 있다고 본다. 한편으로 불교는 서구식 근대화에 상대적으로 뒤처져 있었다는 점도 불리하게 작용하였다. 불교계는 정교분리나 종교의 선교 등에 대한 인식이 상대적으로 부족한 측면도 있었다. 이런 요인들로 인해 정부의 종교편향정책에 대해서도 적절히 대응하지 못하였다. 불교계가 외부, 특히 서양 국가들과의 연계가 전혀 없었다는 점도 불리한 요소라 하겠다. 6·25 이후 천주교와 개신교를 통해 들어온 막대한 외국의 원조는 이 두 종교의 선교에 큰 힘으로 작용했다. 5공화국 정부에서 무자비하게 자행된 10·27법난과 같은 사건도 국제적인 연대가 강하게 작용했다면 과연 그런 일들이 쉽게 자행되었을까에 대한 의문이 든다.

정부의 정책에 대한 천주교 측의 대응은 개신교와 상황이 비슷하다. 그러나 천주교는 미군정기와 건국 초기 정부에 협조적인 자세를 보이다가 정부를 비판하는 입장으로 선회하게 된다. 미군정기에는 천주교나 개신교 모두 비슷한 입장에 있었지만, 이승만 정부 시절 천주교는 스스로 움직이기보다는 개신교의 움직임에 의해 유리한 위치를 얻게 된다. 군종제도가 좋은 사례라 할 것이다. 이승만 정부 시절 천주교 재단이 발행하는 경향신문이 폐간되자 천주교는 한목소리로 정부의 조치를 비판하였다. 3공화국 이후 천주교 내부도 진보와 보수 진영으로 나뉘는 모습을 보이게 된다. 그러나 천주교는 내부에서만 이런 입장 차이가 있을 뿐 외부로 잘 표출되지는 않았다. 정의구현사제단이 출범한 후에도 서로 간 입장의 차이는 있지만, 자신들끼리 갈등의 모습을 나타내지는 않았다. 이런 모습은 한국 사회에서 천주교를 대표하는 인사로 인식되던 김수환 추기경의 사임 이후 서서히 바뀌게 된다. 최근 몇 년간 천주교 내부에서는 공공연히 서로를 비난하는 목소리가 나타나고 있다. 이것은 과거에는 볼 수 없는 천주교의 모습이다. 물론 과거에도 서로 간의 갈등 구조가 있었지만, 외부에 잘 드러나지는 않았다.

개신교는 자신들에게 주어진 기회를 선교의 수단으로 잘 활용하는 모습을 보여주었다. 본문에서는 언급하지 않았지만, 방송을 활용한 선교에서도 개신교는 선구적인 움직임을 보였다. 해방 직후 개신교도 좌우익으로 나뉘어 분열된 모습을 보이지만 공산주의를 배격하는 미국의 입장으로 인해 좌익 세력은 쉽게 수그러들고 우익 개신교계가 세력을 얻게 된다. 개신교가 당시 얼마 되지 않는 신도들을 가지고 있음에도 불구하고 이처럼 적극적으로 활동할 수 있었던 이유는 다음과 같다. 그것은 우선 기독교에 우호적인 미군정과 이승만 정부가 있었기에 가능한 일이었다. 다음으로 한국을 경험한 개신교 선교사들이 미군정에 참여하였고, 미국 유학과 미국의 개신교를 경험한 개신교 지도자들도 마찬가지로 미군정에 참여한 것이 주요한 이유가 된다. 이런 이유로 정치에 적극적으로 참여한 것도 건국 초기 10여 년간 개신교가 한국에서 공인교적 지위를 누리게 된 이유의 하나일 것이다.

이런 이유 때문인지 개신교 내부에서 교회나 목회자의 정치참여를 비판하는 소리가 지속적으로 표출됨에도 불구하고 3공화국 이후에도 보수세력은 정권과 결탁하는 모습을 보이게 된다. 물론 이에 대해 진보층에서는 꾸준히 비판의 목소리를 내고 있다.

위에서 살펴본 바와 같이 정부의 정책에 대해 종교별로 서로 다른 모습을 보이고 있지만, 이것은 종교적 측면보다는 각 종교 내부의 사정에 따라 달랐다고 보는 것이 더 정확할 것이다. 불교는 자체 분열로 인해 외부에 적절히 대응하지 못하였다. 불교의 분열은 정부의 정책에 적극적으로 대응하는 데 많은 어려움을 주었다. 천주교는 적극적으로 권리를 얻으려 하기보다는 대체로 정부의 종교정책에 따르는 수동적인 자세에 있다고 하겠다. 그러나 천주교도 보수와 진보로 분열 양상을 보이며 정부에 서로 다른 목소리를 내고 있지만, 교계제도의 특성상 불교나 개신교의 모습과는 다른 모습을 보인다. 개신교가 가장 활발하게 스스로의 위치를 찾으려는 노력을 하였고 이것은 미군정과 이승만 정부 시절 많은 효과를 나타냈다. 공개적인 태도보다는 주로 사적인 연결고리를 통해서 스스로 유리한 위치를 차지하는 결과를 나타냈다. 이후에도 개신교의 보수층은 정치에 직간접으로 영향을 미치며 자신들의 입장을 관철하려는 태도를 보인다.

이 글을 마치면서 아쉬운 점은 종교교육에 관한 문제와 함께 종교정책 뿐만 아니라 정부의 여러 정책에 대응하는 종교들의 유형을 다루지 못했다는 것이다. 그것은 하나의 논문으로 엮기에는 분량이 너무 많아서 부득이 제외시켰다. 종교별로 따로 접근한다면 가능한 일일 것이다. 그 작업은 차후로 넘기기로 한다.

▎『종교와 문화』 제28호, 서울대학교 종교문제연구소, 2015.

제3부

천주교인으로서의 삶

제1장

한국 천주교의 의례와 특성

I. 들어가는 말

매주 일요일이면 모든 천주교 신자들은 성당에 찾아가서 미사에 참여해야 한다. 이것은 특별한 사정이 없으면 천주교 신자들이 반드시 지켜야 할 의무이며 정당한 사유 없이 참여하지 않았을 경우 죄악으로 규정된다.[1] 미사에 참여한 신자들은 영성체라는 의식을 행하는데 이것을 성체성사라고 한다. 또한, 한국 천주교회는 봄과 가을(실제로는 부활절 무렵과 성탄 무렵)에 매년 판공성사라는 이름의 고해성사를 받

---

[1] 1960년대 발행된 예식서에는 다음과 같은 설명이 있다. "주일과 파공첨례에는 성당에서 4킬로(가까운 십리) 이내에 있는 모든 남녀교우들에게 미사참예할 중대한 의무가 있나니라. 고로 상당한 연고없이 등한하고 나태하여 이 의무를 실행치 않으면 대죄를 면치 못하느니라. 미사참예는 처음부터 끝까지 온전히 할 것이니, 만일 한 미사에 헌병헌작 성체축성 탁덕의 영성체에 참예하지 못하면 의무실행이 되지 못하느니라." 윤형중 편, 『천주성교 공과』, 경향잡지사, 1962, 72쪽.

는데, 이것 또한 의무로 규정하고 있으며, 여기에 제대로 참여하지 않으면 냉담자[2]로 규정한다.

이처럼 천주교에서는 신자들이 천주교에서 규정하는 의례 행위들에 참여하는 것을 의무로 정하고 모든 신자들이 지키도록 하고 있다. 이외에도 천주교에는 여러 가지 종교의례들이 있는데, 그것은 본론에서 언급하기로 한다. 한편, 다른 종교의례도 마찬가지겠지만, 천주교의 의례만을 놓고 본다면, 의례를 일년주기로 나누어 볼 수도 있고, 한 개인을 중심으로 볼 수도 있다. 천주교의 일년주기는 교회력에 따라 행해지는데, 그렇게 볼 경우 각 개인을 중심으로 한 의례를 볼 수 없는 단점이 생긴다. 마찬가지로 개인을 중심으로 본다면 교회력을 놓칠 수밖에 없다. 따라서 이 글에서는 천주교 신자 개인에 초점을 맞춘 의례를 중심으로 보되 필요할 경우 일년주기에 따른 의례를 보완적으로 검토할 것이다.

개인에 초점을 맞춘 의례를 중심으로 할 경우 개인이 평생 살아가면서 거쳐야 할 의무로 천주교에서는 일곱 가지 성사, 즉 7성사를 규정하고 있다. 7성사를 고찰하면 사실상 개인을 중심으로 한 거의 모든 의례에 대해 설명을 할 수 있다. 그러나 7성사 만을 놓고 보면, 천주교에서는 필수적이면서도 가장 중심적인 것이 누락되는데 그것은

---

2 『한국 교회 공동 지도서』(Directorium Commune Missionum Coreae, 1932)에는 냉담자를 악의(惡意)에서 또는 교회법상의 조당으로 인해 성사를 받지 않은 신자들로 설명하고 있다. 변종찬, 「냉담자」, 『한국 가톨릭 대사전』 2, 한국교회사연구소, 1995, 1344쪽. 이를 다시 말하면 천주교 신자이기는 하지만, 천주교에서 의무로 규정한 성사생활을 제대로 하지 않고 있는 사람을 말한다고 할 수 있다. 특히 한국천주교에서는 초창기부터 판공이라는 제도를 만들어 이 판공에 참여하는 가의 여부로 냉담자 숫자를 파악하고 있다.

바로 미사이다. 미사라는 의례는 개인들이 반드시 참석해야 할 의무가 있지만, 미사를 성사로 규정하고 있지는 않다. 따라서 7성사와 함께 미사까지 고찰하면 천주교 의례에 대한 전반적인 고찰을 하는 것이 가능하다. 물론 이것이 전부는 아니다. 성직자를 비롯한 천주교 신자들이 일정한 시간에 맞추어 행해야 하는 기도생활이라는 것들이 있다. 그것은 함께 모여서 할 수도 있고 혼자 할 수도 있다.

여기에서는 천주교에서 행해지는 위와 같은 전반적인 의례에 대해 고찰해볼 것이다. 그리고 각각이 지니는 의미와 함께 이 의례들이 전반적으로 가지는 의미는 무엇인가를 파악해 볼 것이다.

그런데 여기서 한 가지 짚고 넘어가야 할 것이 있다. 사실 종교란 무엇인가를 말하기 어려운 것과 마찬가지로 의례를 정의한다는 것도 쉬운 일은 아니다. 현재 우리가 사용하는 의례는 본래 우리말에 있었다기보다는 영어의 ritual을 번역한 것이기에 더더욱 정의가 어렵다고 하겠다. 아마도 이것은 의례에만 해당되는 문제는 아닐 것이다. religion, myth, god, cult, rite, worship, sect, ceremony 등 다양한 용어들이 무비판적으로 번역되어 사용되고 있고, 비록 예외가 있기는 하지만 사용하는 사람에 따라 때로는 다른 단어로 번역이 되는 경우도 있다. 따라서 제대로 연구를 하자면 ritual과 의례를 동시에 놓고 비교하면서 그 변화과정을 살펴보는 것이 순서일 것이나 그것은 천주교의 의례를 살펴보려는 이 글의 논의를 넘는 것이기에 단순히 문제 제기만으로 그칠 것이다. 다만 여기서는 혼란스러운 사례를 제거하기 위해 에드먼드 리치가 규정한 의례에 대한 언급을 이용하는 것으로 대신할 것이다.

문화인류학자인 리치는 의례라는 용어를 "문화적으로 정의된 일련의 행동들"로 이해하여 사용하자고 제안하였다.[3] 이때 리치가 한 말은 단순히 종교에만 해당하는 것이 아니라 인간의 거의 모든 문화적 행동을 언급하는 것으로 이해된다. 여기에서는 리치가 언급한 문화라는 말을 다소 변형하여 종교의례를 "종교적으로 정의된, 또는 정형화된 일련의 행위들"로 규정하여 사용하려 한다. 그런데 종교에서의 의례는 항시 궁극적 실재와 관련이 있다. 따라서 여기에서의 의례란 "종교적으로 정형화된 일련의 행위들"이면서 동시에 궁극적 실재와 관련된다는 의미로 사용할 것이다. 물론 이 때 말하는 종교는 모든 종교가 아니라 천주교에만 해당하는 것이며, 또한 궁극적 실재도 천주교의 신앙대상인 하느님을 말한다.

그런데 천주교에서는 대부분 의례를 전례라고 부르고 있다. 가톨릭 대사전에는 전례를 '교회의 머리이신 구세주 예수 그리스도가 천상 성부께 드리는 공적 경배인 동시에 신자 공동체가 예수 그리스도와 그 분을 통하여 하느님 아버지께 드리는 공적 경배'로 정의하고 있다.[4] 이것은 예수 그리스도와 신자들이 모두 하느님께 바치는 공식화된 예배 행위로 이해된다. 따라서 사적으로 하느님에게 바치는 일련의 기도 행위들은 전례에 해당하지 않는다고 본다. 전례 행위 안에는 두 가지 방향선, 즉 하느님으로부터 인간에게 내려오는 하강선과 인간으로부터 하느님에게 올라가는 상승선이 있다는 것이다.

---

3 Leach, Edmund R. "Ritual." *In International Encyclopaedia of the Social Sciences,* edited by David L. Sills, vol. 13. New York, 1968, p.524.

4 최윤환, 「전례」, 『한국 가톨릭 대사전』 10, 한국교회사연구소, 2004, 7403쪽.

그것은 다름 아닌 하느님이 인간에게 은총과 말씀과 생명의 진리를 내려준다는 하강이요, 인간은 이러한 하느님의 은혜에 대해 제사와 감사와 찬미를 보낸다는 상승이다.[5] 여기에서는 천주교회에서 전례란 교회에서 공식적으로 제정하거나 승인한 말과 행위로 하늘의 하느님과 지상의 신자들과 주고받음의 행위라고 볼 것이다. 또한, 천주교에서 전례라고 인정하고 있는 것들을 이 글의 천주교 의례의 전부로 보아 논의를 진행할 것이다.[6]

II. 연구사 검토 및 유형

서양의 중세적 전통에서 비롯된 라틴어 중심의 미사 전례 모습은 한국에 전래되어서도 그 전통을 유지하고 있었다. 적어도 제2차 바티칸 공의회가 끝날 때까지 한국의 성당에서는 라틴어 미사가 진행되고 있었다. 당시 성당 내부의 모습은 묘한 풍경이 연출된다. 비록 전부는 아니지만, 사제가 라틴어로 말하면 신자들은 그것에 맞추어 역시 라틴어로 응송을 한다. 미사예식서에는 그 의미가 무엇인지 설명이 붙어있기는 하지만, 모든 내용을 설명하고 있지는 않다. 특히 사제 홀로 긴 기도문 등을 라틴어로 암송할 때면 신자들은 정확한 의

---

5 위의 글, 7404쪽.
6 물론 개인적인 기도행위도 의례에 포함될 수 있겠지만, 그것은 다소 논의가 산만해지거나 이해의 폭을 어렵게 할 수도 있고, 또한 정형화되지 않은 개인적인 기도까지 논의한다는 것은 이 글의 범위를 벗어나는 일이기도 하다. 따라서 여기서는 천주교회가 공식적으로 전례라고 인정한 것으로 한정할 것이다.

미를 모른 채 듣고 있을 뿐이다. 물론 이것은 비단 한국만의 모습은 아니었다. 전 세계 천주교의 공통된 모습이었다. 그러나 제2차 바티칸 공의회가 전례 헌장을 통해서 전례의 개혁을 제시하면서 미사가 각 지역의 언어로 행해지기 시작하였다.

제2차 바티칸 공의회가 세계 천주교회에 큰 반향을 불러일으킨 요인은 여러 가지가 있지만, 특히 의례의 측면에서 보자면 전례의 개혁이었다. 전례의 개혁 가운데서도 '각 민족의 특성과 전통에 적응시킴에 관한 규정'을 통해 전례를 로마식으로 엄격하게 통일시키지 않고 각 민족의 풍습 가운데 올바른 전례 정신에 적합한 것은 전례에 도입할 수 있는 길을 열어주었다. 물론 이것은 로마식 전례의 본질적 통일성이 보존된다는 조건에서였다.[7] 공의회의 이러한 입장은 한국에도 영향을 미치게 되어 후일 전례의 토착화를 추구하는 현상으로 나타나게 된다.

한국천주교의 의례에 대한 기본적인 자료는 천주교에서 발행된 예식서와 교회 문헌, 그리고 전례 해설서 등이다. 이 가운데 예식서는 신자들이 늘 접할 수 있는 것으로 가장 중심적인 자료에 해당한다고 할 것이다. 이 예식서들은 대개 교황청에서 발간한 예식서들을 한국어로 번역한 것이다. 가톨릭 교리와 함께 전례에 관한 해설서도 간행되었는데, 번역서가 아닌 한국에서 간행된 것으로는『가톨릭 교리 해설』(가톨릭 교리교육위원회 편, 한국천주교중앙협의회, 1970),『교리, 전례 용어 해설』(박도식, 가톨릭출판사, 1986),『교리·전례 용어해설』(이기정, 가톨

---

7 한국천주교중앙협의회,『제2차 바티칸 공의회 문헌』, 1988, 13~17쪽.

릭출판사, 1986) 등이 있다,

한국천주교의 의례에 관한 연구는 1980년대 들어서야 나타나기 시작하였다. 이전까지는 교황청이나 한국천주교중앙협의회에서 발간한 전례에 관한 문서나 자료를 소개하는 정도에 지나지 않았다. 그러나 토착화 논의를 제외한다면 기본적으로 깊이 있는 수준에서의 논의는 나타나지 않고 있다. 그것은 예식서나 전례 해설서들이 교황청의 입장에서 벗어나지 않고 있고, 천주교 내부의 관련 연구들도 이 수준에서 크게 벗어나지 않고 있다는 점에서 한계를 드러낼 수밖에 없기 때문이다. 이와는 달리 전례의 쇄신과 토착화의 필요성에 대한 논의는 활발히 전개되고 있으며, 이것은 교황청의 가이드 라인에서 벗어날 수 있기에 얼마든지 깊이 있는 논의가 가능하다.

한편, 의례에 대한 연구가 시작되면서 학자들은 나름의 기준과 범주를 설정해서 여러 가지 의례의 형태들을 유형별로 나누고 있다. 학자들이 제시한 유형들은 의례의 이해에 유용한 측면도 있지만, 경우에 따라 자신들의 이론을 뒷받침하기 위한 것들도 있었다. 학자별로 아주 단순화된 유형에서부터 매우 복잡한 유형들로 나누어 설명하고 있기도 하다. 예를 들어 뒤르켕은 다양한 의례들을 아주 단순하게 소극적 의례 유형과 적극적 의례 유형의 두 가지 유형으로 나누었다. 소극적 의례는 어떠한 행동을 하도록 하는 것이 아니라 하지 못하도록 하는 것으로 금기와 같은 것을 말한다. 적극적 의례는 종교적 힘들과 적극적이고 쌍무적인 관계를 유지하기 위해 그러한 힘들을 조정하고 조직하는 의례로 희생제의나 봉헌 의례 등이 이에 속한다.[8] 뒤르켕이 종교의례를 이런 기준으로 나누어 설명함으로써 복잡하지 않게 이해하는 것에는 도움을 줄 수 있지만 지나치게 단순화시킨 것은 때론 어떤 의례가 소극적인지 적극적인지 판단이 모호할 때가 있고, 한편으로 지나친 단순화는 또한 하위의 유형이 필요하다는 점에서 한계를 지닐 수 있다.

그러나 대부분의 의례 유형들은 이와 같은 단순한 분류로 끝나지는 않는다. 의례를 인류학적인 입장에서 유형화시킨 앤서니 월라스는 모든 의례는 인간이나 자연에서의 상황을 변화시키는 문제와 관련이 있다고 한다. 즉 의례는 어떤 상황을 다른 상황으로 변화시키거나 아니면 그 변화를 막는 목적을 지니고 있다는 것이다. 인류에게 이 상황은 개인일 수도 있고 집단일 수도 있다. 이런 기준으로 그는 의례를 크게 다섯 가지로 구분하고 있는데, 그것들은 기술적 의례(Ritual as Technology), 치유와 반치유 의례(Ritual as Therapy and Anti- therapy), 이념 의례(Ritual as Ideology), 구원 의례(Ritual as Salvation), 그리고 부흥 의례(Ritual as Revitalization)이다. 기술적 의례에는 점복, 풍요, 사냥, 액막이 등의 의례들이 있으며, 치유 등의 의례에는 주술, 치병, 굿과 같은 의례, 그리고 이념 의례에는 통과의례, 사회적 강화의식(rite of intensification), 또는 사회적 금기나 의무와 관련된 의례, 저항 의례 등이 있다. 구원의례에는 신들림, 내림굿, 개종, 신비경험, 속죄의례 등이, 그리고 부흥의례는 부흥회나, 부흥운동 등이 있다.[9]

---

8 이은봉 외, 『한국 의례문화 연구사 및 연구방법』, 덕성여자대학교 인문과학연구소, 1997, 19쪽.

9 Anthony F. C. Wallace, *Religion : An Anthropological View,* Random House, New York, 1966, pp.106~166.

로널드 그라임스(Ronald Grimes)는 16가지의 범주로 유형화하고 있는데, 통과의례, 결혼식, 장례식, 축제, 순례, 정화의례, 시민의례, 교환의례, 희생제의, 예배, 주술, 치료의례, 상호작용 의례, 전도(顚倒)의례(rites of inversion), 의례 드라마 등이 그것들이다.[10]

캐서린 벨(Catherine Bell)은 완벽성과 단순성을 절충해서 통과의례, 달력과 기념 의례, 교환과 교제의 의례, 재난 의례, 향연과 단식과 축제의 의례, 정치 의례의 여섯 가지로 분류하여 의례를 설명하고 있다.[11]

이외에도 학자들이 범주화시킨 여러 유형이 있지만, 의례를 연구하면서 그것을 유형별로 나누는 것은 유형별로 나누는 데 목적이 있는 것이 아니라 의례를 더 잘 이해하기 위한 것이다. 이것은 비단 의례에만 국한된 것은 아닐 것이다. 따라서 지나치게 복잡한 유형으로 의례를 나누면 오히려 본질에서 벗어나서 유형화의 늪에 빠져 버릴 우려가 있고 이해하기 어려울 수도 있다. 반면에 지나친 단순화도 의례를 깊이 이해하는 데 한계를 지닐 수밖에 없을 것이다. 유형화의 근본적 한계는 어떤 것은 여기저기에 중복될 수가 있어서 어느 유형에 속하는지 확실하게 선을 긋기 어렵다거나, 아니면 어느 유형에도 맞지 않는 예외적인 것이 존재할 수도 있다는 것이다.

의례를 종교와 관련시킬 경우 이러한 유형은 또 다른 한계를 지닌다. 예를 들어 어떤 의례는 종교와 무관한 경우들도 있다, 그라임스가 말한 시민의례의 경우 종교와 관계될 수도 있지만, 전혀 관계가

---

10 Ronald I. Grimes, *Research in Ritual Studies,* 1985, pp. v - vi, 68~116. Catherine Bell, *Ritual : Perspective and Dimension,* 1997. 류성민 역, 『의례의 이해 - 의례를 보는 관점들과 의례의 차원들』, 한신대학교 출판부, 2009, 190쪽에서 재인용.
11 위의 책.

없을 수도 있다. 벨의 구분 가운데 정치 의례도 마찬가지로 종교적일 수도 있지만, 그것이 세속 국가에서 벌어질 경우 종교와 무관하게 이루어지는 것이 오히려 대부분일 것이다.

어느 한 종교에 속한 의례만을 설명하려고 할 때 이러한 유형화의 한계는 더욱 명확해진다. 예를 들어 천주교에서 미사는 희생제의에 속하지만, 미사의 상황에 따라 저항의례에 속할 수도 있고, 정치의례에 속할 수도 있고, 종교적인 통과의례에 속할 수도 있다. 고해성사는 천주교에서 핵심적인 의례에 속하지만, 벨이 분류한 여섯 가지 가운데 어디에 넣을 것인가? 따라서 이러한 유형화는 근본적으로 한계를 지닐 수밖에 없기 때문에 그때그때 편의에 따라 단순하게 또는 다소 세밀하게 조정될 필요가 있다. 즉, 유형화는 이해를 위한 도구 차원에서 그쳐야지 유형화 자체에 매몰되거나 어떤 유형이 그래도 가장 완전하다고 해서 그것에 집착해서 그 이론을 입증하려고 해서는 안 될 것이다.

이 글의 목적은 천주교의 의례를 이해하려는 것이다. 유형을 미리 나누고 그에 맞추어 각각의 의례를 설명하기보다는 천주교의 중심적 의례를 알아보고 각각의 의례가 어떤 유형에 어울릴지를 파악해 본다면 천주교 의례를 좀 더 잘 이해하는 데 도움이 되리라 본다. 그러므로 우선 미사와 7성사 및 기타 천주교에서 행하는 의례들을 차례차례 알아본 다음 각각의 의례들이 어떤 유형에 어울릴지 검토해 볼 것이다. 유형을 나누는 것도 복잡하게 하기보다는 최소한의 유형으로 설명해 보고자 한다.

Ⅲ. 한국 천주교에서의 의례

천주교에서는 대부분 의례를 전례로 규정한다. 천주교의 전례 가운데 가장 일반적이면서도 핵심에 해당하는 것은 미사전례이다. 앞에서도 언급했듯이 천주교 신자는 매 주일 특별한 사정이 없다면 반드시 미사에 참여할 의무가 있기 때문이다. 즉, 정기적으로 미사에 참여해야 한다. 미사 이외에 핵심적 전례 행위로는 7성사라는 소위 일곱 가지 성사가 있으며, 구마의례와 같이 준성사라고 하는 또 다른 전례 행위들이 있다. 그런데 이 일곱 가지 성사 가운데 일부는 미사전례와 함께 진행되기도 한다. 따라서 논의의 순서는 우선 미사에 대해 알아보고 차례로 7성사를 비롯한 기타 전례 등에 대해 각각 고찰해보고자 한다.

1. 미사

천주교 신자들은 매주 일요일(주일이라고 한다.) 미사에 참여하는 것이 의무라는 것은 앞에서도 언급하였다. 요일과 관계없이 동일한 참여 의무를 부과하는 미사가 있는데, 그것은 성탄절이나 성모승천대축일과 같이 천주교회에서 대축일로 지정한 날의 미사이다. 그러나 미사가 매주 일요일과 대축일 등에만 있는 것은 아니다. 본당으로 지정된 성당이 있는 곳에서는 거의 매일 미사가 행해진다. 주일이 아닌 날에 행해지는 미사를 주일과 비교해서 평일미사라고 한다. 신자들이 평일미사에 참여할 의무는 없다. 주일미사와 평일미사의 차이점이라면, 우선 헌금을 내는 절차나 신자들이 하는 보편 지향기도 등이 없으며, 주례 사제의 강론이 생략되기도 한다. 한편 기독교 전통에서 미사는 천주교를 비롯한 성공회와 동방정교회 등에서 거행되며 반드시 사제, 즉 주교나 신부가 집전해야 한다.

미사의 내용은 예수 그리스도의 수난과 죽음, 부활과 승천을 기념하는 제사라고 할 수 있으며, 그 근거는 예수가 제자들과 행한 최후의 만찬에 두고 있다.[12] 미사는 희생제물을 하느님께 바치면서 하느님에게 지은 죄를 용서받는다는 속죄의 의미와 함께 하느님과의 일치와 평화를 이룬다는 유대교의 고대적 제사가 변형된 형태라고 할 수 있다. 천주교에서 미사를 제사라고 하는 것도 이런 이유에 기인한다. 미사에서의 희생제물은 바로 죽음을 이기고 부활한 인간 예수이다. 예수가 십자가 위에서 죽음을 맞이한 것을 천주교에서는 스스로의 몸을 하느님께 제물로 바친 것이라고 본다. 미사는 이러한 제사 부분에 말씀의 부분, 즉 성서의 봉독과 강론(설교)이 결합된 것이다. 따라서 미사는 크게 두 부분, 말씀의 전례와 성찬의 전례로 나눌 수 있으며, 이것을 좀 더 세분해서 시작 예식과 말씀의 전례, 그리고 성찬의 전례와 마침 예식으로 나눌 수도 있다.

시작 예식은 입당, 인사, 참회, 자비송, 대영광송, 그리고 본기도로 구성되어 있다. 입당이란 사제가 성당의 제대로 행렬지어 들어오는 것을 말하는데 이때 신자들은 입당성가를 부르며 사제의 입당을 맞이한다. 사제가 제대 앞에 완전하게 자리하고 입당성가가 끝나면 성호를 긋는 것으로 입당 예식이 끝나고 사제의 인사와 회중의 응답으로

---

12 최윤환, 「미사」, 『한국 가톨릭 대사전』 5, 한국교회사연구소, 1997, 2938~2939쪽.

인사가 진행된다. 인사는 "주께서 여러분과 함께"라고 사제가 하면 신자들은 "또한 사제와 함께"라고 하는 것인데, 이 인사는 미사 도중 반복해서 한다. 이어서 참회의 예절은 자신이 죄인임을 하느님과 모든 형제들에게 고백하는 것이며, 뒤이어 하느님이 자신에게 자비를 베풀어 달라는 의미의 자비송을 함께 노래하거나 낭독한다. 대영광송이란 하느님의 영광에 대한 찬미와 칭송이며, 마지막으로 그날 미사의 지향점, 즉 어떤 목적의 미사를 드리는가에 대해 사제가 하느님께 기도를 바치는 것으로 시작 예식을 마치게 된다. 이와 같은 시작 예식의 목적은 함께 모인 신자들이 하나의 공동체를 이루고 믿음으로 하느님 말씀을 듣고 성찬 전례를 행할 준비를 하게 하는 것에 있다.[13]

말씀의 전례는 제1독서와 화답송, 제2독서, 복음환호송, 복음, 강론(설교), 신앙고백, 보편 지향 기도의 순으로 진행된다. 제1독서는 구약성서의 한 부분, 제2독서는 예수의 제자들인 사도들의 서간의 한 부분을 선택해서 신자들이 낭독하고, 복음은 4대 복음서 가운데 한 부분을 선택해서 사제가 낭독하는데 마음대로 선택해서 낭독하는 것이 아니라 미리 정해져 있는 부분을 낭독하는 것이다. 평일미사에서는 제2독서가 생략된다. 신앙고백은 하느님에 대한 믿음을 고백하는 것으로 주로 사도신경이나 니케아 신경을 선택해서 함께 암송한다. 보편 지향 기도는 교회와 세상, 이웃 공동체, 위정자 등 도움이 필요한 모든 이들을 위해 기도하는 내용으로 되어 있다. 평일미사에서도 강론하는 것을 권고하지만 생략이 될 수도 있다. 이러한 말씀의 전례는 단순히 성경

---

13 위의 글, 2945쪽.

내용을 낭독하는 것이 아니라 이 순간 신자들은 하느님과 함께 하고 있다는 의미라고 본다. 신앙고백은 하느님에 대한 믿음을 전하면서 교회의 필요와 세상 전체의 구원을 위해 하느님께 기도하는 것이다.

성찬의 전례는 다시 크게 예물 준비, 감사기도, 영성체 예식의 세 부분으로 나뉜다. 예물 준비는 제대와 예물 준비, 예물 준비 기도, 예물 기도의 순으로 진행된다. 먼저 빵과 포도주, 그리고 물이 제대로 옮겨지며 제대가 마련되고, 뒤이어 신자들이 가난한 사람들이나 교회를 위해 돈이나 그 밖의 다른 예물을 바칠 수 있다. 신자들이 바치는 돈은 헌금이라고 한다. 예물 준비는 이처럼 예물을 바치고 또한 하느님께 바친 제물을 하느님이 기꺼이 받아들이도록 기도하면서 감사기도로 이어진다.

감사기도는 감사송, 성령청원 : 축성기원, 성찬 제정과 축성문, 기념과 봉헌, 성령 청원 : 일치 기원, 전구(轉求), 마침 영광송으로 이루어진다. 감사기도는 사제와 신자들이 다시 한번 하느님과 함께하고 있음을 서로에게 인사하면서 시작된다. 그리고 하느님께 함께 감사하자는 사제의 청에 신자들이 응하고 뒤이어 하느님에게 영광과 감사를 드리는 감사송이 사제에 의해 낭독된다. 감사송은 시기별로 서로 다른 내용으로 마련되어 있으며, 사제는 각 시기에 맞는 적절한 감사송을 선택해 낭독하게 된다. 성령 청원 : 축성 기원은 제대에 있는 빵과 포도주를 사제가 손을 들어 축복하면서 예수 그리스도의 몸과 피가 되게 해달라고 하는 기도이다. 성찬 제정과 축성문은 예수 그리스도가 제자들과 했던 마지막 만찬 의식을 재현하는 시간이다. 성령 청원 : 일치 기원은 미사에서 바치는 제물을 하느님이 받아들이고, 또한 그리스도 안에서 하느님과 다른 신자들과 함께 일치를 이루기를 기원하는 것이다. 천주교에서는 이 감사기도의 예식을 통해 이전까지는 단순히 밀가루로 만든 빵이고 포도주였던 제물이 예수 그리스도의 몸과 피로 변화했음을 믿는다.

영성체 예식은 주님의 기도, 평화 예식, 빵 나눔, 하느님의 어린 양, 영성체 전 기도, 영성체. 감사 침묵 기도, 영성체 후 기도의 순으로 이어진다. 신자들은 주의 기도를 함께 암송하며 하느님께 기도하고, 뒤이어 신자들 서로에게 평화를 비는 평화의 예식이 진행된다. 빵 나눔은 예수 그리스도가 제자들과 최후의 만찬에서 했던 것을 재현하는 것으로 하나의 빵을 쪼개어 함께 나누어 먹는다는 의미를 지닌다고 본다. 이어진 일련의 예식이 진행되면 신자들이 영성체(성체성사)하는 시간이 된다. 영성체는 세례를 받은 신자들만 할 수 있으며, 세례를 받은 사람이라도 천주교에서 규정한 대죄를 저지른 사람(예를 들어 앞에서 말했듯이 정당한 사유없이 주일미사를 빠진 경우)은 할 수 없고 고해성사를 통해 그 죄의 용서를 받은 이후에야 참여할 수 있다.

영성체 예식에 이은 일련의 기도가 끝나면 마침 예식으로 이어진다. 마침 예식은 강복과 파견의 순서로 진행된다. 강복은 다시 한번 사제와 신자들이 서로 하느님과 함께 있음에 대해 인사한 후, 사제가 신자들에게 손을 들어 하느님이 신자들에게 복을 내려주기를 기원한다. 그리고 뒤이어 사제는 신자들에게 미사의 끝을 알리며 가서 복음을 전하자는 말을 한 후 퇴장하게 된다. 신자들은 퇴장에 알맞은 성가를 선택해서 부르는 것으로 미사는 끝을 맺게 된다.[14]

미사를 이처럼 다소 자세하게 설명하는 이유는 뒤이은 일곱 가지

성사를 설명할 때 다시 미사와 관련된 설명이 필요하기 때문이다.

2. 7성사

천주교에서는 신자들에게 정기적으로 미사에 참여하는 것 이외에 7성사를 준수하도록 의무화하고 있다. 7성사란 세례성사, 견진성사, 성체성사, 고해성사, 병자성사, 성품성사, 혼인성사를 말한다. 가톨릭에서는 성사를 다음과 같이 설명하고 있다.

성사는 파스카 신비의 거행이다

전례, 특히 성사는 주님의 파스카 신비를 선포하며 그 신비에 참여하게 한다. 성사는 파스카 신비를 실천하고 이를 증언할 수 있는 은총을 준다. 교회의 일곱 성사인 세례·견진·성체·고해·병자·성품·혼인성사는 주님의 파스카, 곧 그 분의 죽음과 부활의 신비를 거행할 뿐 아니라 그 신비에 참여하게 한다.

① 그리스도의 성사

"그리스도께서 성사를 세우셨다."는 말은 그리스도께서(그 분의 죽음

---

14 이상은 한국천주교중앙협의회에서 발행한 미사통상문에서 발췌·요약한 것에 필자가 부가적인 설명을 다소 첨가한 것이다. 이 글은 2013년에 발표된 것이므로 그 당시의 내용을 반영한 것이다. 그러나 2017년 12월 3일부터 과거와 다른 미사가 진행되기 시작하였다. 많은 변경이 있는 것이 아니고 감사기도 부분이 다소 변경되어 진행되고 있다. 미사에서 사용하는 말투도 조금씩 다르지만, 이 글에서는 현재와 다소 다르게 표현되고 있다. 그러나 달라진 부분을 반영하기보다는 그대로 두기로 하였다(한국천주교주교회의, https://missale.cbck.or.kr/OrdoMissae, 검색: 2013.10.10.).

과 부활이) 모든 성사의 근거이며 원천이라는 말이다. 그리스도(그 분의 죽음과 부활) 없이 성사가 존재할 수 없다. 성사들은 언제나 살아 계시며 생명을 주시는 그리스도의 몸에서 '나오는 힘"(루카 6,19: 8,46)이다. 나아가 세례를 주시는 분도 그리스도이시고, 미사의 희생 제물이 되시어 당신 자신을 봉헌하시는 분도 그리스도이시며 죄를 용서하시는 분도 그리스도이시다. 따라서 성사는 모두 그리스도의 성사이다.

② 교회의 성사

성사는 "교회를 통하여", "교회를 위하여" 존재한다. 성령께서 교회를 그리스도의 성사가 되게 하시며, 그리스도를 머리로 하여 한 몸이 되어 주님의 사제직을 수행하게 하신다. 나아가 성령께서는 성사를, 특히 성체성사 안에서 우리를 성삼위의 친교에 참여하게 하신다. 그러므로 교회의 성사라는 말은 성령의 성사라는 뜻이기도 하다.

③ 신앙의 성사

"성사는 신앙을 전제할 뿐 아니라 말씀과 사물로 신앙을 기르고 굳건하게 하고 드러낸다. 그래서 신앙의 성사들이라고 한다'(전례 헌장, 59항). 교회의 신앙은 그 신앙에 초대된 신자들의 신앙에 앞서며, 교회는 성사 거행으로 신자들의 신앙을 길러 준다. "기도하는 대로 믿고, 믿는 대로 기도한다."는 말은 전례에도 해당된다.[15]

---

15 『간추린 가톨릭 교회 교리서』, 한국천주교 주교회의 교리교육위원회 편찬, 2013. 135쪽. 다음 홈페이지 참조 (http://zine.cbck.or.kr/gallery/view.asp?seq=173630&path=120209113656, 검색: 2013.10.21.).

예수 그리스도가 제정하고 교회에 맡긴 은총의 효과적인 표징들. 이 표징을 통해서 하느님의 은총이 인간들에게 틀림없이 전달되며, 합당한 마음가짐으로 성사를 받아들이는 사람들에게서 이 은총은 결실을 맺는다.[16]

다시 말해서 성사는 예수 그리스도에 의해 제정되었다는 것인데, 성사에 대한 성서의 명확한 근거는 세례성사와 성체성사뿐이다. 그러나 나머지 성사들은 예수에 의해 구체적으로 제정되지는 않았을지라도 예수의 공생활, 십자가의 죽음과 부활, 그리고 교회 안에서의 성령의 활동을 모두 포함하는 복합적인 의미를 지닌다.[17] 사실상 일곱 가지 성사라는 규정은 교회가 성립되고 차차 교부들에 의해 확정된 것이지만, 천주교에서는 그 근거를 예수의 공생활에 두고 있다.

천주교에서 말하는 교회는 예수의 죽음과 부활에 근거를 둔 세례와 성체성사를 통해서 성립되었고 발전했으며, 동시에 앞에서 언급한 것과 같이 교회는 성사들이 형성되는 데 결정적 역할을 했기 때문에[18] 교회와 성사는 불가분의 관계, 즉, 서로 절대 분리될 수 없는 관계라고 이해될 수 있다. 다시 말해서 천주교에서 성사 생활을 하지 않는 신앙생활이란 상상할 수 없는 것이며, 신자들 신앙생활의 필수적인 요소가 또한 성사 생활인 것이다. 물론 이와 같은 성사 생활을 하기 위해서는 성사를 받을 신자들이 신앙을 지니고 있다는 것이 전

---

16 손희송, 「성사」, 『한국 가톨릭 대사전』 7, 한국교회사연구소, 1999, 4653쪽.
17 손희송, 「가톨릭교회 교리서에 나타난 성사이해」, 『신학전망』 114, 광주가톨릭대학교, 1996, 7~8쪽.
18 위의 글, 8쪽.

제되어야 한다. 즉, 신앙이 없는 성사 생활은 아무런 의미가 없는 것이라고 본다.

한편, 성사는 예수 그리스도가 인간에게 내려준 은총에 대한 가시적인 모습이라고 설명될 수 있다. 결국 성사는 예수 그리스도에 의해 세워졌고, 예수 그리스도와 그가 세웠다고 보는 교회와 불가분의 관계에 있으며, 성사는 예수 그리스도가 인간에게 내린 은총의 표징이고, 신앙을 지닌 신자들은 성사 생활을 통해 예수의 죽음과 부활이라는 우주적 행위에 참여하게 된다고 본다.

일곱 가지 성사 가운데 천주교 신자가 되기 위해 제일 먼저 거쳐야 할 관문이 세례성사로 다른 말로 성세성사, 줄여서 성세, 영세, 또는 세례라고 한다, 세례성사는 보통 미사와 관계없이 독자적인 예식으로 진행된다. 세례성사에서의 핵심은 신자가 될 지원자가 사탄과 그 유혹을 끊어버린다는 선서, 세례 지원자의 이마에 기름을 바르는 도유의식, 세례를 위해 축복된 물로 이마를 씻는 세례와 신앙고백, 세례 이후의 기름 바르는 의식, 그리고 머리에 미사보를 덮어주는 예식 등으로 행해진다. 미사보는 남성의 경우 잠시 머리를 덮는 것으로 끝난다.

천주교에서는 부모가 천주교인일 경우 새로 태어난 유아도 가급적 이른 시일 안에 세례를 받도록 하고 있는데, 이를 유아세례라고 한다. 유아에게 세례를 받도록 하는 이유는 기독교의 교리에서 기인한다. 기독교에서는 모든 사람은 인류의 조상인 아담이 지은 원죄를 유전자처럼 물려받았는데, 원죄는 세례를 통해서만 없어지기 때문이다. 유아의 경우 신앙고백이나 선서 등을 할 수 없기 때문에 부모나 대부모가 이를 대신한다. 한편 세례성사, 즉 영세의 의식은 사제가 해야 하지만, 평신도나, 아니면 천주교 신자가 아닌 사람도 할 수 있다. 그것은 세례를 받기 원하는 사람이 죽을 위험과 같은 급박한 상황에 처해 있음에도 사제가 바로 세례성사를 행할 수 없을 경우와 같은 예외적 상황일 때이다. 그러나 만일 그 사람의 병이 회복되어 살아나게 되었고, 사제가 그 사람에게 세례성사를 줄 수 있을 상황이 되었다면 사제가 다시 세례성사를 하도록 하고 있다.

천주교인이 아닌 사람으로 세례성사를 받게 되면 미사에 참여해서 영성체, 즉 성체성사를 할 수 있게 된다. 성체성사는 앞에 미사에서 설명했듯이 영성체를 말한다. 영성체는 그리스도의 몸으로 믿어지는 밀로 만든 빵을 받아먹는 의식이다. 이 빵은 영성체 예식을 위해 특별히 밀을 재료로 만든 것으로 천주교에서는 이것을 제병(祭餠), 또는 면병(麵餠)이라고 한다. 제병은 흰색의 둥근 모양으로 되어 있는데, 사제들이 미사에서 사용하는 대제병과 신자들을 위한 소제병, 즉 큰 것과 작은 것이 있다. 제병은 미사에서 성찬의 전례를 행하면서 예수 그리스도의 몸으로 변한 것이라고 믿는다. 다시 말해서 겉으로 보기에는 흰색 빵이지만 그 안에 예수 그리스도의 실체가 온전히 들어있다고 믿는다.

유아세례를 받은 어린이는 바로 성체성사를 할 수 없고, 천주교 교리를 교육받을 수 있는 나이, 대략 초등학교 3~4학년 무렵에 첫영성체 의식을 치른 후 성체성사를 할 수 있다. 성체성사, 즉 영성체할 때 그것을 나누어주는 것은 본래 사제들만이 할 수 있었지만, 제2차 바티칸 공의회 이후 사제에 의해 위임받은 평신도도 나누어 줄 수 있게 되었다. 한국천주교의 각 교구에서는 본당신부의 추천을 받은 남자 평신도들이나 수녀들에게 일정한 교육을 한 후 성체를 나누어 주는 권한을 수여하고 있다.

성체성사는 미사 예식 가운데 이루어지는 것이 일반적이지만, 거동이 불편한 환자나 노인들을 위해 매월 한 차례 본당신부가 각 가정이나 병원을 방문해서 성체성사만을 행하기도 한다. 이러한 성체성사를 봉성체라고 한다. 성체성사를 할 수 있는 자격은 물론 세례를 받은 사람에 한하며, 세례를 받았더라도 천주교에서 규정한 대죄를 저지른 사람은 참여할 수 없다. 이 규정을 어기게 되면 모령성체(冒領聖體)라고 부르며 중죄에 해당한다. 성체성사에 참여하기 위해 대죄를 없애는 방법은 고해성사를 통해서이다. 이것을 바꾸어 말하면 성체성사에 참여할 수 있는 사람은 고해성사를 받을 수 있고 또 정기적으로 받아야 함을 뜻하는 것이다.

고해성사는 죄가 있다고 여기는 사람들이 신부 앞에서 자신의 죄를 고백하고 그 죄의 사함을 받는 성사이다. 고해성사는 기도와 함께 신자가 신부에게 자신이 지은 모든 죄를 고백하고 사죄를 청하는 의식과 사제가 죄를 고백한 신자의 죄를 용서해주는 사죄경을 바치는 것으로 이루어진다. 고해성사는 미사와는 무관하게 이루어지는 성사이며, 대체로 신부와 신자가 서로 얼굴을 볼 수 없도록 만들어진 고해소에서 의식을 행하게 된다. 경우에 따라 개방된 공간에서도 이루어질 수 있지만, 이때에도 신부와 신자가 서로 얼굴을 마주 보지는 않는다. 한국천주교에서는 신자들에게 적어도 일 년에 두 차례 이상 고해성사를 받도록 하고 있다. 그 두 차례는 부활절 시기와 성탄절 시기로, 이 시기에는 특별히 판공이라는 제도를 시행해서 모든 천주교인이 고해성사를 받도록 하고 있다. 판공의 의무를 3년 이상 계속해서 지키지 않게 되면 냉담자, 즉 교회 생활을 하지 않고 쉬는 신자로 분류한다.

세례성사를 받은 신자는 다음으로 견진성사를 받아야 한다. 견진성사는 주교, 또는 주교에 의해 견진성사를 집전하도록 허락을 받는 사제가 집전하게 된다. 견진성사는 미사 중에 하게 되는데, 말씀의 전례 직후에 주교 또는 주례를 맡은 사제가 이마에 기름을 바르는 의식인 도유의식을 함으로써 견진성사가 이루어진다. 대체로 성인은 세례성사를 받고 1년이 지나면 견진성사를 받는데, 세례성사를 받기 위해 일정한 정도의 천주교 교리를 학습해야 하듯이 견진성사를 받기 위해서도 별도의 교리를 학습하도록 하고 있다. 유아세례를 받은 어린이의 경우 천주교 교리를 이해할 정도의 나이가 되었을 때 받게 되며 첫영성체 의식과는 달리 일정한 교리교육을 받은 후에 받게 되는데, 일정하게 몇 살에 받아야 한다고 규정해 놓은 것은 없다. 견진성사를 받게 되면 천주교인으로서 별도로 어떤 성사를 더 받아야 하는 것은 없고 정기적으로 고해성사와 성체성사, 그리고 미사에 참여하는 것이 일반적인 천주교인들의 모습이라고 할 수 있다.

성인 남녀의 평생 의례 가운데 하나가 결혼을 하는 것이다. 천주교 의례는 이를 7성사에 포함시켜 혼인성사라고 부른다. 혼인성사란 공식적으로는 세례를 받은 남녀 신자가 주례 사제와 두 사람의 중인 앞에서 천주교 예식을 통해 평생 부부로 함께 살아갈 것을 하느님께 서약하는 것을 말한다. 천주교 신자들의 혼인성사는 미사 전례와 함께 행해지는 것이 보통이지만, 미사와 관계없이 혼인 예식만을 진행하기도 한다. 즉, 미사 전례 중간에 혼인 예식이 함께 진행되는 것이 보통이며 천주교 자체에서도 미사와 함께 혼인 예식을 하도록 요구하고 있다. 혼인 예식도 견진성사, 성품성사와 마찬가지로 말씀의 전례 후 성찬의 전례가 시작되기 전에 진행된다. 먼저 신랑과 신부가 주례 사제와 두 사람의 증인을 앞에 두고 혼인 서약을 하는데 그 내용은 이 결혼이 타인의 강요가 아닌 오로지 두 사람만의 순수한 의사에 의해서 이루어지는 것인가 하는 것과 기쁠 때나 슬플 때나 괴로울 때나 언제나 변함없이 한평생을 함께 살아갈 것인가 하는 것, 그리고 신앙생활을 열심히 하고, 태어난 자녀들도 천주교 신앙을 갖도록 할 것 등을 서약하는 것이다. 이후 주례 사제는 두 사람이 서로 교환할 반지에 성수를 뿌려서 축성하고 예물 교환을 하도록 한다. 그리고 마지막으로 이제 두 사람이 부부가 되었음을 선언하면서 혼인 예식을 마치고 다시 미사가 진행된다.

한편 천주교 신자와 비신자의 경우에도 혼인성사를 할 수 있지만, 이때에는 본당신부에 의해 그 사항에 대해 허락을 받아서 진행되는데 이를 관면 혼인이라고 한다. 그러나 이때에도 비신자인 배우자가 신자의 신앙생활을 잘 할 수 있도록 허용하고, 두 사람 사이에 태어난 자녀도 천주교 신앙을 갖도록 한다는 내용의 서약을 해야 한다는 전제가 요구된다. 이렇게 맺어진 부부는 인간이 아닌 하느님에 의해 부부로 맺어진 것이기에 원칙적으로 이혼을 할 수 없도록 하고 있다. 만일 이혼을 하려면 이혼을 하는 타당한 사유가 있어야 하고 그럴 경우 소속 본당신부를 거쳐 이혼 신청을 해야 하며 이 신청은 교구마다 설치된 법원의 재판을 거쳐 이혼 여부를 결정하게 된다.

병자성사는 예전에 종부성사라고 불렀다. 그 이유는 죽을 위험에 처한 병자들에게 한 번만 할 수 있기 때문이었다. 그러나 제2차 바티칸 공의회에서는 "종부"는 더 적절히 표현하자면 "병자의 도유(塗油)"라고 할 수 있으니, 이는 죽을 위험이 임박한 이들만을 위한 성사가 아니라고[19] 하여 죽을 위험에 있는 병자들뿐만 아니라 병에 걸린 환자나 노령으로 기력이 쇠한 노인들도 받을 수 있는 길을 열었다. 또 수술을 받거나 할 때, 병세가 악화할 때에도 횟수와 관계없이 병자성사를 받을 수 있다.

병자성사의 예식은 사제의 기도와 함께 이마에 기름을 바르는 의식인데, 죄가 있는 사람은 받을 수가 없기 때문에 사실상 고해성사와 같이 행해지는 것이 보편적이다. 그러나 아직 죽지는 않았지만 이미 의식이 없을 경우에는 고해성사를 하지 않고 병자성사를 할 수 있다. 병자성사를 행하는 의도는 병이 나아서 몸이 건강해지기를 기원하며 죄의 용서를 위한 것이다. 병자성사와 함께 특히 죽을 위험에 있는 사람에게 성체성사를 행하는데 이를 노자성체(路資聖體)라고 한다.

천주교 신자들 가운데 성직 지원자들이 일정한 교육을 이수한 후 그들에게 성직자(주교, 신부, 부제)의 직무를 수여하기 위한 성사가 성품성사이다. 일정한 교육이란 대개 가톨릭 신학대학을 졸업하고 다시 일정한 기간에 걸쳐 교육을 받으면 되는데, 현재 한국천주교에는 서울교구, 인천교구, 수원교구, 대전교구, 대구교구, 광주교구, 부산교구 등 7개 교구에 가톨릭 신학대학이 설립되어 성직자를 배출하고 있다.

---

19 한국천주교중앙협의회, 『제2차 바티칸 공의회 문헌』, 25쪽.

한국천주교에서 성직자가 되는 과정은 신학대학마다 다소간의 차이는 있지만, 대개 4년제 신학대학에 입학해서 4학년이 되면 착의식을 거쳐 사제들이 입는 수단을 입게 되고, 대학을 졸업하고 대학원에 들어가면서 독서직(讀書職)의 직위를 받는다. 대학원 2년째가 되면 시종직(侍從職)의 직위를 받게 되지만, 아직 이들을 성직자라고 하지는 않는다. 시종직에서 다시 1년의 교육을 더 받고 부제 서품을 받는데, 부제 서품 예식을 바로 성품성사라고 한다. 즉, 부제품을 받고 나면 그때부터 천주교 성직자의 지위에 들어간다. 부제 서품 이후 다시 1년 정도의 교육을 더 받아야 비로소 사제가 되기 위한 성품성사를 한다. 대학 졸업 후 사제가 되는 기간은 교구에 따라 다소간의 차이가 있으며, 대학원 진학도 학위를 받게 되는 과정과 학위와 무관한 과정으로 나뉘는데, 그것은 본인의 의사에 맡겨진다.

성품성사는 미사와 함께 진행되는데 대개 소속 교구장 주교가 집전한다. 성품성사는 견진성사와 마찬가지로 말씀의 전례가 끝난 후, 즉 미사 중 강론을 마치고 성찬의 전례가 시작되기 전에 예식이 진행된다. 시작은 우선 사제 지원자들을 호명하고 뒤이어 사제로서의 직무와 주교에 대한 존경 등에 대해 서약하고 자신을 낮추겠다는 자세로 엎드려 기도하는 의식이 진행된다. 다음으로 주교와 선임 사제들의 안수 의식과 기도, 제의를 입혀주는 착의식과 손에 기름을 바르는 도유 의식, 그리고 빵과 포도주의 상징적인 수여 이후 정식 사제단의 일원이 되어 주교와 함께 계속 남은 미사를 집전하게 된다. 외국의 경우는 부제직만을 수행하는 종신부제직도 있지만, 한국천주교에서의 부제는 사제가 되기 위한 전 단계이다. 천주교에서는 아직 여성 사제를 인정하지 않고 있다.

3. 준성사

한편 7성사에는 포함되지 않는 준성사에 해당하는 의례들이 있다. 준성사에 해당하는 것으로 축복이나 축성, 구마식(驅魔式) 등이 있다. 축복이나 축성 의례란 아빠스 축복, 수도 서약과 동정녀 축성, 독서직과 시종직 수여, 장례 예식 등이 포함된다. 이외에 여러 가지 천주교 전례에서 사용되는 세례수, 기름 등의 축복과 성당이나 묘지 등의 축복 등 여러 의식이 포함된다.[20] 이 가운데 수도 서약은 수도자가 되는 것을 말하며, 앞에 성품성사에서 언급했듯이 독서직과 시종직은 사제가 되기 위해 거쳐야 하는 단계이다.

한편 천주교 신자들 가운데 수도 생활을 원하는 남녀 신자들은 남녀 수도원에 입회하고 일정 기간의 수련을 거치게 된다. 수도원마다 다소간의 차이는 있지만, 수련 기간 중 단계별로 거치는 통과의례가 있는데 이것을 서원식이라고 한다. 최초의 수련 시기를 거치게 되면 처음으로 서원식을 하게 되는데 이것을 유기서원, 즉 기간이 정해진 서원이라고 한다. 이런 유기서원의 각 단계를 거치면 종신서원, 즉 마지막 서원식을 하게 된다. 수련의 기간이나 단계는 수도원에 따라 차이가 있기에 일률적이지는 않다. 남녀 수도자들은 바로 이런 과정을 거쳐 수사가 되고 수녀가 된다.

그런데 수도자가 되는 단계별 서원식은 준성사에 해당한다. 서원

---

20 심규재, 「준성사」, 『한국 가톨릭 대사전』 10, 한국교회사연구소, 2004, 7892쪽.

의례의 주례자는 대개 관할 주교가 맡게 되며, 미사 중에 이루어진다. 미사 중 말씀의 전례 후, 성찬 전례 직전에 서원 의례가 행해지는데, 지원자가 수도원장에게 순명과 수도원의 규칙을 지킬 것 등을 서약하고 주례자의 축복과 반지를 끼워주는 의식 등으로 구성되어 있다. 예식의 진행은 부분적으로 차이는 있지만, 사제나 부제가 되기 위한 성품성사와 비슷하다. 세례를 받은 사람은 누구나 서원식을 받을 수 있지만 21세가 지나야 하며 신분상의 의무를 거스르지 않아야 하고 오로지 본인의 의사에 따른 것이어야 한다.[21]

7성사에는 포함되지 않지만 중요한 의례이면서 개인의 일생에서 마지막으로 맞게 되는 것이 장례일 것이다. 천주교의 장례는 개신교와는 달리 연옥이라는 사후세계를 믿는 것에서 발생한다. 천주교에서는 죽음 이후 대부분 신자가 연옥으로 간다고 믿고 있다. 따라서 신자가 사망하게 되면 천주교 신자들은 그들이 빨리 연옥을 벗어나 천국에 갈 수 있도록 기도를 하게 된다.[22]

신자가 정상적으로 죽음을 맞게 되면 임종과 운명, 위령기도(연도), 염습과 입관, 장례, 우제의 순서로 천주교식의 장례 절차를 진행한다.[23] 만일 죽음을 맞는 신자가 병자성사를 아직 받지 않았다면 병자성사를 먼저 하도록 하고 임종 예식을 진행한다. 임종 예식 중에 사망하게 되면 운명 예식으로 바뀌어 예식을 행하게 된다. 천주교 예

---

21 정진석, 「서원」, 『한국 가톨릭 대사전』 7, 한국교회사연구소, 1999, 4367쪽.
22 이에 대한 자세한 사항은 윤용복, 「한국 기독교 죽음의례의 변화양상」, 『종교문화비평』 16, 한국종교문화연구소, 2009, 111~114쪽.
23 이후의 장례 절차는 한국천주교 주교회의, 『상장 예식』(가톨릭 출판사, 2004)에서 발췌, 요약한 내용이다.

식이 의식 중간마다 들어가는 것을 제외하면 나머지는 일반적인 한국의 상례와 비슷하다. 장례일에는 먼저 출관 예식을 진행하고 시신을 성당으로 운구한 다음 장례미사가 진행된다. 장례미사 전까지의 예식은 반드시 사제가 진행해야 하는 것은 아니고 평신도도 주례할 수 있다.

장례미사는 일반적인 미사와 달리 사제가 성당 앞에서 시신을 맞이하는 것으로 시작된다. 성당 입구에서 사제는 기도를 하고 관에 성수를 뿌리고 난 후 성당 안으로 행렬을 지어 입장하며 이때 시신도 같이 성당 안으로 운구된다. 장례미사에서의 기도문이나 성서 등의 내용은 주로 죽음과 부활에 초점을 맞춘 것들로 이루어지며 사제의 강론도 대개 죽은 이와 그 가족을 위로하는 내용이다. 장례 예식은 다른 예식과 달리 미사의 맨 마지막, 즉 성체성사 이후에 진행되는데, 그것을 고별식이라고 한다. 고별식에서는 경우에 따라 죽은 이의 약력과 죽은 이에 대한 추도사나 조사가 낭독되기도 한다. 고별식을 마치고 나면 강복과 파견의식 없이 미사를 마치고 관을 성당 밖으로 운구하면서 끝이 난다.

시신을 운구할 때 하는 운구 의식, 그리고 매장할 때 하는 의식, 화장할 때 하는 의식, 납골이나 산골할 때 하는 의식 등이 각각 마련되어 있어 각각의 절차에 따라 예식을 진행하는 것으로 장례는 끝을 맺는다. 한편 장례 이후 우제를 지내게 되는데 우제는 한국의 고유한 장례 풍습이기에 반드시 지내야 하거나 제시된 대로 해야 하는 것은 아니고 각각의 상황에 맞게 하도록 유연성을 두고 있다.

한편 과거 천주교에서는 제사가 금지되었었지만, 1939년의 교황청 훈령을 통해 허용하는 쪽으로 바뀌게 되었다. 허용한다고 해서 제사를 해야 한다거나 권장하는 것은 아니고 원하는 사람에 한해 할 수 있는, 소극적인 형태의 허용이라고 할 수 있다. 추석이나 설날에 하는 차례 예식도 마찬가지로 허용하고 있으며, 각각의 경우에 맞는 지침 내지 기준을 정해두고 있다. 대체로 전통적 제사나 차례와 비슷하지만, 위패에 '○○○ 神位'라고 쓰는 것을 금지하고 그 내용도 성가를 부르거나 기도를 하고 성서를 암송하는 정도의 차이가 있다. 제사를 지내지 않은 가정은 기일이나 명절을 맞아 연도를 바치거나 위령미사에 참석하기도 한다.[24]

Ⅳ. 천주교 의례의 유형 및 특성

천주교 신자로서 미사에 참석하는 것은 의무이다. 신자 개인이 반드시 해야 할 의례로 7성사를 규정하고 있지만, 7성사를 모두 받을 수 있는 것은 아니다. 그 이유는 한국천주교에서 성품성사와 혼인성사를 모두 받을 수 있는 사람은 원칙적으로 존재할 수 없기 때문이다. 즉 누군가가 성품성사를 받는다는 것은 독신으로 성직자가 되는 것을 의미하기 때문에 성품성사를 받는 사람은 혼인성사를 받을 수가 없고 반대로 혼인성사는 결혼식을 하는 것이기에 혼인성사를 받는 사람은 성직자가 될 수 없다.[25] 극히 예외가 존재하기는 하지만

---

24 윤용복, 앞의 글, 107~113쪽.
25 예외적인 경우가 있는데 그것은 종신부제직을 시행하고 있는 국가들의 경우이다.

대부분의 경우 7성사 가운데 6가지 성사를 하게 된다.

7성사 가운데 미사와 함께 행해지는 것으로는 성체성사, 견진성사, 성품성사, 혼인성사가 있으며, 세례성사, 고해성사, 병자성사는 미사와는 별도의 예식이다. 그러나 미사와 함께 행해지는 성사라 할지라도 미사의 일부로 고정되어 있는 성체성사를 제외한다면 미사 전체의 모습이 변화되는 것이 아니라 미사에 이 예식들이 부가되는 것이다.

한편 7성사 가운데 세례성사와 견진성사는 평생 한 번만 할 수 있는 성사이며 종교적인 측면에서 볼 때 통과의례의 단계라고 볼 수 있다. 세례성사는 천주교에 입문하기 위한 통과의례이며, 견진성사는 세례를 받은 사람이 다음 단계로 가기 위한 성사이기 때문이다. 수도자가 되기 위한 서원식도 통과의례의 하나로 볼 수 있다.

혼인성사(또는 성품성사)는 종교적인 통과의례이면서 한 개인의 평생 의례라는 측면을 지닌다. 개인의 평생 의례에 장례식을 빼놓을 수 없다. 장례 예식은 한 개인의 마지막을 위한 의례이기 때문이다. 세례성사를 유아세례의 사례를 들어 출생 의례로, 견진성사를 성년 의례로, 그리고 혼인성사를 혼인 의례로 보면서 상장 의례와 제사 등을 함께 묶어 한국가톨릭의 일생의례로 설명하고 있기도 하다.[26] 그

제2차 바티칸 공의회에서는 사제의 사목활동을 돕기 위해 종신부제직을 허용하게 되었다. 종신부제는 미혼자는 물론 기혼자도 그 직위를 받을 수 있는데, 미혼자가 부제가 되었을 경우에는 결혼을 할 수 없고, 기혼자의 경우에도 부인과 사별하게 되면 재혼을 할 수 없도록 하고 있다. 기혼자가 종신 부제에 지원하게 되면 그는 혼인성사와 부제가 되는 성품성사를 모두 받게 되며, 이런 경우에는 7성사를 모두 받는 경우에 해당한다. 우리나라는 예외지만 현재 종신부제직을 시행하고 있는 국가들이 있다. 천주교 여성의 경우 사제가 될 수 없기에 성품성사는 불가능하다.

러나 유아세례도 있지만, 성인의 세례도 있고, 견진성사의 경우에도 성인 세례를 받은 사람의 경우 성년 의례로 볼 수 있을까 하는 문제가 있다. 천주교 의례를 설명하는 또 다른 구분이 있는데, 세례성사와 견진성사를 입문 의례로, 그리고 혼인성사와 장례 예식을 평생의례로 분리해서 설명하고 있다.[27] 이 주장대로라면 서원식이나 독서직 및 시종직 수여의식도 입문 의례로 보는 것이 맞지 않을까 한다. 그것은 수도자나 성직자로 가기 위해 입문하는 의식이기 때문이다. 그러나 위의 설명에서는 서원식을 수련의례로 별도로 구분해서 설명하고 있다.[28]

한편 세례성사와 고해성사, 병자성사는 구원의례로 설명될 수 있다. 세례와 고해는 모두 악으로부터 인간을 구원한다는 목적이 있으며, 병자성사는 영혼의 구원을 기원하는 목적이 있기 때문이다. 그러므로 세례성사는 통과의례이면서 동시에 구원의례에 해당한다고 볼 수 있다. 7성사 가운데 고해성사와 성체성사 그리고 병자성사의 경우는 횟수가 정해진 것은 아니고 상황에 맞게 언제든 되풀이될 수 있는 의례에 속한다.

이와같이 유형을 단순화시켜 볼 때 천주교 의례는 니니안 스마트가 종교의례를 희생제의와 통과의례로 구분해서 설명한 것[29] 이외

---

26 김영수, 「한국가톨릭의 일생의례 연구」, 『종교와 일생의례』, 민속원, 2006, 183~203쪽.

27 문화체육부, 『한국 종교의 의식과 예절』, 1995, 235~244쪽.

28 위의 책, 244~246쪽.

29 Ninian Smart, *Worldviews : Crosscultural Explorations of Human Beliefs,* 3th ed., 2000, pp.118~130.

에 구원의례라는 형태를 추가하면 어느 정도 파악이 가능하리라고 본다. 물론 여기에서 희생제의는 천주교의 가장 핵심적 의례인 미사를 말한다. 다만 이러한 구분도 관점에 따라 달라질 수 있으며, 중복되는 부분도 있음을 전제한 것이다.

천주교 의례의 전체적인 모습을 몇 가지로 요약하는 것으로 특징을 대신할 것이다. 첫 번째 천주교 의례의 대부분은 고정된 틀에 맞추어진 전례 형식을 취하고 있다는 점이다. 각 개인의 자발적 의례나 기도 형식은 매우 제한적이어서 미사 중간에 행해지는 보편 지향 기도의 주제는 물론 기도문조차도 미리 정해져 있다. 본문에는 언급하지 않았지만, 대부분의 시기에 따른 기도양식들도 모두 교회 전체가 동일하게 사용하도록 하고 있다. 다만 제사와 같이 천주교에서 소극적인 의례의 경우는 예외이지만, 이조차도 한국천주교 전체적인 통일성이 없을 뿐 신자들은 기도서나 지침서에 따른 의례를 행한다.

두 번째로 한국 천주교인들의 신앙생활은 전례의 생활화라는 측면으로 규정된다. 이것은 실제 한국천주교에서 신자들에게 요청하는 모토이기도 하다. 특히 미사에의 참여와 가정에서 매 시기 기도를 생활화하는 것을 매우 중시하고 있다. 그런데 문제는 실제 통계가 반영하듯이 현실에서 이런 것이 잘 수용되지 못하고 있다는 점이다. 대부분의 천주교 본당에서 주일미사 참여율은 등록 신자 수 대비 20%대이고 30%를 넘지 못한다. 미사에 제대로 참석하지 않는 신자들이 가정에서 기도 생활을 생활화하고 있을지는 의문이다.

세 번째로 전례 중심의 신앙생활을 위해 신자들에게 죄의식을 강화한다는 점이다. 정당한 사유 없이 주일미사에 참여하지 않으면 대죄에 속하며 이는 고해성사 때 사제에게 죄를 고백해야 하는 사항이다. 대죄에는 속하지 않겠지만, 판공의 의무를 실천하지 않아서 냉담자로 규정되는 것도 역시 신자들의 죄의식을 싹트게 한다. 일상생활에서의 죄악 말고도 천주교 전례를 규정대로 지키지 않아서 죄를 짓는 행위도 있으니 앞에서 언급했던 모령성체나, 아니면 천주교 규정에 따른 이혼을 거치지 않고 재혼했을 경우에도 역시 죄악으로 규정되어 정상적인 신앙생활을 할 수 없다. 즉 교회의 의례나 규범을 제대로 지키지 못해서 일어나는 여러 가지 죄악들은 신자들에게 끊임없이 죄의식을 심어주는 역할을 한다.

네 번째로 미사나 전례에 불참했을 때 죄의식을 심어주는 것은 역으로 열성적인 천주교 신자들에게는 반드시 미사나 전례를 충실히 따르게 하는 효과를 지닌다. 그럼으로써 여기에 참여하는 신자들에게는 참여의식에 따른 소속감과 일치감을 증대시켜 줄 수 있다. 특히 한국천주교의 전례는 대체로 통일된 양식을 따르다 보니 경우에 따라서 자신의 소속 본당이 아닌 곳에서 미사와 같은 전례에 참석하더라도 거의 이질감을 느끼지 않는다. 다른 종교도 비슷하겠지만, 이것은 특히 전례의 통일성을 기하고 있는 천주교에서 더욱 두드러진다고 할 수 있다.

마지막으로 천주교에서 하는 대부분의 의례가 미사를 중심으로 전개된다는 것이다. 성체성사, 견진성사, 성품성사, 혼인성사 등 7성사의 반 이상이 미사 시간에 이루어지며, 준성사에 해당되는 수도원의 서원식이나 장례 의례도 미사를 통해 행해진다. 이것은 그만큼 천주교에서의 의례는 미사가 가장 핵심을 이루고 있다는 것을 보여주며 실제로 그렇게 가르치고 그렇게 믿고 있다.

　죽은 이를 위한 기도가 그 사례가 될 수 있다. 천주교 신자가 사망하게 되면 소속 본당의 연령회를 중심으로 본당의 신자들과 친척들이 끊임없이 연도(연옥 영혼을 위한 기도)를 바친다. 이 기도는 많은 사람의 정성으로 인해 죽은 사람이 보다 빨리 연옥에서 천국으로 가기를 기원하는 것이다. 그러나 많은 사람이 모여서 이와 같은 기도를 하는 것도 좋지만, 죽은 이를 위한 위령미사를 더욱 중요한 것으로 보고 있다. 굳이 비유하자면 연도의 효과보다 미사를 통한 기원이 죽은 이를 위해 훨씬 더 좋은 영향을 줄 것이며 연옥에서의 기간도 더 단축시킬 것이라고 믿는다. 이처럼 미사는 천주교에서 의례의 중심에 서 있으면서 신자들에게는 가장 확실하게 하느님과 소통하는 의례로 여긴다.

V. 나가는 말

　이상으로 이 글에서 천주교에서의 의례들을 크게 3가지 유형으로 구분지어 그 특징들을 파악해 보았다. 세 가지 유형이란 희생제의와 통과의례(이것은 종교적 통과의례와 평생의 통과의례의 두 가지로 나눌 수 있다), 그리고 구원의례이다. 의례 가운데 중복되는 것도 있었지만 아마도 원칙적인 수준에서 이런 이해가 가능하지 않나 생각한다. 물론 미사는 그 지향하는 바에 따라 저항 의례나 이념 의례 등 다양하게 구분될 수 있지만 이런 것들은 배제하였다. 이처럼 단순하게 구분하는 것은 혼란을 피한다는 장점이 있기는 하지만 지나친 단순화에 따른 오해의 여지도 분명 존재할 것이다. 그렇지만 유형화의 한계는 어떤 식으로 분류하더라도 피할 수 없을 것이라고 본다. 그것은 앞에서 언급한 것 이외에도 각각의 유형 개념에 맞을 수도 있지만, 부분적으로 제대로 맞지 않을 수도 있기 때문이다.

천주교의 의례를 종교력에 따라 일 년의 시간 안에서 성탄, 부활, 연중 등 시기별로 구분해서 설명하는 방법이 있는데 여기에서는 이를 생략하였다.

천주교의 의례가 신자들에게 소속감이나 동질성을 확인시키는 여러 가지 장치로 작동하고 있는 것은 분명하다. 일례로 호기심에 미사에 참석해서 신자들이 하는 성체성사를 시도(?)하려는 비신자들이 간혹 있다고 한다. 이런 일이 발생하는 이유는 주임신부는 소속 본당 신자들의 숫자가 너무 많아서 그들의 얼굴을 모두 기억하지 못하기 때문이다. 그러나 이들의 시도는 대부분 발각되어 실패하게 되는데, 그 이유는 아주 간단한 성체성사의 동작이지만 훈련된(?) 신자들과 달리 그들의 행동이 어딘가 어색하고 잘못된 모습이 나타나기 때문이다. 이러한 장치들은 결국 신자들의 동질성이나 소속감을 확인시켜주는 것들이다.

한편 천주교 의례에 대한 천주교 측의 설명은 대체로 난해한 측면이 있다. 7성사에 대한 설명이나 미사에 대한 설명들이 모두 마찬가지여서 신학자들이나 사용하는 어려운 신학 용어를 사용함으로써 신자들의 눈높이를 맞추기에는 역부족인 듯 보인다. 신자들이 교리를 제대로 이해하도록 하기 위해서는 더 쉽고 명확한 용어를 찾아서 사용하고 신자들이 이해하기 쉽게 설명하려는 노력이 필요하다.

과거보다 많이 개선되었지만, 교리서뿐만 아니라 전례서의 내용 등도 신자들이 바로 알아들을 수 있도록 쉬운 형태로 개선하는 것도 필요할 것이다. 기도문 가운데는 아직도 한자 형태의 용어들이 있는데 이러한 용어들을 풀어서 사용하거나 한글화하는 것이 그런 것들이다. 구체적인 내용을 잘 이해하지 못하고 무한 반복하는 기도는 그저 신자들이 자신들의 기도를 주술적인 주문으로 인식할 수도 있다. 뜻을 잘 몰라도 무조건 무한한 반복을 하면 기도의 효과가 클 것이라는 믿음이 그것이다. 물론 천주교에서는 그 의미를 새기면서 기도하라고 가르치지만, 모든 신자가 다 그 의미를 이해하기 어렵다는 점에서 한계가 있다.

의례와 관련해서 한 가지만 더 언급하자면 지나친 죄의식이 천주교의 내적 성장의 장애가 아닐까 하는 것이다. 물론 교회의 각종 법규를 따라야 하는 것이 천주교 신자의 의무이기는 하지만, 일상적인 죄의식 말고도 천주교의 법규를 위반함으로써 저지르게 되는 여러 가지 죄악은 결국 신자들을 전례에서 멀어지게 하는 요인의 하나가 될 수도 있다. 그 모든 죄의식을 없애기 위해서는 큰 노력이 필요할 수도 있기 때문이다.

▌『종교연구』 73권, 한국종교학회, 2013.

제2장

한국 기독교 죽음의례의 변화양상

I. 들어가는 말

인간은 삶의 과정에서 여러 경험을 하지만, 모든 사람이 동일한 경험을 하지는 않는다. 다시 말해서 모든 사람이 동일한 삶의 과정을 거치지는 않는다. 그런데 모든 사람이 반드시 경험하고 거쳐야 하는 것이 바로 출생과 죽음의 과정이다. 물론 이 과정을 어떻게 맞이하는가는 개인에 따라 차이가 있겠지만, 어쨌건 출생과 죽음은 인간 모두가 보편적으로 통과해야 하는 관문이다.

그런데 사회에서 한 인간의 출생이 다른 사람과의 관계를 시작하는 출발점이라면 죽음은 이제까지의 관계를 정리하는 마지막 과정이라고 할 수 있다. 그렇기에 죽음이란 사람이 태어나서 인생을 살아가면서 마지막으로 통과하는 관문이다. 죽음은 이제까지의 인생의 여러 관문과는 달리 현세적인 삶이 단절되는 극단적인 상황을 나타내는 것이기에 죽음에 대해 지니는 태도는 다른 어떤 것보다도 절실하다. 죽음에 대해 갖는 인식은 사람마다, 문화마다, 그리고 종교마다 다양하게 나타난다. 그것은 시대에 따라서도 달리 나타나게 마련이다. 따라서 죽음을 맞이해서 나타나는 의례도 이와 마찬가지로 다양하게 나타날 수밖에 없다.

한국 사회에서 나타나는 죽음의례는 전통적으로 유교적 의례이지만, 그것도 지방마다 다르고, 또한 오로지 유교적 모습만이 아닌 우리 고유의 토착의례와 불교의례가 섞여 있는 형태이다. 이러한 유교적 의례의 모습도 고대부터 그대로 전해져 온 것이 아니라 유교 중심주의를 표방한 조선 시대 이후부터 나타난 모습이다. 그러나 유교적 죽음의례의 모습도 근대 이후 서구 문화와 일제강점기의 의례준칙을 비롯한 장례에 관한 규칙의 영향으로 변화과정을 겪게 되었다.

현대 한국 사회의 장례는, 서구종교인 기독교 전통의 의례와, 해방 이후 국가에서 제정한 가정의례지침, 그리고 문화운동과 민중운동, 자연보호운동 등의 여러 가지 외적 요인에 의해서 많은 변화를 겪었다. 이러한 변화의 과정은 국가나 사회의 압력에 의한 강제적인 것도 있지만, 사회적 환경의 변화에 따른 자발적인 것도 있었다.

외부로 나타나는 변화의 모습 가운데 쉽게 볼 수 있는 것이 유족들의 의상이다. 과거에는 유족들이 남성의 경우 삼베로 만든 굴건제복을 입고, 여성들은 흰 치마저고리를 입었지만, 현재의 모습은 검은 양복과 검은 치마와 검은 저고리를 입고 팔에 띠를 두르거나 앞가슴에 자그마한 리본을 다는 것으로 대신하고 있다. 장례의 방식도 과거에는 대부분의 유족이 매장하던 것에서 벗어나 화장을 선호하는 방향으로 바뀌어 가고 있으며, 종교계에서도 화장에 대해 호응하는 형편이다.

이처럼 통과의례로서의 죽음의례는 문화, 종교, 지역 등등에 따라 다양하게 나타나며, 또한 시대 상황에 따라 변화를 겪게 마련이다. 이러한 인식을 바탕으로 여기에서는 한국 기독교 죽음의례의 변화 과정과 현재의 모습을 살펴보고, 그 영향을 파악해 보고자 한다. 특히 의례는 외부로 드러나는 정형화된 행동이며 종교적 실천체계의 하나라고 보았을 때, 현재 한국 사회의 주요 종교인 기독교의 죽음의례를 살펴봄으로써, 그 의례가 지니는 사회문화적 영향력에 주목하고자 한다.

Ⅱ. 기독교 죽음의례의 시작과 전개

조선 후기 기독교가 전래될 무렵 한국의 전통적 죽음의례는 유교식 의례를 기본으로 하면서, 부분적으로 불교식 의례나, 풍장, 수장 등과 같은 독특한 장례 방식이 일부 지역에서 행해지고 있었다. 그러나 사회 전체적으로 보자면 일반 대중에까지 보편적으로 행해지던 것은 유교식을 근간으로 한 것이었다. 그것은 비록 장례 방식에는 차이가 있지만, 대부분의 가정에서 죽은 조상에 대한 제사를 지내고 있었다는 것으로도 알 수 있는 것이었다. 그런데 조선 후기 전래된 천주교는 이러한 한국적 상제례와 충돌을 일으켰고, 이는 곧 천주교에 대한 대량 박해의 빌미를 제공하였다. 천주교에 대한 박해는 1886년 한불조약을 계기로 공식적으로 사라지게 되고, 과거처럼 숨어서 종교 활동을 하는 상황도 종료되었다. 이 무렵 개신교도 한국 사회에 전래되기 시작하였다. 따라서 기독교가 한국에서 죽음의례를 드러내놓고 할 수 있게 된 것은 개항기 이후부터였다고 할 수 있다.

개신교가 들어오기 이전 천주교는 박해 시기였기 때문에 죽음을 맞이한 신자들의 장례, 특히 순교자들의 장례는 대체로 약식으로 행해질 수밖에 없었다. 순교자들의 시신은 동료 천주교 신자들이 훔쳐내서 은밀히 매장하였기에 공개적으로 장례를 행할 수 없었던 것이다. 그렇지만 박해의 와중에도 평온한 상태를 유지한 시기도 있었고, 정상적인 죽음을 맞이한 신자들도 있었는데, 그러한 사람들의 장례는 대체로 서구식의 장례를 절충한 형태로 보인다. 이 시기의 장례행렬은 대형십자가를 앞에 세우고 촛불을 든 사람들이 뒤를 따르는 형태였다. 신자들은 기도문을 외우면서 장례행렬의 뒤를 따라갔다.[1]

그렇지만 아직 천주교의 종교 활동이 확실히 보장된 것은 아니었기에 종종 지방 토호들과 마찰을 빚기도 하였다. 약식으로 은밀하게 진행된 순교자들 장례의 경우나, 아직 한국인들에게 익숙지 않은 절충적 형태의 장례로 인해 마찰이 일어난 사례 등으로 볼 때, 이 시기에는 일반화된 형태의 천주교식 장례가 등장하였다고 보기는 어렵

---

1 이때의 기도문이란 시편을 포함한 연도였을 것이다. 텬쥬셩교례규(天主聖敎禮規)가 목판본으로 간행되기 이전에 이미 필사본으로 보급되었던 것으로 보이기 때문이다. 샤를르 달레 저, 안응렬, 최석우 역주, 『한국천주교회사』하, 한국교회사연구소, 1990, 348~349, 366쪽.

다. 이런 장례의 형태는 개항 이후에도 어느 정도 지속한 것으로 보인다.[2]

그러나 개항 시기 신교의 자유가 확보된 이후 나타난 한국천주교의 상례는 한국식의 전통 장례에 천주교식의 여러 가지 기도와 전례들이 섞인 형태로 진행되었다. 우선 신도가 사망할 것이라는 판단이 들면 신부에게 종부성사를 청한다. 종부성사는 사죄경, 고해성사와 노자성체, 그리고 기름을 바르는 의식 등의 순서로 진행된다. 이어 신도가 운명할 무렵이 되면 임종경 등의 기도문을 읽는다. 사망한 이후에는 보통 연도(연옥영혼을 위한 기도)라고 칭하는 위령기도를 바치기 시작한다. 장례일에는 상가에서 출관식을 거쳐 관을 성당으로 옮겨 장례미사와 사도예절을 마치고 묘역으로 향한다. 이 과정에서 입관, 출관, 하관 등 각각의 차례에 따라서 기도를 바친다. 장례미사를 제외하고 임종경을 비롯한 대부분의 기도문은 1862년에 간행된 최초의 한글 기도서인 『천주성교공과(天主聖教功課)』[3]에 기초하고 있다.

2　1889년 파리외방전교회 소속의 드게트 신부가 사망하였을 당시 장례일까지 신자들이 모여들어 계속해서 기도를 하였으며, 장례행렬도 십자가를 앞세운 형태로 진행되었다. 비록 외국 선교사의 장례이기에 서양식을 도입한 것으로 볼 수도 있지만, 지속적으로 기도를 바치는 형태의 조문은 서양에는 없는 한국천주교의 모습이기 때문에 이 무렵까지 이런 형태의 장례가 이어졌을 것이다. 한국교회사연구소 역·편, 『함경도 선교사 서한집』1, 함경도 천주교회사 간행사업회, 1995, 73쪽 참조.

3　이 책은 「천주경과(天主經課)」에 기원을 두고 있다. 여기에 이태리 출신의 예수회 선교사 롱고바르디가 1602년 중국 소주(蘇州)에서 저술한 「천주성교일과(天主聖教日課)」가 구성에 참고가 됐다. 「천주경과」는 파리외방전교회 소속 선교사로 12년간(1771~1783) 중국선교 활동을 펼쳤던 모예(Moye, 1730~1793) 신부가 1780년경 저술한 한문본 기도서이다. 1837년 입국한 2대 조선교구장 앵베르 주교는 남녀노소 누구나 쉽게 쓸 수 있는 기도서 편찬에 착수해 모예의 「천주경과」와 롱고바르디의 「천주성교일과」에 따라 공과를 완성했다. 이후 앵베르 주교가 순교하자 이 공과는 최양업 신부, 다블뤼 주교 등에 의해 보완 정리되어 필사본으로 보

이 기도에는 신도의 사망 무렵부터 사망 후 장례를 지내고 난 이후까지의 기도문들이 수록되어 있다. 기도문을 비롯한 천주교식의 전례를 제외한다면, 염습, 입관, 출관, 매장 등 대부분의 장례의식은 한국적 전통에 기초하고 있었다. 이러한 흐름은 해방 이후에도 크게 변하지 않았다. 다만 『천주성교공과』는 각 시대 언어 변화의 흐름에 따라 그 시대의 언어로 바꾸는 정도의 개정이 있었을 뿐이다.

이러한 한국의 천주교에서 한국적 특색을 보이는 것은 연도이다. 최초로 간행된 『천주성교공과』 제4권 말미에 연도가 수록[4]되어 있는데, 그 내용은 시편, 연옥도문, 저축문, 연령을 돕는 찬미경, 어린 아이 죽은 후에 하는 찬미경으로 구성되어 있다.[5]

한국천주교회의 첫 예식서인 「천주성교예규」[6]의 경우는 여기에 염습(殮襲)의 기도, 입관의 기도, 출관의 기도, 묘지에서의 기도(도묘),

---

급되기 시작했고, 1862년경 목판본 「천주성교공과」가 최초로 간행되었다. 『가톨릭신문』 1995년 11월 5일.

4 물론 이것은 새로이 개정되면서 그 위치가 달라진다. 예를 들어 1962년 간행된 「천주성교공과」는 한 권으로 편찬하여 모든 내용을 그 안에 수록하였다. 이 책은 5편으로 구성되어 있는데, 연도는 5편 앞부분에 수록되어 있었다. 이 책은 가톨릭 기도서가 나오기 전까지 보급되었다.

5 과거에는 천주교에 통일된 예식서가 없었다. 1614년 교황 바오로 5세는 여러 예식서들을 통일하기 위해 『로마예식서』를 간행하였다. 여기에는 이전까지 행해졌던 위령기도를 편집해서 수록하였는데, 이후 이 예식서는 지속적으로 개정되었다. 이 무렵의 위령기도는 시편과 찬미경, 성인호칭기도 등이 골격이 된 구조였다. 시편은 7개의 편이 있는데, 「천주성교공과」의 연도에는 이 가운데 129편과 50편이 사용되었고, 성인호칭기도는 연옥도문이라고 불렀다. 이전의 「천주성교공과」에는 성인호칭기도를 성인열품도문이라고 했는데, 연옥도문과 차이는 없다. 다만 성인열품도문은 '우리를 위하여....'라고 하는데 반해 연옥도문은 '연령(상례 때에는 '망자')을 위하여...'라는 후렴구가 다를 뿐이다.

6 성교예규는 역시 한문본을 다블뤼 주교가 번역한 것으로 1860년 전후에 완성되어 1864년경 상. 하권 두 권의 목판본이 국내에서 처음 간행됐다. 『가톨릭신문』 1995.11.12.

하관의 기도 등이 추가로 구성되어 있다. 그렇지만 각 지역, 또는 집안에서 어떤 의식을 채택하는가에 따라 약간의 차이는 존재하였다.

연도의 경우 비록 그 내용은 로마예식서를 기본으로 하고 있고, 또한 지역마다 다소간 차이는 존재하였지만, 우리의 고유한 가락에 맞추어서 여러 사람이 모여서 소리 내서 기도를 올린다는 점은 같았다. 다만 소리의 높낮이가 다소간 차이가 있을 뿐이다. 신자가 사망한 이후부터 장례가 끝날 때까지 신자들이 돌아가면서 모여 계속해서 기도를 올린다는 것도 한국의 독특한 모습이다. 상가가 천주교 집안일 경우에는 신자들이 모여서 끊이지 않고 연도를 지속해서 바치는 것이 다른 어느 것보다도 상제들에게 큰 위안이 되었다.

천주교가 이처럼 끊임없는 연도를 바치는 가장 큰 이유는 내세관에서 비롯된다. 초기 교회에서 부분적으로 행해지던 죽은 이를 위한 기도는 중세 이후 확산되었다. 이것은 연옥에 대한 교리의 확산에 기인한 것으로, 피렌체 공의회(1439)와 트리엔트 공의회(1545~1563)에서 연옥의 존재를 확실히 하고, 연옥에 있는 영혼들을 위한 기도가 중요함을 선포하였다.[7] 천주교에서는 이런 연옥 교리를 바탕으로 신자가 죽으면 그 영혼은 대부분 연옥으로 간다고 믿는다. 연옥으로 간 영혼(곧 연령)은 현세에서 그가 지은 죄악에 따라 일정 기간 연옥에서 불로 정화되어야 한다고 본다. 그런데 이들을 위해 살아있는 자들이 많은 기도를 바칠수록 정화 기간이 줄어들며, 그것이 천국에 있는 성인들의 기도와 합쳐질 때 더욱 효과를 발휘한다. 그렇기에 많은 연

---

7 이완희, 「위령기도」, 『한국가톨릭대사전』, 한국교회사연구소, 2002, 6723쪽.

도가 바쳐질수록 죽은 사람에게 도움이 되는 것이다.

물론 이는 연도에만 해당되는 것은 아니다. 연미사(위령미사)를 드리면 기도의 효과는 훨씬 높아진다.

> 이럼으로모든교우들은츄수이망날에열심으로미사에참예ᄒ며혹령셩톄홈으로써ᄌ긔의부모친쳑뿐아니라모든죽은밋ᄂ쟈들을위ᄒ야긔구ᄒ야그무수ᄒ련령으로ᄒ여곰련옥고로옴을면ᄒ고밧비쥬개지회(衆凱之會)에들어가게홀지로다(경향잡지, 1915년 434쪽)

보다 많은 사람이 미사에 참석하여 부모 친척뿐만 아니라 연옥에 있는 모든 영혼을 위해 기도한다면 그들은 되도록 빨리 천국으로 들어가리라는 것이다. 연도를 바치는 목적도 이와 크게 다르지 않다. 더 많은 사람이 더 많이 연도를 바친다면 역시 연옥 영혼들에게 도움이 된다.

1920년대에 보이는 한국천주교식의 장례는 장례미사 외에 연도를 바치는 것 말고는 대체로 전통 한국식으로 진행되었다.

> 한국인의 장례식은 우리 서양 사람에게 언제나 희한한 것이다. 특히 인상적인 것은 교우들이 큰소리로 하는 연도와 친척들의 상복(喪服)이다. 황색 큰 옷, 아니 더 적절히 말해서 두 개의 누더기 옷을 몸에 두르고, 몸은 새끼줄로 매고, 머리에는 이른바 상두건을 쓴다, 옷 전체는 그야말로 슬픔을 나타내는 속죄옷이다.[8]

---

8 한국교회사연구소 편, 『원산교구 연대기』, 함경도 천주교회사 간행사업회, 1991, 543쪽.

당시 한국천주교회를 이끌고 있었던 서구 선교사들이 호기심 어린 눈으로 보기는 하였지만, 이러한 한국적 장례를 그대로 받아들이고 있었다. 신자들이 죽은 사람들을 위해 열심히 큰소리로 기도하는 연도의 모습도 이들에게는 이국적 모습이었다. 따라서 서구식의 장례미사를 제외한다면 대부분 한국적 천주교 장례의 틀이 이미 형성되었다고 말할 수 있다. 신자들이 전통 상제례에서 제사를 금지한 천주교의 지침과 갈등을 일으킬 때도 과거처럼 적극적으로 반대하기보다 전통을 이해하는 방향으로 나갔으며, 언젠가 천주교에 어긋나지 않는 방향으로 나타나기를 기대하는 모습도 보인다.[9]

천주교는 모든 전례를 미사를 중심으로 전개되는 구조를 지니고 있다. 물론 지역에 따라 부분적인 차이는 존재하지만, 장례도 여기에서 예외가 되지는 않는다. 장례미사가 중심을 이루며, 장례미사를 전후로 한국적 전통이 혼합된 형태의 장례가 진행되어 왔다. 이러한 장례구조의 큰 틀은 오늘날까지 이어져 오고 있다.

같은 기독교 전통인 개신교의 경우에도 예배 중심의 의례가 행해지는 것은 마찬가지이지만, 한국에서의 전개 방식은 천주교와 차이점을 보인다. 처음 개신교는 과거 천주교 박해의 사례도 있었기에 직접적인 선교보다는 의료사업이나 교육사업 등의 간접선교에 관심을 두었다. 천주교 대량 박해의 빌미가 된 의례도 크게 중요시하지는 않았다. 그렇지만 전통적인 장례에서는 "기독교적인 것"과 "비기독교적인 것"을 구분해서 비기독교적인 것을 제외하거나 새롭게 고치

---

9 위의 책, 448쪽.

는 작업을 하는 등의 혼란이 있었다.[10]

　　　　장일에 각쳐 교당 교우들이 일데히 모히어 상여를 메고가며 길헤셔
　　　　찬미가를 부르며 샹여를 모시는데 샹여는 대한에 잇는 샹여가 아니오
　　　　미국 샹여를 모분ᄒ엿시나 경편ᄒ고 졍졀흔 범졀이 대한에 잇는 샹여
　　　　의 복쟝보다 더옥 찰난하고 보기에도 간단흔 샹여를 교즁 교우들이 공
　　　　졍ᄒ야 모시고 가며(그리스도신문, 제2권 1호, 1898년 1월 6일)

　　전통적 상여를 미국식으로 개조하고, 찬미가를 부르며 장례 행렬
의 뒤를 따르는 외부적 모습으로만 본다면 미국식의 장례가 그대로
도입된 것으로 볼 수 있다. 그러나 외부로 나타나는 장례의 모습이
이것이 전부는 아닐 것이다. 그 외의 다른 사소한 부분들은 대체로
한국적 전통을 따랐을 것으로 보인다. 외부로 나타난 이런 모습보
다 개신교 전래 초기 장례에서 혼란을 일으킨 것은 종교적 태도에
있었다.

　　　　그목ᄉ가 ᄯ 뭇기를 『그러면 죠샹의 죽은 날을 엇더케 직히ᄂ뇨』흔
　　　　듸 듸답ᄒ기를 『우리가 죠샹죽은 날이면 교우들이 그집에 다모혀 죽
　　　　은쟈를 위ᄒ야 긔도도ᄒ며 음식도 ᄎ려먹ᄂ다』ᄒ엿스니 이여러 사름
　　　　의 말이 이러흠을 드럿슨즉 우리교우 품에 죽은자를 위ᄒ야 긔도ᄒᄂ
　　　　이가 잇ᄂ줄을 알것이라 그러나 이일이 대단히 우습고 어리석은 것이

―――――――――
10　류성민,「현대 한국 기독교의 죽음관―장례 의식을 중심으로」,『전주사학』 7, 전주
　　대학교 역사문화연구소, 1999, 132쪽.

라 이러케 흠이 죽은 죠샹의게 제亽ㅎ는것과 다름이 업는것이니 우리
밋는형뎨들은 엇던죽은 사름이던지 위ㅎ야 긔도ㅎ는 법을 일절 거절
홀것은 이셰샹사름이 이셰상을 써난후에는 다시 회기치도 못ㅎ고 다
만 하느님압에 심판을 밧아 샹벌을 벌셔 당ㅎ엿슨즉 아모리 쓸듸업는
연고라 혹잇던사름이 뭇기를 그러ㅎ면 웨 죽은 교인을 쟝亽ㅎ는 례문
이 잇느뇨ㅎ나 쟝亽하는 례문이 죽은쟈를 죠곰도 위ㅎ야 긔도홈이 아
니리 모든 살아잇는 식구들과 친구들을 위ㅎ야 긔도ㅎ랴고 흔곳에 모
힘이라(그리스도회보, 제1권 18호, 1911년)[11]

개신교의 내세관에 따른다면 죽은 사람을 위해 살아남은 사람들
이 할 수 있는 것은 아무것도 없다. 죽은 사람 본인의 현세에서의 공
과에 따라 사후에 하느님의 심판을 받는 것이 남아 있을 뿐, 다른 요
소가 개입할 여지는 없다. 즉, 죽은 사람은 그의 행적에 따라 상벌을
받는 것이기에 다른 사람들이 기도해보아야 아무런 소용이 없다.
따라서 신자들이 죽은 사람을 위해 기도하는 것은 개신교의 교리에
어긋나는 것이다. 그런데 전래 초기 개신교 신자들은 기도하지 않
아야 함에도 불구하고 죽은 사람을 위해 기도를 하고 있다는 것이
다. 사람이 죽어서 의례를 행하는 것은 죽은 사람을 위해서가 아니
라 오로지 남아 있는 가족, 친지들을 위한 것일 뿐이다. 그런데 사람
들은 개신교의 상례를 죽은 사람을 위해 하는 것으로 오인하고 있다
는 것이다.

---

11 김홍순, 교회통신 '죽은자의 령혼을 위ㅎ여 긔도ㅎ지 말 일', 차옥숭 편, 『기독교사
   자료집』권1, 한국종교사회연구소, 1993, 242쪽에서 재인용.

이러한 혼란상은 우리의 전통적 정서와 연결되어 있기 때문일 것이다. 한국의 전통적 장례에서는 일반적으로 죽은 사람을 위해 최고의 정성을 다한다. 죽은 사람이 타고 갈 상여도 아름답게 치장하고 또한 죽은 사람이 무사히 저승에 갈 수 있도록 살아있는 사람들은 할 수 있는 최대한의 것을 행한다. 제사를 지낼 때도 제사상의 음식은 정성을 다해 마련한다. 음식의 재료를 고를 때에도 되도록 가장 완전한 것, 가장 보기에 좋은 것을 선택한다. 죽은 사람을 위해 살아 있는 사람이 할 수 있는 최고의 노력을 기울이는 것이다. 물론 이런 것이 오로지 죽은 사람만을 위한 것은 아니지만, 이런 정서가 초기의 개신교 신자들에게는 아직 남아 있기에 혼란상을 보인 것으로 생각된다.

그러나 초기의 이런 혼란은 점차 비기독교적 장례 요소를 생략하거나 축소하는 등으로 의례의 구조를 정립하면서 자리를 잡아가게 되었다. 1920년대의 개신교 장례식은 예배의 형식에 죽은 이를 기억하기 위한 약력 낭독, 조사, 조가 등의 절차가 포함된 것으로 정립되어 갔는데, 죽은 사람이 아니라 살아있는 사람을 위한 개신교 의례의 기본 방향이 설정되어 있었던 것으로 보인다.

장례식 순서 : 찬미-복음가 115장-강시영 성경낭독-김병선 조전 낭독-곽재근 약력 낭독-이명직 조사-원세성 박용희 박동외 조가- 헤인쯔 부인 설교-박영순 기도-김승민 답사-친족 중 폐식.[12]

---

12 一羊生, 「고 리명헌 목사의 장례기」, 『활천』 74, 기독교대한 성결교회 활천사, 1928, 671쪽.

1924년 조선예수교장로회 13차 총회에서 채택된 『상례식서』에 나타난 출관식과 하관식의 순서를 보면 다음과 같다.

출관식 : 개회－찬송－기도－성경－설교－행술(죽은 자의 약력소개)－
조사－찬송－축복－폐회

하관식: 찬송－기도－성경－축사(위탁의 말씀)－고별기도－찬송－축복.

이런 모습은 대체로 해방 시기까지 지속되는데, 의례지침이 나오기는 하였지만, 이것은 전통적 상례 절차에 기독교적 예배의 옷을 입힌 정도라고 볼 수 있다. 예를 들자면 전통적 상복을 입는다거나, 시신의 처리 방법(염습, 매장 등) 등에서는 전통 상례 방식을 따르고 있었다. 다만 장례의식이 기독교 교리와 상충하는 가의 여부를 따져서 그것이 없다면 전통적 방식을 따르고, 나머지는 장례식을 주관하는 성직자(목사 등)의 판단과 재량에 의존할 수밖에 없는 상황이 이어졌다.[13]

이처럼 기독교의 교리와 상충되지만 않는다면 그냥 전통적 방식을 수용하였는데, 여러 가지 이유가 있었겠지만, 한국의 상례가 큰 줄기는 유교적 특색을 따르면서도, 각 지역이나 집안마다 풍습이 다르고, 장례의식도 다양하기 때문에 어떤 것이 교리에 합당하고 어떤 것이 교리에 저촉되는지 일일이 판단하기가 쉽지 않을 뿐만 아니라, 그것을 통일시켜 일정한 의식에 집어넣기도 어려웠기 때문으로 생각된다.

---

13 류성민, 앞의 글, 134쪽.

감리교의 경우에도 처음에는 일정한 형태의 장례절차가 마련되지 못하였다. 아펜젤러가 1890년에 발행한 『강례』에 실린 장례 예식의 순서를 보면 다음과 같다.

성경 낭독(목사가 집에서 혹은 교회당에서 다음의 구절을 읽음)

요한복음 11:25~26

욥기 19:25~27

디모데전서 6:7

욥기 1:21

시편 39

시편 90

고린도전서 15:41~48

성경 낭독(하관할 때에 욥기 14:1 등)

매장사/선고(목사, 교우가 관 위에 흙을 뿌릴 때)

자비의 교도(交禱)

　　목사:"쥬여우리무리를 긍민ㅎ 읍쇼셔"

　　회중:"키리스도스여우리무리를 긍민ㅎ 읍쇼셔"

　　목사:"쥬여우리무리를 긍민ㅎ 읍쇼셔"

기도문(collect) (목사)

주기도

축도[14]

---

14 감리교의 장례에 관한 부분은 주학선, 『한국감리교회 예배, 1885~1931』, 도서출판 KMC, 2005, 238~248쪽에서 인용함.

한국감리교의 초기 상장례 예절은 장로교회와 비슷하게 미국 감리교의 의례를 받아들여 부분적으로 수정해서 사용하고 있다. 1923년에는 영아장례 예문이 추가되어 사용되었고, 성서의 구절들이 바뀌는 것 이외에 큰 흐름에 변화가 없었다. 그것은 남감리교회의 경우에도 비슷하다. 다만 남감리교회의 장례 예문은 어린이 장례문의 순서가 따로 제시되어 있지 않고, 성인 장례문 안에 어린이 장례 시에 별도로 읽을 구절을 제시하고 있을 뿐이다. 1931년 조선감리회의 첫 『교리와 장정』에는 장년장례문과 영아장례문이 따로 제시되어 있다.

개항기 개신교는 제사에 대해서 참다운 효가 결여된 채 명분과 허식에만 치우쳐 형식에 지나지 않는 것으로서 개화의 정신에 역행하고 있다고 비판하고 있다. 유교 사상의 효를 거부하는 것이 아니라 진정한 효는 부모가 살아계실 때 섬기는 것이지 사후에 진수성찬으로 제사를 드리는 것은 어리석은 것이라고 하였으며, 새해를 맞이하여 차례를 지내는 것도 잘못된 것이라고 하였다.[15]

조선예수교장로회가 성립된 시기에 공의회가 조직되어 몇 가지 사항을 결정하였는데, 이때 제사에 관한 문제도 있었다. 부모가 돌아가시면 엄숙하게 장례식만 치르고 조상숭배인 제사는 지내기 말 것을 강조하였다. 그러나 완전히 없애기보다는 '추도식'이라는 형식으로 대치하도록 권장하고 1915년에 추도식 모범을 제시하였다.[16] 이것은 다른 나라의 개신교에는 없는 한국 개신교가 갖는 독특

---

15 박효생, 「한국 기독교의 관혼상제에 대한 이해」, 『기독교사상』 358, 1988.10, 45쪽.

16 박근원, 「한국 전통 제례의 기독교적 수용」, 『기독교사상』 429, 1994.9, 15쪽.

한 형태의 예식이라고 할 수 있다.

한편 1920년 개신교의 교리에 어긋난다는 이유로 남편이 제사를 거부하자 아내가 남편의 불효를 대신한다면서 자살한 사건을 계기로 제사에 관한 논쟁이 계속 이어졌다.[17] 제사를 없애기로 방침을 정했지만, 그 문제로 인해 사회적 갈등이 표출되었고, 이것은 또한 일제강점기 신사참배라는 소용돌이와 맞물려 지속적인 논쟁거리가 되어 통일된 원칙을 정하지 못하였다.

그렇지만 1935년 한국감리교회는 공식적으로 추도예배 예식을 제시하였다. 제사를 허용하지 않는 개신교의 특성으로 볼 때 매우 이례적이긴 하지만, 아마도 위와 같은 사회적 논란으로 인해 한국적인 전통을 어느 정도 인정하는 방향으로 간 것으로 생각된다. 다만 추도예배를 함에 있어서도 죽은 이를 위한 기도가 아니라 살아있는 사람들이 죽은 사람을 추모하는 방향으로 해야 한다는 것이 제사나 천주교의 연도, 또는 연미사와 다른 점이라 하겠다.

해방 이후에도 개신교는 한동안 통일된 의례를 확립하지 못한 채 과거의 의례를 상황에 따라 답습하는 상황이 지속되었다. 이러한 가운데 대한예수교 장로회는 1961년 처음으로 통일된 예식서를 발행하였다. 뒤를 이어 1964년 기독교대한감리회와 한국기독교장로회에서는 예식규범과 예식서를 발행하였으며, 대한예수교장로회(통합)에서는 1987년에 기존의 예식서를 수정 보완한 예식서를 발행하여

---

17 당시 동아일보는 9월 한 달만 해도 여러 차례에 걸쳐 제사폐지의 찬성과 반대에 관한 기사와 사설을 실었다. 『동아일보』, 1920년 9월 1일, 9월 4일, 9월 5일, 9월 10일, 9월11일, 9월 24일, 9월 25일 참조.

정형화된 장례의식이 이루어지게 되었다.

이후에도 교회의 내적, 외적 상황변화에 따라 의례의 지속적 수정과 개발이 이어져서 교단별, 교회별 다양한 의례들이 나타나고 있다. 이러한 변화과정 가운데서도 장례의식에서 가장 중요한 기준은 기독교 교리에 저촉되는가의 여부이다. 이마저도 그 해석의 차이 때문에 소위 진보적 교단과 보수적 교단 사이에는 차이점이 존재하는 것이 사실이다. 이러한 차이점에도 불구하고 개신교의 모든 의례는 천주교에서 미사를 중심으로 전개되는 것과 비슷하게 예배를 중심으로 전개된다는 점에서 어느 정도 통일성을 기할 수 있었다.

개신교에서는 연옥의 존재를 부정한다. 따라서 개신교의 장례의식은 하느님에 대한 기도와 기원이 중심이 아니라, 죽은 이를 추모하는 것과 살아있는 유가족을 위로하는 것이 중심이 된다. 개신교나 천주교 모두 장례의식은 예배나 미사가 가장 핵심을 이루지만, 지향하는 바에 차이가 있는 것이다. 그래서 개신교의 장례의식에는 조사, 조가, 약력 낭독 등과 죽은 이의 가족을 위로하는 내용으로 이루어져 있다.

개신교에서는 신도가 죽으면 일단 하느님 앞, 즉 천국으로 가거나 지옥으로 간 것으로 믿는다. 사람이 죽으면 하느님의 심판을 받아 천당과 지옥으로 갈라지게 되므로 죽은 자를 위해 기도하는 것은 아무런 쓸모가 없는 어리석은 일[18]이다. 따라서 개신교의 장례의식은 천국으로 보내 달라는 애원 조의 기도보다는 유족의 슬픔을 위로하

---

18 『그리스도인회보』 1-18, 1911.10.15.

고 죽은 사람에 대한 기억과 이별이 주제가 된다. 이러한 초기 한국 개신교 장례의식의 정신은 현대에도 그대로 살아있다.

천주교는 처음에는 제사를 금지하였지만, 1939년 교황청 훈령을 통해 허용하는 쪽으로 바뀌게 되었다. 그렇지만 한국천주교 전체의 통일된 예식이 마련되지는 못하였다. 천주교의 전례가 한국의 전통적 문화에 맞추어 탄력성을 갖고 변화를 논의하게 된 계기는 제2차 바티칸공의회(1962~1965) 이후의 일이다.

Ⅲ. 기독교 죽음의례의 현재와 그 의미

여러 차례 변화를 거치긴 하였지만, 개신교와 천주교는 모두 사후 세계에 대한 기본적인 인식을 바탕으로 상례를 진행한다. 오늘날 한국의 개신교는 나름대로 상례 문화를 설정해 가고 있으며, 대부분 교단이 네 번의 예배를 중심으로 한다. 임종예배, 입관예배, 발인(장례)예배, 하관예배이다. 각각의 예배는 분명히 목적을 가지고 있다. 그것은 예배를 통하여 살아있는 자들에게 하느님의 메시지를 전달하고. 유족들의 슬픔을 위로하고, 바른 생사관을 갖게 하며 죽음 후의 모든 일을 하느님께 의탁하는 것이다.[19]

하나의 구체적 사례로 대한예수교장로회(통합)에서는 1987년 예식서를 발행하고 1997년에 이를 개정해서 의례를 진행해오고 있

---

19 윤동철, 「전통 장례문화와 기독교 장례문화」, 『성경과 신학』, 한국복음주의신학회, 1999. 175쪽.

다.[20] 이 예식서에 따르면 상례예식은 임종예식, 입관예식, 장례예식, 하관예식, 그리고 성묘와 추모예식으로 나뉘어 있다. 각각의 예식 순서는 아래와 같다.

임종예식: 개식사-찬송-사도신경-성경말씀-설교-기도-찬송-축도

입관예식1: 개식사-신앙고백-찬송-기도-성경말씀-설교-기도-찬송-축도

입관예식2: 개식사-찬송-기원-성경말씀-권면과 위로-기도-찬송-축도

장례예식1: 개식사-기도-찬송-성경말씀-설교-기도-약력보고-조사-인사(호상)-찬송-축도

장례예식2: 개식사-기원-찬송-기도-성경말씀-설교-조가-고인약력-조사-찬송-축도-인사와 광고

하관예식1: 개식사-신앙고백-찬송-기도-성경말씀-설교-기도-찬송-축도-취토

하관예식2: 개식사-찬송-기도-성경말씀-설교-취토-고별기도-찬송-축도(화장할 경우에 드리는 기도)

첫 성묘: 신앙고백-찬송-기도-성경말씀-찬송-마침기도

추모예식1: 개식사-신앙고백-찬송-기도-성경말씀-설교-기

---

20 이후의 상례 순서는 모두 이 예식서에 따라서 설명하고 별도의 각주는 생략한다. 총회예식서수정위원회, 『표준예식서/가정의례지침』, 한국장로교출판사, 2001, 225~265쪽.

도-추모-찬송-축도

추모예식2: 개식사-기원-찬송-기도-성경말씀-설교-약력 또
는 기념사-찬송-축도

순서의 차이는 있지만 대략적으로 찬송, 성경말씀, 설교, 기도, 축
도 등으로 이루어져 있으며, 장례예식에는 조사와 고인의 약력보고
등이 들어간다. 추모예식에도 약력이 들어가며, 식전을 차릴 때 사
진을 올려놓고 꽃으로 장식할 수 있지만, 음식을 올려놓는 상차림을
해서는 안 된다고 규정하고 있다. 음식을 차린다면 그것은 참여자들
이 추모예식 후에 서로 나누어 먹도록 하고 있다.

첫 성묘를 제외하면 모든 예식은 성직자(목사 등)의 주례로 진행된
다. 그러므로 개신교의 상례는 사실상 거의 모든 부분을 성직자의
참여하에 진행되는 것이라고 할 수 있다. 특히 과거와 달리 상례의
세세한 부분까지 일정한 형식을 갖추고 있기에 한국개신교의 상례
라고 할 만하다. 이런 부분들을 제외한다면 나머지는 한국적 전통에
맞추어 진행된다고 볼 수 있다. 고인의 시신 처리에서 매장에 이르
는 부분, 그리고 첫 성묘를 3일에 맞춘다거나, 추모예식이 있는 것
등이 그렇다. 3일에 맞춘다는 것은 삼우제, 그리고 추모예식은 제사
와 비교된다.

물론 개신교에서 제시하는 의미는 다르고, 차이도 있다. 그 기준
은 개신교의 교리에 어긋나는 가의 여부임은 말할 것도 없다. 예를
들면, 장례의 경우 3일장을 원칙으로 삼고 있지만, 그 장례일이 주일
(일요일)에 해당하면 2일장, 혹은 4일장을 해서 주일을 피하도록 권고

하고 있다. 3일에 첫 성묘를 가는 것이 좋다고는 하지만 주일을 피하도록 한다거나, 아니면 가족끼리 논의해서 적절한 날짜를 잡을 수 있도록 하고 있다. 즉, 반드시 3일을 고집하는 것은 아니다. 추모예식의 날짜도 고인의 기일을 잡는 것이 일반적이지만, 주일을 피하도록 하고 있다. 우선 날짜를 잡는 데 있어서 탄력적이다.

개신교에서 제시하는 추모예식의 대상은 조상이 아닌 하느님이다. 따라서 전통적 제사와는 근본적으로 다르다. 다만 날짜를 비슷하게 맞추어서 의례를 행할 뿐이다. 추모예식이 제사의 기능과 역할을 완전히 대체하기는 어렵다. 사실 기독교적 가르침을 완벽하게 따른다면 추모예식은 고사하고 성묘조차도 갈 필요가 없다.[21] 이외에 전통 장례에서는 사망 후 고인의 시신을 북향하도록 하거나, 시신에 절을 한다거나 하는 것 등등은 개신교에서 제외시키고 있다.

개신교에서는 교인이 사망하면 일반적으로 천국 또는 지옥으로 간 것으로 여긴다. 따라서 지나치게 슬퍼할 것도 없고, 고인을 위해 하느님에게 많은 기도를 드릴 필요도 없다. 간결한 기원과 하느님의 자비에 대한 기대감을 표하는 정도라고 할 수 있다. 성묘하는 것도 고인에 대한 추억과 장례 이후의 여러 과정, 즉 매장했을 경우 분묘가 제대로 되었는가, 화장했을 경우 그 뒤 사후처리가 잘 되었는가 등등을 살핀다는 의미가 더 크다. 추모예식도 그 명칭이 말해주듯 고인에 대한 추모가 기본이며, 그 외에 남아 있는 가족에 대한 위로와 친지들 간의 화목과 우의에 초점을 맞춘다. 추모예식은 반드시

---

21 김윤성, 「기독교 의례의 구조와 변천」, 『한국종교연구회보』 7, 한국종교문화연구소, 1996, 30쪽.

할 필요는 없다고 하여 제사와 관련되었다는 것을 적절히 부인하는 것으로 생각할 수 있다.

각각의 예식에서 이루어지는 기도나 설교의 내용도 대체로 남아 있는 유가족을 위로하는 것이며, 죽은 자를 위해서 하는 기도가 중심은 아니다. 다만, 하느님에게 유가족의 소망을 말하고 기원하는 정도에 그친다. 따라서 대체로 고인에 대한 추모, 유가족의 위로가 중심을 이룬다고 보아야 할 것이다.

개신교 교파들의 예식서에서는 죽음을 앞둔 사람에게 부활신앙과 내세관을 통해 죽음을 긍정적으로 받아들이게 하고 죽음에 대한 공포를 극복하도록 지침을 주고 있다. 인위적인 곡(哭)이나 울음을 삼가고, 그 대신 찬송가를 부르도록 권고하고 있다.[22] 죽음이 피할 수 없는 것이기는 하지만, 반드시 슬퍼할 일이 아니라, 죽음 이후 하느님에 의해 구원을 받기 때문에 도리어 기꺼이 받아들일 수 있어야 한다. 그러므로 슬픔을 표현하기 위해 억지로 곡을 한다거나 아니면 슬퍼해서 울 필요가 없다는 것이다.

천주교 장례식의 경우는 개신교와 차이가 있다. 우선 죽음의 시기가 임박하면 의식이 없어지기 전에 신부를 초청해서 병자성사[23]를 받도록 한다. 죽음에서 입관, 하관 등의 절차에 신부가 의례를 집전하지는 않는다. 신부는 장례일에 장례미사를 집전할 뿐, 다른 것은

---

22 총회예식서수정위원회, 앞의 책, 229쪽, 244쪽. 대한예수교장로회 총회교육부 편,『표준예식서』개정판, 대한예수교장로회, 1995, 114쪽.

23 과거에는 종부성사라고 하여 죽음에 이르렀다고 판단될 경우에 행해졌지만, 현재는 중병을 앓거나 죽을 위험이 없음에도 병자성사를 할 수 있도록 하고 있다. 물론 절차는 과거의 종부성사와 비슷하다.

본당의 연령회[24]와 그 가족의 주도하에 진행된다. 각각의 절차에 따른 의식과 기도문은 공통의 예식에 따라 행하도록 하고 있다.

천주교 신자가 사망하면 가족들과 소속 본당의 다른 신자들, 연령회원들이 돌아가면서 장례일까지 지속해서 연도를 바친다. 다소 다른 점이 있다면, 1970년대 이전까지는 연도만을 바치는 것이 일반적이었지만, 1970년대 이후 연도가 끝난 후 성가를 한두 차례 부른다. 장례미사를 끝내고 장지까지 이동할 때에도 연도를 바치며, 성가를 부르기도 한다.

『교회법전』 제1176조 ②항에 보면 "교회가 죽은 이들을 위하여 영적 도움을 간청하고 그들의 몸에 경의를 표하며...."라고 되어 있고, 『사목지침서』 제125조 1항에서는 "교회는 죽은 이를 위해 그리스도의 파스카 제사인 미사를 봉헌하고 기도를 바침으로써...."라고 규정하여 장례식의 목적 중 하나가 죽은 이를 위한 것임을 명백히 밝히고 있다.[25] 개신교의 장례가 남아 있는 유가족에 대한 위로와 고인에 대한 이별에 중심을 두고 있다면, 천주교의 전례는 고인에게 중

---

24 한국교회 연령회(선종봉사회)의 기원은 한국천주교 초기까지 거슬러 올라간다. 박해시대 초상이 나면 서로 돕는 차원에서 출발한 연령회는 1886년 한불조약으로 한국교회가 신앙의 자유를 얻게 되면서 본격적으로 단체 모습을 띠게 된다. 1886년 로베로 신부는 보고서에서 장례사업이 전교에 도움이 된다고 했으며, 또 19세기말 연례 보고서에는 1894년 이전 서울과 제물포에서도 교회가 장례사업을 시작했다는 기록이 있다. 연령회는 1910년대 들어 장례 때 노동력 제공은 물론 금전적 부조와 기도 및 미사 봉헌을 중요시하게 되는데, 오늘날 연령회 활동의 기본틀은 이때 형성된 것이나 다름없다. 연령회 활동은 △임종과 운명 △염습과 입관 △위령 기도(연도) △장례 △화장 △우제 △면례 등 상장례 일체와 관련된 종합봉사라고 봐도 무방하다. 『평화신문』, 2004.11.14.
25 이은봉, 「한국 의례문화의 이해−한국인의 질병·죽음·재해를 중심으로」, 『종교 연구』 18, 한국종교학회, 1999, 342쪽.

심을 두고 있다고 볼 수 있다. 따라서 천주교에서는 살아있는 사람들이 고인을 위해 끊임없이 기도하도록 하고 있고, 또한 살아있는 자들의 끊임없는 기도로 인해 고인들이 내세에서 복을 누릴 수 있게 될 것이라고 가르치고 있다.

한편 비록 죽음을 맞기 전까지 신자는 아니었지만, 죽음을 맞이할 무렵이나 그 이전에 입교 의사를 밝혔다면, 그 사람은 대세[26]를 받을 수 있다. 대세를 받게 되면 연령회를 중심으로 한 신자들이 상가에서 여러 가지 봉사를 맡아 하기도 한다. 다만 그것은 유가족이 원할 경우에 한하도록 지침을 주고 있다. 유가족이 원하지 않는다면 굳이 장례식장(또는 상가)에서 연도를 고집하지는 않는다.

과거 지역마다 다소 상이했던 연도가 2000년대 들어서 통일이 되었다. 2002년 10월 한국천주교주교회의는 전례위원회가 상정한 「가톨릭 상장례 예식서」 시안을 한국천주교회 고유 예식서로 최종 승인하였다.[27] 이어 2003년 3월에 한국천주교중앙협의회에서 『상장예식』을 발간함으로써 가톨릭의 상장예식과 연도의 통일성을 기했다. 이 예식서의 내용은 단계에 따라 임종과 운명, 위령기도(연도), 염습과 입관, 장례, 우제, 면례 등으로 구성되어 있다. 특히 장례는 출관예식, 장례미사, 고별식, 운구예식, 하관예식 등으로 세분화되어 있다. 이로써 그간 지역별로 다소간 상이했던 모든 상례가 통일되어 행해

---

26 대세란 천주교 신자가 아닌 사람이 위독할 때 받을 수 있는 비상시의 세례라고 할 수 있다. 최소한 4대 교리(하느님 존재, 상선벌악, 삼위일체, 강생구속)를 믿도록 해야 하며 죄를 뉘우치고, 구원에 대한 희망을 가지며, 세례를 받을 의사가 있어야 한다.

27 『평화신문』, 2002.10.27.

지고 있다. 통일된 연도는 과거 일반 기도서에 다른 기도처럼 글만 있었다면 현재는 서양식 악보로 바뀌었다.

가톨릭에서 제사나 차례를 하도록 권하지는 않지만, 허용하고 있다. 이에 따라 제사나 차례 예식에 대해서도 기준을 정하고 있는데, 대체로 전통적 제사와 비슷하지만, 위패에 '○○○ 神位'라고 쓰는 것을 금지한다. 또한, 성가를 부르고, 기도하며, 성서를 봉독하는 내용이 들어가 있는 점이 다르다. 기일이나 명절에 제사를 지내지 않는 가정의 경우에는 고인을 위한 연도를 바치거나 위령미사에 참여하기도 한다. 추석 명절에는 성당이나 혹은 집단으로 조성된 천주교 묘지에서 위령미사를 행하기도 한다. 연도와 미사는 죽은 이들을 위해서 살아있는 사람들이 해줄 수 있는 최고의 의례라고 할 수 있다.

개신교에서 장례란 죽은 자가 영원한 생명의 세계로 간 것을 축하하고 기뻐하는 '산 자들의 의식'으로 거행되었고, 바로 그런 이유에서 한국의 초기 교회에서부터 장례식 자체가 하느님에 대한 예배 의식이 되었다. 그래서 죽음을 슬퍼하거나 부정적으로 이해하지 않는다. 장례의 진행 절차에서는 죽은 자의 약력을 보고하거나 조사(弔辭), 조가(弔歌), 고별기도 등이 포함되어 유족의 슬픔을 위로하는 과정이 있다. 이러한 절차는 초대교회나 중세의 장례예배에는 없던 것이며, 한국에서 처음으로 정형화된 개신교 장례예식으로 지금까지 주요한 절차로 삼아왔다.

다만 천주교 장례식은 개신교와는 달리 죽은 이를 위한 의식이란 측면이 있다. 그래서 장례식의 절차에서도 죽은 이를 위한 부분이 포함된다. 즉 임종예식에 있어서 '임종자를 일깨워 주는 기도'와 '임종 후의 기도'는 모두 죽음이 임박한 자나 죽은 자를 위한 의식이며, 상장예식에 있어서 위령기도'와 '장례미사'의 대부분 절차가 죽은 이를 위한 것으로 진행된다.[28] 교리적인 차이점으로 인해 그 지향하는 바에 차이가 있기는 하지만, 개신교나 천주교 모두 장례의 중심에 예배나 미사가 있다는 점에서 구조적으로 큰 차이는 없다.

Ⅳ. 기독교 죽음의례의 영향

전통적으로 한국 사회에서 죽음이란 자신의 집에서 가족들이 보는 앞에서 맞는 것이 바른 죽음이라 여겨졌다. 만약 집에서 죽음을 맞지 못한다면 객사(客死)라고 해서 집안에 시신을 들여놓지 못하고 집에서 장례도 치르지 못하였다. 또한, 상례는 가장 까다로운 의례로 지역이나 가문 등에 따라 많은 차이가 있었다. 이런 한국인의 죽음에 대한 시각과 의례는 1970년대까지 이어졌다.

그러나 1970년대 산업화를 거치면서 이런 모습이 차차 사라지게 되었다. 일반적으로 집에서 죽음을 맞이하는 것에서 벗어나 병원에서 죽음을 맞는 비율이 점차 늘어갔고, 상례도 병원의 영안실이나 장례식장에서 치르는 모습으로 바뀌어갔다. 현재는 거의 모든 집안에서 누군가 죽음이 임박하면 병원으로 옮긴다던가 아니면 집에서 죽음을 맞았더라도 시신을 영안실 등으로 옮겨가는 것은 분명 과거

---

28 이은봉, 앞의 책, 342~343쪽.

와 완전히 다른 모습이다.

이처럼 장례의 모습이 바뀐 것은 대도시로의 인구 편중 현상과 함께 주택구조가 변화된 것이 기본 요인이라고 할 수 있다. 아파트와 같이 토지의 좁은 곳에서 많은 가구가 모여 살게 되었고, 내부구조도 장례를 집에서 치르기에 적절치 않다. 이런 외부적 요인과 함께 과거에는 이웃의 경조사에 같이 참석해서 도움을 주었던 전통 미풍양속이 사라지고 이웃과 단절된 생활을 하는 구조로 바뀐 것도 한 요인이다. 이런 도시적 상례 절차는 자연스레 시골까지 전해져서 현재는 대부분의 시골에서도 장례식장을 이용하고 있다. 따라서 현재 한국 사회의 상례는 병원에 소속된 장례식장이나 아니면 결혼식을 전문으로 하는 예식장처럼 장례를 전문으로 하는 장례식장에서 행해지고 있다.

이러한 외부적 변화와 함께 복잡했던 유교식 상례 절차도 점차 간소화되어갔다. 그 원인은 상례 기간의 단축, 주택구조의 변화, 경제적 부담, 의례의 복잡성, 종교의 다양화, 의식구조의 변화 등이라고 볼 수 있다.[29] 과거에는 집안에 따라서 5일장, 7일장 등과 함께 3일, 7일, 49일, 100일, 1년, 2년 등으로 길게 상례를 지냈지만, 현재는 대체로 3일이나 길어야 49일, 100일 정도면 상례를 마치게 된다. 이렇게 길게 상례를 지내게 되면 경제적 부담도 가중되게 마련이므로 경제적 문제를 해소하기 위한 상례의 간소화도 그 이유 가운데 하나가 되었다. 국가 주도의 가정의례준칙과 같은 것들도 의례의 간소화에

---

29 송재용, 『한국 의례의 연구』, 제이앤씨, 2007, 84쪽.

한몫하였다. 1970년대를 거치면서 국가는 과거의 허례허식을 없애고 관혼상제와 같은 통과의례의 간소화 정책을 지속해서 추진하였다.

그렇지만 이러한 여러 가지 영향들 외에 가장 근본적인 요인으로는 한국인의 의식구조가 변화하고 있다는 것이다. 그것은 산업화 사회를 거치면서 실리를 추구하는 사회적 분위기와 맞물려 있다. 과거와 달리 죽은 사람들을 위해 큰 비용을 내며 장례를 치르는 것이 실리를 추구하는 의식구조에 맞지 않는 것이다. 이러한 의식구조는 외형적으로 산업화 사회를 거치면서 형성되었지만, 그 이면에는 기독교적 상례의 영향도 무시할 수 없다.

과거 주로 신도들에게만 보이던 기독교의 상례가 기독교인이 아닌 다른 사람들에게도 익숙한 모습이 되었다. 장례식장을 본다면 한쪽에서는 스님의 독경소리가, 다른 한쪽에서는 천주교 신자들의 연도소리, 그리고 또 다른 한쪽에서는 개신교의 찬송가 소리와 목사님의 기도하는 음성이 한번에 들려 나오는 경우도 상상해 볼 수 있다. 물론 이처럼 모든 종교적 의식이 한꺼번에 이루어지는 사례를 본 적은 없지만, 적어도 두 종교의 의식 모습은 목격된다.

사회가 복잡하고 다양해지면서 사회적 인간관계도 복잡하게 얽혀 있다. 따라서 과거처럼 비슷한 관계의 조문객들만 장례식장을 찾지는 않는다. 장례식장을 찾아 조문하는 조문객의 종교도 다양하고, 또한 장례식장에는 과거처럼 한 가족의 상례만 있는 것이 아니라 한꺼번에 여러 가족의 상례가 치러지고 있다.

이러한 외부적 환경의 변화로 인해 각 종교에서 행하는 죽음의례는 쉽게 많은 사람에게 노출된다. 따라서 기독교식의 상례가 더는 먼 나라의 모습이 아니라 바로 옆에서 이루어지는 의례이고, 이것이 은연중에 사람들에게 간소화된 상례에 대한 거부감을 사라지게 만들었다고 볼 수 있다. 다시 말해서 죽은 조상에 대해 소홀히 하는 것에 대한 거부감을 기독교적 이념이 사라지게 만든 것이다.

산업화 사회를 거치면서 한국의 상례는 급속한 변화를 겪었다. 앞에서 언급되었던 여러 가지 요인들이 있지만, 이념적으로 영향을 준 것은 기독교적 상례라고 할 수 있다. 물론 기독교적 상례가 모든 변화의 원인은 아니다. 여러 가지 외부적 요인과 함께 중요한 또 하나의 원인을 제공했다고 판단한다. 그것은 우리가 처음 들었을 때 생소하게 여기거나 귀에 거슬리는 노래라고 할지라도 끊임없이 반복적으로, 그리고 무의식적으로 듣다 보면 자신도 모르게 흥얼거리게 되는 이치와 같다고 할 수 있다. 특히 어렸을 때부터 서양식 음악교육을 받고 자라난 세대들에게 국악보다는 양악이, 그리고 서양의 고전음악이 더 귀에 다가오는 것은, 이러한 반복 학습이 영향을 준 것과 마찬가지라고 생각된다.

이러한 영향 못지않게 천주교가 상가에서 행하는 봉사활동은 천주교의 선교에도 영향을 주어왔다. 본당의 규모에 따라 차이는 있지만, 천주교는 대부분의 본당에 연령회가 조직되어 있다. 연령회의 임무는 상가(喪家)를 돌보는 역할이다. 본당 신자 가운데 사망자가 발생하면, 연령회가 조직되어 있는 본당에서는 즉시 상가를 방문해서 상례에 관한 거의 모든 절차를 상의하고 유족이 반대하지만 않는다면 장례가 끝날 때까지 회원들이 돌아가며 헌신적으로 봉사한다. 또한, 천주교 신자가 아니더라도 상례를 치르기 어려운 곳에서도 봉사

활동을 펼치고 있기도 하다. 이러한 봉사 이외에도 회원들이 돌아가며 상가를 찾아서 위령기도를 바치기도 한다. 천주교 연령회의 활동은 상가를 찾는 많은 사람에게 깊은 인상을 심어주게 되고, 따라서 선교에도 영향을 끼치는 것이 사실이다.[30] 또한, 제사를 허용해서 한국적 전통을 받아들인다는 이미지를 보여주는 것도 긍정적으로 작용한다.

평상조직으로서의 연령회와 같은 단체가 있는 것은 아니지만, 개신교의 경우에도 개 교회별로 봉사단체를 구성해서 상가를 찾아 많은 신도들이 헌신적으로 봉사활동을 펼치고 있다. 물론 교회별 사정에 따라 그 활동에 차이가 있기는 하지만, 어려운 일을 당했을 경우 서로 돕는다는 취지는 같다고 생각된다. 한편 개신교에서는 한 가족의 상례가 단순히 그 가족만이 아닌 지역공동체와 더불어 행해지고 있는 의례라는 점을 고려해서 장례문화를 선교의 차원에서도 접근해야 함을 지적하고 있다.[31] 이것을 현재의 장례문화의 모습에 대비해 본다면, 대부분의 상례가 장례식장에서 행해진다는 것은 기독교의 선교에도 도움이 될 수 있다는 의미이기도 하다. 하지만 지나치게 기독교 교리에 충실한 것은 도리어 사회에서 배타적으로 인식되고 있다.

한편 천주교에서는 통일된 『상례예식』의 발행 이후 장례지도사 양성 운동을 활발히 전개하여 많은 장례지도사를 배출하고 있으며,

---

30 『평화신문』 2006년 11월 19일자에 목동본당 연령회의 주요 활동을 소개하면서 선교에도 영향을 주고 있음을 보여주고 있다.
31 윤동철, 앞의 책, 178~186쪽.

이는 천주교식 상례의 통일에도 많은 부분 기여할 것으로 생각된다.

V. 나가는 말

한국 사회에서 기독교적 죽음의례를 목격하기 시작한 것은 개항기 무렵부터이다. 이 무렵 한국 사회에 등장하기 시작한 기독교 죽음의례는 사회적으로 많은 갈등을 일으켰다. 개항기 이전 한국 사회에 전래된 천주교는 상제례 문제로 인해 토착 사회에서 극심한 배척을 받았다.

개신교의 경우 처음 한국 사회에 진출하면서 직접선교보다는 간접선교의 방식을 취하였다. 따라서 상례와 같은 부분은 크게 문제가 되지 않았다. 그러나 한국인 신도들이 생기면서 현실적으로 직면한 상례 문제에 대한 대처 방안은 기독교 교리와 상충하느냐는 것이었다. 초기에는 미국적인 상례가 절충적으로 도입되었지만, 사실상 그 무렵의 한국 개신교인들이 미국식을 따르는 것인가, 아니면 개신교의 교리에 따르는 것인가를 판단하기는 어려웠을 것으로 생각된다. 따라서 개신교 도입 초기 상례는 절충적 성격을 나타낼 수밖에 없었다. 교리에 어긋나지 않는다면 전통적 상례를 충분히 수용할 수 있었다. 그렇지만 개신교 전래시기에 다양한 교파들이 들어왔고, 그 과정에서 일치된 상례의 기준을 마련하기 어려웠을 것으로 생각된다. 같은 교파라고 하더라도 모두가 합의한 예식서가 없는 상황에서 의례의 혼란은 당연한 것이었다.

이런 개신교의 상황은 사실상 현재까지 이어져 오고 있는 셈이다. 비록 교단 차원에서 통일된 예식을 제시하고 있지만, 적어도 각 교단 간의 차이는 존재한다. 의례를 진행하는 주체에 따라서도 부분적으로 차이가 있다. 그렇지만, 앞에서 언급했듯이 부분적인 차이는 존재할지라도 개신교 죽음의례의 중심은 죽은 자에 대한 추모와 살아있는 유가족에 대한 위로라고 말할 수 있다. 전래 초기와 달리 의례의 모습은 변화되었지만, 그 기준이 어디에 있는지의 변화는 없다고 생각한다. 그렇지만 성묘를 인정하고 추모예식을 행하는 것, 장례예식에 조사 등이 들어가는 것들은 한국적인 모습이다.

천주교는 미사 중심의 전례와 연도를 바치는 것을 제외한다면, 과거 천주교 상례의 모습은 지역마다 차이가 있었다. 연도를 바치는 경우에도 선택하는 기도문에서 차이점이 있었다. 상가에서 신자들이 교대로 연도를 바치는 모습은 한국천주교의 독특한 모습이라고 할 수 있다, 개신교와 달리 제사를 공식적으로 인정하고 제사를 지내는 구체적인 방법까지 제시하고 있다는 점이 천주교의 특색이다. 물론 제사를 허용하기는 하지만 권장하는 것은 아니다.

천주교와 개신교를 막론하고 상례의 중심에는 미사(또는 예배)가 있다는 공통점이 있다. 그렇지만 두 종교전통은 중심을 어디에 두는가에서 차이점이 있다. 개신교의 경우 살아있는 사람에 대한 위로가 의례의 중심이라면 천주교의 경우는 죽은 자의 구원이 중심에 있다. 그렇기에 천주교식 상례가 진행되면 기도 소리(연도)가 끊이지 않고 이어지고 있다.

과거 이런 기독교의 상례는 신자들만의 의례로 진행되었다. 하지만 사회가 다양화되면서 한 가족의 상례는 다양한 사람들의 참여가 불가피해졌다. 장례식장의 등장으로 기독교식 상례는 사회에 직간접적으로 영향을 줄 수밖에 없었다. 그러므로 기독교의 상례가 한국 사회의 상례 간소화에 부분적으로 영향을 주었다고 생각된다. 다만 사회에서 개신교와 천주교를 인식하는 점에서의 차이는 어느 정도 존재한다고 본다.

이 글은 상례의 사회적 영향에 대한 논의를 전개하려는 목적에서 시작되었다. 그렇지만 이에 관한 선행 연구는 거의 찾기가 어려웠다. 따라서 더 심도 있는 논의가 되지 못해 아쉬운 마음이 남는다. 다만 이것이 그러한 논의를 끌어내는 출발점이 되기를 기대해 본다.

『종교문화비평』 16호, 한국종교문화연구소, 2009.

제3장

기독교의 죽음 이해와 그 영향

Ⅰ. 들어가는 말

아주 어린 시절에 가까운 이의 죽음을 목격하고 막연하게 든 생각
은 이제 더는 그를 볼 수 없다는 것이었다. 그리고 철이 들 무렵 다시
금 죽음에 대해 생각하곤 했는데 죽음에 관한 어떤 생각을 하더라도
죽음은 두렵다는 느낌이었다. 뒤이어 죽음에 대한 두려움은 어디에
서 오는 것일까를 고민해 보니 아마도 죽음이 가장 두려운 이유는 헤
어짐이 아닐까 하는 생각에 머무르게 되었다. 물론 헤어짐은 혼자만
의 사건이 아니다. 죽음을 맞이하는 사람이나 살아남은 사람 모두에
게 해당하는 말이다.

인생에서 헤어짐은 일상적인 일이다. 헤어지면서 언젠가 다시 만
나기를 원하기도 하고 더는 만나지 않기를 원하기도 한다. 그러나

그 모두는 서로가 원한다면 언제든 다시 만나기도 하고 또 헤어지기도 한다. 그런 일은 서로 간의 동의만 이루어진다면 자유롭게 할 수 있다. 그러나 죽음에서의 헤어짐은 이제 그런 기대를 할 수 없다는 것이 다르다. 물론 후일 내가 죽어서 이미 나보다 먼저 죽은 누군가를 다시 만날지는 모르겠지만 그것은 내가 살아있는 동안에 일어날 일은 아니다. 그런 면에서 죽음은 죽은 자나 살아남은 자나 예외 없이 서로의 헤어짐을 강제한다는 면에서 두려움으로 다가오는 것이라고 생각한다.

한편 죽음은 누구도 예외일 수 없다는 점에서 출생과 더불어 모든 인간이 거쳐야 하며, 가장 평등한 인간의 경험이기도 하다. 누구든 출생과 함께 죽음을 향해가고 있기 때문이다. 따라서 삶은 곧 죽음을 향해가는 여정이라고 할 수 있다.

죽음은 또한 다양하게 다가온다. 그것은 나이를 따지지 않는다. 어려서 죽기도 하고 젊어서 죽기도 하고 늙어서 죽기도 한다. 병들어 고통 속에 죽기도 하고 건강하게 천수를 누리며 살다가 죽기도 하고 사고로 죽기도 한다. 어떤 사람은 집에서 가족과 함께 죽음을 맞기도 하고 병원의 응급실, 중환자실 등에서 죽음을 맞기도 하는 등 그 형태는 다양하다. 강제적 헤어짐, 평등, 다양성 등이 죽음에 관해 기본적으로 할 수 있는 말이다.

그렇지만 이렇게 말하는 것은 그저 죽음을 지켜본 사람들의 말일 뿐이다. 왜냐하면, 누구도 죽음, 그리고 죽음 이후의 세계를 경험한 사람이 없기 때문이다. 간혹 죽었다가 살아났다고 주장하는 임사 체험자들이 사후의 세계를 증언하고 있기는 하지만 그것이 정말 죽음을 경험한 것인지 아니면 의학적 판단의 착오로 인한 것인지 명확하지도 않다.

따라서 살아남은 사람들이 경험하는 죽음이란 기껏해야 죽어가는 사람을 옆에서 보는 간접경험일 뿐이다. 우리가 죽음에 관해 이야기할 수 있는 것은 결국 이런 간접경험을 토대로 말할 뿐이다. 죽음에 대해 이러쿵저러쿵 말할 수는 있지만, 그 어느 것도 명확하지는 않다. 그저 죽음이란 이럴 것이라는 생각이나 믿음일 뿐이다. 그러므로 죽음에 대한 논의는 사람들이 죽음을 어떻게 생각하고 있는지에 대한 것이다.

기독교[1]에서의 죽음에 대한 논의도 마찬가지라고 본다. 기독교인들이 생각하고 믿는 죽음이란 어떤 것일까를 알아보는 것이 이 글의 목적이다. 이를 위해 구약성서와 신약성서에서 말하는 죽음이 무엇인지 알아보고 천주교와 개신교를 포함한 현대 한국 기독교에서 바라보는 죽음에 대한 인식을 검토해 볼 것이다. 이를 위해 2장에서는 성서에 나타난 내용을 중심으로 죽음 이해에 대해 검토해 볼 것이며, 3장에서는 기독교의 죽음 이해에 대해 논하되 천주교와 개신교의 상장례에 나타난 죽음의 모습도 함께 검토해 볼 것이다.

---

1 한국 사회에서 기독교는 개신교를 지칭하는 경우가 많지만 실상 본래의 의미를 따진다면 천주교와 개신교, 그리고 정교회 등 예수 그리스도를 하느님으로 믿고 따르는 모든 종교를 포함하는 말이다. 여기서도 마찬가지의 의미로 사용하지만, 현재 한국 사회의 기독교는 주로 개신교와 천주교가 주류를 이루기 때문에 정교회는 이 글에서 제외한다. 또한, 두 종교를 함께 거론할 때는 기독교로, 따로 구분할 필요가 있을 때는 천주교, 개신교로 호칭할 것이다.

Ⅱ. 성서에서의 죽음 이해

죽음에 대한 기독교적 이해는 일반적으로 성서를 기반으로 이루어지지만, 성서에서 말하는 죽음도 구약성서와 신약성서가 차이가 있고, 같은 구약성서라 하더라도 문헌에 따른 차이도 존재한다. 우선 구약성서에서 언급된 죽음에 대해 알아보고 다음으로 신약성서에서 이야기되는 죽음에 대해 알아볼 것이다.

1. 구약성서에서의 죽음

구약성서에서 죽음이 처음 언급된 것은 인류의 조상인 아담과 하와가 하느님으로부터 '너는 먼지이니 먼지로 돌아가리라!'(창세기 3:19)라는 내용에 있다. 아담을 창조한 후 하느님은 그에게 "선과 악을 알게 하는 나무 열매만은 따 먹지 말아라. 그것을 따 먹는 날, 너는 반드시 죽는다."(창세기 2:17)고 일러주었다. 그런데 아담과 하와는 그 명령을 어기고 그 나무 열매를 따 먹었다. 따라서 인간은 하느님의 명령을 듣지 않은 것에 대한 벌로 죽음을 맞을 수밖에 없는 존재가 되었다는 것이 기독교 죽음 이해의 출발점이다. 이때 하느님은 "이제 이 사람이 선과 악을 알게 되었으니, 손을 내밀어 생명나무 열매까지 따 먹고 끝없이 살게 되어서는 안 되겠다"고 보고 그들을 에덴동산에서 내쫓았다고 한다.(창세기 3:22)

이 부분은 죽음에 대한 이야기도 있지만, 행복한 에덴동산이라는 낙원에서 쫓겨나 앞으로 '인간이 장차 겪을 고통'(창세기 3:16-19)이 더 강조된 것이라고 본다. 그러나 죽음이 신에게 복종하지 않은 죄의 결과로 얻은 형벌이라는 점은 변하지 않는다. 따라서 인간은 하느님에 의해 어쩔 수 없이 죽을 수밖에 없는 운명이 되었다.

비록 징벌적 성격의 죽음이기는 하지만 피할 수 없는 인간의 운명인 만큼 그것을 벌이라고 인식하기보다는 자연스럽게 맞이하는 모습들이 성서에 나타난다. "아브라함은 백발이 되도록 천수를 누리다가 세상을 떠났다."(창세기 25:8)거나, 그의 아들 이사악이 백 팔십 세나 살고 "명이 다하여 숨을 거두고 죽어 세상을 떠나 선조들 곁으로 가는 것"(창세기 35:29) 등이 그렇고, 야곱, 요셉, 모세 등의 죽음을 성서에서는 담담히 서술하고 있다. 다만 오래도록 살았다는 것을 강조한 부분이 나타날 뿐이다. 그러므로 죽음은 누구나가 맞이해야 하는 자연스러운 과정의 하나임을 보여주는 것이라고 할 수 있다. 다만 죽음 이후의 세계에 대한 표현은 나타나지 않고 있는데, 아직은 사후에도 생명이 지속한다는 인식에까지 이르지 못함을 보여주는 것이라고 생각된다.

죽음 이후의 세계에 대한 묘사는 후대에 나타나게 된다. 욥기의 주인공인 욥은 하루아침에 모든 재산과 자식들을 다 잃고 자신마저 고통에 휩싸이게 되자 하느님에게 탄원하면서 이와 같은 고통이라면 차라리 자신이 죽음의 왕국인 셔올(음부, 또는 저승)에 내려갈 수 있기를 바란다.[2]

---

2 욥은 죽음이 다가오고 있음을 알면서 돌아올 수도 없는 곳 죽음의 세계인 셔올로 가기를 원하고 있다. 이러한 소원에는 현재의 고통이 너무나 크기 때문에 차라리 그곳으로 잠시 피신했다가 이러한 고통의 상태가 끝나면 다시 되돌아와서 정상적으로 살 수 있기를 바라는 욥의 기원이 담겨 있다. 이것은 현세와 죽음뿐만 아니라 죽음 이후의 세계도 하느님의 영향 아래 있다는 믿음이 있기에 가능한 기대라고 본다. 박요한 영식, 「욥의 기도의 내부 구조 분석」, 『가톨릭 신학과 사상』 42, 가톨릭대학교 출판부, 2002, 156~161쪽 참조.

그 곳은 악당들이 설치지 못하고

삶에 지친 자들도 쉴 수 있는 곳,

포로들도 함께 안식을 누릴 수 있고

노예를 부리는 자들의 욕설도 들리지 않는 곳,

낮은 자와 높은 자의 구별이 없고

종들이 주인의 손아귀에서 풀려나는 곳.(욥기 3:17-19)

잠시 후에 나는 갑니다.

영영 돌아올 길 없는 곳,

캄캄한 어둠만이 덮인 곳으로 갑니다.

그믐밤 같은 어둠이 깔리고

깜깜한 가운데 온통 뒤죽박죽이 된 곳,

칠흑 같은 암흑만이 빛의 구실을 하는 곳으로 갑니다.(욥기 10:21-22)

　　이렇듯 죽음 이후 인간이 가는 장소를 언급하고 있기는 하지만 그 곳은 한번 가면 영원히 돌아올 수 없는 곳으로 인식하고 있다. 따라서 아직 부활, 영생, 죽음에서의 구원, 영혼과 육체의 구분과 같은 인식은 나타나지 않고 있다. 이렇듯 저승은 한번 가면 영원히 벗어날 수 없는 곳으로 인식(시편 49장)하고 있으면서도, 한편으로 죽음이라는 형벌에서 벗어나기를 기원(시편 51:14)하고 있기도 하다.

　　후대로 오면 죽음에서 벗어나기를 기원하는 것에서 더 나아가 죽음에서 다시 살아날 것이라는 부활에 대한 믿음이 나타나고 있다.

그래도 우리는 믿습니다.

이미 죽은 당신의 백성이 다시 살 것입니다.

그 시체들이 다시 일어나고

땅 속에 누워있는 자들이 깨어나 기뻐 뛸 것입니다.

땅은 반짝이는 이슬에 흠뻑 젖어

죽은 넋들을 다시 솟아나게 할 것입니다.(이사야 26:19)

이러한 부활에 대한 믿음 이외에 세상의 마지막 날에 대한 믿음과 최후의 심판에 관한 믿음들도 나타나고 있다.(다니엘서 12장) 처음 하느님은 인간 세상만을 다스릴 것이라는 인식, 그래서 죽음은 곧 끝이라는 생각에서 출발하여 하느님이 죽음 이후의 세계도 관여할 것이라는 희망과 믿음으로 발전하였다. 그리고 이것은 다시 죽은 사람들이 부활할 수 있다는 믿음과 신앙으로 발전하고 있다. 이것은 죽은 사람들이 현세에서는 죽음을 맞이하였지만, 죽은 이후에도 하느님과의 관계가 단절된 것이 아니라 하느님을 향하여 살아있음을 인식하고 사후 생명에 대한 인식[3]이 발전할 수 있는 계기가 된다. 구약에서 이미 사후 세계와 영생, 최후의 심판, 부활에 대한 인식의 기틀은 마련되어 있었던 것이다.

2. 신약성서에서의 죽음

신약성서에서의 죽음에 대한 이해는 예수 그리스도의 죽음과 부

---

3 서정옥, 「죽음의 위기에 대한 기독교 상담」, 서울신학대학교 상담대학원 석사학위논문, 2007, 14쪽.

활이라는 사건에 기초한다. 예수 스스로 죽음을 경험했으며, 또한 그 죽음을 이기고 부활하였다. 이러한 예수 그리스도의 죽음과 부활을 기반으로 한 것이 신약성서에서의 죽음 인식에 대한 출발점이다. 구약성서와 마찬가지로 신약성서에서도 죽음이 죄의 결과라는 동일한 인식에서 출발한다. 그러나 구약성서와는 달리 하느님의 아들인 예수 그리스도가 죽음을 이기고 부활하였으며, 마찬가지로 사람들도 죽음을 극복하고 영원한 생명을 얻을 것이라고 인식했다는 차이점이 있다.

신약성서에는 하늘나라와 불붙는 지옥에 관한 이야기가 등장한다.(마태오 5장:3-12, 20, 22, 루가 6:20-23) 또한 영생과 부활에 관한 언급들도 기록되어 있다.

> 그러므로 아들을 믿는 사람은 영원한 생명을 얻을 것이며 아들을 믿지 않는 사람은 생명을 얻기는커녕 오히려 하느님의 영원한 분노를 사게 될 것이다.(요한 3:36)

> 나는 부활이요 생명이니 나를 믿는 사람은 죽더라도 살겠고 또 살아서 믿는 사람은 영원히 죽지 않을 것이다.(요한 11:25-26)

> 정말 잘 들어 두어라. 내 말을 잘 지키는 사람은 영원히 죽지 않을 것이다.(요한 8:51)

> 나는 하늘에서 내려온 살아있는 빵이다. 이 빵을 먹는 사람은 누구

든지 영원히 살 것이다. 내가 줄 빵은 곧 나의 살이다. 세상은 그것으로 생명을 얻게 될 것이다.(요한 6:51)

정말 잘 들어 두어라. 만일 너희가 사람의 아들의 살과 피를 먹고 마시지 않으면 너희 안에 생명을 간직하지 못할 것이다. 그러나 내 살을 먹고 내 피를 마시는 사람은 영원한 생명을 누릴 것이며 내가 마지막 날에 그를 살릴 것이다.(요한 6:53-54)

죽은 이들이 모두 그의 음성을 듣고 무덤에서 나올 때가 올 것이다. 그때가 오면 선한 일을 한 사람들은 부활하여 생명의 나라에 들어가고 악한 일을 한 사람들은 부활하여 단죄를 받게 될 것이다.(요한 5:28-29)

이 말에 따른다면 예수 그리스도를 믿고 따르는 사람은 영원히 죽지 않겠지만, 그렇지 않은 사람은 분노를 사서 영생을 얻지 못할 것이다. 세상의 마지막 날에는 죽은 자들이 모두 부활하며 선인들은 영생을 얻게 되겠지만 악인들은 벌을 받을 것이다. 그러나 이것을 뒤집어보자면 성서에서 예수가 반복해서 하늘나라와 지옥, 그리고 영생과 부활에 대해 강조한다는 것은 당시 사람들에게 이런 것들이 일반화되어 있지는 않았을 것이라고 생각해 볼 수 있다. 실제로 부활에 대해 회의를 품은 사두가이파 사람들과의 토론은 이런 사실을 증명해 준다.(마태오 22:23-33, 마르코 12:18-27, 루가 20:27-40)

복음서에서의 죽음과 영생, 그리고 사후 세계에 대한 설명은 사도들의 서한에서도 반복되지만, 부활과 마지막 날의 심판을 강조한다

는 것이 특징이다. 예수의 죽음과 부활이라는 사건은 사람들도 죽음
을 이기고 부활할 수 있으며, 영생이 가능하다는 메시지를 체험하게
한 중요한 사건이었다. 바오로는 예수 그리스도의 죽음과 부활은 인
간도 죽음을 이기고 부활하는 증거라고 말한다. 다만 전제조건이 있
으니 예수 그리스도를 믿는 것이 그것이다. 이것은 하느님이 세상의
모든 만물, 즉 죽음까지도 지배한다는 것을 말하는 것이며 또한 마지
막 날의 심판을 강조하고 있다.(고린토전서 15장)

> 그리스도를 믿다가 죽은 사람들이 먼저 살아날 것이고 다음으로는
> 그때에 살아남아 있는 우리가 그들과 함께 구름을 타고 공중으로 들리
> 어 올라가서 주님을 만나게 될 것입니다. 이렇게 해서 우리는 항상 주
> 님과 함께 있게 될 것입니다.(데살로니카 전서 4:16-18)

마지막 날에 사람들이 모두 부활하여 하늘나라에서 영생을 얻는
것뿐만 아니라 하느님의 심판이 있을 것(데살로니카 후서 1장)이라는 강
조점도 나타난다. 또한, 인간의 육체를 지닌 예수 그리스도의 죽음
으로 인해 사람들이 죽음의 공포에서 해방되었음(히브리서 2:14-15)을
선언하기도 한다.

신약성서의 이야기는 죽은 자들은 죽음의 세계에서 머물러 있다
가 예수 그리스도의 재림 때 모두가 부활해서 예수 그리스도를 믿고
따른 의인들은 복된 영생을 얻지만, 그렇지 않은 사람들은 부활과
함께 벌을 받는다는 것이다. 구약성서에서 세상의 마지막 날에 부활
해서 심판을 받는다는 것과 영생에 대한 믿음이 이미 이루어지고 있

었다. 신약성서에서는 천국과 지옥이라는 사후 세계에 대한 설명이 보다 구체화되고 있다는 차이점이 있다. 영생에 대한 믿음을 통해 이전과는 다르게 사후 세계의 지평을 넓혀간 주요한 개념이라고 본다. 다시 말해서 이것은 죽음은 생명의 마지막이 아니라 새로운 삶, 즉 영생을 위한 시작점이기에 죽음에 대해 긍정적 태도를 지닐 수 있는 근거가 된다. 그러나 죽음 직후의 인간에 대한 묘사는 나타나지 않고 있다.

Ⅲ. 기독교에서의 죽음 이해

그리고 육신은 죽여도 영혼은 죽이지 못하는 사람들을 두려워하지 말고 영혼과 육신을 아울러 지옥에 던져 멸망시킬 수 있는 분을 두려워 하여라.(마태오 10:28)

육적인 것은 아무 쓸모가 없지만, 영적인 것은 생명을 준다. 내가 너희에게 한 말은 영적인 것이며 생명이다.(요한 6:63)

신약성서에서 영혼의 중요성을 강조하면서 육체는 죽을지언정 영혼은 영생을 얻을 수 있음을 나타내는 부분이다. 일반적으로 기독교에서는 인간이 영혼과 육체의 조합으로 이루어져 있다고 본다. 육신은 흙으로부터 창조된 존재이므로 죽으면 흙으로 돌아가지만, 영혼은 육체의 죽음 이후에도 죽지 않고 살게 된다. 다시 말해서 죽음이란 영혼과 육체의 분리를 말하며 동시에 육체의 죽음을 말할 뿐 영혼의 죽음까지 말하는 것은 아니다.

토마스 아퀴나스는 영혼이 생명의 제일 원리이며 인간의 영혼은 육체로부터 독립적으로 그 자체 '자립하는(subsistens)' 어떤 것이라고 하였다. 또한 '인간은 형상(形相)인 영혼과 질료(質料)인 육체로 구성되어 있다'고 하면서 영혼은 불멸적(incorruptibilis)이며 육체로부터 독립적인 것으로 규정하고 있다.[4] 이러한 영혼과 육체의 결합이라는 관념은 희랍철학의 영향을 받은 것이 분명해 보인다. 다만 토마스 아퀴나스는 인간에게 본질적으로 다른 3가지 혼이 있다는 플라톤의 주장은 잘못되었다고 비판한다.[5]

영혼과 육체의 결합으로서의 인간, 그리고 죽음은 영혼과 육체의 분리라는 개념은 천주교나 대부분의 개신교에서 모두 공통으로 받아들이는 과정이다. 종교개혁가인 캘빈(Calvin)도 사람이 죽으면 영과 육이 분리된다고 하였다. 그는 영과 혼을 구분하지 않고 사용하면서 사람이 죽으면 혼은 육을 떠나 본향으로 간다고 보았는데, 그 본향은 아브라함의 품이다.[6] 캘빈에게 있어 몸은 밑으로부터 오고 영혼은 위로부터 온다. 몸은 생식과 출생을 통하여 간접적으로 창조되는 데 반하여 영혼은 몸의 출현과 동시에 하느님에 의해 직접 창조된

---

4 Giacomo Dal Sasso-Roberto Coggi, *Compendio della Somma Teologica di San Tommaso d'Aquino,* 이재룡, 이동익, 조규만 옮김, 『성 토마스 아퀴나스의 신학대전 요약』개정판, 가톨릭대학교 출판부, 2001, 94~97쪽.

5 위의 책.

6 Oscar Cullmann, 전경연 역, 『영혼불멸과 죽은 자의 부활』, 한신대학교출판부, 1991, 115~116쪽. 김두리, 「기독교 관점에서의 죽음에 관한 연구」, 영남신학대학교 석사학위논문, 2007, 20쪽에서 재인용.

다. 사람의 영혼은 몸과는 별도의 실체를 가지며 불멸적 존재이다. 캘빈은 육체를 영혼과 비교하여 평가 절하하고 육체를 영혼의 감옥으로, 썩어가고 있는 시체로 비유하기도 한다.[7]

한편 중세의 기독교에서는 죽은 후 영혼이 거처하는 장소는 다섯 곳이 있다고 한다. 낙원(천당), 연옥, 지옥, 그리고 성조[8]들의 림보(Limbus, 고성소), 유아들의 림보가 그곳들이다. 림보는 지옥의 가장자리로 역시 고통은 있지만, 지옥에는 비할 바가 못 된다. 또한, 그곳은 구원의 희망도 있는 곳이다.[9] 그러나 현대의 기독교에서 림보라는 장소는 거론되지 않고 있으며 천국, 연옥, 지옥이라는 공간만이 중시된다.

기독교의 죽음 이해에서 언급되어야 할 또 하나의 주제는 부활이란 개념이다. 인간은 죽음 후에 모두 부활할 수 있다는 믿음은 예수 그리스도의 죽음과 부활이란 사건을 통해 전파되었다. 니케아 신경이나 사도신경에도 부활에 대한 믿음이 언급되어 있다. 그러나 언제 부활할 것인지는 아무도 알 수 없다. 그것은 세상의 마지막 날에 예수 그리스도의 재림과 함께 일어날 일이기 때문이다. 그런데 부활이란 사건이 일어나려면 모든 사람은 반드시 죽어야 한다. 그러므로 세상의 마지막 날에는 살아있는 모든 사람이 죽고 그 육체는 재(灰)가 된다고 한다.[10] 모든 사람이 죽은 이후 의인이나 악인을 가릴 것

---

7 오주철, 「영혼불멸인가, 죽은 자의 부활인가?」, 계명대학교 석사학위논문, 2005, 38쪽.

8 성조들이란 아브라함과 같은 신앙의 선조들을 말하는데, 그들은 비록 세례를 받지는 못했지만, 예수 그리스도의 죽음 이후 구원을 받았다고 한다.

9 이재룡, 이동익, 조규만 옮김, 앞의 책, 557~574쪽. 이 부분은 토마스 아퀴나스가 직접 집필한 것이 아니라 그의 익명의 제자가 보충한 것이다.

10 위의 책.

없이 모든 사람이 부활한다. 그리고 다시 자신의 죄과에 따라 영원한 복을 누리거나 영원히 벌을 받게 되는 것이다.

그런데 어떤 모양으로 부활한다는 것일까? 부활이란 죽음 이후 영혼은 죽지 않고 살아있다가 하느님에 의해 육신과 결합하는 것이다. 인간의 죽음 이후 영혼과 분리된 육체는 썩어 없어지지만, 부활의 순간이 되면 하느님에 의해 그 육체가 다시 생겨나 영혼과 결합하여 생명을 얻는다고 한다. 이때 새로 생겨나 영혼과 결합된 육체는 과거 죽을 때의 육체와 같지만, 차이점이 있다. 과거에는 죽을 운명의 육체였다면 이제는 영원히 죽지 않을 불사의 옷을 입은 육체이다. 따라서 부활 이후에는 영원한 삶을 이어가게 된다는 것이다.[11]

이 논리에 따른다면 죽음 이후 천국에 가거나 혹은 지옥에 가게 된 영혼도 모두 부활한다고 이해될 수 있다. 그런데 이미 천국에 있는데 왜 부활해야 하는가? 영혼도 인간이지만 육체가 없는 영혼은 완전한 인간이 될 수 없다는 것이다. 그러므로 개인적 죽음 이후 영혼만의 천국이나 지옥은 완전한 상벌이 될 수 없다. 부활이라는 사건을 통해 완전한 인간이 된 후에라야 제대로 된 상벌이 되는 것이다. 따라서 모든 인간은 세상의 종말에 부활하게 되고 그 이후 완전체로서의 인간으로서 영원히 살게 될 것이라고 한다.[12]

한편 루터(Luther)는 몸과 영혼의 분리를 반대하고 영혼의 불멸 대신에 사람이 죽으면 잠자는 상태에 들어가 있다가 마지막 날 전인으로 부활한다고 함으로써 "죽은 자의 잠" 또는 "영혼의 잠"으로 죽음

---

11 위의 책.
12 위의 책.

을 이해했다.[13] 칼 바르트(Karl Barth)도 죽음으로 인해 영혼과 몸의 분리가 일어나는 것은 아니라고 주장한다. 바르트에 의하면 영혼은 개인의 특정한 생명이다. 그런 점에서 몸과 구별되어야 하지만, 몸으로부터 분리되지는 않는다. 따라서 독자적인 존재라거나 소멸되지 않는 불멸적인 것, 그리고 몸보다 더 우월한 것으로서의 영혼을 보는 것은 비성서적이라고 한다. 그는 죽음 이후에도 계속 존속하는 것은 영혼이 아니라 몸이라는 주장으로까지 나아간다. 즉 불멸은 몸이 불멸하는 것이며, 그것은 부활을 통해 이루어지며 하느님에 의해 행해지는 것이다.[14]

죽음이 영혼과 육신의 분리가 아니지만 잠을 자고 있다거나 불멸한다는 것과는 달리 인간 전체의 죽음이라고 하는 주장도 있다. 이 주장에 따른다면 인간은 영혼과 육신이라는 서로 다른 어떤 것의 결합이 아니라 인간을 보는 입장에 따라 영혼과 육신으로 서로 달리 부를 뿐 영육통합체로서의 인간으로 보아야 한다. 즉 영혼과 육신의 분리라는 것은 애초에 성립할 수 없다는 것이다. 따라서 인간의 죽음은 영혼과 육신의 분리가 아니라 그냥 영육통합체로서의 인간의 죽음일 뿐이다. 죽음을 영혼과 육신의 분리라고 주장한다면 부활이라는 개념에도 맞지 않는다는 것이다. 만일 죽음이 영혼과 육신의 분리라면 예수그리스도의 죽음과 부활은 완전한 죽음과 부활이 아니라 다만 육신만 죽고 영혼은 죽은 것이 아니기 때문에 진정한 의미

---

13 최태영, 『그리스도인은 죽을 때 부활한다』, 아름다운 사람들, 2000, 98쪽. 김두리,
    앞의 논문, 25쪽에서 재인용.
14 오주철, 앞의 논문, 96~97쪽.

의 죽음과 부활이 아니라는 것이다.[15]

그러나 이런 주장에도 불구하고 대부분의 기독교에서는 죽음이란 영혼과 육신이 서로 분리되어 영혼은 영원히 살아남고, 육신은 죽어 흙으로 돌아간다는 믿음을 지니고 있으며 공식적으로 그렇게 가르치고 있다. 대한예수교장로회(통합)를 비롯한 개신교 교단들의 신앙고백서에는 죽음 이후 육체는 처음 창조된 대로 흙으로 돌아가며 영혼은 하느님께로 돌아가 빛과 영광 안에 있을 것이라고 한다. 다시 말해서 죽음을 영혼과 육체의 분리로 보고 있는 것이다. 한국천주교주교회의 신앙교리위원회가 편찬한 가톨릭교리서에도 죽음을 육신과 영혼의 분리라고 규정하고 있다.[16] 또한, 영혼이 죽지 않고 영생을 한다고 하더라도 부활이라는 논리에 어긋난다고 보지 않는다.[17]

영혼 불멸이나 육체의 죽음에 대한 관념은 공통적이지만 죽음 이후 영혼이 가는 세계는 천주교와 개신교에서 차이를 보인다. 천주교는 인간의 사후 육신과 분리된 영혼은 천국, 연옥, 지옥의 세 곳 가운데 한 곳으로 간다고 본다. 반면에 개신교에서는 연옥에 대한 교리를 부정하고 천국과 지옥의 두 곳만을 받아들인다.

천주교의 내세관은 천주교의 사후 의례, 즉 상장례와 죽은 이를

---

15 이에 대한 자세한 설명은 김상득, 「부활을 통해 본 기독교적 몸, 영혼 그리고 죽음」, 『석당논총』 33, 동아대학교 석당학술원, 2003 참조.

16 주교회의 신앙교리위원회, 『죽음·심판·지옥·천국』, 한국천주교중앙협의회, 2013, 16쪽.

17 이에 반해 한국기독교장로회의 신앙고백서에는 인간을 이해함에 있어서 육체와 영혼의 통일체로 이해하고 있다. 오주철, 앞의 논문, 113쪽.

위한 기도에서 나타난다. 천주교에서는 신자가 죽게 되면 신자들이 돌아가면서 장례가 끝날 때까지 위령기도(연도)를 지속적으로 바친다. 위령기도는 시편으로부터 시작해서 성인호칭기도와 찬미와 간구를 구하는 기도 등으로 이루어져 있는데, 이 기도를 바치는 기본목적은 죽음을 맞은 사람의 영혼을 불쌍하게 여겨서 살아있을 때의 죄를 없애고 천국으로 빨리 가게 해달라는 요청을 하느님에게 하는 것이다.

천주교 교리에 의하면 죽은 영혼은 대체로 연옥에 가게 된다. 연옥은 천국과 지옥 사이에 있는 곳으로 죄를 지었으나 살아있을 때 그 죄를 뉘우치거나 아니면 지옥에 갈 만큼의 죄는 짓지 않은 영혼이 가는 곳이다. 연옥에 대한 교리는 부분적으로 전해오다가 1439년의 피렌체 공의회와 트리엔트 공의회(1545~1563)를 통해서 연옥에 있는 영혼들의 기도가 중요함을 선포하면서 공식화되었다.[18] 이런 연옥 교리를 바탕으로 천주교에서는 신자가 죽으면 그 영혼은 대부분 연옥으로 간다고 믿는다. 대부분의 신자가 죽기 전에 병자성사를 받게 되는데, 병자성사를 받기 전 마지막 고해성사를 받기 때문에 이것을 통해 죄가 대부분 사함을 받게 된다고 여기기 때문이다.

연옥으로 간 영혼은, 그럼에도 불구하고 현세에서 그가 지은 죄악에 따라 일정 기간 연옥에서 불로 정화되어야 한다고 본다. 그런데 살아있는 사람들이 많은 기도를 바칠수록 정화 기간이 줄어들고 그것을 천국에 있는 성인들의 기도와 함께할 때 더욱 많은 영향을 주는

---

18 최영철, 「연옥」, 『한국가톨릭대사전』 9, 한국교회사연구소, 2002, 6155쪽.

것이다. 그렇기에 살아있는 사람들이 하느님께 기도를 많이 바칠수록 연옥에 있는 영혼에게는 보다 일찍 천국에 들어갈 수 있는 힘이 된다. 이것은 비단 위령기도에만 해당되는 것이 아니라 위령미사를 통해서도 그 효과를 높일 수 있다고 본다. 따라서 죽음 이후에도 기일을 맞아, 혹은 산소를 찾아서 위령기도를 바치는 것이 살아남은 자들이 조상들을 위해서 해야 할 의무이기도 하다.

과거 천주교에서는 제사를 금지하였지만, 1939년의 교황청 훈령을 통해 제사를 허용하는 쪽으로 바뀌게 되었다. 그러나 이때의 제사도 엄밀히 말하면 제사라는 용어를 사용할 뿐 유교식의 제사가 아닌 천주교식의 제사라고 해야 할 것이다. 즉 겉으로 보기에는 비슷하지만, 천주교식의 제사에는 죽은 이를 위한 기도를 중심으로 이루어져 있기 때문이다. 이러한 제사에는 기도 이외에 죽은 이를 추모하고, 가족 간의 화합을 도모하는 등의 여러 가지 다른 의미도 내포되어 있다.

개신교에서도 죽은 사람의 영혼은 죽지 않는다는 것을 믿지만 내세에 대해서는 차이가 있다. 개신교에서는 일단 연옥의 존재를 부정한다. 연옥 교리에 대한 성서적 근거를 찾을 수 없는 것도 연옥 교리를 부정하는 기본적인 이유이다. 따라서 개신교에서는 사람이 죽으면 그 사람이 현세에서 행한 공과에 따라 사후에 하느님의 심판을 받는 것이 남아 있을 뿐, 그 이외 다른 요소가 개입할 여지는 없다. 죽은 사람을 위해 기도해 보아야 이미 그 사람의 영혼은 천국에 있거나 아니면 지옥에 있을 것이다. 이미 천국에 간 사람을 위해 별도로 기도할 필요도 없고, 지옥에 있다고 하더라도 그를 위해 기도할 필요가 없다. 한번 지옥에 간 영혼은 천주교나 개신교를 막론하고 영원히 벌을 받아야 하기 때문이다.

그러므로 개신교의 상장례는 죽은 사람을 위한 기도보다는 살아 있는 사람들에 초점을 맞춘다. 죽은 사람을 위해 하느님께 기도하는 것이 아니라 죽은 이를 추모하고 살아있는 유가족을 위로하는 것이 중심이다. 죽은 사람을 천국으로 보내 달라는 기도보다는 유가족의 슬픔을 위로하고 죽은 사람에 대한 기억과 이별이 추도예배의 주제이다.[19] 개신교에서 제사를 바라보는 시각도 이와 다르지 않다. 다만 제사에 대해서는 몇 가지 논란이 있다. 전통적인 제사를 개신교식으로 해석해서 불가한 것을 제외하고 받아들이려는 입장, 전통제사와 개신교의 추모예배를 절충해서 새로운 의례를 추구하는 입장, 그리고 개신교의 죽음 이해에 따른 절대적 불가의 입장 등이 있다. 그러나 어떤 경우라 하더라도 죽은 자를 위한 의례는 한계를 보인다는 면에서는 공통점을 가지고 있다.

천주교와 개신교가 받아들이는 죽음 이해에 대한 공통적 입장은 영혼의 불멸과 천국과 지옥이라는 세계가 존재한다는 것이다. 그러나 천주교는 개신교와 달리 연옥에 대한 교리와 함께 사후에도 구원될 수 있다는 믿음을 지녔다는 차이가 있다. 이와 더불어 연옥에 있는 영혼을 위해 살아있는 사람들이 하느님께 기도를 올리면 그 영혼이 더 빨리 구원될 수 있다는 믿음의 차이도 있다. 천국과 지옥이라는 사후 세계에 관한 관념과 영혼의 불멸이라는 공통점 이외에 또 다

---

19 최진봉, 「죽음의 해석으로서의 상례 예식(1)」『교육교회』418, 장로회신학대학교 기독교교육연구원, 2012, 43~46쪽.

른 공통점이 있다. 그것은 죽은 사람과 살아있는 사람의 분리이다.

죽음이 두렵다는 것은 잊힐 것이라는 생각과 홀로 죽음을 겪어야 한다는 고독감이 크게 작용한 결과일 것이다. 기독교 신앙은 죽음을 구원의 은총으로 해석한다. 또한, 기독교 신앙은 그리스도의 부활을 죽은 자의 부활과 연결시킨다. 죽음은 육신의 죽음을 통해 영원한 생명으로 들어가는 승리의 소식이며, 소망의 선포인 것이다. 이런 점에서 죽음은 끝이 아니라 새로운 생명을 덧입는 시작이다. 기독교 복음 안에서 죽음은 삶의 신비요, 구원의 은총이다.[20]

그러므로 기독교에서 바라보는 죽음에 대한 시각은 죽음이 더는 두렵거나 외로운 것이 아니라고 하는 것이다. 그것은 죽음이 끝이 아니라 새로운 시작이며, 영원한 생명으로 가는 출발점이다.

Ⅳ. 기독교 죽음 이해의 영향

한국의 전통적 상제례를 보면 죽은 이와 지속적으로 교감하고 통교한다. 죽은 이들은 살아있는 사람들에게 영향을 미칠 수 있고, 살아있는 사람도 죽은 사람에게 영향을 줄 수 있다. 또한, 그것은 직접적이다. 다시 말해서 제사와 같은 의례를 통해 살아있는 사람은 죽은 사람과 직접 연결된다.

죽음을 불멸하는 영혼과 육체의 분리로 보던, 잠자는 전인적 인간

---

20 위의 글, 42~43쪽.

으로 보던, 완전한 죽음으로 보던, 기독교에는 부활이라는 메시지를 담고 있기 때문에 언젠가는 다시 살아나 영생한다는 믿음을 지니고 있다. 그러나 어떤 시각으로 보던지 살아있는 사람은 죽은 사람과 단절된다는 면에서 공통점이 있다. 죽은 사람은 하느님의 판결에 따라 다음 세계의 운명이 정해질 뿐이다. 천주교의 연옥에 대한 관념도 산사람과 죽은 사람을 분리한다는 면을 지니고 있다. 천주교에서 죽은 사람을 위해 기도하지만, 그것은 사실 죽은 사람과 직접 소통하는 것이 아니라 하느님을 통해 간접적으로 영향을 줄 뿐이다. 그러므로 천주교나 개신교 모두 누군가 죽음을 맞게 되면 단지 살아있는 사람과의 분리만 존재할 뿐이다. 신이란 매개자는 이런 연결을 단절시켰다. 물론 기독교 교리에 따른다면 살아남은 후손들도 언젠가는 죽음을 맞이할 것이고 따라서 사후에 조상들과 다시 만날 것이라는 기대감이 있다. 이런 입장을 받아들인다고 하더라도 적어도 살아있는 동안 조상들과의 소통은 기대할 수 없는 것이다.

과거 한국 사회에서 죽음에 대한 이해는 민속, 또는 무속적인 기반 위에 유교 및 불교와 같은 종교의 죽음관이 덧붙여져서 이루어졌다. 무속에서의 죽음 이해는 이승과 저승을 구분하고 저승은 죽은 사람이 갈 곳이기도 하지만, 이승에 오기 전에 머물렀던 곳이기도 하다. 그곳은 천상계일 수도 있고, 지하계일 수도 있고 경우에 따라 무덤 속이 될 수도 있었다. 저승에서 심판을 받아 벌을 받는다는 개념도 있었지만, 저승으로 묘사되는 것이 일반적이었다. 다만 원한을 가지고 죽음에 이르게 된 사람은 마땅히 가야 할 저승으로 가지 못하고 이승에서 살아있는 사람에게 영향을 준다는 믿음이 공존하였다.

이러한 기반 위에 유교적인 사후관념과 불교적인 사후관념이 복합적으로 작용하여 한국인의 죽음관 형성에 영향을 주었다.

현대사회의 죽음에 대한 이해는 여기에 기독교적인 영향이 반영되어 있다고 본다. 불교와 유교의 관념이 다르고 행하는 의례의 차이가 있기는 하지만, 사회 일반에서 죽음을 처리하는 방식에는 급속한 변화가 나타나고 있다. 이러한 변화는 죽음을 어떻게 이해하고 있는가에 따라 그 처리 방식에 영향을 주고 있을 것이기 때문이다.

가장 먼저 떠오르는 변화는 전통 사회에서의 죽음에는 정상적인 죽음과 비정상적인 죽음을 구분해서 받아들였다는 것이다. 물론 어떤 것이 정상적인지 비정상적인지를 칼로 자르듯이 정확히 나눌 수는 없겠지만, 대략의 사례들은 알려져 있다. 이에 따라 죽음을 처리하는 방식인 의례, 즉 상례나 제사에도 차이가 있다. 그러나 사회가 복잡해지면서 이러한 구분은 점차 모호해져 가고 있다. 물론 아직도 이러한 관념이 부분적으로 남아 있기는 하다.

다음으로 눈에 띄는 것은 죽음의례의 진행 과정이다. 상례는 일생의례의 한 부분이며 가장 마지막 의례이다. 죽음에 대한 부정이나 외면 등이 자리하고 있지만 일단 죽음을 맞은 사람이 있다면 최선을 다해 그의 마지막 통과의례를 치르게 된다. 마지막 통과의례인 상례는 지방마다 가문마다 종교마다 차이를 보인다. 현대사회의 상례는 대부분 병원 장례식장에서 장례전문가라고 하는 장례 전문회사의 기술자들에 의해 장례가 진행된다. 전문가이다 보니 이들은 모든 종교의 상례 방식을 습득해서 각각의 종교에 맞게 진행한다. 이때 각 가문이나 지방의 장례풍속은 끼어들 틈이 없다.

그러나 전통 사회에서는 마지막 통과의례인 상례로 모든 것이 종료되지 않는다. 살아있는 사람은 죽음 이후의 영혼에 대해 지속적인 상호 소통의 과정을 거치게 된다. 매해 기일마다 하는 기제사 이외에도 추석과 설날의 차례, 시제, 묘제, 한식 등 다양한 형태의 소통과정들이 있었다. 죽음 이후에도 조상과 후손은 지속해서 교감을 갖는 것이다. 그러나 현대사회는 점차 이러한 것들이 사라지고 있다.

죽음을 맞는 과정도 과거에는 집에서 모든 자손이 지켜보는 가운데 죽음을 맞는 것을 가장 행복한 죽음으로 여겼지만, 현대사회에서 이렇듯 죽음을 맞는 사례는 지극히 희박하다. 대부분이 입원실에서, 중환자실에서, 그리고 거리를 비롯한 외부에서 죽음을 맞는다. 물론 이 가운데 가장 으뜸은 병원에서의 죽음일 것이다. 병을 앓고 이미 의사의 손길이 떠났음에도 불구하고 죽음을 맞기 위해 병원으로 가고 죽음을 맞고 난 이후에도 병원이나 장례식장으로 떠난다.

이와 더불어 시체를 처리하는 방식도 변화되었다. 자신의 집에서 죽음을 맞이하고 무덤에 묻힐 때까지 가족들과 함께했던 과거의 모습은 사라지고 이제는 죽음을 맞는 순간 병원이나 장례식장의 비좁은 냉장고 안에 몸을 뉠 뿐이다. 염습하고 입관을 하기까지 시체는 차디찬 냉장고에 머물러 있다.

매장을 고집하던 태도도 최근 10년간 커다란 변화가 발생하였다. 1990년대 한국의 언론은 보수와 진보를 막론하고 '매장을 고집하는 문화로 인해 매년 여의도 면적의 몇 배가 사라지고 있다'는 내용의 보도를 통해 화장 문화를 적극적으로 전파하였다. 이러한 경향은 2000년대 초까지 반복적으로 언급되었다. 이러한 영향 때문인지는 모르겠지만, 2005년 화장률이 52.7%를 기록한 이후 지속해서 상승하여 2013년 76.9%에 도달하였다는 것이 보건복지부의 발표였다. 이에 따라 납골 문화가 일반적으로 자리하고 드라마에서도 죽은 부모의 묘지를 찾기보다는 납골당을 찾는 모습이 더 자주 나타난다. 그러나 현재는 이 납골 방식에 다시 이의가 제기된 상태이다. 석물 구조로 납골묘를 만들어 자연을 심하게 훼손시키고 있다는 것이 주된 내용으로 이제는 납골을 고집할 것이 아니라 수목장 등과 같은 자연장에 대한 선호도를 알리는 글들이 나타나고 있다.

　이러한 죽음 처리 방식이 잘된 것이라거나 잘못된 것이라는 것을 언급하는 것은 결코 아니다. 그것을 논의하는 것은 또 다른 문제이다. 다만 과거와 달라진 현대사회의 죽음 문화를 언급할 뿐이다. 이러한 죽음 문화의 변화는 사실 우리 사회의 급속한 변화와 맞물려 있다. 핵가족화, 다자녀 및 출산율의 급속한 저하, 도시화, 산업화, 전통가옥의 몰락 등 다양한 면들이 죽음 문화에 기본적으로 영향을 주고 있다고 본다.

　그러나 이러한 것들이 외형적인 원인이라고 본다면 이념적인 변화의 원인으로 기독교의 죽음 문화가 아닐까 여겨진다. 죽음 이후에는 더는 산 사람이 영향을 줄 수 없고 살아남은 자와 죽은 자의 분리가 이런 변화의 이념을 은연중에 제공한 것은 아닐까? 사실 전통장례문화와 비교하면 정도의 차이는 있을지언정 천주교나 개신교의 장례는 매우 단순하다고 할 수 있다. 그곳에는 앞으로가 존재하지 않는다. 다만 죽은 자와 살아있는 자의 이별만이 존재할 뿐이다. 앞에서 언급했듯이 급격하게 변화된 현대 한국 사회의 장례문화를 보면 서둘러 이별하는 일만 남은 것처럼 보인다. 물론 기독교의 의례에서 현재의 이별은 영원한 이별이 아니며, 후일 천국에서 하느님 안에 영원히 함께할 것을 내용으로 하는 것이 들어 있다.

정상적인 죽음과 비정상적인 죽음을 가리는 것은 기독교 전통과 거리가 멀다. 다만 예외가 있다면 자살의 경우이다. 개신교에서는 교파에 따라 차별을 보이지만, 천주교에서는 자살이 대죄에 속하며 회개의 기회도 스스로 박탈한 것이기에 지옥에 갈 수밖에 없다고 믿는다. 그래서 자살한 사람을 위한 미사나 기도 등도 금지되었었다. 그러나 천주교의 자살에 대한 강력한 거부도 서서히 변화되어 가고 있다. 1983년 교황청에서는 자살자의 미사 금지조항을 삭제하였으며, 현재는 자살한 사람도 미사를 지낼 수 있도록 하고 있다. 하지만 죽음의례도 천주교나 개신교 모두 죽은 자와의 이별이 중심이라고 본다. 물론 지향하는 바에는 차이가 있지만 결국 그것도 이별이 중심테마라고 생각한다.

천주교는 한국 전래 초기 제사에 반대하였다. 이것이 주요 원인이되어 많은 사람이 목숨을 잃었다. 그러나 후일 제사를 인정하는 쪽으로 방향을 수정하였다. 그러나 현재 시행되고 있는 천주교식 제사는 전통적인 제사와는 다르다. 상례에서 하던 천주교식의 기도가 제사 때에 되풀이되는 것이다. 죽은 사람과의 교섭은 존재하지 않게 된다. 신을 매개로 간접적 영향을 줄 뿐이다. 기독교의 죽음관에 따른다면 죽음을 맞는 이에게 더 중요한 것은 살아있는 사람들과의 정리보다는 사후 세계에서의 행선지이다.

1999년의 한겨레신문(3월 11일) 조사에서 전체 평균 65%에 비해 천주교와 개신교 신자들이 화장에 찬성하는 비율이 70.6%, 69.2%로 높게 나타났다고 한다. 천주교는 과거 1963년 교황청에서 공식적으로 화장을 금지하지 않는다는 입장을 발표하였다. 과거 기독교인들의 부활에 대한 믿음 때문에 매장을 고집하는 것으로 알려졌지만, 사실 이것은 단순히 기독교적 믿음보다는 유교적 관념이 더 크게 작용한 것이라고 본다.

한국의 죽음 문화가 이렇듯 변화하게 된 가장 큰 원인은 산업화, 도시화, 핵가족화, 서구화 등의 요인들 이외에 산아제한정책, 가정의례준칙 등등 다양한 제도들도 원인이 될 것이다. 그러나 그 이면에 이러한 정책이나 변화환경을 급속히 받아들일 수 있는 이념적 기반은 바로 죽은 조상과의 단절, 영혼 개념 중심의 죽음관 등이 자리한 것으로 본다.

V. 나가는 말

기독교에서 죽음을 바라보는 일반적 인식은 죽은 자와 살아있는 자의 분리라고 본다. 살아있는 사람과 죽은 사람 간의 소통은 더는 존재하지 않는다. 1980~2000년대를 거치면서 기독교의 죽음 문화가 한국 사람들에게 이러한 분리의식을 심어준 것은 아닐까? 현대인들이 죽은 사람들을 보면서 위안으로 삼는 말들이 있다. 죽은 사람이 간 곳은 현세보다 평안하고 좋은 세상일 것이라는 말이다. 조문의 말일 수도 있지만, 이것은 사후 세계에 대한 인식을 드러낸 말이기도

하다. 사실 전통적인 관념은 죽은 사람은 저승에만 무사히 잘 가면 된다. 좋은 세계와 나쁜 세계를 크게 구분하지는 않는다.

물론 여기서 죽은 사람과 산 사람이 죽음이라는 사건을 통해 어느 날 갑자기 영원히 이별한다는 관념이 옳고 그름을 말하려는 것은 아니다. 관념이야 어떠하던 이미 죽은 사람을 산 사람의 힘으로 어찌지 못한다는 것도 받아들일 수 있다. 그러나 그렇다고 하더라도 갑자기 불쑥 찾아온 재회 불가능한 이별을 단번에 받아들이기에 죽음은 너무나 인간을 무기력하게 하는 사건이다. 오히려 재회가 불가능한 이별이기에 더욱 정리의 시간이 필요한 것은 아닐까?

물론 예고된 죽음도 있겠지만, 어느 날 갑자기, 더구나 전혀 상상하지 못하고 불쑥 찾아온 죽음은 더더욱 살아남은 사람들의 정리가 필요할 것이라 본다. 죽은 영혼이 천국에 갔을 것이니, 아니면 이미 지옥에 떨어졌으니 더는 나와 무관하다고? 아마도 이런 방식의 죽음 처리는 살아있는 사람을 위해서도 바람직하지 않아 보인다. 대부분의 죽음의례가 죽은 자들을 위한다고 하지만, 그보다는 살아남은 자들을 위한 것이 더 크다고 본다.

기독교의 맥락에서 보면 죽음은 새로운 삶의 시작이다. 그곳이 천국이든 연옥이든 지옥이든 이제까지 경험하지 못한 삶을 시작하는 것이다. 과거 한국의 전통적 사고는 죽음 이후에도 조상과 상호 교류라는 통로가 마련되었다. 살아있는 사람의 입장만을 놓고 본다면 그것은 죽은 조상을 정리하는 과정이었다. 그러나 기독교 전통은 이런 조상과의 직접 교류를 신과의 소통으로 바꾸어 놓았다. 이제 조상과의 관계는 단절된 것이다.

입장은 다소 다르지만 몰트만은 유교문화권에서 이뤄지는 조상 제례의 의미를 언급하고 있다. 몰트만은 산자와 죽은 자간의 공동체적 연대성을 위한 조상 제례의 유의미성을 충분히 인정한다. 조상 제례야말로 서구가 결여한 회상의 문화를 유지, 보존한 구체적 증거라는 것이다.[21] 물론 몰트만이 조상 제례의 장점만을 이야기한 것은 아니지만, 기독교에서 결여된 죽은 조상과의 소통 내지 조상을 회상하는 문화가 기독교에도 필요하다고 보고 있는 것이다.

▌『목요철학』 12호, 계명대학교 목요철학원, 2014. 12.

---

21 이정배, 「켄 윌버의 四象限(four quadrants)에서 본 기독교적 죽음 이해」, 『동양철학연구』 55, 동양철학연구회, 2008, 94~95쪽.

제4장

한국 천주교의 수련 문화

Ⅰ. 개설

이 연구는 현대 한국천주교의 수련 문화에 대한 조사와 이해에 목적을 두고 있다. 수련이라는 말은 어떤 것을 익히고 닦아서 훈련한다는 의미를 지닌다. 종교적 수련은 종교적으로 어떤 행위나 의식을 익혀서 어느 단계에까지 도달함을 일컫는 것이다. 그러므로 종교적 수련이란 육체적인 측면보다는 정신적인 측면을 더 강조하는 것으로 이해해야 한다.

한국천주교의 수련 문화를 언급할 때 수련이라는 용어는 오히려 제한적인 범위에서 사용되며, 그보다는 피정, 기도와 같은 용어들이 더 일반적으로 사용된다. 한국천주교 수련 문화의 대부분은 피정이란 이름으로 진행된다. 성직자, 수도자, 일반 신자들 모두에게 적용될 수 있는 것이 피정, 기도와 같은 용어들이다. 물론 각각의 위치에 따라 다르게 적용되고 특별하게 부르는 경우도 있지만, 일반적으로 이러한 용어를 사용하고 있다. 천주교에서 수련이라는 용어를 사용할 때는 수도원을 고려하지 않으면 안 된다. 왜냐하면, 한국천주교의 많은 남녀 수도원들은 각각의 수련 문화를 가지고 있기 때문이다.

한국천주교의 수련 문화가 수도원을 중심으로 이루어지고 있는 것은 사실이지만 여기에서 말하는 수련 문화란 그보다는 좀 더 포괄적인 의미로 사용된다. 여기에서 말하는 한국천주교의 수련 문화는 수도원에서 하는 훈련으로서의 수련뿐만 아니라 성직자와 일반 신자들을 모두 포함하는 것이다. 즉, 성직자나 수도자, 그리고 일반 평신도들을 포함한 모든 한국의 천주교인들을 대상으로 하는 수련 문화를 말하려는 것이다. 그러므로 여기에서는 수도원의 수련법 가운데 일반 신자들과 비신자들을 포함한 모두에게 공개된 수련법, 그 가운데서도 현재 천주교에서 가장 잘 알려진 수련법 몇 가지를 중심으로 서술할 것이다.

이에 앞서 천주교 수도원에 대한 간단한 언급이 필요할 것이다. 그 이유는 여기에서 말하려는 수련 문화는 모두 수도원에 그 기원을 두고 있거나 수도원의 수련프로그램이 일반에게 개방된 것들이기 때문이다. 다시 말해서 여기에서 소개할 수련법들은 성직자, 수도자, 평신도를 모두 포함한 천주교 신자들과 비신자들 모두에게 개방된 것들인데, 이 프로그램들은 모두 수도원의 수련법이거나 아니면 수도원을 기원으로 하는 수련법이기 때문이다. 그러므로 천주교의 수도원 문화에 대한 기본적 이해가 필요할 것이다. 그러므로 수도원에 대한 개괄적 논의가 필요하다고 생각된다.

한편 천주교에서는 수련 문화를 다양한 용어들로 표현하고 있는데, 각 용어의 차이점들을 명확하게 구별하여 이해하기는 사실상 어렵다. 그 이유는 첫 번째, 한국천주교에서 사용하는 용어 대부분이 라틴어를 비롯한 외국어를 번역해서 사용하고 있기 때문에 그러하다. 한국의 천주교는 서양으로부터 유입된 종교이므로 한국천주교에서 행하는 수련 문화도 서양에 기원을 둔 것이 대부분이다. 물론 한국에서 기원한 것도 있지만 그러한 것들도 서양의 천주교 문화를 바탕에 깔고 있다. 이처럼 서양문화에서 기원한 외국어를 우리말로 정확하게 번역하기란 매우 어렵다. 이런 이유로 인해 외국어 발음을 그대로 가져와서 사용하는 경우들이 있다.

두 번째, 용어의 정확한 의미를 파악하기 위해 가톨릭 사전을 비롯한 관련 서적들을 찾아보아도 그 안에서 설명하고 있는 내용은 추상적이고 관념적인 경우가 많아서 역시 이해하기 어렵다. 이것은 일반인뿐만 아니라 보통의 천주교 신자들에게도 해당한다.

세 번째, 대부분의 수련 문화는 그것을 실제로 체험했던 신비가들의 심오한 체험과 깨달음을 말하는 것이기 때문에 보통의 사람들이 알아듣기 어려운 경우가 대부분이다. 따라서 그런 경험을 하지 않은 일반인이 그 내용을 알아듣기란 쉽지 않다.

네 번째로, 한국천주교 자체에서 각각의 용어에 대해 체계적으로 설명되어 있는 경우를 찾기 어렵고, 또한 어떤 경우에는 아예 설명이 누락된 경우도 있기 때문에 역시 일반인이 그것을 이해하기란 어렵다.

이러한 이유들로 인해 천주교 수련 문화와 관련된 용어를 이해하는 것이 어렵기는 하지만, 이 연구의 목적이 한국천주교의 수련 문화를 조사하고 이해하는 것이기 때문에 천주교에서 사용하는 각각의 용어에 대해 간단하게나마 미리 언급하는 것이 필요하다고 본다. 그러므로 먼저 천주교 수도원의 이해를 위해 한국천주교 수도원에 대해 알아보고 다음으로 수련 문화에서 사용하고 있는 각각의 용어에 대해 알아볼 것이다. 그리고 각각의 수련 문화를 종류별로 나누어 그것을 실행하는 수도원이나 단체와 함께 알아볼 것이다.

II. 천주교 수도원

천주교에서 수도자들이 모여 공동생활을 하는 장소를 수도원, 또는 수도회라고 한다. 수도원의 기원은 초대교회에서 일부 사람들이 사막과 같은 외딴 지역에 숨어 살면서 기도와 금욕생활 등을 실천한 것에서 비롯된다. 이집트에서 시작된 이런 생활은 개인적 은수 생활로 시작되었지만, 시간이 지나면서 단점이 드러났다. 그리스도를 본받으려는 열망에서 고행 생활을 시작했지만, 지도자 없이 혼자하는 생활은 오히려 균형을 잃고 잘못된 생활로 빠져들 위험이 있었다. 따라서 스승을 필요로 하게 되었고 이런 이유로 공동으로 생활하는 수도원이라는 공간이 등장하였다.

공동생활을 하게 되자 이들의 삶을 규정할 규칙이 필요하게 되었고, 그에 따라 수도규칙서들이 만들어지게 되었는데, 특히 베네딕도

규칙서는 최초의 규칙서는 아니지만, 서방 교회의 수도 생활에 미친 영향은 다른 어느 규칙서들보다도 크다.

한편 수도원은 그 성격에 따라 관상 수도회와 사도직 수도회로 구분한다. 관상 수도회는 관상을 목적으로 고독과 침묵 가운데 끊임없이 기도하고 하느님께만 자신을 봉헌하는 수도회(수도생활의 쇄신에 관한 교령 7)[1]로 이 수도원의 수도자들은 외부와 단절되어 기도 생활만 한다고 해서 봉쇄수도원이라고도 한다. 가르멜회와 트라피스트회(엄률시토회) 등의 수도원이 이에 속한다. 사도직 수도회는 노동이나 자선 사업 등의 여러 활동을 하는 수도회를 말한다. 이들은 신자들의 신앙생활을 돕기 위해 천주교의 각 본당에 파견되거나 학교, 병원, 양로원, 고아원 등 다양한 영역에서 봉사하며 활동한다. 세상으로 나가서 활동하기 때문에 활동 수도회라고도 한다. 관상 수도회만큼은 아니지만, 사도직 수도회도 역시 기도와 공동체 생활을 한다.

관상 수도회와 사도직 수도회 모두 수도자가 되기 위해서는 일정한 과정을 거쳐야 한다. 수도원마다 다소의 차이는 있지만, 대개 청원기, 수련기, 유기서원기, 종신서원의 단계를 거친다. 청원기는 수도자가 되기 위한 탐색기라고도 할 수 있다. 수도원에 지원하고 일정 기간(대개 1~2년) 실제 수도 생활을 하면서 보낸다. 이 기간이 지나면 수도자가 되기 위한 수련을 받는 수련기를 보내게 된다. 수련기를 보내고 나면 수도자가 되는 과정인 유기서원을 받게 되는데 이때 비로소 수도자(수사, 수녀)가 되는 것이다. 유기서원기(대개 4~5년)에도 교

---

1 『제2차 바티칸 공의회 문헌 <개정판>』, 한국천주교중앙협의회, 2012.

육은 계속하며 수도원 생활도 마찬가지로 계속한다. 이 과정이 지나면 수도자로서 일생을 바칠 것을 약속하는 종신서원을 하게 된다. 각 수도회의 수도자들을 위한 교육프로그램은 수도회마다 차이가 있다. 예를 들면 예수회는 영신수련을 수련하는 과정이 포함되며, 베네딕도 수도원은 렉시오 디비나 수련이 필수적으로 포함된다. 그것은 각 수도회 창설자의 생애와 영성, 그리고 각 수도회의 수도규칙서에 따른 것이다.

수도원을 설립하기 위해서는 교황청이나 그 수도원이 위치하는 지역 관할 교구장의 인준을 받아야 한다. 수도원의 규모에 따라 모원, 총원, 분원 등을 설치하여 운영하며, 자체 수도자를 양성하기 위해 수련원 등을 설치한다.

한국에 설립된 최초의 수도회는 1696년 창립되어 1708년 프랑스의 샤르트르에서 교구 수녀회가 된 샤르트르 성바오로 수녀회이다. 한국에서 고아원을 운영하기 위해 제7대 조선교구장이었던 블랑(M.J.G. Blanc) 주교는 이 수녀회에 수녀들의 파견을 요청하였다. 그리하여 2명의 프랑스인 수녀와 2명의 중국인 수녀가 1888년 7월 22일 제물포에 도착함으로써 한국에 처음으로 수도회가 들어오게 되었다.[2] 한국에 진출한 최초의 남자수도회는 베네딕도 수도회로 제8대 조선교구장인 뮈텔 주교의 요청으로 1909년 한국에 들어오게 되었다. 현재 한국의 수도단체는 교황청 인준 남자수도회 31(1054명)곳, 여자수도회 78(6132명)곳, 교구장 인준 남자수도회 6(333명)곳, 여자수

---

2 유홍렬, 『증보 한국천주교회사』 하, 가톨릭출판사, 1992, 289~299쪽.

도회 36(3921)곳[3]이 있다.

Ⅲ. 수련 문화로서의 기도

1. 개설

천주교 수련 문화에서 사용되는 용어들로는 관상기도, 향심기도, 예수마음기도, 영신수련, 렉시오 디비나, 피정, 묵상 등을 들 수 있다. 향심기도, 예수마음기도, 관상기도의 뒤에는 기도라는 말이 언급되고 있다. 천주교에서 기도는 신자들에게 가장 기본적인 행동으로 요구되고 있는 것이라고 할 수 있다. 다시 말하면 천주교 신자들에게 기도는 필수적으로 해야 할 행위이다. 그러므로 우선 기도에 대해 이해할 필요가 있다.

천주교 교리서나 논문, 그리고 사전을 보면 기도에 대해 여러 가지로 언급하고 있다. 『한국가톨릭대사전』에서는 기도(oratio, prayer)를 두 측면으로 나누어서 설명하고 있다. 첫 번째는, 성서상의 기도, 즉 구약성서와 신약성서에 나타난 기도를 설명한다. 이에 의하면 기도란 하느님과 인간의 대화, 중재로서의 기도, 청원기도, 감사기도, 찬양기도 등으로 설명한다. 두 번째는, 실천면에서의 기도인데 이것은 언어의 기도와 무언의 기도로 구분된다. 언어의 기도는 말 그대로

---

3 2015년 12월 31일 기준이며 괄호 안은 수도자 숫자이다. 수도자 숫자는 서원자 이상이며 수련자와 청원자 등은 포함되지 않았다. 『한국천주교회 통계, 2015』, 한국천주교중앙협의회, 2016, 17~20쪽.

언어화된 기도로 '하느님과 인간 사이의 대화'라고 할 수 있다. 여기에는 천주교에서 공식적으로 행하는 미사를 비롯한 거의 모든 의례와 개인적으로 언어화되어 이루어지는 모든 기도를 말한다고 할 수 있다. 무언의 기도는 말없이 하느님께 전적으로 몰입하게 되는 기도라고 한다.[4]

『가톨릭 교회 교리서』 2558항에는 기도를 다음과 같이 표현하고 있다.

> "신앙의 신비는 위대하다." 교회는 사도신경에서 신앙의 신비를 고백하며(제1편), 성사 전례 중에 이를 거행하여(제2편), 신자들의 삶이 하느님 아버지의 영광을 위해 성령 안에서 그리스도와 일치하도록 한다(제3편). 그러므로 신자들은 이 신비를 믿고 거행하며, 또한 살아 계시는 참하느님과 맺는 생생하고 인격적인 관계 안에서 이 신비로 살아가야 하는 것이다. 이 관계가 바로 기도이다.[5]

이 부분만 놓고 본다면 기도가 무엇을 의미하는지 파악하는 것이 쉽지는 않다. 그것은 사실 『한국가톨릭대사전』을 봐도 비슷하다. 그러나 기도에 대한 나머지 항목들을 고찰해보면 어느 정도 이해가 가능할 수도 있다. 이에 따르면 기도란 '하느님의 선물이며, 하느님과 인간 사이의 계약이며, 하느님과 친교를 이루는 것, 또는 하느님과

---

4 최혜영, 「기도」, 『가톨릭대사전』 2, 한국교회사연구소, 1995, 1087~1096쪽.
5 주교회의 교리교육위원회 번역, 『가톨릭 교회 교리서』, 한국천주교중앙협의회, 2011, 902쪽.

일치를 이루는 것'이다.[6] 간결하게 교리를 정리해 놓은 또 다른 교리서를 보면 기도란 '하느님과의 인격적인 대화'라고 되어 있다. 인격 관계란 상대방과 동고동락하는 일치의 정신이 있어야 한다고 한다.[7] 그렇다면 기도의 본질은 바로 하느님과 인간 사이의 인격적인 대화이며, 그 대화를 통해 하느님과 일치를 이루려는 것이다. 다시 말해서 오로지 순수하게 신을 찾고 신과의 대화를 통해 신을 느끼는 것, 그것을 기도라고 이해할 수 있다.

한편 기도는 그 목적에 따라 여러 가지로 나누어 설명한다. 앞에서 보았듯이 『한국가톨릭대사전』에서는 성서를 바탕으로 기도를 중재, 청원, 감사, 찬양 등으로 나눈다. 『가톨릭 교회 교리서』는 찬미와 흠숭, 청원, 전구, 감사, 찬양 기도로 구분한다.[8] 기도를 언어의 기도와 무언의 기도로 분류하고, 언어의 기도를 다시 청원기도, 감사기도, 찬미와 흠숭기도로 분류하기도 한다.[9] 찬미와 흠숭, 찬양 등은 모두 찬미, 또는 찬양이라는 하나의 범주에 넣을 수 있고, 중재, 청원, 전구는 청원이라는 범주에 포함할 수 있다. 그렇게 본다면 기도는 목적에 따라 청원, 감사, 찬미(또는 찬양)라는 세 가지로 분류하여 이해할 수 있을 것이다.

---

6 위의 책, 903~905쪽.

7 박도식, 『200주년 기념 천주교 교리』, 가톨릭출판사, 2002, 97~98쪽.

8 찬미는 하느님이 인간에게 복을 내려주셨기에 그 보답으로 하는 기도이며, 청원이란 우리에게 필요한 모든 것을 청하는 것이다. 전구는 다른 사람의 구원을 위해 청원하는 것인데, 그것에는 한계가 없어서 심지어 원수들을 위해서도 전구한다. 감사는 일상의 기쁨이나 슬픔을 포함한 모든 일에 대해 감사하는 것이며, 찬양은 오로지 단지 하느님이기 때문에 하는 기도행위이다. 주교회의 교리교육위원회 번역, 앞의 책, 929~937쪽.

9 정양모, 「기도」, 『신학전망』 25, 1974, 160~166쪽.

기도의 종류를 1) 인사와 존경, 2) 감사, 3) 용서, 4) 지도 편달 등으로 쉽게 풀어서 분류하기도 한다.[10] 그러나 인사와 존경이라는 것은 흠숭이나 찬미에 포함될 것이고, 용서와 지도 편달은 청원의 성격을 띠고 있기에 위의 세 가지의 분류에서 벗어나지는 않을 것이다. 이것은 어디까지나 이해를 위한 분류일 뿐 천주교의 공식적인 입장은 『가톨릭교회 교리서』에 있는 것이다.

2. 기도의 분류

기도는 방법, 또는 형태에 따라 1) 염경기도(念經祈禱), 2) 묵상기도(黙想祈禱), 3) 화살기도로 분류되거나[11] 언어의 기도와 무언의 기도,[12] 그리고 소리기도, 묵상기도, 관상기도(觀想祈禱)[13] 등으로 나누기도 한다. 이것들은 염경기도, 언어의 기도, 화살기도, 소리기도를 하나로, 묵상기도, 무언의 기도, 관상기도를 다시 하나로 분류하여 소리기도와 무언의 기도로 나눌 수 있다. 그러나 이러한 분류도 명확하게 들어맞는 것은 아니다. 『가톨릭교회 교리서』에서는 묵상기도와 관상기도를 별도로 분류하여 설명하고 있기 때문에 둘이 비슷하기는 하지만 같은 것은 아니다. 위의 구분은 다만 이해의 편의를 위해 둘로 나눌 수 있다고 본다. 이들을 조금 더 자세히 살펴보도록 하자.

첫 번째 소리기도(oratio vocális)이다. 염경기도는 소리기도의 옛말이다. 과거에는 염경기도라 불렀지만, 현대에 와서 소리기도라고 부

---

10 박도식, 앞의 책.
11 위의 책, 98~99쪽.
12 정양모, 앞의 글. 최혜영, 앞의 글, 1094쪽.
13 주교회의 교리교육위원회 번역, 앞의 책, 954~962쪽.

르고 있기 때문에 둘은 같은 의미를 지니고 있다. 소리기도는 소리를 내어서 기도하는 것뿐만 아니라 언어화된 모든 기도를 말한다. 따라서 천주교에서 공식적으로 신도들에게 만들어 준 여러 가지 기도들이 여기에 해당한다. 예를 들면 가톨릭 기도서에 있는 주님의 기도, 아침기도, 저녁기도, 묵주 기도 등을 포함한 모든 기도문과 함께 미사, 성사 등에서 행하는 모든 것이 이에 해당한다.[14] 화살기도는 개인적인 기도로 정형화되어 있지 않고, 개인이 순간순간 하느님에게 행하는 기도이다. 예를 들면 "주님 오늘도 무사히 보낼 수 있게 해주셔서 감사합니다."와 같이 개인적으로 느끼는 그대로 하는 것들을 말하는데, 이것도 소리와 언어의 형태로 되어있기 때문에 소리기도에 해당하며, 그 이외에 자유롭게 언어로 되어있는 것이라면 소리를 내든 마음속으로 하든지 모두 여기에 해당한다.

두 번째로 무언의 기도이다. 『한국가톨릭대사전』이나 『가톨릭교회 교리서』에는 무언의 기도라는 항목이 없다. 그러므로 이렇게 분류하여 설명한 것은 이해의 편의상 붙인 것이다. 『가톨릭교회 교리서』나 『한국가톨릭대사전』을 보면 묵상기도(또는 묵상)와 관상기도(또는 관상)를 분류해서 설명하고 있다. 『가톨릭 교회 교리서』 2705항에는 다음과 같이 묵상을 설명하고 있다.

묵상은 무엇보다도 하나의 탐색이다. 주님께서 요구하시는 일을 받아들이고 실천에 옮기기 위해서, 사람의 정신은 그리스도인의 삶을

---

14 김선미, 「소리기도」, 『한국가톨릭대사전』 7, 한국교회사연구소, 1999, 4970쪽.

왜, 어떻게 살아야 하는지를 이해하려고 애쓴다. 여기에는 어려운 주의력 집중이 요구된다. 그래서 대개는 어떤 책의 도움을 받게 되는데, 그리스도인이 사용할 수 있는 그러한 책들은 얼마든지 있다. 성경, 그중에서도 특히 복음서, 성화상, 그날이나 시기의 전례문, 영성 교부들의 저서, 영성에 관한 저술들, 창조와 역사라는 위대한 책, 곧 하느님의 '오늘'이 펼쳐지는 지면이다.[15]

이것을 통해 묵상이 무엇인지, 그리고 어떻게 하는 것인지 알기란 어렵다. 묵상(meditátio)은 그리스어 '멜레탄'(meletan), 라틴어 '메디타리'(meditari)에서 유래한 것으로, '주의하다, 밤새우다, 마음으로 생각하다'의 뜻을 지니면서 아울러 영성적인 의미로 '단련하다, 익숙해지다'라는 의미를 함축하고 있다고 한다.[16] 한편 과거에 발행된 『한국가톨릭대사전』의 묵상 항목을 보면, "마음과 정신을 하느님께 몰두하여 하느님의 현존 속에서 하느님과 관계된 모든 일에 관해 생각에 잠기는 것을 말한다."라고 되어있다. 즉, 묵상은 '생각만으로 드리는 기도', '정신의 기도'로서 묵상의 주제로는 신앙의 신비들, 신앙의 진리, 예수의 일생, 교회의 가르침, 성서의 내용, 성인들의 생애등이 될 수 있다고 한다.[17] 토마스 머튼은 "묵상은 깊은 성찰을 통해 마음을 닦는 것이다. (…) 묵상은 종교적 성찰에 한정되지 않고"[18]라

---

15 주교회의 교리교육위원회 번역, 앞의 책, 956쪽.
16 정대식, 「묵상」, 『한국가톨릭대사전』 5, 1997, 2834쪽.
17 한국가톨릭대사전편찬위원회, 「묵상」, 『한국가톨릭대사전』, 한국교회사연구소, 1989, 409쪽.
18 Morton, Thomas, 김규돈 옮김, 『영적 지도와 묵상』, 성바오로출판사, 1998, 53쪽.

고 하여 묵상 자체는 꼭 종교에 한정된 것은 아니라고 하고 있다.

이러한 설명을 종합하면, 천주교에서 말하는 묵상은 하느님과 관련된 모든 것을 고요히 생각하는 행위를 말한다고 할 수 있다. 그렇게 함으로써 어떻게 하느님을 따르면서 신앙생활을 해야 하는지, 그리고 어떠한 삶을 살아가야 하는지에 대해 파악할 수 있게 된다. 그러므로 묵상 자체가 곧 기도는 아니며, 묵상을 통해 기도할 때만 묵상기도라고 불러야 한다. 묵상은 신앙이 깊고 낮음에 관계없이 신자라면 누구라도 가능한 것이라고 할 수 있다. 그러나 앞에서도 언급했듯이 묵상은 관상기도와 다르다.

3. 관상기도

『가톨릭교회 교리서』에서는 관상기도(contemplatio, contemplation)를 다음과 같이 압축해서 말하고 있다.

관상기도는 기도의 신비를 단순하게 나타내는 기도이다. 관상기도는 예수님께 신앙의 눈길을 고정시켜, 하느님의 말씀을 경청하고, 말없이 우리 사랑을 나타내는 기도이다. 관상기도를 통해 우리가 그리스도의 신비에 참여하는 만큼, 그리스도의 기도와 합쳐지게 된다.[19]

정리해서 말하기도 하지만 이것을 가지고 관상기도가 무엇인지 제대로 이해하기란 어렵다. 『한국가톨릭대사전』의 관상이란 항목을

---

19 주교회의 교리교육위원회 번역, 앞의 책, 961~962쪽.

찾아보니 여기에서도 상황은 비슷하다.

> 마음이 사색적으로 활동하지 않고 단순하게 사랑에 가득한 마음으로 하느님을 응시하는 기도의 경지 ……… 인간 영혼의 능동성과 수동성 여부에 따라 관상을 둘로 구분하기도 한다. 기도하는 이 스스로의 노력으로 혹은 은총의 도움으로 신비를 체험할 수 있다고 보는 습득관상과 스스로의 노력이 아니라 순전히 하느님의 은혜로 이루어진다고 보는 주입관상, 또는 주부적(注賦的) 관상이다. 관상이라고 말할 때는 전통적으로 후자인 주입 관상의 경지를 말하는 것이 보통이다.[20]

그래도 관상을 이해하기가 어렵기는 마찬가지다. 관상이라는 용어는 오랜 시기를 지나면서 그 의미가 계속 변화되었기 때문에 한마디로 정의하기가 어려운 것이 사실이다.[21] 관상기도를 설명하는 다른 참고서적에는 관상기도를 다음과 같이 서술하고 있다.

> 관상은 우리의 지식과 이성, 상상과 감각, 지각과 기타 인간의 모든 정신적 기능(mental faculty)들을 넘어서 우리 영의 가장 깊은 곳(inmost being) 안에서 하느님 안에 쉬며 하느님을 만나고 하느님을 알게 되며, 또한 하느님과 일치를 이루는 것을 뜻합니다. 즉, 순수한 사랑과 순수

---

20 심종혁, 「관상」, 『한국가톨릭대사전』 1, 1994, 530쪽.
21 관상의 라틴어인 콘템쁠라씨오(contemplatio)는 희랍어 테오리아(theoria)를 번역한 것인데, 이것은 최상의 지적 활동인 <진리의 직관>을 의미했다. 그런데 테오리아는 <하느님께 대한 체험적 지식>을 의미하는 그노시스(gnosis)를 2~4세경의 희랍교부들이 신플라톤 학파의 철학 용어를 사용해서 사용하면서 비롯된 것이다. 이덕근, 「관상기도의 전통과 마음의 기도」, 『신학전망』 52, 1981, 114~115쪽.

한 믿음으로 우리의 정신활동과 의식(意識)이 미치지 못하는 곳(즉 영의 심층)에서 우리의 전인격(마음과 가슴과 영혼, mind, heart, soul)으로 하느님과 사랑을 속삭이며 하느님을 알게 되는 것입니다.[22]

요약하자면, 거의 무의식의 상태에서 하느님을 알게 되는 것, 그리고 하느님과 만나고 하느님과 일치를 이루는 것이 관상기도의 상태이며, 관상기도의 목적이 바로 이것에 있다는 의미이기도 하다. 이러한 것들을 종합하면 관상기도란 흔히 하는 소리기도와는 달리 거의 아무런 의식이 없이 하느님을 체험하는 단계, 즉 종교적 경험의 상태라고 해석할 수 있다. 이것은 아무나 쉽게 도달할 수 있는 것은 아니다. 그러므로 관상적 기도를 기도의 마지막 단계라고 설명하고 있기도 하다.[23] 관상기도의 상태에 따라 습득관상과 주입관상으로 분류하는데, 관상기도 가운데 가장 마지막에 도달하는 것이 주입관상이다. 이것은 자신의 노력으로 도달한 습득관상의 단계를 지나 자신의 노력이 아닌 하느님에 의해 주어지는 관상의 단계로 일컬어진다.

앞에서 언급되었던 것들, 향심기도, 예수마음기도, 영신수련, 렉시오 디비나, 묵상 등등은 모두 관상기도에 이르기 위한 여러 가지 방법들을 그 특징별로 구분해 놓은 것이다. 관상기도는 기도의 최종

---

22 엄무광, 『관상기도의 이해와 실제』, 성바오로, 2010, 20~21쪽.
23 기도의 종류를 3단계로 나누어 염경기도, 정신적인 기도, 관상적 기도로 구분하고 관상적 기도를 이 가운데 가장 마지막 단계로 설명하고 있다. 염경기도는 앞에서 설명한 것과 같고, 정신적 기도는 묵상기도와 같은 것을 말한다. 이순성, 「관상기도의 자세와 방법」, 『신학전망』 132, 2001, 107~109쪽.

단계에 해당됨과 동시에 기도의 목적이기도 하다. 따라서 관상기도 자체는 수련법이라고 하기 어렵다. 수련법에 대한 연구들에서 항시 언급되는 것도 관상, 또는 관상기도이다. 관상 자체에 대한 연구들도 있지만,[24] 향심기도, 렉시오 디비나, 영신수련, 그리고 기도 등에 관한 연구에서도 관상이 함께 언급되고 있기도 하다.[25]

4. 소결

앞에서 언급했던 것들 가운데 빠진 것이 하나 있는데, 그것은 피정이란 용어이다. 피정이란 말은 천주교에서 가장 많이 들을 수 있는 단어들 가운데 하나이다. 피정이란 어떤 특정한 기도의 방법, 수련방법을 지칭하는 것이 아니다.『한국가톨릭대사전』에서는 피정(避靜)을 "일상생활에서 벗어나 자신의 삶을 돌아보거나, 하느님에 대해 묵상하거나 관상하는 시간"으로 정의하고 있다.[26] 다시 말해서, 어떤 특정의 기도, 연수, 수련 등을 지칭하는 것이 아니라 일상생활에서 벗어나서 일정한 시간 동안 자신을 돌아보거나 종교적으로는 하느님께 기도하거나 수련생활을 하는 것을 의미한다. 굳이 비유하자면, 천주교 신자들에게 피정이란 불교에서의 템플스테이와 비슷한

---

24 이성효,「아우구스티누스의 관상에 대한 이해」,『신학전망』164, 2009. 여기에서도 관상의 이해에 대한 어려움을 간단히 언급하고 있다. 이순성, 앞의 글. 여기서는 관상기도를 하는 방법에 대한 것과 향심기도와의 관련성을 언급하고 있다.

25 김보록,「기도의 신학(IV)(기도의 원리와 실천)」,『신학전망』56, 1982. 정제천,「그리스도교 기도의 이해와 실천」,『신학전망』164, 2009.

26 한자어 그대로는 고요함을 피한다는 뜻이다. '피속추정'(避俗追靜)의 준말이라는 설과 '피세정념'(避世靜念)의 준말이라는 설이 공존한다. 두 용어의 뜻이 비슷한데, 두 번째인 '세상을 피하여 고요한 마음을 지닌다'는 설이 더 지배적이다. 류해욱,「피정」,『한국가톨릭대사전』12, 2006, 9182쪽.

개념이라고 할 수 있을 것이다.

　천주교의 수련문화라고 일컬어지는 것들은 다양한 측면에서 살펴볼 수 있지만, 여기에서는 영신수련, 렉시오 디비나, 향심기도, 예수마음기도를 중심으로 살펴보겠다. 왜냐하면, 이러한 수련법을 시행하는 단체들이 많기 때문이며, 어느 하나의 단체가 하나의 수련법만을 진행하는 것이 아니기 때문이다. 따라서 각 수련방법을 선택해서 어느 하나의 단체를 중심으로 서술한다고 해서 그 단체는 반드시 그것만 하는 것은 아닌 경우들이 있다는 것을 전제해야만 한다.

　그런데 한국천주교의 수련 문화가 활성화된 이유를 간단히 살펴볼 필요가 있다. 20세기 중반까지만 하더라도 천주교 신자의 일상적 모습은 기도문을 암송하거나 미사에 참여하고, 그리고 교회에서 의무로 삼고 있는 성사 활동을 충실히 지키는 것이었으며, 그것을 신앙생활의 중심으로 삼았다. 그러나 1960년대부터 유럽과 미국사회에서 아시아 종교 문화에 대한 관심이 급격하게 확산되었고, 한국 사회에서도 불교나 신종교를 비롯한 동양적 영성운동 등이 활발하게 전개되자 세계 천주교와 한국천주교는 동시에 위기감을 느끼게 되었다.[27] 특히 2002년 한일 월드컵을 계기로 시작된 불교의 템플 스테

27　토머스 키팅(Thomas Keating) 신부에 따르면, 교회는 초창기부터 16세기에 이르기까지 시대에 따라 다소 차이는 있지만, 평신도를 비롯한 모든 그리스도인의 영성생활에 있어 관상기도를 인정해 왔으나 종교개혁과 르네상스 이후, 이러한 유산이 급격히 쇠퇴하기 시작하였다. 이것은 또 다시 교회가 분열되거나 이교 문화에 침범당하는 것을 방지하고자, 성직자와 수도자를 비롯한 모든 이가 신앙 규범에서 일탈하는 것을 막으려는 당시 교회 최고 지도부의 관심과 맞물려 있었다. 전통을 지켜야 한다는 명목으로, 성직자·수도자·평신도들이 교회 전통을 자의적으로 해석하거나 자유롭게 신앙생활을 하는 것을 용인하지 않았고, 그 결과 평신도들의 관상기도생활은 결정적으로 위축되었다. 그런데 『하느님과의 친밀』에서 키

이(Temple Stay)는 불교 신자들뿐만 아니라 일반인들의 참가도 계속 증가하고 있는 추세이다. 이에 한국천주교는 1990~2000년대를 거치면서 신자들의 신앙생활에 수련 문화를 포함하는 형태로 변화하기 시작하였다. 그러므로 현재 한국천주교 내에서 많이 알려지고 참여율이 높은 몇 가지 수련방법들을 선택하게 되었다.

이제 각 수련법의 내용을 차례로 살펴보겠다. 수련법을 정리하는 방식은 먼저 개설 부분을 작성한 후, 그것을 실행하고 있는 단체의 수련법을 '① 단체의 역사, ② 수련법의 정의와 목적, ③ 수련법의 방법과 절차, ④ 수련법의 특징 ⑤ 기타' 부분으로 나누어 서술할 것이다. 개설 부분에는 주요 수련법에 관한 기원과 내용, 기타 부분에는 수련경험이나 실제 수련의 전달방식 등 앞부분에 해당되지 않지만, 해당 수련법을 이해하는데 필요한 내용을 서술한다.

IV. 향심기도(Centering Prayer)

1. 개설

향심기도는 미국 성 요셉 트라피스트 수도원의 토머스 키팅(Thomas Keating) 신부, 바실 페닝턴(Basil Pennington) 신부, 윌리엄 메닝어(William

---

팅 신부가 지적한 것처럼, 이와 같은 영성의 길이 봉쇄수도원 수도자들에게나 해당되는 외롭고 험난한 수련의 여정으로 생각되어 왔으며, 제2차 바티칸 공의회 이후에도 한동안 미국과 유럽의 사제나 신학교수들조차 관상기도와 영성생활에 별로 관심 없었다. 이에 따라 평신도들은 자연히 관상과 영성에 동떨어진 신앙생활을 해 왔으며, 이런 분위기는 한국의 천주교도 예외가 아니었다. 이세영·이창영, 『향심기도 수련』, 경북: 분도출판사, 2010, 26~28쪽.

Meninger) 신부를 주축으로 1970년대 중반부터 시작된 관상기도 운동이다.[28]

키팅 신부는 1971년 로마에서 열린 회의에 참석해서 교황 바오로 6세로부터 관상적 차원의 부흥을 하도록 다른 성직자들과 함께 요청받았다. 성 요셉 수도원장이었던 키팅 신부는 수도원의 수사들에게 동방의 명상수련법만큼 현대인들에게 호소력 있고 접근하기 쉬운 그리스도교 관상기도 방법을 계발하도록 한다. 같은 수도원의 메닝어 수사는 14세기 익명의 고전인『무지의 구름』과 또 다른 관상서적을 통해 단순한 침묵 기도 방법을 계발하고 그것을 '구름의 기도'라고 불렀다.[29] 이 기도가 다른 사제와 수도자들에게 환영을 받게 되자 다른 지역으로 퍼져 나가게 된다.

향심기도는 그리스도교 신비주의 전통으로부터 많은 영향을 받았으며, 특히 14세기 익명의 영국인이 쓴『무지의 구름(The Cloud of Unknowing)』이란 작품을 현대적 감각으로 재구성해 그리스도교의 관상 전통을 복원하려는 기도운동이다. 다양한 곳으로부터 영향을 받았겠지만『무지의 구름』에서 가장 직접적이고 크게 영향을 받은 것

---

28 토머스 키팅 신부는 미국 매사추세츠 주 스펜서 성 요셉 수도원 원장을 역임했으며, 1975년부터 향심기도 운동을 시작하였다. 1981년 수도원 원장직을 사임하고 골로라도 스노매스의 성 베네딕도 수도원으로 옮긴 후, 1984년부터 국제 관상 지원단을 창설해 대표직을 맡고 있다. 미국 매사추세츠 주 스펜서 성 요셉 수도원의 배절 페닝턴(Basil Pennington) 수사 신부는 미국 남자 수도회 장상연합회 영성생활 위원으로 활동했으며, 전 세계를 다니며 향심기도를 전파하였고, 2005년 교통사고로 선종하였다. 미국 매사추세츠 주 스펜서 성 요셉 수도원의 윌리엄 메닝어 (William Menninger) 수사 신부는 15년간 피정 지도와 성경 교수로 활동했으며, 특히 향심기도 전파에 노력해 왔다. 위의 책, 21~22쪽.
29 한국관상지원단(http://www.centeringprayer.or.kr/).

은 명확하다. 특히 토마스 머튼(Thomas Merton)은 관상기도란 "하느님의 현존, 하느님의 뜻, 하느님의 사랑, 그리고 믿음 - 우리는 오직 이 믿음만으로 하느님의 현존을 알 수 있다 - 에만 온전히 초점을 맞추는" 기도라고 정의하자, 이에 영감을 받아 '향심기도'라는 이름이 붙게 되었다. 향심기도는 그 자체가 목적이 아니라 관상기도를 받아들이도록 준비시켜주는 기도이다. 향심기도는 관상에 장애가 되는 요소를 제거함으로써 관상을 준비시켜 주는 기도이므로, 매일 꾸준히 수련하면 머지않아 관상기도에 들어가게 된다고 한다.[30]

미국의 성 요셉 수도원에서 시작된 향심기도 운동은 성 요셉 수도원뿐만 아니라 미국의 다른 지역으로 전파되었다. 1985년에는 미국 동부에 향심기도 연수와 피정을 위한 크리살리스 하우스(chrysalis house)라는 생활 공동체가 설립되었다. 이곳은 11년간 계속해서 향심기도 연수와 피정을 개최하는 장소로 제공되었다. 1986년 국제관상지원단(Contemplative Outreach)이라는 법인체가 출범하고 첫 이사진이 구성되었는데, 초대 회장으로 키팅 신부를 선출하였다.

2. 한국관상지원단

1) 단체의 역사

미국에서 시작된 향심기도가 한국에 소개되고 최초로 향심기도 수련을 받은 때는 1999년이었다. 그리고 3년이 지난 2002년 10월 28일 논산 씨튼 영성의 집에서 22명이 모여 전국 강사단 총회를 개

---

30 이세영·이창영, 앞의 책, 23쪽.

최하고 정규완 신부를 한국관상지원단 대표로 선출하면서 한국의 향심기도 단체가 출범하였다. 1999년 첫해에는 성직자와 수도자를 포함해서 61명이 향심기도 수련을 받았고 다음 해부터 125명의 평신도가 참여하기 시작하면서 평신도의 참여 숫자가 기하급수로 늘어나게 되었다. 2001년부터는 개신교 목사와 신자들, 성공회 사제들도 참석하기 시작하였다. 2003년부터 한국관상지원단 소식지를 발간하면서 매해의 일정과 소식, 그리고 향심기도에 관한 여러 가지 안내 등을 하게 되었다. 현재 한국관상지원단은 서울 송파구 동남로에 위치해 있으며, 한국에서 진행되는 향심기도 운동의 구심점 역할을 하고 있다. 첫 4년간의 향심기도 피정 참가자는 다음과 같다.[31]

<표 1> 첫 4년간의 향심기도 피정 참가자

년도	성직자	수도자	평신도	개신교	계	남	여
1999년	1명	60명	0명	0명	61명	1명	60명
2000년	4명	29명	125명	0명	158명	11명	147명
2001년	8명	66명	808명	32명	914명	231명	683명
2002년	144명	411명	4,293명	106명	4,954명	518명	4,436명
계	157명	566명	5,226명	138명	6,087명	761명	5,326명

---

[31] 한국관상지원단 사무국 편, 『한국관상지원단 소식』 1-1, 한국관상지원단, 2003, 12쪽. 한국관상지원단의 역사는 홈페이지에는 알려져 있지 않다. 다만 홈페이지에서 제공하는 소식지를 통해 파악할 수 있다. 본 연구에서는 한국관상지원단 소식지를 참고하여 역사를 간단하게 재구성하였다.

2) 수련법의 정의와 목적

향심기도는 관상기도의 선물을 받도록 준비시키는 무언의 기도이다. 관상기도를 통해 자신의 내면에서 숨결보다도, 생각보다도, 의식 그 자체보다도 더 밀접한 하느님의 현존을 경험한다. 이 향심기도의 방법은 하느님과의 관계이면서 그 관계를 발전시키는 훈련이다.[32] 향심기도는 다른 기도를 대체하고자 하지 않는다. 오히려 모든 기도에 깊은 의미를 더하며 능동적 기도 - 소리기도, 정신기도, 정감적 기도 - 에서 하느님 안에서 쉬는 수용적 기도로 옮아가게 도와준다.[33] 향심기도는 그 자체가 목적이라기보다는 기도의 최종단계인 관상에 이를 수 있도록 도와주는 기도이다.

3) 수련법의 방법과 절차

향심기도 과정은 소개강의(또는 소개피정), 후속강의(또는 후속피정), 심화피정, 집중피정 등으로 구분된다. 시간은 하루, 1박 2일, 2박 3일, 3박 4일, 4박 5일, 9박 10일 등 다양하게 구성되어 있는데, 하루 과정은 주로 처음 향심기도를 접하는 사람들을 대상으로 강의 및 소개 중심으로 진행된다. 그렇지만 같은 기간이라고 해서 같은 프로그램으로 구성된 것은 아니다. 하루 프로그램의 경우 소개강의와 후속강의로 구분되는데, 소개강의는 향심기도 입문자를 대상으로 하는 것이지만 후속강의는 소개강의를 거친 사람을 대상으로 한다. 1박 2일의 경우에도 소개강의와 집중강의로 구분되며, 소개강의는 입문자를

---

32 국제관상지원단(http://www.contemplativeoutreach.org/).
33 한국관상지원단(http://www.centeringprayer.or.kr/).

대상으로 하는 것이지만, 심화피정은 소개강의를 거친 사람이 대상이다. 2박 3일의 경우에도 소개 및 심화피정과 심화피정의 서로 다른 프로그램으로 구성되어 있으며, 소개 및 심화피정은 입문자도 가능하지만 심화피정은 향심기도의 소개과정을 거친 사람이 대상이다. 3박 4일, 4박 5일 과정은 향심기도의 경험이 있는 사람이 대상이다. 다만 9박 10일 과정은 집중피정으로 3박 4일 이상 심화과정을 마친 사람들을 대상으로 한다.

향심기도를 할 때 그 방법에는 4가지 지침이 있다. 1) 자신 안의 하느님 현존과 활동에 동의한다는 지향의 상징으로서 거룩한 단어를 선택한다. 2) 편안히 앉아 눈을 감고, 잠시 마음을 가라앉힌 다음 자신 안의 하느님 현존과 활동에 동의한다는 상징으로 고요히 거룩한 단어를 떠올린다. 3) 생각에 빠져들었다면 거룩한 단어로 아주 부드럽게 돌아간다. 4) 기도시간이 끝나면 2~3분간 눈을 감고 침묵 중에 머문다. 이 기도의 최소시간은 20분이며, 기도함에 따라 30분, 또는 그 이상의 시간이 될 수도 있다.[34] 향심기도 모임에서의 향심기도 방법은 다음과 같이 한다.

(1) 성호경(앉아서)

(2) 시작 성가

(3) 거룩한 단어 선택 기도

　　합송 ①우리 존재의 중심에 살아계신 아버지, 아들, 성령, 창조

---

34 한국관상지원단 사무국 편, 『한국관상지원단 소식』 13, 2016, 18~19쪽.

주이시며 구속주이시고 거룩하게 하시는 분이시여, 저희는 사랑으로 당신에게 승복하고자 합니다. 무엇이든지 인식할 때, 저희가 기도하려고 하는 '거룩한 단어'가 당신의 현존과 활동에 동의한다는 저희의 지향의 표시와 상징이 되게 해 주십시오.(잠시 침묵)

합송 ② 성령님, 저는 하느님께서 내 안에 현존하시고 활동하심에 동의한다는 지향을 가지고 기도하고자 합니다. 이 지향을 나타낼 '거룩한 단어'를 선택하고자 하오니 저를 도와주십시오.(잠시침묵)

합송 ③ 하늘에 계신 사랑하는 아버지, 저는 아버지를 사랑합니다. 저는 아버지를 더욱더 사랑하고 싶습니다. 아버지께서 저를 사랑하시고, 저에게 아버지의 현존 안에서 이 20분을 보내려는 원의를 은총으로 내려 주셨다는 것을 압니다. 저는 아버지를 향한 제 사랑을 표현하기 위해 (   )을(를) 거룩한 단어로 선택했습니다. 저는 이제 아버지의 성령에게서 힘을 얻고 아버지의 아들 예수 그리스도와 일치하는 가운데 이 기도로 아버지께 제 사랑을 바치려 합니다.(잠시 침묵)

(4) 각자 선택한 '거룩한 단어'를 돌아가면서 말한다.

(5) 인도자의 안내와 함께 기도에 들어간다.

인도자 : '기도에 들어가겠습니다. 편히 앉아서 목과 등을 곧게 세우고 손을 무릎위에 놓으십시오. 목과 어깨의 힘을 **빼**십시오. 그리고 의도적으로 온몸의 긴장을 푸십시오. 눈을 감고, 하느님께서 내 안에 현존하시면서 활동하심에 동의한다는 나의 지향

을 상징하는 거룩한 단어를 의식에 부드럽게 불러들이십시오.
기도 중에 분심이나 잡념이 들어왔음을 알아차리면 아주 부드
럽게 다시 그 거룩한 단어로 돌아가십시오.'

종을 세 번 치면서 기도에 들어간다.

끝날 때도 종을 세 번 친 다음 「주님의 기도」를 바치고 2~3분 후
에 눈을 뜬다. '관상적 걷기'를 위해 천천히 일어난다.

(6) 종 세 번 ▷ 20분 침묵 ▷ 종 세 번 ▷ 「주님의기도」 합송

(7) 관상적 걷기

향심기도 후 관상적 걷기를 한다.

원안을 향해 깊은 절을 하고 "나의 주님, 나의 하느님"을 반복하
면서 편한 자세로 천천히 시계 방향으로 돈다. 이는 다른 사람들
과 함께 천천히 움직이면서 하느님의 현존에 대한 인식을 유지
하려는 것이다.

모두 제자리로 돌아오면 다시 한번 원안을 향해 깊은 절을 하고
앉는다.

(8) 마침 성가 후 「영광송」으로 마무리한다.[35]

4) 수련법의 특징

거룩한 단어를 선택하고 그것에 집중하도록 하는 것은 화두를 들
고 집중하는 불교의 선수행을 연상시킨다. 선불교의 선수행과 향심
기도는 '화두'와 '거룩한 단어'가 상통한다는 점에서 그 유사성이 주

---

35 거룩한 단어는 단순하고 짧은 단어를 선택한다. 예를 들어 하느님, 성모님, 아버지,
예수, 평화 등등이다. 이세영·이창영, 앞의 책, 126~131쪽.

목되어 온 것이 사실이다. 그러나 이 수련법을 근본적으로 구별 짓는 것은 선수행과 달리 향심기도가 삼위일체 하느님을 중심으로 한다는 것이다. 키팅 신부는 동양의 영적 수련과 향심기도를 비롯한 그리스도교 영성 전통의 근본 차이를 "동양의 전통은 자아가 할 수 있는 일을 더 크게 강조하기 때문에 참자아와 하느님을 동일시할 위험이 있다. 반면에 그리스도교 전통은 하느님의 현존을 인정하면서 하느님을 참자아와 구별한다"[36]라고 하여 불교와 구분하고 있다.

5) 기타

향심기도는 미국의 천주교 수도회에서 비롯되었지만, 그리스도교 신자라면 누구나 대상이다. 한국에서는 현재 성공회를 포함한 개신교 성직자, 수도자 및 신자들도 한국관상지원단에 공동으로 참여하고 있다. 성공회의 강촌 프란시스 수도회 회관를 비롯한 개신교교회 등도 주요 피정장소로 제공되고 있다. 한국관상지원단은 매년 상반기 소식지를 발간하면서 1년간의 프로그램과 일정을 소개하고 참가를 원하는 사람들에게 미리 지원할 수 있도록 안내하고 있다. 서울대교구 사목국 산하에 향심기도 부서가 따로 마련되어 서울대교구 자체적으로 향심기도 활동을 하고 있기도 하다.

2006년 2월1일부터 15일간 서울대교구 관상지원단 주관으로 서울 명동성당 교육관에서 직장인들의 점심시간(12시 15분~1시)을 이용해서 향심기도 교육 수련 과정이 있었다. 이 교육을 진행한 이승구

---

36 이세영·이창영, 앞의 책, 84쪽.

신부는 "가톨릭에도 좋은 영적 안식처가 있는데 많은 이들이 단전호흡 등 다른 길을 걷는 것이 안타까웠다"며 "앞으로 진행될 향심기도 관련 교육에 많은 이들의 관심을 바란다"라고 말했다.[37]

1960~70년대 서양에서는 동양의 영적 스승을 찾아 아시아로 향하는 붐이 일었다. 이러한 분위기는 천주교 신자들도 예외가 아니었다. 아시아 종교 전통에 관심을 가진 나머지 일부는 회심을 하는 사례까지 나타났다. 천주교에서는 위기의식을 갖기 시작하였고 이에 따라 천주교 전통의 영성계발에 관심을 보이기 시작하였다. 향심기도는 이러한 상황에서 과거의 전통을 현대에 맞게 되살린 것이다.

한국천주교의 상황도 세계의 분위기와 크게 다르지 않아서 1980년대에 접어들면서 요가, 참선, 단전호흡 등 여러 가지 동양적인 종교문화 붐이 일었다. 마찬가지로 한국천주교에서도 위기의식을 느끼게 된다. 한국에서도 이와 같은 상황을 반전시킬 수 있는 것이 향심기도 수련과 같은 것이었다.

현대인들은 영적 수련에 대한 관심이 매우 높다. 그런데 종교 신자들에게 그 종교가 영적 수련을 제대로 제공하지 못할 경우 다른 종교의 수련법에 관심을 갖게 된다. 천주교 신자들 가운데 단전호흡이나 기수련 등 다른 종교전통의 명상법에 빠지는 것에 성직자들은 우려를 갖고 있었다. 그것은 수련자체보다도 그 안에 있는 타종교의 이념까지 받아들일 것을 우려한 것이다. 천주교에서 마련한 향심기도 수련은 화두를 통해 수행을 하는 불교 수련과 비슷해서 신자들에게 영

---

37 「서울 관상지원단 직장인 향심기도 성황」,『가톨릭 신문』, 2006.2.26.

성 수련의 갈증을 제공한 것으로 생각된다.

향심기도를 체험한 사람들의 반응은 대체로 호의적이다. 남편과의 갈등, 경제적 어려움, 건강 문제로 괴로워하다 3년 전 향심기도로 수련하면서 마음의 평정을 얻었다는 한 사람은 "침묵하는 중에 내자신을 정확히 들여다보니 누구를 비난하고 흉볼 필요가 없어졌어요. 세속적으로는 아무것도 내세울 것이 없지만 내면에서는 엄청난 에너지가 솟습니다. 그렇게 조금씩 아름다운 모습으로 변해가더군요"라고 말한다.[38] 한 번에 1,200명이 넘는 많은 인원이 참석하여 그 열기를 짐작하게 한다.[39]

V. 렉시오 디비나(Lectio Divina)

1. 개설

렉시오 디비나는 고대 수도 전통에서 수도승들의 수련 가운데 하나로 수도 생활의 중요한 요소였다. 렉시오 디비나는 용어 자체가 드러내듯이, 세속적 독서나 학문적 탐구, 신심서적이나 교리적인 독서와는 전혀 다른, 그 이상의 의미를 내포하고 있다.[40] 렉시오 디비

---

38 「마음 찾아 떠나는 길 <8> 천주교 관상지원단 '향심기도'」『동아일보』2004.8.26.

39 「나를 찾아 떠나는 休, 향심기도」『한겨레신문』2012.8.29.

40 렉시오 디비나는 Spiritual Reading, Holy Reading, Prayerful Reading, Sacred Reading, Meditative Reading 등의 영어로 번역해서 사용하고 있다. 한국어로는 영적 독서, 거룩한 독서, 신적 독서, 성독(聖讀) 등으로 번역된다. 그러나 이러한 번역어는 Lectio Divina가 지닌 본래의 의미를 전해주는 데 한계가 있다. 어떤 역어들은 본래 의미를 벗어나 다른 의미를 드러내기도 한다. 번역에서 오는 오해로 인

나는 수도승들이 온몸으로 성서를 읽고 묵상하면서 관상에 이를 수 있도록 하는 수련법이다. 특히 렉시오 디비나는 베네딕도 수도회의 전통을 이루는데, 베네딕도(Benedictus 480?~547?) 이전 초기 수도승 전통에서도 렉시오 디비나가 나타나지만, 베네딕도 수도원 전통 안에서 면면히 이어져 왔기 때문이다.[41]

베네딕도 규칙서에 따르면 베네딕도회 수도자들은 매일 일정한 시간 동안 렉시오 디비나 수행을 해야 한다. 그것도 하루 중에 가장 독서에 집중하기 좋은 시간을 골라서, 예를 들면 여름에는 제4시부터 제6시(대략 오전 10~12시)까지 각자 홀로 렉시오 디비나 수행을 하도록 권고하고 있다.[42] 여기서 렉시오 디비나는 여럿이 공동으로 소리 내서 하는 독서가 아니라 홀로 떨어져서 개인적으로 하는 독서이다. 베네딕도는 렉시오 디비나를 수도자들의 중요한 수행이라고 생각했다. 베네딕도 수도 규칙을 따르는 모든 수도원은 렉시오 디비나 전통을 그대로 이어받고 있다.

해 여러 부정적 문제점들이 노출되었다. 그래서 분도수도회 허성준 신부는 성독(聖讀)이 그나마 가장 비슷하게 내용을 전달해 줄 것이라고 주장한다. 그 이유는 첫째는 성독을 한자로 옮기면 聖讀이 되는데, 그 자체로 '성스러운 독서'라는 의미를 지니고 있기 때문이다. 둘째는 '성경독서'의 줄임말인 '성독'의 의미를 함축하고 있기 때문이다. 셋째는 성독이 성령에 의한 독서라는 의미를 함축하고 있기 때문이다. 이러한 이유를 풀어보면 렉시오 디비나가 어떤 의미를 지니는지 어느 정도 짐작할 수 있을 것이다. 허성준, 『수도 전통에 따른 렉시오 디비나 I − 독서와 묵상』, 분도출판사, 2015, 15~16쪽.

41 김택훈, 「토머스 머튼의 성서 이해에 따른 렉시오 디비나」, 가톨릭대학교 대학원 석사학위논문, 2012, 45쪽.

42 허성준, 「베네딕도 규칙서에 나타난 렉시오 디비나」, 『신학전망』 153, 2006, 72~76쪽.

2. 성 베네딕도 왜관수도원

1) 단체의 역사

520년~540년경 성 베네딕도에 의해 이탈리아의 수비아코(Subiaco) 와 몬테 카시노(Monte Cassino)에서 설립된 수도원에 기원을 두고 있다. 몬테 카시노 수도원은 577년경 롬바르드(Lombards)족의 침입으로 파괴되고, 수도승들도 흩어졌는데, 일부가 『베네딕도 규칙서』원본을 가지고 로마에 정착하였다. 596년 영국에 베네딕도 수도원이 설립되었고, 뒤이어 독일에도 수도원이 설립되었다. 이후 12세기까지 『베네딕도 규칙서』는 서방교회 대부분의 수도원에서 지켜졌고, 그 후에도 서방교회 수도생활의 기초가 되었다.

성 베네딕도 왜관수도원의 기원은 독일의 암라인(Andreas Amrhein) 신부에 의해 창설된 '성 오틸리엔 베네딕도 수도회'이다. 오틸리엔 수도원은 1884년 7월 5일 교황 레오 13세(Leo XIII)로부터 창설 인가를 받았다. 오틸리엔 베네딕도회는 1908년 당시 조선교구장인 뮈텔 (Mutel) 주교의 요청으로 한국 진출을 결정하고 1909년 1월 11일 두 명의 수사 신부가 독일을 출발하여 2월 25일 서울에 도착하였다. 서울 백동(지금의 혜화동)에 수도원 건물을 마련하고 그해 12월 13일 교황청에 의해 '서울 수도원'이 인가되었다. 그러나 서울에서의 활동이 전쟁 등 여러 가지 이유로 여의치 않게 되자 수도원을 함경도 지역으로 옮기기로 하였다.[43]

그리하여 1927년 덕원 수도원, 그리고 1934년 만주 연길 성 십자

---

43 한국교회사연구소 편, 『함경도 천주교회사』, 한국교회사연구소, 1995, 187~203쪽.

가 수도원을 열고 함경도와 만주지역에서 활동하였지만, 해방 이후 만주와 북한 지역은 공산당에 의해 폐쇄되었다. 뒤이어 벌어진 한국전쟁으로 인해 남한으로 피난한 수도회원들이 1952년 왜관에 자리를 잡으면서 왜관수도원이 시작되었다. 1964년 대수도원(아빠스좌 수도원)으로 승격됨으로써 자치수도원이 되었다.

베네딕도 수도원은 중앙기구의 지도를 받는 것이 아니라 자치수도원으로 느슨한 연합회의 형태를 띠고 있다. 이들이 베네딕도 수도원이라고 하는 것은 성 베네딕도에 의해 저술된 베네딕도 규칙서(RB)를 따르는 수도생활을 하기 때문이다. 전 세계에 21개의 연합회가 있으며, 연합회에 속하지 않은 6개의 자치수도원, 2개의 예속 수도원들로 구성되어 있다. 왜관수도원은 오틸리엔 연합회에 소속된 자치수도원이다.[44]

2) 수련법의 정의와 목적

『가톨릭교회 교리서』 1177항을 보면 "하느님 말씀을 읽고 묵상하여 기도가 되게 하는 거룩한 독서(lectio divina)"[45]라고 언급하고 있다. 이에 따르면 렉시오 디비나는 하느님 말씀인 성서를 읽고 묵상하는 기도라고 할 수 있다. 다만 읽고 묵상하는 방법이나 추구하는 목적이 무엇인가가 중요하다고 생각된다. 엄률 시토회 수사인 골룸반 히

---

44 베네딕도회의 핵심적 요소인 '세상으로부터의 이탈'(fuga mundi)은 '봉쇄'와 '침묵'으로, '기도 또는 관상의 우월성'은 공동 전례기도(Opus Dei; 하느님의 일; RB 8~20장)와 개인기도(Lectio Divina; 성독: RB 48장)에 대한 강조로, 그리고 '손노동'이 언급되고 있다(Rb 48장). 성 베네딕도회 왜관수도원(http://osb.or.kr/).
45 주교회의 교리교육위원회 번역, 앞의 책, 475쪽.

니는 렉시오 디비나를 다음과 같이 말한다.

> 거룩한 독서는 성서나 성서 주석을 천천히 명상하며 읽는 것이다.
> 우리가 읽고 있는 것은 하느님의 말씀이기에 이 독서는 묵상과 기도와
> 관상, 그리고 궁극적으로 하느님과 더 깊은 일치의 삶을 살도록 인도
> 한다. 그래서 이 거룩한 독서의 방법으로 성서를 읽는 것은 하느님께
> 서 우리의 마음과 생각과 삶에 말씀하시도록 우리 자신을 활짝 열어
> 드리는 것이다.[46]

렉시오 디비나는 성경을 연구하거나 공부하는 프로그램이 아니
다. 그러므로 남녀노소, 학력과 관계없이 배우고 사용할 수 있다. 성
서나 성서 주석을 읽으며 명상하지만, 그것이 관상기도로 이어지고
기도의 목적인 하느님과의 일치에 이르게 된다는 것이다. 그러므로
성서와 성서 주석을 읽으면서 그 내용을 명상하는 수련법이라고 할
수 있다. 렉시오 디비나의 목적은 관상기도에 이를 수 있도록 도움
을 주는 것이다.

3) 수련법의 방법과 절차

렉시오 디비나의 과정은 입문과정, 심화과정, 그리고 8주간 주말
에 운영되는 프로그램으로 구성되어 있다. 심화과정은 심화 1(8가지
악덕), 심화 2(기도), 심화 3(기도와 관상), 심화 4(고대수도원의 순례)로 구분

---

46 Heaney, Columban, "Lectio Divina," *The Chapter,* No. 17, ed. Clare Anderson,
England, 1997. 유명주 옮김, 「거룩한 독서」, 『신학전망』 146, 2004, 114쪽.

된다. 하루, 1박 2일, 4박 5일 코스 등이 있는데, 이것은 단계별 구분이라기보다는 참가자의 편의를 위한 구분이다. 심화과정은 4가지 모두 입문과정을 수료한 사람들이 대상이다.

입문과정은 고대 수도 전통에서 행했던 단순한 렉시오 디비나 수행의 이론과 실습을 4박 5일간 배우게 된다. 렉시오 디비나의 일반적인 개요, 역사적 측면, 성서를 읽고 묵상하는 방법 등을 배우면서 동시에 침묵 수행을 하게 된다. 강의 내용은, 강의 1 – 교회의 가르침과 말씀의 현재화 그리고 렉시오 디비나에 대한 일반적인 고찰, 강의 2 – 렉시오 디비나의 기원과 역사적 고찰, 강의 3 – 수도전통에 따른 성경 독서법, 강의 4 – 수도전통에 따른 성경 묵상법, 강의 5 – 렉시오 디비나의 구체적인 방법 등이다.

심화 1 과정은 주로 수도승 교부들의 가르침을 접하게 되며 더 깊은 고요와 침묵 중에 렉시오 디비나 수행이 4박 5일간 진행된다. 강의 내용은 강의 1 – 탐식과 간음, 강의 2 – 탐욕과 분노, 강의 3 – 슬픔과 나태, 강의 4 – 허영심과 교만, 강의 5 – 칠죄종과 8가지 악덕 등으로 구성되어 있다.

심화 2 과정은 2박 3일간 진행되며 고대 수도자들의 기도에 대한 가르침, 그리고 고대 교부 가운데 한 사람인 에바그리우스(Evagrius, 345~399)의 기도 이해에 대한 강의가 진행된다. 강의 1 – 고대 수도전통 안에서의 기도에 대한 고찰, 강의 2 – 에바그리우스에 대한 이해, 에바그리우스의 <기도론> 등이다.

심화 3 과정은 고대 수도자들의 기도와 관상에 대한 올바른 가르침을 4박 5일간 진행한다. 강의 내용은 강의 1 – 요한 가시아노에 대한 이해, 강의 2 - 요한 가시아노의 기도(담화집 제9권~10권), 강의 3 - 귀고 2세의 기도와 관상에 대한 분석, 강의 4 - 관상에 대한 고찰, 강의 5 - 고대 수도 교부들의 관상에 대한 이해 등이다.

심화 4 과정은 8박 9일간 진행되며 고대 수도승 교부들의 영성의 발자취를 따라가며 그들이 수련했던 사막과 수도원을 직접 보고 배우는 순례 피정이다. 순례코스는 이집트 고대 은거처들인 니트리아(Nitria)와 켈리아(Kellia)의 스케티스(Sketis) 순례, 홍해 근처에 있는 성 안토니우스(St. Antonius, 251?~356?)의 동굴과 수도원 순례, 룩소르(Luxor) 근처에 있는 성 파코미우스(St. Pachomius, 292~348) 수도원 방문, 유럽의 수호성인인 성 베네딕도의 몬테 카시노 수도원 순례, 수비아코 동굴과 수도원 순례 등으로 이루어져 있다. 모든 과정에는 항상 렉시오 디비나 실습이 포함된다.

각 본당 등에서 행하는 2시간 정도의 프로그램도 있다. 이것은 먼저 신자들이 성서에 대해 기본적으로 연구하고 공부한 후 행해지는데 강의와 기도 실습으로 이루어진다. 강의는 렉시오 디비나와 관련된 것으로 일반적 고찰, 역사, 방법 등등으로 4차례 이루어지며, 기도 실습은 40~50분 정도 행해진다. 본당에서 월 기도모임도 갖는데 6시간 정도 진행하며 성경독서, 기도, 반추기도, 침묵 보행, 조별 나눔, 미사 등의 순서로 진행된다.[47] 성경독서, 반추기도의 실제 방법은 다음과 같다.

---

47 렉시오 디비나 홈페이지(http://www.lectio.or.kr, 검색: 2018.6.7.)를 참고해서 정리하였음.

개인독서의 실제(1)

1) 몸과 마음을 바르게 하라.

2) 하느님의 현존을 의식하라.

3) 성령께 도움을 청하라.

4) 성경 말씀을 천천히 작게 소리내어 읽고 들어라.

5) 성경 말씀 중에 마음에 닿는 구절이 있으면, 거기에 잠시 머물러라.

6) 위와 같은 방법으로 계속 성경을 읽어 내려가라.

7) 하느님께 감사의 기도로 끝마쳐라.

개인독서의 실제(2)

1) 몸과 마음을 바르게 하라.

2) 하느님의 현존을 의식하라.

3) 성령께 도움을 청하라.

4) 성경 말씀을 천천히 반복해서 작게 소리내어 읽고 들어라.

　　① 하느님의 말씀을 귀 기울여 들어라(첫 번째 독서)

　　② 하느님의 말씀을 귀 기울여 들어라(두 번째 독서)

　　③ 하느님의 말씀을 귀 기울여 들어라(세 번째 독서)

5) 나눔

6) 하느님께 감사의 기도로 끝마쳐라.

성경묵상(반추기도)의 실제

1) 몸과 마음을 바르게 하라.

　　① 자세(調身)

② 호흡(調息)

③ 마음(調心)

2) 하느님의 현존을 의식하라.

3) 성령께 도움을 청하라.

4) 성경의 말씀을 천천히 반추하라.

　① 선택된 성경구절을 떠올려라(토출)

　② 성경구절을 되씹어라(재저작/재혼합)

　③성경구절을 마음에 간직하라(재연하)

5) 하느님께 감사의 기도로 끝마쳐라.[48]

4) 수련법의 특징

렉시오 디비나의 특징은 단순히 성서를 읽는 데 있는 것이 아니다. 성서를 읽고 그 내용을 천천히 음미하면서 의미를 파악하고 그 안에서 하느님의 현존을 느낀다는 데 있다. 그러므로 성서의 어느 부분을 읽고 끝나는 것이 아니라 그 부분을 끊임없이 반복해서 되새김하는 데 있다. 베네딕도회 수사인 허성준 신부는 이것을 반추기도라고 부른다. 즉 소와 같은 반추동물이 음식물을 섭취할 때 일단 그것을 삼켜서 제1위에 저장하였다가 다시 그것을 토출해서 되새김하듯이 성서를 읽다가 특별히 마음에 와닿는 구절이 있으면 그것을 일단 기억해 둔다. 그리고 일터에서나 휴식시간, 또는 산책할 때 등 다양한 시간에 마음속으로 그것을 다시 천천히 되새김하는 것이다.[49] 반추

---

48 렉시오 디비나(http://www.lectio.or.kr, 검색: 2018.6.7.).

49 허성준, 「수도승 전통에 따른 성서묵상법 반추기도」, 『신학전망』 115, 1996, 139~

동물은 처음에 대충 삼켜서 소화를 제대로 못 시킨 음식물을 다시 토해서 침과 같은 타액을 섞어서 다시 소화시킨다. 그리고 이런 과정을 6~8회 되풀이한다. 되풀이할 때마다 반추동물이 삼켰던 음식물은 점점 더 완전하게 소화되어 그 동물의 생명유지에 필수적인 영양소로 변해간다. 이처럼 반추기도도 반추동물이 하듯이 성서의 구절을 단순히 되뇌는 것에서 끝나는 것이 아니라 되새김할수록 점점 더 성서의 내용이 내 안에서 살아 숨 쉬도록 하는 것이다.

12세기 카르투시오회(Ordo Cartusiensis) 9대 원장이었던 귀고 2세(Guigo II)는『수도승의 사다리』를 통해 렉시오 디비나를 네 단계로 설명하고 있다. 그것은 독서, 묵상, 기도, 관상의 네 단계로 영적 사다리라고 불린다. 이 사다리는 사람들을 지상에서 천상으로 올라가게 해 준다. 독서는 성서를 주의 깊게 읽고 듣는 단계다. 성서를 소리 내어 천천히 읽으면서 음미하는 것이라고 할 수 있다. 묵상은 읽은 성서를 되풀이하는 것이다. 읽은 성서 구절을 다시 되새김함으로써 그것이 온전히 내 것이 되고 내 안에 살아서 현존하게 하는 것이다. 기도는 마음을 온전히 하느님께 향하는 것이다. 그리고 관상은 영혼이 하느님과 일치되는 단계이다. 렉시오 디비나를 충실히 수행하면 어느 날 하느님과 일치를 이루는 관상의 경지에 도달할 수 있다고 한다.[50]

5) 기타

렉시오 디비나는 수도원 가운데서도 베네딕도회 수도원 수련법

140쪽.
50 렉시오 디비나 홈페이지(http://www.lectio.or.kr, 검색: 2018.6.8.).

의 특징이다. 예를 들어, 경남 창원의 엄률 시토회 수정의 성모 트라
피스트 여자 수도원(트라피스트 수도원)도 베네딕도 수도규칙을 따르는
수도회로 렉시오 디비나가 주요 수련법으로 되어 있다. 왜관수도원
은 왜관, 서울, 부산, 남양주 등 모두 5곳에서 피정의 집을 운영하면
서 렉시오 디비나 수련을 원하는 성직자, 수도자, 평신도들에게 개
인, 단체, 가족 등 다양한 단위로 피정 프로그램을 실시하고 있다. 현
재 렉시오 디비나는 이 수도원에서만이 아니라 본당과 교구 차원에
서도 장소를 마련하여 시행하고 있다.

천주교와 개신교의 일치 피정에도 렉시오 디비나가 효과적인 수
련법으로 나타난다. 천주교와 장로회, 감리회, 구세군 소속의 목사
들과 신자들이 함께 모여 렉시오 디비나 수련을 체험하기도 한다.
신부와 수녀, 그리고 목사가 함께 성서를 낭독하고 천주교의 기도서
인 성무일도를 개신교 목사와 신자들이 바친다. 한 개신교 목사는
"단계별 성경 읽기 방법을 배우면서 그동안 성경을 문자 위주로 너
무 빠르게 읽어온 것은 아닌가 하는 생각이 들었다"며 "마음의 준비
와 여유가 있어야 주님 말씀이 더 잘 들린다는 사실을 새롭게 깨달
았다"라고 한다.[51]

성 베네딕도 왜관수도원에서는 중장년층에 특화된 수도생활 체
험을 2009년부터 시행해오고 있다. 신자와 비신자를 불문하고 누
구나 찾아와 묵상에 잠겨 반성하고 새 계획을 할 수 있게 한다는 취
지에서 비롯된 것이다. 일반인이 수도복을 입고 2박 3일 일정의 체

---

51 「개신교 목사들이 시간 전례에 맞들이다」, 『평화신문』, 2015.9.13.

험을 한다. 이 과정에서 역시 중요한 것이 생활규칙인데 그 가운데서도 가장 중요한 것이 '대침묵'이다. 하루 중 다섯 번째 공동기도이자 마지막 기도인 '끝기도' 이후부터 다음 날 아침기도 전까지 모두가 침묵을 지킨다. 담당 사제인 오윤교 신부는 "입을 다문다는 것은 귀와 마음을 연다는 것"이라고 했다. 그래서 아침기도를 여는 말은 "주여 제 입술을 열어 주소서"이다. 하루 5번의 공동기도와 함께 렉시오 디비나가 이어진다. "단순하게 감사하고 사랑하는 법을 배웠다"는 참가자도 있었고, "내가 먼저 단순하고 담백해지면 나를 대하는 사람들도 함께 담백해질 수 있지 않겠나"라는 참가자도 있었다.[52]

VI. 영신수련(靈神修練)

1. 개설

영신수련은 로욜라의 성 이냐시오가 자신의 기도 생활을 하면서 겪은 체험을 바탕으로 저술한 책인 *Exercitia Spiritualia*(The Spiritual Exercises)에서 비롯된 말로 예수회의 영성수련법을 말한다. 이냐시오가 저술한 『영신수련』의 내적 구조는 세 단계에 걸친 이냐시오의 영성적 여정을 통해 형성되었다고 한다.[53]

---

52 「침묵과 기도가 가져온 변화...수도복 벗을 때 "지금과 달리 살 것"」, 『한국일보』, 2015.12.24.
53 심종혁, 「영신수련의 기원으로서의 이냐시오의 영적 체험」, 『신학전망』 105, 1994, 149쪽.

그러나 수련을 통해 자동으로 관상에 이르는 효과가 나타나는 것이 아니라 각자 어떤 마음의 자세인가와 그리고 영신수련을 통해 하느님과 만남에 이를 수 있는가가 관상으로 이를 수 있는가를 좌우한다고 한다. 수련자는 성령의 활동에 자신을 자유롭게 맡겨야 하며, 영신수련은 그 자체가 목적이 아니라 인간을 뿌리 깊은 고통에서 해방시켜주는 하느님을 만나기 위한 수단이라는 것이다.[54] 영신수련도 그 자체가 목적이 아니라 관상에 이르기 위한 하나의 수련법이며 예수회 창립 이후 부분적으로 수정은 있었지만, 본래의 고유한 수련법은 현재까지 이어지고 있다.

2. 예수회 한국관구
1) 단체의 역사

예수회는 로욜라의 성 이냐시오(Sanctus Ianatius de Loyola, 1491~1556)와 6명의 동료들이 1534년 8월 15일 파리 몽마르트르 수도원의 순교자 성당에서 행한 서원이 출발점이다. 1540년 9월 27일 교황 바오로 3세(1534~1549)가 발표한 회칙에 따라 정식으로 설립되었다.[55] 동양으로 예수회가 전해진 것은 성 프란치스코 하비에르(Sanctus Franciscus Xaverius, 1506~1552)가 인도와 일본에 선교하면서부터였다. 마테오 리치(Matteo Ricci, 1552~1610)는 중국 선교에 많은 업적을 남겼으며, 특히 그가 저술한 『천주실의』는 한국에 천주교가 전파되는 데 중요한 밑거름이 되

---

54 Iglesias, Ignacio., "Ejercicios Espirituales: Manual de gimnasia interior paraser libres", padres y Maestros, No. 172-173(Corufia, 1991), 정제천 옮김, 「영신수련, 영적 체험의 산실」, 『신학전망』 150, 2005.9, 122쪽.
55 정제천, 「예수회」, 『한국가톨릭대사전』 9, 2002, 6388쪽.

었다.

예수회원들이 정식으로 한국에 들어온 것은 1954년이며, 1960년 서강대학교, 1962년 광주가톨릭대학교, 1974년 수원 말씀의 집 등을 설립하여 운영하고 있다.

2) 수련법의 정의와 목적

성 이냐시오가 저술한 『영신수련』 1번은 영신수련을 다음과 같이 말하고 있다. "영신수련이라 함은 양심을 살피는 방법이나 묵상, 관상, 염경, 묵도[56] 등의 방식 및 다음에 말할 다른 영신적 행사들의 방법을 말하는 것이다. 즉, 마치 육신의 건강을 위해서 산책이나 길걷기나 뛰기 따위의 모든 것을 체육 또는 신체의 단련이라고 하듯이, 영신면에서도 모든 사욕편정을 깨끗이 없애고 구령을 위하여 자기의 생활을 개선하는 데에 날카로운 양심으로 하느님의 뜻을 찾고 발견하기 위하여 영혼을 준비하고, 이에 대비하는 모든 방법을 영신수련이라 한다."(영신수련 1번)[57]

현대 한국천주교에서 영신수련이란 이냐시오가 저술한 책을 가리키기도 하지만, 한편으로 사람들이 하느님과의 관계를 강화하도록

---

[56] 한불자전에 나오는 말로서, 그 뜻은 '마음 안에서 일어나는 영감'을 나타냈을 때 쓰이는 말이다. 초기 한국 가톨릭교회에서 많이 사용해 왔지만, 오늘날에는 잘 사용하지 않는다. 한국가톨릭대사전편찬위원회 편, 「묵도(黙導)」, 『한국가톨릭대사전』, 한국교회사연구소, 1989, 409쪽. 여기에 인용한 이냐시오의 『영신수련』이 번역되어 초판이 나온 것이 1967년이므로 아직 옛날 용어를 그대로 사용하여 번역한 것으로 생각된다. 윤양석 옮김, 『성 이냐시오의 영신수련』, 한국천주교중앙협의회, 2001, 19쪽 참조.

[57] 위의 책.

돕기 위해 이냐시오가 계발한 묵상, 기도, 그리고 관상을 위한 수련법을 말하는 것이기도 하다. 여기에서는 이냐시오의 저술을 토대로 한 수련법을 지칭한다.

영신수련은 수 세기 동안 30일간의 고독과 침묵이라는 "장기간의 피정"이 가장 일반적인 형태였다. 최근 몇 년 사이에 영신수련은 일반인들을 위한 프로그램으로 새롭게 강조되고 있다. 현재 영신수련을 하는 가장 일반적인 방식은 한 달 동안 일상의 삶에서 벗어나 매일 기도하고 영적 지도자와 함께하는 프로그램을 이수하는 것이다. 영신수련은 현대인들의 요구를 충족시키기 위해 많은 다른 방법들이 채택되고 있다.[58]

3) 수련법의 방법과 절차

영신수련은 기본적으로 30일(4주)간의 수련 기간을 갖지만, 30일 과정을 8일의 일정으로 축약해서 진행하기도 한다. 주로 예수회 소속 수련센터에서 진행되지만, 교구나 본당에서 장소를 마련하여 진행하기도 한다. 마포의 예수회 센터에서는 2박 3일, 4박 5일, 8일(9박 10일)의 과정으로 진행한다. 영신수련 피정은 단체피정, 개인피정 등이 있고, 형태에 따라 강의가 있거나 없을 수도 있다. 이 피정은 성서의 짧은 구절을 지도자가 선택해 주고 기도준비, 기도방법, 성찰방법, 묵상방법 등을 안내받는다. 기도준비 시간은 15분으로 기도할 장소, 시간, 자세를 결정한다. 기도는 한 시간을 넘지 않는다. 기도할

---

58 미국 영신수련(http://www.ignatianspirituality.com/).

장소에서 하느님의 현존을 의식하며 존경과 겸손의 행동을 표시한다. 그리고 마음을 모아서 자신의 호흡을 느껴보고 숨을 들이마시거나 내쉬면서 "오소서 성령이여, 이 시간 저에게 오소서"라고 반복한다. 기도준비는 나의 모든 의향과 행동과 노력이 오로지 하느님의 영광과 그분께 봉사함을 위해서만 마련되도록 하느님께 은총을 구하는 것이다.(영신수련 46)[59]

제시된 성서의 구절을 중심으로 보되 읽다가 막히는 부분이 있으면 다음으로 넘어가지 않는다. 중요한 것은 지도자의 묵상요점 강의, 개인면담 등을 제외하면 기도 중 침묵을 유지해야 한다. 참가자들은 지도자가 선택한 성서 구절을 침묵 속에서 묵상한다. 관상기도를 할 때 지리적 배경이나 등장인물 등을 떠올려 본다. 즉, 성서의 구절에 나온 사건 안으로 자신이 들어가 구경하는 태도가 되는 것이다. 그리고 마치 친한 친구에게 이야기하듯이 기도 중에 얻은 것, 마음의 움직임 등에 관해 누군가와 대화를 나눈다. 마침기도는 주님의 기도로 끝을 맺는다. 그리고 15분간 기도에 대한 반성의 시간을 갖는다. 예를 들어 기도 가운데 인상적이었던 것, 그리고 집중했던 것, 깨달음을 얻었는지, 그것이 무엇인지 등등이다. 그리고 그것을 기록하는 것으로 마친다.

4) 수련법의 특징

부분적인 변형은 있지만, 이냐시오가 저술한 『영신수련』을 중심

---

[59] 윤양석 옮김, 앞의 책, 36쪽

으로 운영되고 있다. 향심기도, 렉시오 디비나, 등은 비록 고대 천주교의 전통에 뿌리를 두고 있다 하더라도 현대에 맞게 적절히 변화되었지만, 영신수련은 이냐시오의 수련법에 최대한 충실하게 접근하고 있다. 기도 시간은 한 시간을 넘지 않도록 하고 있으며 침묵의 시간을 갖는다.

5) 기타

예수회 피정센터 이외에 대전의 예수수도회(수녀회) 소속의 피정센터에서도 영신수련 피정을 시행한다. 2박 3일, 9박 10일, 40일 등의 프로그램이 있다. 일주일에 한 번 2시간 정도 지도를 받는 프로그램도 있으며, 예수수도회에서는 방문 피정지도도 한다. 양부모에게 버림받았던 사람이 처음에는 원망과 증오로 가득 찼지만, 영신수련을 경험하면서 그것이 점차 사라지고 하느님의 사랑만이 남았다고 하는 사례도 있다. 즉, '용서해야 한다'라는 것은 결심이나 다짐으로 되는 것이 아니라 상대에 대한 증오를 분출시키고 나면 사라지게 되는 것이다. 집착의 끈을 놓지 못해서 어려움을 겪었던 사람도 지금껏 추구했던 성공이나 부에 대한 꿈이 헛됨을 깨닫고 지극히 평범한 삶이 진정한 행복임을 느꼈다고 한다.[60]

---

60 「나를 찾아 떠나는 休, 영신수련」, 『한겨레신문』, 2012.8.29.

VII. 예수마음기도

1. 개설

예수마음기도는 성심수녀회 권민자 수녀에 의해 시작된 수련법이다. 이 수련법은 다른 곳에 기원을 두고 있는 것이 아니라 권민자 수녀 개인에게 일어났던 것을 토대로 만들어진 것이다. 권민자 수녀에 의하면 처음에 경험도 없이 우연히 다른 사람의 피정지도를 하게 되었으며, 그 뒤로 피정기간을 늘려 30일 피정을 지도하였다. 그런데 여기에 참가한 사람이 하느님을 만나는 종교적 경험을 하게 되었다. 그러자 보다 심화된 체험을 위해 피정기간을 40일로 연장하였다.[61]

2. 예수마음 선교회 · 예수마음 선교수녀회

1) 단체의 역사

프랑스 부르고뉴(Bourgogne) 태생의 성녀 마들렌 소피 바라(Sainte Madeleine Sophie Barat, 1779~1865)가 1800년 11월 21일 파리에서 세 명의 동료와 함께 첫 서원을 하면서 성심 수녀회가 시작되었다. 그러나 정치적인 문제로 인해 처음에는 '성심'이라는 이름을 사용하지 못하고 '그리스도 교육 수도회'라는 이름으로 출발했다. 이후 1815년에 이르러서 정식으로 '성심수도회'라는 이름을 사용할 수 있었다. 소피 바라는 '예수 마음 안에 한뜻'을 성심회의 좌우명으로 삼았다. 1826년 12월 회헌에 대한 교황청의 인가를 받았다.

---

61 옥준상, 「예수마음기도에 대한 신학적 고찰」, 광주가톨릭대학교 대학원 석사학위 논문, 2015, 42~43쪽.

동양지역은 1908년 일본에 처음 4명의 수녀를 파견하면서 시작되었다. 1956년 세 명의 수녀가 입국하여 서울 용산구 원효로 4가에 있던 옛 용산신학교 건물을 인수하여 자리 잡으면서 한국에서의 활동이 시작되었다.[62] 서울 원효로 수녀회 본부에서 '예수 마음 기도의 집'을 운영하다가 1999년 1월 14일 파주에 예수마음배움터를 설립하여 예수마음기도라는 피정을 시행하기 시작하였다.

예수마음기도를 주관하던 성심수녀회 소속 권민자 수녀는 2006년 파주 피정의 집을 중심으로 새롭게 독립적인 수도회를 시작하였다. 2013년 7월2일 의정부 교구장인 이기헌 주교의 인준을 받아 예수마음 선교회와 예수마음 선교수녀회가 정식으로 교구 인준의 수도회가 되었다.[63]

2) 수련법의 정의와 목적

예수마음기도를 만든 권민자 수녀는 예수마음기도를 다음과 같이 말한다. "예수마음기도는 예수님의 마음에 우리 마음을 합하고 성령의 인도에 의존하면서 하느님 아버지께 온 마음과 온 정성과 온 힘으로 바치는 기도이다. 곧 삼위일체이신 하느님과 일치를 가져오는 기도라고 할 수 있다. 예수마음기도는 길이요 진리요 생명이신 예수님의 마음을 몸으로 그리고 마음으로 깨달아가는 여정의 기도이다."[64]

예수마음기도라는 수련도 결국 하느님과의 일치를 위한 기도이기

---

62 성심수녀회 한화관구(http://rscj.modoo.at).
63 「예수마음 기도 영성수련 사도직 본격화」, 『평화신문』, 2013.10.6.
64 권민자, 「예수마음기도 영성수련」, 『사목』 320, 2005, 19쪽.

때문에 최종적으로 관상에 이르는 것이 목적이다. 물론 다른 수련법과 마찬가지로 관상은 본인의 의지만으로 되는 것은 아니고 결국 하느님에 의해 이루어진다는 믿음을 지니고 있다.

3) 수련법의 방법과 절차

이 프로그램은 '예수마음 영성수련'이라는 명칭의 피정 프로그램이다. 본래 40일 영성수련 피정이었지만, 차차 하루, 2박 3일, 4박 5일, 8박 9일 등 다양한 피정 프로그램을 갖추었다. 대개 성심수녀회에서 운영하는 피정의 집인 예수마음배움터(경기도 파주)에서 이루어지고 있으며 하루 과정의 방문피정지도도 한다. 또한, 내적 여정으로 애니어그램을 비롯한 영신수련 피정도 진행하고 있다.[65] 영신수련과 비슷하게 대침묵으로 진행되며 강의를 통해 구체적인 기도방법을 배우고 개인면담을 통해 기도과정을 함께 한다.

예수마음기도는 사도 베드로의 '예수님 사랑합니다' 혹은 사도 토마스의 '저의 주님, 저의 하느님'과 같은 짧은 성경구절을 택해서 예수님에게 바치는 단순한 기도로 2004년 주교회의 사목연구소에서 정식 교회 기도로 인정받았다.[66] 예수님이 아버지의 이름을 부르며 기도했듯이 예수님 마음을 부르며 쉬지 않고 드리는 기도를 예수마음 호칭기도[67]라고 하는데, 예수마음기도에는 대개 예수마음기

---

65 성심수녀회 한화관구(https://rscj.modoo.at).
66 『가톨릭신문』 2015.7.26.
67 예수마음호칭기도(예수마음기도문)는 다음과 같다.
　지극히 거룩하신 예수마음이여,
　당신의 흠숭하심에, 저를 온전히 합하나이다.

도문을 사용하여 바친다. 그런데 기도문을 모두 바치는 것이 아니라 예수마음기도문 가운데 마음에 와닿는 기도를 하나 선택해서 그 기도문을 되풀이해서 계속 읊는다. 그리고 기도문을 바칠 때는 하느님에게 기도드리는 것에 집중해야 하며 어린이와 같이 기도해야

당신의 불타는 사랑에, 저를 온전히 합하나이다.
당신의 지극하신 열성에, 저를 온전히 합하나이다.
당신의 보속하심에, 저를 온전히 합하나이다.
당신의 감사드리심에, 저를 온전히 합하나이다.
당신의 변함없는 신뢰에, 저를 온전히 합하나이다.
당신의 간절하신 기도에, 저를 온전히 합하나이다.
당신의 침묵에, 저를 온전히 합하나이다.
당신의 겸손에, 저를 온전히 합하나이다.
당신의 순명에, 저를 온전히 합하나이다.
당신의 온유하심과 평화에, 저를 온전히 합하나이다.
당신의 탁월하신 친절에, 저를 온전히 합하나이다.
당신의 만민을 위한 애덕에, 저를 온전히 합하나이다.
당신의 깊으신 수렴에, 저를 온전히 합하나이다.
당신의 죄인의 회개를 위한 강렬하신 소망에, 저를 온전히 합하나이다.
당신의 천상 성부와의 밀접하신 일치에, 저를 온전히 합하나이다.
당신의 지향에, 저를 온전히 합하나이다.
당신의 소망에, 저를 온전히 합하나이다.
당신의 의지에, 저를 온전히 합하나이다.
예수마음의 사랑이여, 제 마음을 불사르소서.
예수마음의 애덕이여, 제 마음에 충만하소서.
예수마음의 힘이여, 제 마음을 지탱해 주소서.
예수마음의 자비여, 제 마음을 용서하소서.
예수마음의 인내여, 제 마음에 지치지 마소서.
예수마음의 왕국이여, 제 마음에 이룩되소서.
예수마음의 지혜여, 제 마음을 가르치소서.
예수마음의 열성이여, 제 마음을 불태우소서.
예수마음의 의지여, 제 마음을 다스리소서.
흠숭하올 성삼위여,
당신의 자녀 성녀 마들렌 소피이에게 허락하여 주신 은혜에 감사드리오며
삼가 구하오니, 저희들에게도 예수마음과 온전히 하나 될 수 있는 은혜를 허락하소서. 아멘.
예수마음배움터(http://www.jesumaum.org/).

한다.[68]

예수마음기도 영성수련의 4박 5일 일정을 보면 예수마음기도문을 하루에 2차례에서 많게는 5차례까지 바친다. 가장 많이 바치는 날은 기상 후, 아침 식사 후, 점심 식사와 휴식 후, 오후 간식 후(대략 3시 30분), 저녁 식사 후 등 총 5차례이다. 기도 시간은 매 50분간이며 기도 직후 10~20분간 성서읽기가 이어진다. 하루 1~2차례 씩 총 6차례의 강의가 있으며 매일 미사가 있다. 본당 등에서 하루 동안 진행하는 수련에서는 강의를 중심으로 진행되며 예수마음기도, 그리고 미사로 끝을 맺는다.

4) 수련법의 특징

예수마음기도라는 프로그램이지만 특이한 점은 권민자 수녀가 만든 예수마음 기도문을 사용하는 것이며, 특히 기도문 전체를 암송하기보다는 그 가운데 마음에 드는 구절을 골라서 반복해서 암송한다는 점이다. 주문이라고 할 수도 있지만, 천주교의 특성상 그 구절을 반복해서 암송함으로써 하느님께 자신의 바라는 바를 전할 수 있다는 의미가 더 크다고 본다. 영신수련과 마찬가지로 면담 시간을 제외하면 침묵을 하도록 요구된다. 하루 이외의 과정에서는 예수마음기도가 집중적으로 행해진다는 것이 또 다른 특징이다.

5) 기타

이 수도회는 '예수마음 영성수련 사도직'을 중심으로 하는 수도

---

68 옥준상, 앞의 글, 44~46쪽.

회, 즉 다양한 사람들에 대한 수련 중심의 수도회를 표방하고 있다. 다른 수련법들도 거의 비슷하지만 예수마음 영성수련도 대상자의 종교를 가리지 않는다. 천주교인뿐만 아니라 성공회를 포함한 일반 개신교인들, 성직자들 모두가 피정의 대상이다. 현재 전국의 여러 본당에서 예수마음기도를 자체적으로 마련하여 진행하고 있다. 이 때 권민자 수녀를 중심으로 한 예수마음기도의 지도자들이 초청되어 강의와 수련을 지도한다. 예수마음기도는 앞에서 소개한 향심기도, 렉시오 디비나, 영신수련과 함께 현재 한국천주교에서 가장 활발하게 전해지는 천주교 수련법이다.

Ⅷ. 천주교 수련문화의 의의와 전망

한국불교에서 템플 스테이(Temple Stay)를 추진하게 된 배경은 2002년 한일월드컵이 계기였다. 한국을 방문할 외국인들에게 한국의 불교문화를 알리는 동시에 부족한 숙소문제도 해결한다는 취지였다.[69] 2002년 이후 템플 스테이는 외국인뿐만 아니라 한국인들에게도 영적 휴식을 위한 문화로 자리 잡았다. 이를 통해 이미 이전부터 불교신자들을 대상으로 시행해왔던 한국불교의 수련체험이 세계에 알려지게 되었다.

천주교에서도 수도원의 수련문화가 있었지만, 수도자 이외의 수

---

69 「山寺도 월드컵 바람」, 『한국일보』, 2001.11.29.

련문화는 상대적으로 위축되어 있었다. 그러나 2000년대 들어서 천주교에서도 수련문화가 활기를 띠기 시작하였다. 매스컴에서도 불교의 템플 스테이와 천주교의 피정프로그램을 나란히 소개하고 있다. 차이점이라면 템플 스테이는 사찰문화와 정신문화를 체험한다면, 피정은 자신의 내면을 들여다보는 자아성찰에 초점을 맞춘다는 것이다.[70] 이외에도 불교와 천주교의 차이점은 존재한다. 예를 들어, 불교는 나 자신을 찾는 것이 중심이라면, 천주교는 나보다는 하느님을 찾는 것이다. 물론 이를 통해 결국은 자신을 찾아가는 것이지만, 중심은 하느님에 의존한다는 것이다. 불교는 스스로 깨닫는 체험이라면 천주교는 하느님 체험이며, 하느님을 체험함으로써 그 과정을 통해 스스로 느끼고 깨닫는 것이라고 볼 수 있다.

이처럼 과정의 차이는 존재하나 수련체험을 통해 결국 자신을 돌아보는 계기가 된다는 점은 분명하다. 결국, 화두를 잡고 선 수행을 하든, 하느님을 찾고 하느님을 통해 얻는 것이 있든, 이런 것은 중간 과정에 해당된다. 추구하는 목적이 다소 다르지만, 수련을 접하고 난 뒤의 경험은 동일하다. 물론 이와 같은 비교가 전부는 아니며 또한 두 종교의 체험을 너무 단순화시키는 측면도 있기에 한계도 있다. 따라서 차이점이나 공통점을 말하기보다는 한국천주교의 수련문화의 현황은 어떠한가를 보도록 하자.

한때 동양의 종교수련문화에 빠진 천주교인들이나 젊은이들에 대해 세계 천주교뿐만 아니라 한국천주교에서도 우려했던 것이 사실

---

70 「나를 찾아 떠나는 '천주교 피정' 어때요?」, 『경북일보』, 2010.7.5.

이다. 단순한 수련문화가 아니라 이교의 문화에 빠질 것을 경계했던 것이다.[71] 그러나 앞에서도 언급했듯이 불교의 산사체험 수련프로그램이 현대인들에게 반향을 불러일으키면서 천주교에서는 독자적인 수련프로그램이 필요했을 것으로 생각된다. 천주교에서 그러한 수련프로그램을 담당할 수 있는 곳은 수도원이었다. 따라서 과거 수도승들의 수련문화를 현대에 다시 되살리고, 전통적으로 전해 내려온 것들을 신자들뿐만 아니라 비신자들에게도 개방하는 상황이 이어지게 된 것으로 본다. 따라서 봉쇄수도원을 제외한다면 여러 수도원에서 피정의 집을 운영하고 있다. 수도원 고유의 수련프로그램을 가지고 있는 곳에서는 자체적인 프로그램을 운영한다. 프로그램을 제공하기보다는 수도원 내에 피정의 집이라는 장소를 제공함으로써 피정의 시간을 갖고 수도원의 분위기를 체험하게 하는 수도원도 있다. 천주교 수련문화의 특징은 본문에서도 언급되었듯이 천주교 신자들만을 대상으로 하는 것이 아니라 비신자들에게도 개방되었다는 점이다. 이로 인해 개신교에서도 위와 같은 프로그램들이 전파되어 확산되고 있다.

천주교 수련프로그램의 확산으로 인해 몇 가지 중요한 결과를 예측해 볼 수 있다. 첫째, 과거 이웃 종교를 기웃거리던 천주교 신자들이 자신들의 종교 안에서 수련체험을 함으로써 만족감을 증가시켜 줄 수 있다. 둘째, 천주교 수련체험이 비신자들에게도 확산됨으로써 간접선교의 효과도 볼 수 있다. 셋째, 이러한 수련체험이 확산되면

---

71 각주 27) 본문 참조.

천주교의 고민인 냉담자들이 다시 교회로 돌아오는 계기가 될 수도 있다. 그리고 부수적으로는 이를 통해서 신자들의 신앙심이 더욱 고취될 수도 있으리라 전망한다. 그뿐만 아니라, 사회적, 개인적으로도 수련문화의 경험은 여러 가지 장점과 효과를 나타낼 수 있을 것으로 생각된다.

과거 천주교에서 수련문화는 대부분 수도자 중심이고, 일반 신자들을 대상으로 한 수련문화는 제대로 갖추어지지 않았다. 그러나 현대인들은 바쁜 중에도 여가와 문화에 대한 욕구가 증가하고 있으며, 특히 심리적, 영적 분야에 관한 관심이 높아지면서 종교 수련체험은 앞으로 더욱 확산될 것으로 생각된다. 한국천주교 주교회의가 2011년 7월 5일 공개한 휴가철 프로그램의 숫자는 2005년 23개에서 75개로 늘었고, 피정의 집 숫자도 88개에서 134개로 증가하였다.[72] 이후 피정의 집 숫자는 별로 증가하지 않았지만, 피정 프로그램은 지속해서 증가하고 다양해지고 있으며, 특히 앞에서 소개한 네 가지의 프로그램이 중심을 이루고 있다. 참가자가 피정의 집을 찾아가 체험하는 수련프로그램도 있지만, 각 본당이나 교구에서 마련한 장소에서 피정 지도자가 방문 피정을 시행하고 있는 프로그램도 있다. 그러므로 천주교 전체를 놓고 본다면 증가 추세에 있는 것은 사실이다.

마지막으로 언급할 것은 천주교의 수련프로그램에는 애니어그램 (Enneagram)과 같은 심리적 프로그램도 도입되고 있다는 것이다. 불교

---

72 「천주교 피정, 얼마나 아시나요」, 『서울신문』, 2011.7.5. 참고로 2015년 피정의 집 숫자는 136개에 머물고 있다. 한국천주교중앙협의회, 『한국천주교회 통계 2015』, 한국천주교중앙협의회, 2016, 47쪽.

의 선이나 명상수행의 기법을 받아들여 현대적 감각에 맞게 만들어진 향심기도와 같이, 고유의 전통 안에서 다양한 문화를 받아들여 현대의 다양한 욕구에 부응한 수련프로그램들이 도입되고 있다. 본 연구는 천주교의 수련프로그램과 단체를 개괄적으로 소개하고 분석하는 데 그쳤다면, 앞으로는 개개의 프로그램들과 다른 종교, 문화 현상들과 비교 검토하는 작업도 필요할 것으로 생각된다.

제5장

한국 천주교의 선교활동과 방식

I. 들어가는 말

그리스도교 전통에서 선교는 가장 핵심을 이루는 요소의 하나이다. 그리스도교의 이런 선교 근거는 성서적 가르침(마태오 28:19-20, 마르코 16:15, 루카 24:47 등)에도 나타나 있다. 그리스도교가 세계로 전파된 것도 사도 바오로의 선교여행이 절대적이었다. 그는 그리스도교로 개종한 후 가장 열정적으로 선교여행을 다녔다. 그리스도교의 기원이 비록 유대교에 있지만, 바오로는 유대인뿐만 아니라 이민족들에게도 그리스도교를 선교하였다. 역사적으로 부침이 있기는 하였지만, 선교는 이후의 그리스도교 역사에서 줄기차게 진행되어온 사명이었다. 이런 관점을 염두에 둔다면 선교라는 용어 자체의 의미는 천주교나 개신교 모두 동일하다고 하겠다.

한편 천주교에서는 선교와 동의어로 복음화라는 말도 사용하고 있지만, 그 강조점에 있어서 다소 차이가 있을 수 있다.[1] 그러나 여기에서는 이 둘에 대한 어떤 차이도 두지 않고 함께 사용할 것이다. 그것은 천주교의 조직체계에서도 이 용어에 대해 차이를 두지 않고 사용하고 있기 때문이다.[2] 선교라는 말을 종교, 특히 그리스도교에 한정해서 말한다면, 일반적으로 그리스도교를 믿지 않거나 아니면 그리스도교가 아닌 다른 종교를 믿는 사람들에게 그리스도교로 나오기를 권유하는 것이라고 말할 수 있다. 그렇지만, 천주교에서 말하는 선교의 더 넓은 의미는 이미 천주교에 입교한 사람이라도 교회 활동을 제대로 하지 않거나 아니면 완전히 활동을 중단한 사람들이 다시 바른 교회 활동을 하도록 하는 행위까지도 포함한다.[3] 이 글의 특성을 고려할 때 여기에서 말하는 선교의 의미는 좁은 의미로만 사용해야 할 것이다. 그러나 현재 천주교의 선교정책을 비판적으로 살펴보려면 넓은 의미도 고려해야 할 것으로 생각된다. 따라서 이 글의

---

1 우제국, 「선교란 무엇인가」, 『사목』156, 한국천주교중앙협의회, 1992, 7쪽.
2 라틴어 "미테레(mittere)"에서 유래된 선교(mission)는 기본적으로 권위를 가진 어떤 사람이 특수 목적을 가진 사람을 파견하는 것, 그리고 파견된 사람에게 위임된 과제라는 두 가지 의미를 지닌다. Adam Wolanin, 김혜경 옮김, 「선교」, 『선교학 사전』, 성바오로, 2011, 176쪽. 따라서 영어에서 번역된 선교라는 말 자체의 의미는 종교와 무관하게 쓰일 수 있는 용어이다. 텔레비전 프로그램에서 미션이라는 말을 빈번하게 사용하면서 출연자들이 소화해내야 하는 어떤 과제를 부여하는 것도 바로 이런 맥락이라고 하겠다. 그러므로 어떤 의미에서는 복음화라는 용어가 여기에 더 부합하다고 생각되지만, 이것은 또한 그리스도교에만 적용될 수 있다는 한계를 지닌다.
3 교황 요한 바오로 2세 회칙, 『교회의 선교사명』33, 한국천주교 중앙협의회, 1990, 47~48쪽. 여기에서는 특히 기존의 선교와 구분해서 "새로운 복음화", 또는 "재복음화"라는 말을 사용하고 있다.

4장인 쟁점과 전망에서는 선교의 의미를 넓게 확장해서 사용하려고 한다.

그간 천주교에서는 선교에 관한 수많은 연구 결과들이 발표되었다. 이 글에서도 그간의 연구 결과들을 모두 소개해야 하겠지만, 여기에서 그것들을 일일이 소개하는 것은 의미가 없다고 판단된다. 왜냐하면, 그 연구들의 주요 주제는 선교의 의미, 선교의 기원, 그리고 선교를 어떻게 할 것인가 등등이고, 현재 천주교의 전반적 선교체제나 방식을 분석한 연구는 찾기가 어려웠기 때문이다.

글의 전개 방식은 현재 먼저 한국천주교의 선교 현황을 살펴보고, 그것을 토대로 천주교의 선교 양상이 어떠한가를 분석해 본 다음, 천주교의 선교 양상에 대해 거론될 수 있는 쟁점과 전망에 대해 논의할 것이다. 선교 현황은 천주교에서 활동하고 있는 선교조직과 진행되고 있는 선교 활동에 관해 소개할 것이다. 해외 선교활동에 대해서는 이 글에서 제외할 것이다.

II. 한국 천주교의 선교활동

한국의 천주교는 1831년 조선교구라는 하나의 교구로 출발해서 현재 3개의 관구와 19개의 교구로 나뉘어져 있다. 한국의 관구는 서울, 대구, 광주의 3곳으로 대교구이면서 관구로서 다른 교구들을 관할하는 형식으로 이루어져 있지만, 사실상 각 교구는 독자적인 활동을 하고 있다. 19개의 교구는 위의 3개 대교구와 평양교구, 함흥교구, 덕원자치수도원구, 그리고 군선교를 위한 특수교구인 군종교구를 포함한 것이다. 북한의 3개 교구는 명칭만 남아있을 뿐 실질적 종교활동이 이루어지지 않고 있는 점으로 본다면, 사실상 한국의 천주교는 16개 교구가 활동하고 있는 셈이다.

한국의 천주교를 대표하는 단체로는 한국천주교주교회의(이하 주교회의)가 있는데, 일시적 기구가 아닌 상설기구로서 한국천주교 전체의 사목을 위한 전반적인 일을 협의하고 결정한다. 교회법 제447조는 주교회의를 "교회가 사람들에게 제공하는 선익을 더욱 증대시키기 위하여 해당 지역의 그리스도교 신자들을 위한 어떤 사목 임무를 특히 시대와 장소의 상황에 적절히 적응시킨 사도직의 형태와 방법으로 법 규범에 따라 공동으로 수행하는 한 국가나 특정 지역 주교들의 회합"이라고 규정하고 있다. 주교회의의 임무는 "이 땅의 복음화와 공통 유익의 증진을 위하여, 특히 국가와 시대 상황에 가장 적합한 사도직 형태와 방법을 참작하여, 의견과 정보를 교환하고 연구, 협의하며 교령을 결정하고 이를 집행한다. 또한, 필요한 때마다 사도좌에 문제의 공동 해결을 청원하고, 사도좌의 교령이나 결정을 시행하며, 그 밖에 보편 교회와 한국 교회의 공동선을 위하여 할 것들이나 사도좌에서 요청한 것들을 다룬다."[4]라고 되어 있다. 다시 말해서 주교들은 회의를 통해 여러 가지 사항을 협의, 결정하고 집행하지만, 필요한 때마다 교황청에 문제 해결을 요청하거나 교황청의 결정이나 요청사항 등을 시행하는 기구라는 것이다.

---

4 한국천주교주교회의(http://www.cbck.or.kr/page/page.asp?p_code=K2130, 검색: 2011.6. 9.).

한편 주교회의에는 여러 단체와 위원회가 있으며, 산하단체인 한국천주교중앙협의회를 통해 여러 교리서나 기도서, 그리고 신심서적 등을 출판하여 전국에 보급하고 있다. 주교회의 산하의 여러 단체나 위원회들은 선교와 사목에 관한 다양한 분야의 일들을 맡아서 행하고 있으므로 사실상 모든 단체나 위원회가 선교와 관련이 있다고 할 수 있다. 이 가운데 특히 주교위원회인 선교사목주교위원회와 전국위원회인 복음화위원회가 선교와 관련된 활동을 직접적으로 수행하고 있다. 복음화위원회는 한국천주교의 복음화를 위한 방안을 연구 모색하고 구현함을 목적으로 한다. 또한, 주교회의 총회나 주교위원회가 위임하는 업무를 수행한다. 더불어 교구와 선교회 등 선교 사도직 단체들과 긴밀한 유대 관계를 맺으며, 그들의 복음화 활동을 지원하고, 소공동체를 통한 새로운 교회상을 실현하기 위한 노력을 지원하며 복음화에 관한 자료와 정보를 제공한다.[5] 다시 말해서 복음화위원회는 주교회의에서 결정된 업무를 수행하며 각 교구의 선교 활동을 지원한다고 할 수 있다.

그러므로 실제 선교현장의 활동은 각 교구 및 본당, 그리고 수도회와 여러 선교단체 및 평신도 선교사들에 의해서 이루어지고 있다. 따라서 각 교구의 조직 가운데 선교와 관련된 기구, 그리고 본당 차원의 선교 활동 및 수도회와 선교단체, 그리고 평신도 선교사들의 활동을 살펴보는 것이 더욱 중요하리라 생각된다.

각 교구에도 교구장을 중심으로 그 아래 다양한 조직이 있으며,

---

5 한국천주교주교회의 선교사목주교위원회
(http://mission.cbck.or.kr/include/sub_page01_02.asp, 검색: 2011.6. 14.).

선교와 관련된 교구 조직도 그 가운데 하나이다. 선교와 관련된 교구 조직의 명칭은 교구마다 차이가 있는데, 대략 복음화국이나 사목국 등으로 부르고 있다. 물론 각 교구의 모든 부서가 직간접적으로 선교와 관련이 있지만, 그 가운데서도 특히 위의 부서들이 선교와 관련된 업무를 맡고 있다고 할 수 있다. 그렇지만 위와 같은 명칭을 가지고 있다고 하더라도 그 부서의 활동이 모두 비신자들을 대상으로 선교업무를 하는 것은 아니다.

각 교구에서 복음화국이나 사목국이 담당하고 있는 업무는 대략 비슷한데, 사회복지, 노동운동, 농민운동, 환경운동, 빈민운동 등에 관한 여러 가지 활동을 지원하거나 그러한 운동들에 대한 천주교의 입장을 표명하는 등 대사회적 활동이 상당 부분을 차지한다. 여러 국가기관이나 공공기관, 지자체, 병원 등등의 직장인들과 직업에 따른 신자 단체의 활동 등을 지도, 지원하는 역할도 한다. 따라서 이들 부서의 업무를 본다면 직접적 선교에 치중하기보다는 간접선교의 모습을 지니고 있으며, 신자들에 대한 사목 활동이 더 중심적이라고 할 수 있다.

비신자 대상 선교를 위한 각 명칭은 교구에 따라 차이가 있는데, 예를 들면 인천교구는 복음화사목국 아래 새복음화부[6]라는 부서에서, 대구교구의 경우 사목국 아래 복음화담당[7] 부서에서, 서울교구나 광주교구는 사목국의 부서들에서, 그리고 수원교구는 복음화국

---

6 천주교 인천교구(http://www.cainchon.or.kr/, 검색: 2011.6.18.).

7 천주교 대구대교구(http://www.daegu-archdiocese.or.kr/?srl=department, 검색: 2011.6.18.).

에서 선교 관련 업무를 담당하고 있다. 교구 차원에서 이루어지는 각 교구의 선교 활동은 대체로 선교계획 수립, 선교사 양성과 교육, 선교 관련 책자 발간, 통신교리, 그리고 예비 신자 교육 관련 업무 등을 담당하고 있다. 각 교구의 조직을 비교해 보면 이와 같은 직접선교 관련 업무는 사실상 큰 비중을 차지하고 있는 것은 아니라고 할 수 있다.

이 부서를 제외한다면 부서 대부분은 주로 각 본당 및 신자와 관련된 업무, 그리고 사회복지나 환경사목, 빈민사목 등과 같은 대사회 활동을 통한 간접선교 업무가 주를 이루고 있다고 할 수 있다. 직접선교와 관련된 업무를 담당하는 부서들도 직접선교 활동을 벌인다기보다는 각 본당의 활동을 지원하고, 본당 활동이 적절히 이루어지도록 교육하는 등 본당 지원 업무가 중심이 되고 있고, 직접 예비 신자들을 대상으로 한 것은 주로 통신교리 등과 관련된 업무라고 볼 수 있다. 따라서 비신자를 일선에서 직접 대면하는 것은 본당이나 수도회 차원이 될 것이다.

본당[8]이란 교구장인 주교가 파견한 주임신부의 사목과 관리 아래 있는 신자공동체를 말한다. 교회법 제515조에 보면 "본당 사목구는 그 사목이 교구장의 권위 아래 고유한 목자로서의 본당 사목구 주임에게 맡겨진 개별교회 내에 고정적으로 설정된 일정한 그리스도교 신자들의 공동체이다"라고 되어 있다. 또 교회법 제519조에는 "본당 사목구 주임은 자기에게 맡겨진 본당 사목구의 고유한 목자로서

---

8 흔히 성당을 본당과 동일한 말로 사용하지만, 간단히 말한다면 전자는 의례를 행할 수 있는 건물에 더 강조점이 있고, 후자는 신자공동체를 더 강조한다는 차이가 있다.

교구장의 권위 아래 자기에게 맡겨진 공동체의 사목을 수행하는 자이다. 그는 법규범에 따라 다른 탁덕들이나 부제들과 협력하고 평신도들을 위하여 활동하면서, 그 공동체를 위하여 가르치고 성화하며 다스리는 임무를 수행하도록, 주교와 그리스도의 교역의 분담자로 소명된 자이다"라고 규정되어 있다. 이러한 규정으로 본다면 본당은 교구장 주교로부터 권한을 위임받은 주임신부가 평신도들의 도움을 받아 사목활동을 하는 곳이라고 할 수 있다. 이와 같다면 교구의 여러 가지 업무는 결국 본당의 활동을 돕기 위한 것이 가장 기본적이며 주목적이 될 것이므로, 본당의 업무는 결국 교구 업무의 축소판으로 보아도 될 것이다. 규모에서의 차이라던가, 그리고 실제 현장에서 평신도들과 함께 하는 활동이라는 점 등등 여러 가지 차이가 있음은 물론이다. 다만 최종적인 목적은 결국 같은 것으로 귀결될 것이란 면에서의 축소를 의미한다.

본당의 구조 또한 본당마다 다양하기는 하지만, 큰 틀에서 보면 유사한 구조를 파악해 낼 수 있다. 본당의 조직은 사목협의회[9]를 중심으로 전례위원회, 교육위원회, 선교위원회, 청소년위원회, 사회복지위원회, 환경위원회 등등의 조직들이 분포되어 있으며 이 조직들은 본당에 따라 다소의 차이들이 존재한다. 대구교구 대명본당의 경우 선교위원회 산하에 레지오 단체들과 연령회라고 하는 위령회, 그리고 군종후원회 등이 있다.[10] 선교위원회, 또는 선교분과는 말 그대로

---

9 이 명칭도 본당마다 차이가 있다. 예를 들면 '사목평의회', '사목위원회', '평신도 협의회' 등으로 부르는데, 모두 각 본당 총회의 성격을 띠고 있으며 그 아래 분과들이 조직되어 있다.

10 천주교 대구대교구 대명본당(http://www.dmcatholic.org/, 검색: 2011.6.21.).

선교를 위한 조직으로 가두선교와 같은 직접선교에 나서기도 하며, 냉담자에 대한 활동이나 예비신자 교육, 선교 관련 책자 보급 등의 활동을 하고 있다. 그렇지만 본당에서 선교위원회, 또는 선교분과의 위치는 여러 분과 가운데 하나로 전체 조직에서 볼 때 큰 비중을 차지하고 있다고 볼 수는 없다. 교구와 마찬가지로 전례분과나 교육분과, 여성분과, 문화분과, 성소분과, 사회복지와 같은 분과나 위원회 등이 있지만, 중심은 기존의 신자들을 위한 조직이라는 점이다. 이 조직들의 활동이 본당의 천주교 신자들을 우선 대상으로 하고 있기는 하지만, 비신자들을 대상으로도 활동하고 있다. 특히 연령회의 경우는 비신자라도 원하기만 하면 장례에 대해 여러 가지 봉사활동을 하기도 한다.

각 수도회 차원의 선교 활동도 주로 이런 차원에서 진행된다고 볼 수 있다. 수도회 활동 가운데 큰 비중을 차지하는 것이 각종 대사회적 활동들이다. 이들은 병원, 교육, 양로원이나 보육원, 복지관과 같은 사회복지시설 운영, 환경운동, 노동운동, 빈민운동 등 다양한 분야에서 활동하고 있다. 이들의 활동은 물론 신자와 비신자를 구분하지 않고 이루어지고 있지만, 이런 활동을 통해서 간접적으로 천주교를 알리는데 기여하고 있다. 수도회들은 이런 활동들 말고도 각 본당에 파견되어서 예비 신자 교리를 담당하거나 본당의 여러 사목활동에 직간접적으로 기여하고 있다. 대사회적 활동을 피하고 오로지 수도 생활만을 표방하는 수도단체도 있다. 선교단체의 경우는 말 그대로 선교를 표방하는 단체이므로 직접적 선교를 한다고 생각하기 쉽지만, 이들도 수도회와 비슷한 경우가 대부분이다.

사실 그간 천주교의 선교는 특별한 방법을 찾아서 하기보다는 이러한 간접선교를 통해서 이루어지는 경우가 대부분이라고 할 수 있다. 따라서 각 본당의 사회복지분과나 연령회, 그리고 수도회 등의 활동 등을 통해 간접적으로 천주교에 대해 알게 된 사람들이 스스로 찾아오거나, 아니면 주변 가까운 사람의 권유로 천주교에 입교하는 경우들이 오히려 대부분이라 하겠다.

　이런저런 과정을 통해 성당을 찾은 사람들의 입교과정은 예비자 교리를 통해서 이루어진다. 각 본당은 천주교에 입교하는 사람들을 위한 예비자 교리반을 운영하고 있는데, 상설되어 있다기보다, 평균 1년에 2차례 정도 교리반을 운영해서 대체로 부활절이나 성탄절, 아니면 성모승천과 같은 축일 등에 맞춰서 세례를 받도록 한다. 물론 본당에 따라, 또는 예비자의 규모에 따라 그것은 2차례가 아니라 여러 차례로 진행될 수도 있다. 교육을 받는 기간은 본당에 따라 차이가 있을 수 있지만, 대체로 6개월 전후, 많게는 1년이 걸리기도 한다. 천주교에 입교하려는 예비 신자들에 대한 교육은 본당신부나 수녀, 그리고 교리교육을 이수한 교리교사 등이 담당한다.

　군인이나 경찰, 외항선원, 해외주재원, 그리고 성당과 지리적으로 아주 멀리 떨어져 있는 사람 등, 성당에 매주 교리교육을 받으러 가기 불편하거나 불가능한 사람들을 위한 교육과정으로 통신교리가 있다. 이 통신교리는 사이버, 즉 인터넷을 통한 통신교리와 우편을 이용한 통신교리의 두 부분으로 나뉜다. 현재 전국적으로 주교회의 교육기관인 가톨릭 교리통신 교육회에서 통신교리를 담당하고 있다.[11] 그러나 별도의 통신교리 강좌를 운영하는 교구도 있다. 이 과정을 수료하고 수료증을 발급받으면 바로 세례를 받거나 본당에 따라서 추가 교리교육을 받기도 한다. 세례는 자신의 주거지에서 가까운 본당에서 받을 수 있는데, 본당에서 교육이 불충분하다고 판단될 시 추가 교리교육을 받게 한다. 교육 기간 중 보통 매주 한 번 미사에 참여하는 것을 의무로 하고 있으며 그렇지 않을 시 수료증을 발급받지 못한다. 통신교리 교재는 가톨릭 교리통신 교육회의 교재를 사용하지만, 별도의 통신교리 강좌를 운영하는 교구에서는 별도의 교재를 마련해 사용하기도 한다. 기간은 대략 6개월 정도이지만, 과정이 순탄치 않으면 더 길어지기도 한다.

천주교에서 직접선교를 목적으로 활발히 활동하고 있는 단체로는 한국천주교가두선교단을 들 수 있다. 이 단체는 1990년 대구대교구 삼덕본당 주임인 이판석 신부가 남녀 신자 100명으로 선교단을 조직하여 어깨띠를 두르고 길거리로 나가『천주교를 알려드립니다』라는 소책자를 시민들에게 나누어주며 시작되었다. 이후 가두선교운동은 다른 교구로 확산되어 현재 서울교구, 부산교구, 인천교구에 각각 본부를 설치하여 활동하고 있으며 점차 확장되는 추세에 있다.[12] 본당 차원에서 가두선교단을 조직해서 활동하는 본당도 생겨나고 있는데, 이것은 그간 간접적이고 조용한 선교를 해오던 천주교의 입장이 크게 변화되었음을 보여준다. 특히 성직자나 수도자에 의존하며 소극적 활동을 해오던 평신도들이 적극적으로 참여하여 활발히 활동하고 있다는 것이 주목되는 일이다.

---

11 가톨릭교리통신교육회(http://www.cdcc.co.kr/, 검색: 2011.6.24.).).

12 한국천주교가두선교단(http://catholic-sm.org/, 검색: 2011.6.24.).

직업이나 전문적인 분야에 맞춘 특성화된 선교 활동도 있는데, 군선교단, 경찰사목, 해양사목, 노동사목, 환경사목 등이 그것들이다. 각각의 분야에 따라 교구마다 독자적인 조직을 갖추어 활동하고 있지만, 모든 교구가 동일하게 이러한 단체를 조직하고 있는 것은 아니다. 예를 들어 경찰사목은 서울대교구가 가장 활발히 활동하고 있어서 서울경찰청에 경신실을 마련하여 본부로 삼고 경찰과 유치장의 유치인, 그리고 전·의경을 대상으로 선교 활동을 하고 있다. 해양사목의 경우 바다와 큰 항구를 관내에 두고 있는 인천교구와 부산교구에 조직되어 있다. 이들은 선원, 그 가운데서도 특히 오랫동안 바다에서 생활하는 외항선원들을 대상으로 그들의 신앙생활을 돕는 한편, 비신자선원들을 대상으로 한 선교 활동도 하고 있다.

한편 그간 산발적으로 해오던 군선교를 조직화할 필요에서 2005년 20여 명의 선교사가 모여 정식으로 조직을 갖춘 군선교단이 출범하였다. 이들은 현재 군종교구의 산하단체로 등록되어 활동하고 있다. 처음에는 서울과 경기도 등 수도권을 중심으로 활동하였지만, 점차로 광주, 전주 등으로 범위를 넓히고 있다. 이처럼 분야별로 활동을 벌이는 것은 각 분야의 전문성을 살릴 수 있다는 장점이 있다.

각 분야에서 교육을 담당하는 선교사들은 대부분 소정의 교육과정을 이수하고 선교사 자격을 받은 수도자 및 평신도 선교사들이 지도신부의 지도 아래 활동하고 있다. 소정의 교육과정이란 주교회의 산하 교육기관인 가톨릭 교리신학원에서 선교사 또는 교리교사 과정을 2년간 이수하고 자격증을 얻는 것을 말한다. 현재 수원가톨릭대학의 부설기관인 하상신학원, 그리고 인천가톨릭대학 부설 교리신학원 등에서도 선교사와 교리교사 자격을 위한 교육을 시행하고 있다.

Ⅲ. 한국 천주교의 선교방식

불교나 개신교 등 다른 종교전통도 마찬가지겠지만 현재 한국천주교는 간접선교와 직접선교라는 두 가지 선교를 병행하고 있다. 초창기 한국천주교는 주로 직접적 선교를 하였다. 이웃에게 천주교에 대해 안내하고 교리를 알려주고 천주교에 입교하도록 하는 것이었다. 그러나 100여 년간의 박해 이후 이런 직접선교보다는 교육이나 사회복지와 같은 간접선교의 형식으로 바뀌게 된다. 이는 개신교가 처음 들어오면서 교육이나 의료사업 같은 간접선교에 치중하는 것과 맥을 같이한다고 하겠다.

현재 천주교의 선교 활동은 사회 각 분야의 특성에 맞추어 사목이라는 명칭으로 부르고 있는데, 농촌사목, 빈민사목, 노동사목, 환경사목, 해양사목, 교정사목, 경찰사목 등등이 그것들이다. 그런데 이때의 사목이란 반드시 비신자들을 대상으로 한 선교가 중심은 아니라는 것이다. 이런 활동은 신자와 비신자를 가리지 않고 이루어지고 있다. 오히려 신자를 중심으로 한 사목이 이루어지는 분야가 더 많다고 할 수 있다. 예를 들면 농촌사목의 경우 가톨릭농민회, 노동사목의 경우 가톨릭노동청년회, 가톨릭노동장년회 등의 활동과 더불어 교구별로 지역적 특색에 맞추어 각각의 분야에 맞는 사목활동을 펼치고 있다.[13] 이 단체들은 천주교 신자들을 중심으로 활동하지만,

한편으로 다른 전국 단체들, 예를 들어 전국농민회나 전국노동청년 회 등과 연계해서 농민운동, 노동운동을 펼치기도 한다.

각 분야에서 이루어지고 있는 선교 활동들은 그 분야의 특성에 맞 게 진행되고 있다. 경찰 사목의 경우를 예로 들자면 우선 모든 경찰 이 선교의 대상이기는 하지만, 직접적 신앙 활동의 지원은 경찰 내 의 천주교 신자들을 대상으로 이루어진다. 경찰이라는 직업의 특성 상 정기적인 천주교 전례에 참가하기 어렵기 때문에 경찰 내의 천주 교 신자들이 신앙 모임을 하도록 도움을 주는 형태로 진행되고 있다. 또한, 훈련소에서 세례를 받고 배치되었거나 입대 전에 천주교 신자 들이었던 전·의경들이 경찰 생활을 하면서도 천주교 신앙생활을 잘 유지하도록 도와주는 활동을 한다.

경찰 대상의 이런 활동과 동시에 경찰서의 유치장에 수용된 유치인 들도 선교사들의 활동 대상이다. 경찰서 유치인의 특성상 육체적, 심 리적으로 매우 불안하고 예민한 상태에 있기 때문에 이들을 대상으로 여러 가지 심리적 상담을 통해 불안감을 해소해 주고 교화 활동을 하 기도 한다. 유치장 사목 선교사들은 6개월간의 심리학과 직무교육을 통해 유치장 활동 실무를 익히고 표현예술 심리상담사 자격을 획득한 후 활동 현장에 투입되고 있다. 활동은 2명이 1개 조로 나뉘어 유치인 들에게 명상음악을 틀어주면서 커피와 간식을 주고 격려의 멘트를 한 후 개별 상담을 하는 순서로 약 30~40분간 진행되고 있다.[14]

---

13 가톨릭농민회나 가톨릭노동장년회는 모두 가톨릭노동청년회에서 분리되어 만 들어진 것이다.
14 한국천주교주교회의 선교사목주교위원회
   (http://mission.cbck.or.kr/notice/notice_view.asp?num=780&page=1&cmt=

한편 전·의경들에 대한 활동은 인성교육 프로그램과 행복예술 테라피(H.A.T.) 프로그램으로 나뉜다. 인성교육 프로그램은 전·의경들에게 생명·사랑·희망 등의 감성적인 주제를 선정하여 생명의 중요성 및 군 생활의 가치와 삶의 희망을 심어 주는 데 주력하고 있다. 행복예술 테라피는 음악·무용·미술 등 다양한 예술 매체를 활용하여 전·의경들의 스트레스를 해소하고 행복감을 느끼게 하여 근무 의욕을 고취하고 각종 사고를 예방하는 데 초점을 두고 있다.

교정사목의 경우 교도관들과 경비교도대(군인)도 대상이기는 하지만, 경찰사목과 비슷하게 각 교도소와 구치소에 수용된 사람들의 교정교화를 목적으로 활동하고 있다. 수용자를 위한 교정교화 프로그램으로는 인성교육과 생명존중 교육, 아동 성폭력 가해자 교육 등을 개발해서 실시하고 있다. 수용자와의 상담을 통해 심리적, 법률적, 경제적, 종교적 어려움을 도와주는 방향으로 활동하고 있다. 음악이나 연극공연, 그리고 강연회 등을 개최하는 등의 방법으로도 수용자들의 교정교화를 위해 활동하고 있다. 서울대교구 산하 사회교정사목위원회의 사업을 보면 보호관찰 청소년교육, 출소자 자활사업, 수용자 가족 지원사업, 피해자 가족 지원사업 등 수용자를 중심으로 한 다양한 활동을 하고 있다.[15]

군인들을 대상으로 하는 선교 활동도 있다. 천주교 군선교의 일차적 주체는 군종교구이다. 군종교구는 지역을 기반으로 하는 다른 교

---

mission&mTable=laym, 검색: 2011.6.27.).

[15] 천주교서울대교구 사회사목국 사회교정사목위원회
(http://www.catholic-correction.co.kr/sub01/sub05.html, 검색: 2011. 6.27.).

구들과 달리 지역이 아닌 군에 복무하는 가톨릭 신자들의 관리를 위해 설립된 특수 교구이다. 군종교구의 신부들은 전국의 각 교구에서 선발해서 보낸 신부들로 이루어진다. 군종신부로 선발된 신부들은 장교로서의 교육과 군사훈련을 받은 후 중위, 또는 대위로 임관되어 활동하게 된다. 군종신부들은 각 부대에 있는 본당의 주임신부로도 활동하지만, 일반 교구의 본당신부와 달리 해당 부대의 군인들이 있는 전 지역을 이동하며 활동한다. 본당은 주로 상급 부대나 규모가 큰 부대에 있고 규모가 작거나 하위 부대에는 본당이 없는 곳이 대부분이기 때문이다. 이들은 해당 부대의 모든 군인을 대상으로 여러 가지 교육(인격교육 등)을 하고, 신자 군인들이 군에서도 신앙생활을 할 수 있도록 돕는다. 천주교를 원하는 예비자들을 대상으로는 교리교육도 병행하지만, 군의 특성상 원하는 만큼의 교육을 하기는 어렵다. 게다가 군종신부 대부분은 일정한 기간이 지나면 다시 자신의 소속교구로 되돌아가게 된다. 이처럼 어려운 군선교를 지원하기 위해 조직된 것이 군선교단이다. 이들의 주요 임무는 천주교에 입교하고자 하는 예비 군인 신자들을 대상으로 교리교육을 담당하는 것이다. 이들은 주로 신병교육대에 갓 입소한 신병들을 대상으로 입교자 교리 및 신자 재교육을 한다. 예비 신자들은 4주 8시간의 교리교육을 받으면 세례를 받게 되는데, 이는 일반 본당의 교육시간에 비해서는 아주 짧은 기간이기 때문에 냉담자를 양산한다는 지적을 받기도 한다.

천주교를 직접 알리는 선교방식의 대표적인 경우는 앞 장에서 소개한 가두선교단을 말할 수 있다. 가두선교단은 사실상 과거에는 볼 수 없었던 천주교의 새로운 선교방식이라고 할 수 있다. 과거 천주교의 직접선교라면 주로 친지나 지인들의 권유로 입교한 것들이 대부분이었다. 이는 한국천주교의 초창기부터 전해져 오던 방식이기도 하다. 가두선교단의 모습은 천주교보다는 개신교에 익숙한 풍경이다. 따라서 길거리 선교의 대상이 된 비신자들이 비록 호감도를 보일지라도 이러한 방법은 그들에게 개신교의 선교방식을 모방하고 있는 것으로 비칠 수 있다.

가두선교의 방식은 길거리에서 무작위로 지나가는 사람들을 대상으로 천주교를 선교하는 방식이다. 가두선교단은 2~3명씩 조를 이루어 어깨띠를 두르고 천주교 관련 책자('천주교를 알려드립니다')와 CD, Tape 등을 나누어 주고 자기소개서를 받거나 천주교에 대한 설문지를 받기도 한다. 소개서를 써 준 사람들에게는 차후에 추가로 천주교 관련 책이나 매주 나오는 주보 등을 지속적으로 보내준다. 이런 방법으로 천주교에 대해 계속 관심을 두도록 하는 것이다. 물론 이들이 모두 천주교에 나온다면 좋겠지만, 나오지 않더라도 천주교에 대해 알도록 하고 천주교 교리에 어긋나지 않는 삶을 살도록 하려는 것도 가두선교단의 주요 목적이라고 한다. 가두선교단은 지역에 따라 각 가정을 방문하는 방문선교와 같은 것도 병행하고 있다. 현재 많은 본당에서 비록 정기적이지는 않지만, 이러한 가두선교방식으로 직접선교를 시행하고 있다.

Ⅳ. 쟁점과 전망

한국의 천주교는 1784년 이승훈이 중국의 북경에서 세례를 받고 돌아오면서 시작되었다. 한국천주교의 시작은 외국 선교사의 선교로 이루어진 것이 아니라 한국인 스스로 중국에 전래된 서적을 통해서 천주교를 접하게 되면서부터이다. 선교사들이 한국에 와서 선교활동을 벌인 결과 시작된 천주교가 아니라 한국인이 자발적으로 받아들여 전파한 것이었다. 그 후 정부에서 천주교를 탄압하게 되면서 비밀리에 활동하게 되는데, 이것은 천주교 신자들이 적극적으로 천주교를 주변에 알릴 수 없는 상황을 만들었다. 그러나 이러한 정부의 박해에도 불구하고 비밀스러운 선교를 통해 천주교 신자는 꾸준히 증가하였다. 역사적으로 볼 때 천주교의 교세가 두드러지게 증가한 시기가 있었는데, 그 시기는 크게 3시기로 볼 수 있다.

첫 번째가 1886년부터 1900년대 초까지의 시기이다. 1886년의 한불조약은 프랑스 선교사가 공개적으로 활동을 할 수 있도록 한 사건이었다. 부분적으로 논란의 여지는 있지만 이후 천주교는 한국 사회에서 공식적인 하나의 종교로 편입되게 된다. 한편 1895년 당시 조선교구의 책임자인 뮈텔 주교가 고종을 알현하면서 장차 왕실과 교회의 원만한 관계를 주문하였으며 고종도 호의적인 반응을 보였다고 한다.

1899년 교민조약(敎民條約)을 체결하면서 공식적으로 신앙의 자유가 인정되었다. 이제 프랑스 선교사뿐만 아니라 한국인 신자들도 종교의 자유를 공식적으로 인정받게 된 것이다. 이러한 일련의 조치들로 인해 천주교의 선교 활동이 활발히 전개되어 많은 사람이 천주교에 입교하게 되었다. 그러나 이 시기 천주교에 입교하는 사람들은 교세의 그늘아래 자신의 신변을 보호하려 하거나 현세적인 이득을 위해 입교하려는 동기도 작용하였다.[16] 따라서 일부 천주교인은 교회와 서양 선교사의 힘을 배경으로 정부 관리나 일반인들과 충돌하기도 하였는데, 구한말 발생한 여러 교안(敎案)의 원인 가운데 하나는 이러한 충돌의 결과가 확대되어 나타난 것이었다.

두 번째로 천주교 교세가 크게 증가된 시기는 6·25를 거친 1950년대 중반에서 1960년대 초반의 시기이다. 특히 1960년을 전후한 시기 비신자가 세례를 받고 천주교에 입교하는 숫자와 전후의 베이비붐으로 인한 기존 천주교인들의 유아 세례 숫자가 증가함으로 인해 전체 천주교인들의 숫자는 높은 증가율을 나타내고 있었다.[17] 이 시기 천주교 신자들이 급증한 원인은 여러 가지가 있겠지만, 일제강점기와 달리 천주교가 정부의 부정부패에 저항하는 모습을 보인 점, 그리고 전후 외국의 대량원조가 주로 천주교를 비롯한 한국의 그리스도교를 통해 전해짐으로써 성당이나 교회에서 밀가루를 분배함으로 인해 나타난 소위 밀가루 신자들의 양산도 한 원인이었다.

천주교의 선교역사는 평신도 중심의 자발적인 선교의 역사, 즉 평신도가 자생적으로 시작해서 평신도를 중심으로 선교 활동을 활발히 전개하는 전통을 잘 지켜왔지만, 해방 이후, 특히 6.25를 거치면서 이런 상황이 바뀌어 나갔다. 선교 활동의 중심이 평신도가 아닌 성직자 중심으로 서서히 이동하기 시작한 것이다. 이런 가운데 전쟁으로 폐허가 된 한국 사회에 서구로부터 많은 구호 물품이 전해졌다.

---

16 한국종교연구회 지음, 『한국종교문화사 강의』, 청년사, 1998, 372~373쪽.

17 1954년 198,863명이던 천주교인의 숫자는 1955년 232,789명, 1956년 267,921명, 1957년 316,870명, 1958년, 365,995명, 1961년 448,608명 등으로 10년이 채 되기도 전에 배 이상 증가하였다. 『경향잡지』 48, 50, 51, 53권 참조.

한국 사회에 전해진 구호 물품 가운데 많은 부분은 서구의 천주교로부터 한국의 천주교를 통해 전해지는데 이 과정에서 한국의 천주교는 유리한 상황을 맞게 된다. 그러한 결과로 1950년대 후반까지는 소위 밀가루 신자라고 하는 많은 새로운 신자들이 천주교에 입교하게 되는데, 이 시기의 증가율은 다른 시기와 비교해 보아도 매우 높다. 물론 이것은 개신교의 경우에도 마찬가지라고 생각된다. 이런 상황은 많은 수동적 평신도들을 양산하게 되고, 자세한 통계를 보아야 하겠지만, 냉담 비율의 증가와도 관련이 있다고 생각된다.

이후 천주교인들의 증가율이 높았던 시기는 1980년대 후반부터 2000년대 초반으로 볼 수 있다. 이 시기는 비율 면에서는 이전과 비교하기는 어렵지만, 절대적 숫자가 많이 증가함으로써 한국 사회에서 천주교인의 비율이 처음으로 10%를 넘긴 시기이기도 하다(표 1 참조). 이 시기 천주교인들이 증가한 원인에 대해서도 다양한 해석이 가능하지만 크게 두 가지만 언급할 것이다.

하나는 1960년대부터 시작된 노동운동과 인권운동, 민주화운동 등 현실적인 사회운동에 과거와 달리 천주교가 참여함으로 인해 천주교에 대한 사회의 평가가 달라졌다는 것을 들 수 있다. 특히 유신 말기와 5공 군사정권을 거치면서 명동성당과 김수환 추기경으로 대표되는 천주교에 대한 모습은 사람들에게 깊게 각인되었다. 그것은 김수환 추기경의 서거 이후 수많은 사람이 조문한 것에서도 알 수 있다. 김수환 추기경이 항상 천주교의 대표[18]는 아니었지만, 자세한

---

18 천주교의 대표는 교황이며 각 지역의 대표는 사실상 각 교구의 교구장들이다. 그러나 한국천주교 전체의 대표자를 말한다면 한국천주교 주교들의 대표기구인 주

사항을 모르는 사람들은 그를 항상 천주교의 대표자로 인식하였고, 언론도 그를 한국천주교의 가장 큰 어른으로 인정하였다.

다음으로는 천주교가 공개적으로 천주교를 알리기 시작한 점을 들 수 있다. 그것은 1981년의 조선교구 설정 150주년 여의도 행사에서 처음 나타났다. 1984년 천주교 전래 200주년을 기념하며 교황 요한 바오로 2세가 역사상 처음으로 한국을 방문하여 한꺼번에 103인의 천주교 순교자를 성인으로 올린 시성식은 천주교의 위치를 대내외에 과시한 큰 행사였다. 여의도 광장과 같은 공개적 장소에서 천주교의 전례를 보여준 것은 한국천주교 역사상 이때가 최초였다.

위에 언급한 원인이 전부는 아니겠지만 이런 일련의 원인으로 인해 천주교는 역사상 처음으로 500만 명을 넘어서 인구의 10%를 점유하게 되었다. 한국사회의 3개 종교라는 불교와 개신교, 천주교 가운데 유달리 천주교의 증가율이 높았다. 단순히 비율만 높은 것이 아니라 절대적인 수치도 급속히 증가하였다. 특히 불교나 개신교와 달리 천주교는 단일 종단이라는 면에서 그 사회적 영향력은 훨씬 더 크다고 볼 수 있다.

이처럼 증가율이 높은 것에 고무된 천주교는 교구마다 선교의 목표를 설정해 이제와는 달리 적극적 선교정책을 펼쳐 나가려 하고 있다. 각 교구가 설정한 목표가 언제 달성될 수 있을지, 또 정말 달성될 수 있을지도 논의를 해 보아야 하겠지만, 더욱 근본적인 문제는 외연을 확장해서 신자 숫자만 늘리는 것이 진정한 선교의 목적인가, 그 이외의 다른 문제는 없는가에 대해서도 논의되지 않을 수 없다. 이는 사실 이 글의 주제와 관련이 없는 듯 보이지만, 근본적으로 짚고

교회의 의장일 것이다. 김수환 추기경도 주교회의 의장을 지내기는 하였지만, 항상 의장이었던 것은 아니었다.

넘어가야 할 문제이며, 한편으로 생각하면 오히려 이 글의 주제에 더 어울리는 것이라고 생각된다.

이상과 같은 관점을 전제로 두 가지의 문제점을 제기하고 그에 대해 논의해 보도록 하겠다. 첫 번째가 청소년들에 대한 문제이다. 2005년 통계청이 발표한 인구센서스 결과 10년 전과 비교해서 종교인구가 약 2.4%(237만여 명) 증가한 것으로 나타났다(<표 1> 참조). 늘어난 종교인구 가운데 약 220만 명이 천주교 신자임이 밝혀졌고 상대적으로 개신교는 10만여 명이 줄어든 것으로 나타났다. 이 두 종교의 상반된 결과는 종교계뿐 아니라 한국 사회 각계의 지대한 관심을 불러일으켰다. 이와 관련하여, '통계청 발표 종교인구의 연도별 변화'는 다음과 같다.[19]

<표 1> 통계청 발표 종교인구의 연도별 변화

항목 \ 년도	1985년	1995년	2005년
불교	8,059,624	10,321,012	10,726,463
개신교	6,489,282	8,760,336	8,616,438
천주교	1,865,397	2,950,730	5,146,147
유교	483,366	210,927	104,575
원불교	92,302	86,823	129,907
천도교	26,818	28,184	45,835
대종교	11,030	7,603	3,766
대순진리회	집계안됨	62,056	집계안됨
증산교	집계안됨	집계안됨	34,550
기타	175,477	170,153	163,085
종교인구	17,203,296 (42.6%)	22,597,824 (50.7%)	24,970,766 (53.1%)
총인구	40,419,652	44,553,710	47,041,434

---

19 통계청(http://kosis.kr/themes/themes_List.jsp).

한편 2005년 기준 천주교 자체 발표는 4,667,283명으로 통계청이 발표한 통계와 48만여 명의 차이를 나타내고 있다. 이에 대해 천주교 측은 아직 세례를 받지 않은 예비자나 장래 천주교에 입교할 의사를 가진 사람까지 모두 신자라고 응답했을 수 있으며, 이것은 천주교에 대한 호감도를 보여주는 것[20]이라고 긍정적으로 해석하였다.

그러나 유아 세례와 주일학교에 대한 통계수치를 분석해서 설명한 다른 해석을 보면 그렇게 간단히 설명하기 힘들다는 것을 알 수 있다. 통계청 발표와 천주교 측 자체의 발표에서 가장 큰 차이가 나는 부분은 20세 미만의 신자 수이다. 천주교 자체의 집계 결과 20세 미만 천주교 신자 수가 통계청 발표와 비교해서 약 46만 명의 차이를 나타내고 있는데, 이는 전체 신자 수의 차이인 48만 명에 근접하는 수치이다. 이 연구에서 분석한 바로는 유아 세례의 감소, 그리고 어린이와 청년층의 주일학교 및 성당 활동 참가의 저조 등으로 분석할 수 있다. 이렇게 볼 때 부모는 천주교 신자이지만 20세 미만 자녀는 아직 세례를 받지 않고 있는 것으로 추론해 볼 수 있다는 것이다.[21] 비록 자녀가 아직 세례를 받지 않았지만, 장래 받을 것이거나 아니면 받기를 바라는 신자 부모가 이 수치를 통계에 반영했다고 풀이될 수 있는 것이다. 특히 통계청과 천주교 측 집계와 차이나는 숫자인 48만여 명에 근접하고 있는 이러한 수치로 볼 때 분명 커다란 상관관계가 있음을 보여주고 있다.

---

20 「한국가톨릭이 부활하고 있다」, 『월간중앙』, 2007년 2월호.
21 박영대, 「한국 종교 현실의 변화와 천주교의 사목 과제」, 『한국천주교회의 새복음화 현실과 전망』, 2009년도 주교회의 복음화위원회 심포지엄 자료집, 한국천주교 주교회의 복음화위원회, 2009, 16~18쪽.

사실 20세 미만 자녀들을 대상으로 한 이런 분석도 정확하다고 보기는 어렵다. 왜냐하면, 이전의 통계에서는 도리어 반대의 상황이 나왔기 때문이다.[22] 이것은 과거 천주교 신자였다가 천주교를 떠난 사람들의 통계는 천주교에서 정확하게 파악하지 못한 요인도 있을 것이다. 그러므로 앞에서 제시한 논리만으로 해석할 수 없는 부분도 존재하리라 생각한다. 따라서 이는 앞에서 제시한 46만 명, 48만 명보다 더 많은 천주교 가정의 청소년들이나 혹은 다른 신자들이 천주교를 떠나있음을 암시하는 것이다. 이처럼 가시적으로 나타나지 않는 청소년에 대한 문제는 결국 천주교의 고령화 문제로 연결될 것이며, 현재는 신자 수가 많더라도 장래는 결코 낙관할 수 없음을 말해준다. 따라서 천주교의 입장에서 볼 때 장래 신자가 되어야 할 천주교 가정의 자녀들은 중요한 문제의 하나임에 틀림이 없다.

두 번째 문제는 냉담자의 문제이다. 신자 수가 늘어날수록 그에 따라 상대적으로 냉담자의 비율도 증가하고 있는 것으로 보인다. 사실 냉담자 숫자의 증가는 천주교 측의 오랜 고민거리이며 해결해야 할 가장 중요한 문제가 아닐까 생각한다. 주일미사에 참가하는 비율이 30%~20% 정도임을 볼 때 500만 명 정도의 천주교 신자 가운데 활발히 활동하는 열성적 신자의 비율은 100만에서 150만 정도인 셈이다. 현재 천주교의 어느 교구에서는 '복음화운동 2020'이란 사목

---

22 1995년의 집계에서는 천주교 측의 통계가 오히려 50만여 명이 더 많은 것으로 나타났는데, 이는 세례를 받고 난 이후 천주교를 떠난 사람들이 제대로 파악되지 않은 측면이 있기 때문으로 보인다(『가톨릭 신문』, 1997.3.8.). 한편 천주교 자체 집계 결과 이후 신자 수는 2008년 5백만 명을 넘어섰고, 2009년에 5,120,092명, 2010년 5,205,589명으로 연평균 10여만 명이 입교하는 것으로 나타나고 있다. 한국천주교중앙협의회(http://www.cbck.or.kr/bbs/bbs_list.asp?board_id=K7200).

지침을 마련하여 선교 활동의 구체적 목표를 제시하고 있다. 이 운동은 2020년에는 한국의 인구 대비 신자 수의 비율이 20%가 되도록 하자는 목표치를 설정하고 있다. 물론 단순히 신자 숫자만 늘리기를 목표로 한 것은 아니겠지만 냉담자 문제에 대한 고민없이 지나치게 숫자에만 연연할 경우 여러 가지 문제가 나타날 수도 있다. 냉담자들 가운데는 단순 냉담자도 있겠지만, 다른 종교로 개종하거나 아예 종교활동을 멈춘 사람들도 있을 것이다. 그러므로 신자 수가 늘어난 것에 대한 낭만적 전망은 금물이며, 나아가 냉담자 관리에 더 심혈을 기울여야 할 것으로 생각한다.

위에서 언급한 청소년 문제와 냉담자 문제의 해법은 달리 나타날 수 있겠지만, 원인은 비슷하다고 생각된다. 가장 큰 이유는 거대화된 본당의 규모를 들 수 있다. 어느 본당이나 본당신부가 있으며, 좀 더 규모가 큰 본당은 보좌신부가 있다. 그러나 그들이 상대할 신자가 너무 많다 보니 신자들의 다양한 종교적 욕구를 충족시켜주는 것은 거의 불가능하다. 본당신부는 본당의 기본적 임무와 신자들을 위한 다양한 전례만으로도 지치기에 십상이다. 신부도 사람이기에 이처럼 과중한 업무에서는 찾아오는 신자가 반갑기는커녕 귀찮기만 할 수도 있다. 특히 현대인들은 그들이 접하는 정보가 다양하다 보니 종교적 욕구도 다양하고 성직자에 대한 기대도 그만큼 다양할 수밖에 없다. 물론 만성적 성직자 부족에 따른 구조적 문제가 있기는 하지만, 그래도 대안은 있으리라 생각한다. 수원교구, 제주교구, 대구교구 등 일부 교구에서 이러한 문제의 해결책으로 소공동체 운동을 전개하고 있는데, 교구가 삼고 있는 목표만큼 신자들이 체감하고 있는지는 의문으로 남는다.

　두 번째 이유는 첫 번째 이유와 연결되는 문제로 본당의 모든 업무가 주임신부에게 맡겨져 있다는 것이다. 사무원이나 기타 유급 직원들이 있고, 사목회장이나 각급 평신도위원장들이 도움을 주고 있기는 하지만, 본당의 모든 행정과 살림에 관한 결정을 주임신부가 도맡는 구조에서 신자들의 영성에 도움을 주는 역할은 부족해질 수밖에 없다. 물론 최종적 책임은 주임신부가 져야 하겠지만, 적어도 사목회장단과 어느 정도 역할분담은 이루어져야 하지 않을까 생각된다. 또한, 주임신부가 누구인가에 따라 그 본당의 여러 시책이나 목표, 구조 등이 바뀌고, 그에 따라 주임신부가 바뀔 때마다 신자들은 새로운 주임신부에 적응해야 하는 불편을 감수하고 있다. 즉, 본당의 여러 활동이 일관성이 없어진다는 것이다. 길어봐야 5년이면 모든 게 바뀔 수 있는 구조이다. 그렇기에 본당신부가 누구이며 어떤 활동을 펼치는가에 따라 냉담 신자가 늘거나 줄기도 하며 이것은 고스란히 새로운 신자 수의 증가에도 영향을 주기도 한다.

　세 번째, 새로 입교하는 신자가 입교 이후에는 대부분 방치된다는 것이다. 물론 견진성사를 위한 교육과정이 있지만, 이 과정을 제외한다면 사실상 신자들 대부분은 단순히 매주 주일미사에 참여하고, 때에 맞추어 고해성사를 보는 정도가 신앙생활의 전부이다. 레지오 마리애를 비롯한 본당의 각종 활동에 열심히 참여하는 일부 신자들을 제외한다면 대부분 신자는 수동적인 신앙생활을 하게 되는 것이다. 물론 이것도 본당의 규모와 관련이 있기는 하지만, 다양한 신자들을 위한 다양한 프로그램 개발 등을 도입해서 사각지대에 방치되는 신자의 숫자를 최소화할 필요성이 있다고 생각된다. 이것은 청소년에 대한 문제와도 연결된다. 현재 우리나라 대부분의 어린이와 청소년들은 입시공부를 최우선으로 하고 있다. 청소년들의 부모도 같은 생각을 지니고 있기 때문에 이들의 종교생활은 우선순위에서 밀릴 수밖에 없다. 이런 요소들을 고려한 본당의 운영이 필요하리라 생각된다. 교구마다 본당마다 청소년들을 위한 조직, 내지 기구가 설치되어 있지만, 그것들이 과연 청소년들의 관점에서 운용되고 있는가도 점검해 볼 필요가 있으며, 얼마나 청소년들에게 실질적으로 도움을 줄 수 있는가도 고민해 보아야 할 것이다.

앞에서도 언급하였지만, 이제까지 천주교의 선교는 공개적인 직접선교보다는 간접선교, 이미지 선교가 주를 이루었다고 볼 수 있다. 직접선교도 주로 친인척이나 지인들을 통한 평신도들의 선교가 중심이었다. 그것은 전래 초기부터 전해져 내려온 천주교의 전통이기도 하였다. 이렇게 볼 때 앞에서 제기한 냉담자나 청소년 문제들을 해결한다면 결국 많은 평신도가 앞장서서 선교 활동을 할 것이라고 예상할 수 있다.

교구나 한국천주교 차원에서 평신도 선교사를 양성하기 위한 교육을 하고 있는데 물론 이것은 절대적으로 필요한 일이기는 하다. 그러나 이들의 선교 활동은 예비 신자들에 대한 교육이나 기존 신자들의 재교육 등에도 필요하다. 비신자들을 천주교로 이끄는 활동은 개개 평신도가 자신들의 지인이나 친인척들을 대상으로 하는 것이 더 효과적이다. 물론 이는 각 가정이나 사회에 종교적 갈등을 유발하지 않는다는 전제하에 논의될 수 있는 것이다. 본래 천주교의 선교

활동 전통은 신자들의 가두선교단과 같이 전혀 모르는 타인을 대상으로 무작정 선교하는 모습은 아니었다.

적어도 아직 다른 종교들에 비해 천주교에 대한 사회적 인식은 좋은 것으로 평가된다. 독재정권 시절 민주화를 위해 사회에서 해온 역할과 민주화운동의 성지라고 평가받는 명동성당의 상징성도 그 가운데 하나일 것이다. 또한, 1970~80년대를 거치면서 이러한 천주교의 역할을 뒷받침해 온 김수환 추기경 개인의 역할도 매우 큰 것이었다. 그것은 지난 2009년 2월에 서거한 김수환 추기경의 애도 물결에서도 확인할 수 있었다. 한 사람의 종교인에게 종교를 초월해서 많은 사람이 줄을 서가며 조문하는 것은 유래를 찾기 어려운 모습이었다.

한편으로는 보이지 않는 곳에서 묵묵히 활동하는 수도자와 평신도들의 역할도 천주교의 좋은 이미지에 많은 기여를 하였다. 수도단체와 평신도들이 운영하는 양로원과 보육원 같은 다양한 사회사업 활동 등이 사회적으로 잘 드러난 역할이라면, 각 본당에서 소규모로 활동하는 각종 사목단체, 특히 연령회 등의 활동[23]은 각 개인이 천주교에 직접 접촉할 수 있는 계기를 만들고 이를 통해 좋은 이미지를 갖게 하는 역할을 하였다고 하겠다.

앞에서 언급한 가두선교단의 선교방법은 자기소개서나 설문지 응답을 통해 천주교에 익숙해지도록 하는 방법을 취하고 있다. 가두선교단 스스로는 그들의 활동이 잘 진행되고 있으며, 결과도 양호하

---

23 「한국가톨릭이 부활하고 있다」, 『월간중앙』, 2007년 2월호.

게 나타나는 것으로 평가하고 있다.[24] 여기에서 활동한 사람들의 활동사례를 보면 접촉하는 사람들은 대체로 천주교에 대해 양호한 시각을 갖고 있음을 알 수 있다. 그러나 왜 천주교에 대해 그들이 그런 시각을 갖게 되었는가에 대한 성찰은 잘 보이지 않는다.

V. 나가는 말

한국천주교의 선교 활동은 다양한 측면에서 고찰해 볼 수 있다. 여기에서는 교구와 본당의 선교 활동을 중심으로 서술하였다. 천주교 관련 신문이나 방송과 같은 언론매체는 제외하였다. 이 부분은 사실상 별도로 다룰 필요성이 있고 또한 어느 정도나 효과가 있을지 구체적으로 파악하기 어려운 점도 있기 때문이었다. 수도회의 활동에 대해서도 더 깊이 있는 고찰이 필요하지만, 이것도 제대로 다루어지지 못하였다.

앞에서 살펴본 대로 천주교는 1985년부터 2005년까지 개신교, 불교와는 비교도 안 될 정도의 괄목할 만한 성장을 하였다. 신자 증가의 비율 측면은 물론이고 신자 숫자의 증가에서도 다른 종교들을 압도하였다. 그에 대한 다양한 분석이 이어졌지만, 대부분 숫자의 증가에 고무된 모습이 일반적이었다. 그러나 내면을 들여다보면 전망이 그리 낙관적이지 않다는데 천주교 측의 고민이 있다. 신자 수의

---

24 한국천주교가두선교단(http://www.catholic-sm.org/, 검색: 2011.6.30.).

증가와 더불어 냉담 신자의 숫자도 증가하고 있기 때문이다. 냉담 신자의 비율은 줄어들지 않고 오히려 늘어나는 추세이다. 특히 주일미사의 참가율이 높아야 30%이고 대부분 20% 정도에 그친다는 사실은 외연적 신자 수 늘리기보다 내실에 돌아볼 필요가 있음을 보여주는 것이다. 여기에 어떻게 대처하는가에 따라 앞으로의 전망도 달라질 수 있다고 하겠다. 세례를 받고 얼마 안 지나 다시 다른 종교로 개종하는 사례는 많이 있다. 이들은 전체 천주교 신자의 통계에서 잡히지 않는다. 이들은 단순 냉담자와 마찬가지로 오직 냉담자라는 통계로 처리될 뿐이다. 이렇게 본다면 냉담자 수가 많은 전체 신자의 숫자는 사실상 큰 의미가 없다고 해야 할 것이다. 청소년에 대한 문제도 앞에서 말한 것과 마찬가지로 천주교의 대응 여하에 따라 크게 달라질 수 있다고 본다. 한편 천주교의 다양한 사회활동은 사회에 천주교의 이미지를 좋게 전하는데, 많은 기여를 하였다. 고아원, 양로원 등등의 사회복지사업은 수도단체와 뜻있는 평신도들에 의해 이루어지고 있다. 본당이나 교구는 이들의 활동을 뒷받침해 주면서도 본당 차원, 교구 차원의 사회복지 활동도 병행하고 있다. 특히 보이지 않는 곳에서 묵묵히 봉사하는 연령회와 같은 봉사단체는 천주교 선교의 기반이라고 할 수 있다. 이들의 활동은 가두선교단의 활동에도 많은 도움을 주었다고 생각된다.

제6장

근·현대 한국 기독교 평신도운동의
특징과 전망

Ⅰ. 서론

기독교에서 평신도[1]란 사제나 목사가 아닌 사람을 말한다. 초기
기독교에서는 성직자와 평신도의 구분이 없었지만, 기독교가 전파
되고 교인 수가 늘어나면서 교회를 관리하고 봉사와 같은 행위를 감
독할 필요성이 증대됨에 따라 대표자들이 생겨나고 이들에게 감독
이나 주교와 같은 직분이 주어지기 시작하였다. 3세기 초가 되면 사

---

[1] 평신도란 의미의 laity의 형용사 lay는 "사람들의, 또는 사람들로부터(of or from
the people)"라는 의미를 지닌 희랍어 laikos로부터 온 것으로, 초기 기독교에서는
"하느님의 선택된 사람들(the chosen people of God)"이라는 뜻을 내포하고 있었
다. F. Stanley Lusby, "LAITY", *Encyclopedia of Religion second edition*,
Lindsay Jones editor in Chief, MI: Thomson Gale, 2005, p.5286.

제와 평신도, 즉 성직자와 평신도가 엄격하게 구분되었다. 성직, 또는 사제직에도 구분이 생겨나서 주교, 장로, 집사와 같은 성직이 마련되었으며, 이들은 평신도와 구별된 계층이 되었고 평신도들은 이들에게 종교적으로 의존하는 관계가 형성되었다.[2] 이 전통을 이어받아서 로마가톨릭에서는 성직자와 평신도를 구분하고 평신도를 성직자의 아래에 두었다. 따라서 로마가톨릭의 교계제도는 교황, 주교, 사제, 부제로 이어지는 성직 계급과 그 아래에 있는 평신도로 구분되어 왔다. 종교개혁 시기 마틴 루터는 만인 사제설을 주장하면서 로마가톨릭의 이러한 구별에 반대하고 하느님 아래 모든 기독교인이 동등하다고 하였다. 그러나 루터의 이와 같은 주장은 개신교 내에서도 제대로 받아들여지지 않고 목회자, 즉 목사와 평신도로 구분된 상태를 유지되고 있다.

천주교는 제2차 바티칸 공의회 이후 평신도에 대한 시각이 달라져 평신도가 성직자의 하위에 있는 것이 아니라는 입장이다. 현대 개신교에서도 교회에서 평신도의 역할이 중요함을 강조하는 입장에 있다. 그러나 이처럼 달라진 시각에도 불구하고 아직 한국의 기독교 사회에서 성직자와 평신도의 관계는 적어도 교회 안에서는 평등한 위치에 있지는 않다.

여기에서는 이러한 시각을 가지고 근현대 한국 기독교의 평신도 운동에 대해 고찰해보고자 한다. 여기에서 거론할 평신도 운동은 성직자가 주축이 된 운동이 아니라 평신도가 주축이 된 운동을 말하려

---

2 Williston Walker 저, 강근환·민경배·박대인·이영헌 공역, 『세계기독교회사』, 대한기독교서회, 1978, 79~81쪽.

고 한다. 그러나 평신도 운동에 성직자가 개입되어 있어도 그 운동에서 성직자와 평신도의 구분이 없이 동등한 입장에서 행해지는 한 평신도 운동으로 보려고 한다.

역사적으로 볼 때 천주교는 선교사들이 먼저 한국 사회에 들어와 전파한 것이 아니라 평신도들이 자발적으로 연구하고 활동을 함으로써 시작되었다는 것은 잘 알려진 사실이다. 서양 선교사들의 활동이 있었지만, 당시의 환경에서는 평신도들의 적극적인 지원 없이는 활동이 거의 불가능하였기 때문에 더욱 그러하다.

개신교의 경우에도 한국 최초의 교회인 황해도의 소래교회가 평신도에 의해 세워진 역사적 사실이 있다. 1883년에 설립된 소래교회는 중국에서 세례를 받고 돌아온 평신도인 서상륜에 의해 외부의 도움없이 자생적으로 생겨났다. 또한, 서상륜은 선교사인 존 로스와 함께 비록 일부분이기는 하지만 최초의 한글성경을 번역하는 데 핵심적 역할을 하였다.

평신도 운동의 기존 연구 성과들을 살펴보면 평신도 운동의 역사적 전개나 현재의 활동에 초점을 맞춘 연구보다는 천주교와 개신교 모두 평신도 역할의 중요성에 대한 연구와 그것에 맞추어 어떻게 평신도를 교육하고 활용할 것인가에 초점을 두고 있다. 물론 각 교단의 입장에서 이러한 연구가 매우 중요한 것은 사실이지만 이러한 당위성만을 주장하는 연구 이외에 과거의 운동들을 검토하고 그 한계성을 비판하면서 미래를 진단해보는 연구도 중요하다고 본다. 그러나 이러한 연구는 거의 찾기가 어려웠다. 이러한 경향은 일반 연구논문은 물론이고 학위논문에서도 거의 예외가 아니었다. 그 대부분은 연구의 과정이나 내용이 비슷한 것들도 많았다.

따라서 본 연구는 평신도 운동의 기초적인 자료들을 나열하는 것에서 벗어나기 어려우며 앞으로의 연구를 통해 더 보완되어야 할 필요가 있다. 이 글은 평신도 운동들 가운데 주요한 것들을 중심으로 소개하고 평신도 운동에서의 특징과 그 전망을 고찰해보는 방향으로 전개할 것이다. 결국, 이 글은 앞으로 관련 연구를 위한, 그리고 평신도 운동과 사회변동과의 관계를 파악하기 위한 기본적인 성격을 지닌다고 할 수 있다.

연구의 순서는 먼저 천주교의 평신도 운동을 검토할 것이다. 구체적으로는 초창기 평신도들의 활동을 간단하게 알아보고, 현재까지 조직되어 있는 천주교평신도사도직 단체를 중심으로 서술할 것이다. 다음으로 개신교의 평신도 운동을 검토할 것이다. 개신교의 경우에도 초창기 평신도들의 활동을 알아보고 초교파적인 평신도 운동을 알아볼 것이다. 다음으로 기독교 평신도 운동의 특징, 그리고 전망 등의 순서로 진행할 것이다.

Ⅱ. 천주교의 평신도 운동

천주교는 한국 평신도들의 활발한 활동으로 조선 후기에 유입되었다. 한국 사회에 천주교가 유입될 수 있었던 것은 명말 청초에 정기적, 또는 부정기적으로 중국을 왕래하던 사신들에 의해서였다. 이들은 당시 중국에 있던 서양선교사들과 한역서학서 등을 접하면서 서구문물에 호기심을 가지게 되었다. 그 과정에서 그들은 서양 선교사들로부터 천문, 지리, 수학, 과학, 산업 등과 함께 천주교에 대해서도 접촉할 수 있었고, 한역 서학서들과 함께 자명종이나 천리경 같은 서구의 문물들도 접하고 일부는 국내로도 전해졌다. 유명한 한역서학서인『천주실의』나 세계 지도와 같은 것들은 17세기 초반 이미 국내에 들어와 있었다.[3] 이 과정에서 당시 서구의 문물이나 사상에 관심을 지녔던 남인학자들 가운데 특히 천주교에 관심을 가졌던 사람들에 의해 천주교가 전해졌다.

초기에는 조선 정부에서 천주교를 사교라고 하여 금지하였기 때문에 신자들의 활동은 많은 제약을 받았으며 이는 서양 선교사들도 마찬가지였다. 조선 정부는 개항 이전까지 천주교를 박해하였고 이 과정에서 많은 순교자가 생겨났는데, 서양 선교사와 한국인 최초의 신부인 김대건 신부를 제외한다면 모두 평신도 순교자들이었다. 1984년 5월 6일 여의도 광장에서 열린 시성식에서 103명의 성인 가운데 92명의 평신도가 성인이 되었다는 것은 초창기 한국 천주교 평신도들의 활동에 대한 열정을 그대로 대변해 주고 있다.

개항 이전까지의 천주교 평신도들의 활동을 간단히 언급할 필요가 있다. 앞에서 언급했듯이 천주교가 한국 사회에 전파되는 데 평신도들의 활동은 절대적이었다. 그들은 어떤 조직을 가지고 활동한 것이 아니라 개별적으로, 또는 회장이나 복사라는 직함을 맡아서 활동하면서 천주교가 한국 사회에 정착하는 데 많은 노력을 기울였다.

---

3 박성래, 「한국 근세의 서구과학수용」, 『동방학지』 20, 연세대학교 국학연구원, 1978, 259~260쪽.

이러한 개별적 활동 이외에 한국 천주교 평신도들의 첫 운동단체로 명도회(明道會)가 있었다.[4] 명도회는 1795년 최초의 선교사로 조선에 입국한 중국인 주문모(周文謨) 신부가 설립한, 평신도들에게 천주교 교리를 가르치는 단체였다. 주문모 신부는 명도회장으로 정약종을 임명하고 회원들이 천주교에 대해 깊은 지식을 갖도록 하였다. 명도 회는 이런 지식을 다른 신자들과 타종교인들에게 전파하도록 하는 목적을 지니고 있었다.[5] 그는 북경에 있었던 것과 비슷하게 명도회 를 설립하고 명도회규(明道會規)라는 규칙을 만들어 그에 따르도록 하 였지만, 그 규칙이 어떠했는가에 대해서는 전해진 것이 없다. 1801년 신유박해 때 명도회의 지도자들 대부분이 순교하여 활동이 크게 위 축되었지만, 1827년 순교한 이경언이 명도회원들에게 보낸 서한에 도 등장하는 것으로 미루어 이때까지는 그럭저럭 존속했던 것 같다.[6]

1846년에는 페레올(Ferréol) 주교와 다블뤼(Daveluy) 신부가 프랑스 파리의 '승리의 성모성당'에 본부가 있는 성모성심회를 조직하기로 하였다. 그러나 사람들이 정기적으로 모일 수 있는 성당이 없는 관계 로 충남 공주의 수리치골에 있는 한 신도의 집을 모임 장소로 지정하 고 그해 11월 2일 성모성심회를 창설하였다. 이 회의 목적은 성모성

---

4 명도회 이전, 그러니까 천주교가 들어오기 이전에도 이벽, 이가환, 권일신, 권철 신, 정약종 등의 천주교에 대한 연구 활동이 있었지만, 아직 이 시기는 천주교가 들 어오기 전이고 이들이 천주교 신자가 아니라는 점에서 천주교 평신도 운동의 전사 (前史)에 해당된다고 할 수 있다.

5 Dallet, Claude Charles 저, 안응렬·최석우 역주, 『한국천주교회사』 상권, 한국교 회사연구소, 1990a, 391쪽.

6 한국가톨릭대사전편찬위원회 편, 『한국가톨릭대사전』, 사단법인 한국교회사연 구소. 1989, 387~388쪽; 위의 책, 1990a, 391~392쪽.

심을 공경하고 죄인이 회개하는 것이었다. 죄의 회개를 위해서는 매일 성모송 1회와 짤막한 기도를 바치도록 하였다.[7] 이후 성모성심회는 현재까지 꾸준하게 이어져 오고 있는데, 거의 모든 본당에 조직되어 있다. 현재는 여성 신도들을 중심으로 회원 간의 친목, 이웃사랑, 본당의 발전을 위한 봉사 등의 활동을 펼치고 있다.

박해 시기 동안에도 천주교 선교사들은 고아원, 양로원 등의 복지 사업과 교리서 등을 펴내기 위해 출판 사업을 은밀히 진행하였는데, 평신도들이 선교사들을 도와 적극적으로 이에 참여하였다. 그러나 1886년의 한불조약, 그리고 1899년의 교민조약으로 인해 신교의 자유가 찾아오면서 개항 이후에부터 정부에 의한 박해는 사라졌지만, 지방의 관리들이나 유림들, 그리고 토착민들과 천주교인들과의 충돌에서 나타난 교난(敎難)들이 발생하였다.[8] 1910년 이후 일제강점기로 접어들어서는 일제와의 관계에서 오는 여러 갈등이 있게 된다. 이러한 혼란이 지속되면서 조직적이거나 적극적인 평신도 활동은 제약을 받게 되고, 특히 일제강점기 일제와 좋은 관계를 유지하고자 했던 프랑스 선교사들은 평신도들의 독립운동도 철저히 금지하였다.[9] 따라서 일제강점기에 평신도들의 활동은 여러 가지 면에서 위

---

7 Dallet, Claude Charles 저, 안응렬, · 최석우 역주, 『한국천주교회사』 상권, 한국교회사연구소, 1990b, 136~137쪽.

8 김옥희, 『제주도신축년교난사』, 천주교제주교구, 1980 참조.

9 그러나 이러한 국내의 움직임과는 달리 당시 만주로 이주한 천주교 신자들은 독립운동에 활발히 참여하기도 하였다. 만주지역은 독일의 베네딕도회가 담당하고 있는 독립된 교구(연길교구)로서 프랑스 선교사들의 영향권 밖에 있었기 때문에 가능한 일이었다. 간도지역에 한국 천주교가 생겨날 수 있었던 것은 선교사들에 의해서가 아니라 당시 간도로 이주한 한국인들에 의해서였다. 그들이 스스로 천주교를 찾아 입교하고 또한 천주교를 전파하는 데 활발한 활동을 전개하였다. 보다

축될 수밖에 없었다. 특히 일제강점기에는 서양 선교사들이 한국 천주교회를 이끌었기 때문에 평신도들의 수동적, 종속적 위치는 완전히 고착되어 갔다. 이러한 구조는 결국, 한국 천주교의 특징으로 자리하게 되며 이것은 일제강점기로부터 해방이 된 이후에도 그대로 이어졌다.

일제강점기인 1934년 8월 15일 평양교구에서 가톨릭 운동 연맹을 조직하였으며 1937년 대구에서는 전국 가톨릭청년회 창립총회를 개최하여 전국적인 평신도 조직이 탄생하였다. 이외에 가톨릭 부인연합회, 가톨릭 여자 청년연합회 등의 전국 조직이 만들어졌지만, 일제강점기라는 특수성으로 인해 활발한 운동을 전개하기에는 한계가 있었다.

일제강점기로부터 해방된 이후인 1946년 7월 7일 서울교구 청년연합회, 그리고 같은 해 8월 15일 서울교구 여자청년연합회가 결성되어 평신도 운동이 새롭게 출발하였다. 같은 해 9월 26일 '한국순교자현양회'가 발족되어 천주교 순교자들에 대한 사적 조사와 순교비 건립운동 등 순교자현양사업을 평신도 중심으로 추진하기 시작하였다. 한편으로 1948년 1월 11일에는 천주교평신도의 대사회적 활동의 하나로 조승국을 단장으로 하는 '가톨릭시국대책위원회'가 결성되어 당시의 시국에 대한 가톨릭의 관심과 입장을 나타내기도 하였다.[10]

자세한 내용은 윤용복,「간도지역 한국 천주교회의 설립과 활동」,『간도와 한인종교』, 한국학중앙연구원, 2010 참조.

10 박상진,「현대 한국천주교회와 평신도운동」,『한국교회사논문집』Ⅰ, 한국교회사연구소, 1984, 296~297쪽.

한편 제2차 바티칸 공의회 이후인 1968년 7월 23일 한국 천주교 평신도 운동의 대표성을 지닌 단체인 '한국 가톨릭 평신도 사도직 중앙협의회'(이하 평협)가 대전의 대흥동 본당에서 창립되었다. 평협은 제2차 바티칸 공의회의 정신에 따라 평신도 사도직 활동을 조직적으로 사회와 국가에 전개하려는 목적에서 출범하였다.[11] 현재 평협 홈페이지에 나와 있는 설립목적을 보면 '복음적 사도적 정신으로 회원 상호간의 협력을 도모하고 경험과 정보를 교환함으로써 각 교구 평협과 단체들의 활동을 촉진시키는 것'[12]이라고 되어 있다.

다시 말해서 전체 한국 천주교 평신도들의 대표로서 평신도 운동의 이념을 제시하고 교구별로 독립된 교구별 평협이나 단체들을 유기적으로 연결시켜 평신도 운동을 활발히 전개하려는 목적의식을 가지고 있다고 볼 수 있다. 실제로 평협이 전국 차원에서 행한 운동의 내용을 보면 우선 도덕성 회복운동으로 1980년대의 '신뢰회복' 운동, 1990년대의 '내 탓이오' 운동, 2000년대의 '똑바로' 운동, 그리고 2015년부터 한국종교인평화회의(KCRP)와 함께 시작된 '답게 살기' 운동 등이 있다.[13] 또한 도시본당과 농촌본당 간의 도농직거래를 통한 우리 농산물 살리기 운동과 우리 상품쓰기 운동 등을 펼치기도 하였다.

천주교 내적으로는 시복·시성 추진운동의 전개와 함께 제44차 세

---

11 『경향잡지』, 1968.9, 41쪽. 이후 4차례 명칭변경을 거쳐 2011년 2월 19일 제44차 정기총회에서 현 '한국천주교 평신도사도직단체협의회'라는 명칭으로 변경되었다. 평협 홈페이지 참조(http://www.clak.or.kr/).

12 위의 홈페이지.

13 위의 홈페이지, 『평화신문』, 2015.3.1.

계성체대회, 조선교구 설정 150주년 기념행사, 한국천주교 200주년 기념 및 103위 시성식의 준비와 진행 과정에 적극적으로 동참해서 활발한 활동을 펼쳤다. 평협 조직은 회장, 부회장, 사무국과 사무총장, 그리고 그 아래 11개의 분과위원회가 있으며, 평신도사도직연구소를 운영하고 있다. 한국에 있는 전체교구(군종교구 포함, 한국 천주교 전체는 19개 교구라고 하지만, 3곳은 북한 지역의 평양, 함흥, 덕원 자치구를 포함한 것으로 실제는 16개 교구)에는 모두 교구 평협이 조직되어 활동하고 있다.

천주교의 전국적인 평신도 단체들은 단체들의 대표격인 평협 이외에도 여러 단체가 있는데, 크게 신심운동단체들과 사회적 성격의 단체, 그리고 직능별 단체들로 구분 지을 수 있다. 신심운동단체들로는 꾸르실료, 레지오 마리애, 성령 쇄신 운동, 포콜라레 운동, 한국 지속적인 성체조배회 등이 조직되어 활동하고 있다. 사회적 성격의 단체들로는 빈첸시오회, 매리지 엔카운터, 한국 가톨릭 농민협의회, 한국 가톨릭 노동장년회 전국협의회, 한국 가톨릭 노동청년회 전국협의회 등이 있으며, 직능별 단체로 한국가톨릭교수협의회, 전국가톨릭경제인협의회, 한국가톨릭미술가협회, 한국가톨릭언론인협의회, 한국가톨릭여성단체협의회 등이 있다. 여기에서는 신심운동 단체와 사회적 성격의 단체들의 일부에 대해 간단하게 알아볼 것이다.

꾸르실료란 꾸르실료운동을 말한다. 꾸르실료(Cursillo)는 스페인어로 과정·코스(course)를 의미하는 Curso와 짧다(short)라는 의미를 지닌 접미사 - illo가 붙어있는 합성어로 짧은 과정(short course)이라는 의미이다. 꾸르실료라고 할 때는 3박 4일만을 의미하며 꾸르실료운동이라고 할 때는 꾸르실료 이전, 꾸르실료 이후를 다 포함한 말이다. 정식명칭은 '크리스챤 생활의 꾸르실료운동'이다.[14] 그것은 천주교에서 일반적으로 실시하는 피정이나 강습과는 다른 개념이다.

꾸르실료는 1940년대 스페인에서 출발한 신자 교육운동이다. 1930년대 스페인에 혼란과 무질서, 그리고 무신론이 확산하자 스페인 가톨릭 청년연합회 총회에서 성 야고보의 무덤이 있는 산티아고 데콤포스텔라로 가는 대대적인 성지 순례를 계획하였다. 1936년부터 시작된 내전으로 인해 이 계획은 1940년대로 미루어졌고, 마침내 1941년 4월 최초의 꾸르실료가 개최되었다. 이때의 꾸르실료는 '순례 지도자들을 위한 꾸르실료'였다. 꾸르실료운동이 확산되어 가던 1949년 1월 7일 마요르카의 산 오노라또 수도원에서 현재의 의미를 담은 '그리스도인 생활의 꾸르실료'가 최초로 실시되었다. 1950년대에는 이 운동이 남미로 확산되었으며, 제2차 바티칸 공의회를 거치면서 교황 바오로 6세는 이 운동을 교회 내의 신심운동으로 인정하고 성 바오로를 주보성인으로 지정하였다. 제2차 바티칸 공의회는 성직자 중심으로 운영되던 이 운동을 본래의 평신도 중심의 운동으로 전환하는 계기를 만들었다.

한국에는 1967년 미국인 케빈 오도넬이 소개하여 서울교구 혜화동 본당에서 처음 시작되었는데,[15] 이때 꾸르실료 운동을 전해준 사람들은 필리핀의 꾸르실료 회원들이었다. 처음 도입된 이 운동은 곧 서울교구 전체로 확산되었고, 다음 해부터 다른 교구들로 전파되어

---

14 꾸르실료 한국협의회 엮음, 『한국 꾸르실료 30년사』, 하네트, 1998, 19쪽.
15 한국가톨릭대사전편찬위원회 편, 『한국가톨릭대사전』, 사단법인 한국교회사연구소. 1989, 175쪽.

1971년에는 한국의 모든 교구에서 꾸르실료 운동이 전개되었다. 꾸르실료 운동은 평신도들을 교육시켜 지도자로 양성하여 신앙을 전파하려는 목적을 가지고 있다.

레지오 마리애(Legio Mariae) 운동에서 레지오는 라틴어로 '군대'라는 의미이며, 마리애는 '마리아의'를 의미한다. 따라서 레지오 마리애란 '성모 마리아의 군대'라는 뜻을 지니고 있다. 성모 마리아를 사령관으로 받들고 마리아의 지휘 아래 세속과 악의 세력에 맞서는 교회의 싸움에 적극적으로 참여한다는 목적을 지닌다. 단원들의 충성, 덕행, 용맹을 요구하기 때문에 고대 로마 군단을 본뜬 군대 형태로 조직되었으며, 각 단위의 명칭들도 여기에서 유래한다. 목적은 단원들의 성화, 즉 거룩한 사람이 되는 것, 그리고 성모 마리아와의 기도, 교회 사업에의 적극 참여 등으로 궁극적으로는 그리스도 왕국을 세우는 것이다.[16] 레지오 마리애 단원들의 활동은 교회와 관련된 다양한 봉사활동, 그리고 이웃에 대한 사랑의 실천 등 여러 가지 활동을 하고 있다.

레지오 마리애의 기원은 아일랜드 더블린에 있는 성 파트리치오 성당의 남성단체인 성 빈첸시오 아 바오로회였다. 당시 아일랜드는 영국의 식민지 상황에 있다가 막 벗어난 시기였다. 식민 통치하에서의 삶은 다른 곳과 마찬가지로 수탈과 수난의 역사를 경험한 삶이었다. 식민치하에서의 비도덕적인 행위들과 생활고로 인한 알콜 중독 등 여러 가지 사회적 타락상이 아일랜드 사회를 짓누르고 있었다.

---

16 광주 레지오 마리애 마리아 세나뚜스 홈페이지(http://k-senatus.kr/).

이때 뜻있는 젊은이들이 이러한 상황을 타개하려 개척자회를 결성하고 여러 가지 봉사활동을 전개하였다. 당시 성 파트리치오 성당의 빈첸시오 아 바오로회의 회장이었던 프랭크 더프(Frank Duff)는 이러한 활동에 참여하면서 여성들의 도움이 필요하자 여성들도 회원으로 받아들이게 되었다. 이 활동이 점차 확대되자 1921년 9월 7일 여성회원들과 함께 더블린의 마이러스 하우스에서 단체를 창설하는 첫 모임을 열고 단체의 이름을 '자비의 모후'로 하였는데, 이것이 레지오 마리애의 시작이었다.[17]

처음에는 '자비의 모후회'라고 불렀지만, 1925년 11월 간부회의에서 옛 로마 군대를 본뜬 레지오 마리애라는 명칭을 채택하게 되었다. 1928년부터는 아일랜드를 넘어 해외로 전파되기 시작하였는데, 한국에는 1953년 5월 31일 당시 광주교구장 서리였던 헨리 하롤드 신부에 의해 목포의 산정동 성당에 처음으로 도입되었다. 1955년에는 서울의 흑석동 본당에 '평화의 모후'라는 쁘레시디움이 설립되었으며, 1957년에는 대구교구의 왜관 본당에 '종도의 모후' 쁘레시디움이 설립되었다. 레지오 마리애 총본부인 꼰칠리움은 아일랜드에 있으며, 다음 하위 단체로 세나뚜스가 있는데 한국에는 광주, 서울, 대구 등 세 곳에 세나뚜스가 있다.[18] 현재 한국의 모든 교구와 본당에 각각의 레지오 마리애 단체들이 활동하고 있다.

포콜라레 운동(Focolare Movement)은 한국어로 국제 마리아의 사업회라고 하며 1943년 12월 7일 이탈리아의 트렌토(Trento)에서 끼아라

---

17 서울 레지오 마리애 무염시태 세나뚜스 홈페이지(http://senatus.or.kr/).
18 대구 레지오 마리애 의덕의 거울 세나뚜스 홈페이지(http://www.dgsenatus.or.kr/).

루빅(Chiara Lubich)에 의해 창설되었다. 이탈리아어로 '벽난로'라는 의미를 지닌 포콜라레는 2차 대전 당시 폭격으로 불타는 트렌토시를 보고 영원한 것은 오로지 하느님뿐임을 깨닫고 시작한 영성일치 운동이다. 이 운동에는 '일치를 위한 대화'라고 부르는 4개의 노선이 있다. 네 가지는 가톨릭교회 안에서의 대화, 다른 그리스도 교회들과의 대화, 다른 종교들과의 대화, 다른 신념을 지닌 사람들과의 대화이다.[19] 이 운동에는 어른부터 유아에 이르기까지 누구나 참여할 수 있고, 평신도뿐만 아니라 성직자나 수도자들도 참여할 수 있다. 1943년 시작된 이 운동은 1952년 유럽, 1959년 아메리카, 1966년 아프리카와 아시아, 1967년 호주 등으로 전파되었다. 1962년 3월 25일 교황 요한 23세에 의해 공식 단체로 승인되었으며, 1964년 12월 5일 교황청 공의회성의 교령으로 신심 단체로 재인준되었다.[20]

1967년 아시아에서 유일하게 있는 필리핀의 마닐라 본부에서 한국을 방문하면서 한국에서도 포콜라레 운동이 시작되었다. 마리아폴리(Mariapoli: 마리아의 도시)라는 여름 집회를 며칠에 걸쳐 매년 개최한다. 새인류 운동, 새가정 운동, 청소년 운동, 새본당 운동, 사제 운동, 남녀 수도자 운동 등 18개 분야의 활동이 있다. 한국에는 남자본부와 여자본부가 따로 있는데, 본당이나 교구 중심의 활동보다는 각 본부를 중심으로 활동하고 있다.

성령쇄신운동은 20세기 초 미국의 침례파 개신교에서 시작된 것이다. 2차 대전 이후 장로교를 비롯한 다른 개신교 교파에서도 성령

---

19 포콜라레 홈페이지(http://www.focolare.or.kr/).
20 한국천주교주교회의 홈페이지(http://www.cbck.or.kr/).

운동이 생겨나게 되었다. 천주교에서는 1967년 미국 피츠버그 듀케인(Duquesne) 대학교의 교수와 학생들의 정기적인 기도 모임에서 시작되었다. 여기에 성직자와 수도자들이 점차로 참여하면서 국제적으로 전파되었다.[21] 한국에서는 1971년 미국 메리놀회 소속 제랄드 파렐(Gerald J. Farrell) 신부에 의해 처음 소개되었으며 1973년 12월 5일 '성신운동협의회'라는 단체가 출범하였다. 1974년 한국인 부부 12쌍이 처음으로 8주 과정의 성령 세미나에 참석하였다.[22] 같은 해 5월에는 경북 왜관에서 최초의 한글 성령 세미나를 실시하였는데, 여기에 한국인 사제인 최봉도 신부가 참석하였고, 이후 수도자와 성직자들의 참여가 확대되었다. 1976년 12월 5일 한국 천주교 주교회의에서 천주교의 공식적인 단체로 승인되었다.[23] 1980년 11월 성령쇄신 전국대회가 처음으로 열렸고 이후 규모가 확장되면서 철야기도회, 1일 피정, 은혜의 밤 등 다양한 프로그램이 운영되고 있다. '성신운동협의회'는 '성령운동협의회', '전국성령봉사회', '한국 가톨릭 성령쇄신봉사자위원회'등의 명칭을 거쳐 현재는 '한국 가톨릭 성령쇄신봉사자협의회'라는 명칭으로 바뀌었으며, 전국 15개 교구 성령쇄신 봉사회의 협의기구로 활동하고 있다. 성령쇄신 봉사회의 활동은 본당 차원, 교구 차원, 그리고 전국 차원 등 다양한 형태로 활동이 이어지고 있다. 교구 간, 본당 간 유기적인 유대가 이루어지고 있으며, 국제단체인 '국제 성령쇄신 봉사회'와도 교류하고 있다. 2년에 한

---

21 한국가톨릭대사전편찬위원회 편, 앞의 책, 622쪽.
22 천주교 광주대교구 편,『광주대교구 50년사』, 빛고을 출판사, 1990, 483쪽.
23 한국 가톨릭 성령쇄신 봉사자협의회 홈페이지(http://www.charis-korea.org/).

번씩 전국대회가 있고 매년 5월에는 성령쇄신 1일 전국 대피정이라는 프로그램이 있다.[24]

매리지 엔카운터(Marriage Encounter) 운동[25]이란 결혼한 부부들을 위한 프로그램이다. 이 프로그램은 주말의 모임에 참가하여 부부만의 시간을 갖고 보다 행복한 부부생활을 위한 것이다. 1958년 스페인의 가브리엘 칼보 신부에 의해 창안되었다. 그는 문제 청소년들을 위해 일을 하고 있었는데, 대부분의 가정 문제가 불안정한 부부 관계로부터 비롯된다고 보고 부부의 인간적인 관계를 강화하고 동시에 청소년들을 돕기 위해 이 아이디어를 창안한 것이었다.[26] 1962년 스페인의 바르셀로나에서 28쌍의 노동자 부부들이 매리지 엔카운터의 주말에 최초로 참가하였다. 곧이어 미국으로, 그리고 전 세계로 퍼져 나갔으며, 성직자와 수도자도 참여하는 운동으로 발전하였다.

한국에서는 1976년 2월에 처음으로 성직자, 수도자와 함께 미국인 부부와 한국인 부부들이 주말(영어)에 참가하였으며, 1977년 3월에 한국어로 된 주말이 처음으로 마련되었다. 현재 전국의 모든 교구에 ME 협의회가 조직되어 있다. 처음 부부와 청소년 가정을 위한 프로그램에서 이제는 성직자와 수도자들도 참여하고 또한 종교와 관계없이 참가할 수 있게 되어있다. 특정 종교교육이 아니라 가정, 그리고 사람과의 관계에 대한 대화방법으로 금요일 오후 7:00에 시작하여 일요일 오후 6:00에 끝난다.[27]

---

24 『가톨릭신문』, 2018. 5. 27.
25 이 운동을 사회적 성격의 단체로 한 이유는 이것이 종교교육이 아니라 가정, 그리고 사람과의 관계를 위한 것이기 때문이다.
26 천주교 수원교구 편, 『수원교구 30년사』, 천주교 수원교구 사무처, 1993, 1010쪽.

빈첸시오회의 정식명칭은 성 빈첸시오 아 바오로회이다. 1800년대 프랑스는 나폴레옹의 등장과 공화정의 탄생, 그리고 다시 왕정복고 등의 격변기에 있으면서, 반가톨릭주의와 반교권주의도 나타나고 있었다. 1833년 4월 23일 당시 소르본느 대학교 법과대학생이었던 프레드릭 오자남(Frederic Ozanam)은 가난한 사람들에 대한 봉사의 필요성을 절감하고 동료학생들과 함께 자선을 실천하는 단체를 만들었다. 자선사업에 일생을 바친 성 빈첸시오 아 바오로를 주보 성인으로 하고 처음에는 성 빈첸시오 아 바오로 자선 협의회라고 부르다가, 1835년 성 빈첸시오 아 바오로회라고 변경하였다.[28] 1845년 교황 그레고리우스 16세로부터 공식적인 평신도 단체로 승인받은 이후 전 세계로 확산되었다.

한국에는 1955년 5월 청주교구장 파디 주교의 주선으로 충주의 야현 본당에 지원 협의회가 설립되면서 시작되었다. 1961년에는 서울교구 명동성당에, 그리고 1964년에는 광주교구 계림동 본당과 인천교구 김포본당에도 협의회가 설립되었다. 이어서 청주교구, 서울교구, 마산교구, 춘천교구에 중앙이사회가 설립되고, 1975년 2월 21일 성 빈첸시오 아 바오로회 전국이사회가 설립되었다. 이후 계속해서 각 본당과 교구로 전해져서 전국 15개 교구에 중앙이사회가 설립되어 있으며 거의 모든 본당에도 본당별 빈첸시오회가 조직되어 활동하고 있다. 빈첸시오회의 봉사 및 자선활동은 국내뿐만 아니라 해외에서도 펼쳐지고 있는데, 예를 들어 2015년 이라크, 몽골, 네팔,

---

27 월드와이드 매리지 엔카운터 한국협의회(http://www.mekorea.or.kr/).
28 성 빈첸시오 아 바오로회 한국이사회(https://ssvp.or.kr/index.php).

필리핀 등에 구호자금과 함께 현지 봉사활동도 실행하였다.[29]

행복한 가정을 만들기 위한 단체로 '한국 행복한 가정 운동'이 1975년 출범하여 가정과 관련한 활동을 펼치고 있다. 한국 가톨릭 노동청년회 전국협의회는 1960년 가톨릭 노동청년회 서울교구 연합회로 출발하여 1961년 10월 21일 전국평의회를 구성하면서 전국 조직으로 발전하였다. 이 단체는 1960년대 이후 노동자의 권익과 인권을 위해 다양한 활동을 펼쳐오고 있다. 한국 가톨릭 농민협의회는 농민의 권익과 인간적 발전을 도모하려는 목적으로 활동하고 있다. 처음 한국 가톨릭 노동청년회(J.O.C Jeunesse Ouvrière Catholique) 농촌 청년부로 출발하여, 1966년에 한국 가톨릭농촌청년회로 바뀌어 오늘에 이르고 있다.

Ⅲ. 개신교의 평신도 운동

개신교가 한국에 전해진 것도 평신도들의 적극적인 활약이 있었기에 가능하였다. 1874년 만주에서 활동하던 스코틀랜드 선교사인 로스(J. Ross)와 매킨타이어(J. McIntyre)는 당시 만주를 왕래하던 한국 상인들을 대상으로 선교를 시작하였다. 그 결과 1876년 백홍준, 이응찬, 이성하, 김진기 등 4명의 한국인이 최초로 세례를 받게 되었다. 1881년 서상륜도 세례를 받고 기독교인이 되었는데, 로스와 매

---

29 위의 홈페이지.

킨타이어는 이들에게 성서를 가르치면서 성서의 번역에도 착수하여 1887년 신약성서 전체를 번역 출판하였다. 이들 가운데 서상륜은 1884년 귀국하여 고향인 황해도 장연의 소래에 최초의 교회를 세웠다. 1887년 9월 미국 장로교 선교사인 언더우드(Horace G. Underwood) 목사가 서울에 최초로 새문안교회를 세웠을 때 교인 14명 가운데 13명이 서상륜의 선교를 받은 사람들이었다.

이 무렵 정부에 의한 기독교의 박해가 사라질 시기였지만, 아직 사회적 분위기는 이질적인 종교를 받아들일 만한 상황이 아니었다. 따라서 초창기에 한국에 들어왔던 선교사들은 처음부터 적극적인 선교보다는 교육사업이나 의료사업과 같은 간접선교에 머물러 있었다. 그러나 선교사들의 직접적인 선교가 가능해지자 선교사들이 서양, 특히 미국으로부터 활발히 유입됨으로써 그 선교사들의 영향을 받아 한국 개신교의 특색을 이루는 계기가 되었다. 언더우드 이후 미국과 캐나다 등의 각 교파에서 선교사들이 파견되어 선교의 범위가 확대되었지만, 활발한 선교가 이루어지지는 못하였다.

한편 미국 남감리회 선교사인 화이트(M. C. White)와 캐롤(A. Carroll) 등은 1903년 8월 시작한 사경회에서 선교의 실패와 부진이 외부에 있지 않고 자신에게 있음을 깨닫고 주일예배에서 이를 교인들에게 공개적으로 회개하였다. 선교사의 이런 공개적 회개는 신도들의 반응을 끌어내 원산 부흥운동이 시작되었다. 1903년 시작된 원산 부흥운동은 전국으로 퍼져나가 많은 교인에게 전파되었으며 1906년에는 교파를 초월한 초교파 연합부흥운동으로 이어졌다.

1907년에는 평양을 중심으로 일어나 전국 교회로 확산된 한국 개신교의 대표적 부흥운동인 평양 대부흥운동이 일어났다. 평양 대부흥운동도 원산 부흥운동과 마찬가지로 사경회에서 출발하지만, 1905년 평양 장대현 교회에서 길선주와 박치록 장로에 의해 시작된 새벽기도회가 씨앗이 되었다. 원산 부흥운동은 선교사에 의해 촉발되기는 하였으나 평신도들의 적극적인 참여와 활동으로 인해 전국으로 퍼져나갈 수 있었고, 평양의 대부흥운동도 평신도들만으로 이루어진 운동은 아닐지라도 평신도들에 의해 주도된 운동이라고 부를 수 있을 것이다. 1901년 감리교에서 첫 한국인 목사를 배출하였고 1907년에 장로교 최초의 한국인 목사들이 배출되었지만, 적어도 당시까지의 한국의 개신교는 평신도들의 교회였기 때문이다. 그러므로 1907년은 한국 개신교에서 목회자와 평신도의 구분이 이루어지는 해이기도 하다.[30]

일제강점기 평신도 운동으로 김교신에 의한 무교회주의 운동이 있다. 이 운동이 현재까지 이어지는 것은 아니지만 이 운동은 현재까지도 한국의 개신교에 많은 영향을 끼치고 있다. 김교신은 일본으로 유학하여 일본의 신학자 우찌무라 간조(內村鑑三)가 전개하던 무교회운동의 사상에 깊은 영향을 받고 돌아와 동료인 송두용, 유석동, 양인성, 함석헌 등과 함께 조선성서연구회를 조직하고 성경을 연구하였다.[31] 무교회운동의 특징은 첫째, 건물이 아닌 신자들이 모여 성경을 읽고 기도하는 자리가 곧 교회라고 보았다. 둘째, 목사, 집사 같은

---

30 1907년 개신교 대부흥운동에 관해서는 '오흥철, 「1907년 기독교 대부흥운동의 역사적 고찰」, 『통합연구』 13-1, 밴쿠버기독교세계관대학원, 2000' 참조.
31 양우석, 「김교신의 평신도운동 연구」, 연세대학교 연합신학대학원 석사학위논문, 2004, 27~48쪽.

교권을 인정하지 않았으며, 셋째, 세례식이나 성찬식 같은 예식도 의미가 없다고 보았다. 넷째, 성서해석에 있어 특정한 권위자의 해석만이 아니라 다양한 사람의 믿음과 은총의 분수대로 해석할 수 있다고 이해하였으며, 마지막으로 하느님이 우리 민족에게 위탁한 섭리사적 사명이 무엇인가를 찾는 것이 신학의 중요 과제였다.

한편 일제강점기로 접어들면서 윤치호, 신흥우, 이상재, 안창호, 이승훈, 손창윤, 박치록, 이병두, 김춘섭, 김항복, 김동원 등의 평신도들은 교육운동, 농촌계몽운동, 민족독립운동에 큰 역할을 하였다. 그러나 1910년대 이후 외국 선교사가 한국 교회를 제도화하면서 교역자와 평신도가 구분되었고 교회 치리권을 독점함으로써 평신도들은 교회 전반에 대한 자발적인 참여가 제한되었다.[32] 천주교와 마찬가지로 개신교도 외국 선교사가 주도함으로 인해 평신도들의 신앙운동 등은 수동적, 종속적인 위치에 머물렀다고 말할 수 있다.

천주교도 마찬가지지만, 개신교의 순수한 평신도 운동을 찾기는 쉽지 않다. 평신도들이 시작하더라도 결국은 성직자와 연결되거나 성직자로부터 인정되어야 교단 내의 운동단체로 허가되기 때문이다. 전국단위 대표적 초교파연합운동은 YMCA와 YWCA가 있고, 몇몇 교단이 연합한 한국 기독청년 면려회와 한국 기독학생 총연맹 등이 있으며 교단별로 평신도 단체가 조직되어 활동하고 있다. 이 가운데 YMCA, YWCA, 그리고 전국 기독학생 면려회에 대해 간단히 알아볼 것이다. 한국 기독학생 총연맹은 1940년대에 학생운동으로 출발

---

32 류장현, 「평신도 운동과 신학에 관한 고찰」, 『신학사상』 176, 한신대학교 신학사상연구소, 2017, 129쪽.

하였으나 1950년대를 지나면서 성직자들이 거의 모든 조직을 지도하면서 순수한 평신도 운동이 아닌 교회 내의 운동으로 바뀌었다.

YMCA(Young Men's Christian Association)운동은 1844년 6월 6일 영국 런던에서 당시 22세의 점원이었던 조지 윌리엄스(George Williams)를 비롯한 12명의 청년이 모여 '정신적, 영적 상태의 개선'을 목적으로 친교회를 만든 것이 시작이다. 당시 서구 사회는 산업혁명으로 인한 도덕적 타락으로 사회적 혼란이 가중되던 시기였다. 이러한 분위기로 인해 YMCA운동은 종교를 통한 인간의 영적 정신적 개조를 목적으로 한다는 특징을 지닌다.[33] 이 정신은 현재까지도 이어지고 있다.

한편 이 운동은 1851년 미국에서 보스턴 YMCA가 창립되면서 북미지역으로 전해지고 이후 세계로 퍼져나가면서 급성장을 보이기 시작하였다. 1855년 8월 22일부터 24일까지 프랑스 파리에서 제1차 YMCA 세계대회가 개최되면서 세계적 운동으로 확산되었다. 1878년 스위스 제네바대회에서 세계연맹이사회가 구성되었다. 한국에서는 1899년 150여 명의 한국 기독교 청년들이 서울의 외국 선교사들에게 한국 YMCA 창설을 요구하자, 북미 YMCA에서 현지 조사를 거쳐 1903년 10월 28일 한국 최초로 서울 YMCA의 전신인 황성기독교청년회가 창립되었다.[34]

협회가 창립된 후 교양, 계몽, 외국어 등의 교육뿐만 아니라 유도, 야구, 농구, 스케이트 등의 근대스포츠를 본격적으로 보급하였으며

---

33 미국 YMCA 홈페이지(http://www.ymca.net/).
34 김장환, 「YMCA 사회체육활동에 관한 연구」, 『한국체육학회지』 28-1, 한국체육학회, 1989, 69쪽.

3.1운동을 비롯한 독립운동에도 적극적으로 참여하였다. 농민회, 협동조합운동, 물산장려운동이나 금주운동 등의 민족 번영을 위한 운동들도 전개하였다. 해방 이후에는 소년들을 위한 신앙운동과 평화운동을 펼쳤으며, 6·25전쟁 이후에는 전쟁고아를 위한 교육사업, 부녀자 구제 및 구호사업 등을 전개하였다.[35]

시대 상황에 필요한 운동을 전개해 나가고 있는 YMCA는 현재 전국연맹이 결성되어 있고, 각시도와 대부분의 대도시에 조직이 결성되어 지역사회를 위한 운동을 활발히 펼치고 있다. 예를 들어 서울 YMCA의 경우 현재 중점적으로 하는 운동이 청소년운동, 시민운동, 사회체육운동, 평생교육운동, 사회복지운동 등이다.

YWCA(Young Women's Christian Association)운동은 1855년 영국 런던에서 엠마 로버츠(Emma Roberts)가 여성들을 위해 기도하는 여성단체를 설립하였고 비슷한 시기에 아서 킨나드(Arthur Kinnarrd)가 직업여성들을 위해 숙소와 여성강좌를 진행하던 여성단체를 설립하였는데, 1877년 이 두 여성회가 하나의 기구로 연합해서 설립되었다. 비슷한 시기에 독일에서도 YWCA가 설립되었고, 미국에서도 여성기독교회가, 뒤이어 유럽 각 지역에서 YWCA가 설립되었다. 1894년 영국, 노르웨이, 스웨덴, 미국 등의 지역 YWCA가 연합하여 세계 YWCA가 조직되었다. 1930년대에는 아시아 지역에서도 YWCA 운동이 시작되었다.[36] 처음 여성들만의, 그리고 여성들을 위한 목적에서 출발하였지만, 여성뿐만 아니라 청년운동, 여성운동, 환경운동, 교회

---

35 서울 YMCA 홈페이지(http://www.seoulymca.or.kr/).
36 한국 YWCA 연합회 홈페이지(http://www.ywca.or.kr/).

일치운동과 복지사업 등을 전개하고 있다.

한국에서는 1922년 6월 22일 김필례, 김활란 등에 의해 조선여자
기독교 청년회가 창설되었고, 1930년 스위스에서 열린 제20차 세계
YWCA 협의회에서 정회원으로 가입하였다.[37] 초창기에는 계몽운
동, 교육과 농촌운동, 생활개선운동, 여권신장운동, 민족운동, 물산
장려운동에 앞장섰다. 해방 이후에는 소외지역 봉사, 노동자 운동,
근로여성을 위한 운동 등을 펼쳤으며, 1980년대에는 환경운동을 비
롯한 다양한 시민운동들을 전개하고 있다. YMCA보다는 적지만 전
국 시도를 비롯한 대도시 지역에 각 지역 YWCA가 조직되어 활동
하고 있다.

기독면려회는 1881년 미국의 회중교회 목사인 클라크(Francis Edward
Clark)가 청년들의 신앙생활과 사회활동을 증진할 목적으로 설립하
였다. 이후 세계 각 지역으로 확산되어 국제기독면려회가 조직되었
다. 한국에서는 1913년 새문안교회를 시작으로 여러 지역에 설립되
었지만 3.1운동으로 중지되었다가 1921년 앤더슨(W. Anderson) 선교
사가 안동읍교회에서 조직하여 부활시켰다. 교회별로 조직되어 있던
면려회는 1924년 기독청년면려회 조선연합회가 결성되었고, 1932년
에는 조선예수교장로교 총회 산하에 면려부를 설치하였다. 해방 이
후 거듭된 장로교단의 분열에 따라 기독면려회 조직도 여러 차례 바
뀌게 되었으며 교단별 조직으로도 활동하고 교단연합조직으로도
활동하는 등의 곡절을 겪었다.

---

37 고선혜, 「YWCA 사회체육활동에 관한 연구-서울 YWCA 보건체육부 활동을
    중심으로」, 『한국체육학회지』 33-2, 한국체육학회, 1994, 314~315쪽.

1920~30년대 면려회의 활동은 계몽운동, 농촌운동, 절제운동 등을 전개하였다.[38] 해방 이후에는 청년들의 신앙운동을 적극적으로 전개하여 전국청년학생 합동 수련회 등을 지속해서 실시하고 있다. 현재의 면려회는 대한예수교장로회 합동, 고신, 개혁 교단 등이 참여하고 있으며, 교단별 면려회도 있지만, 교단의 성격에 따라 활발한 활동을 펼치거나 약화되었다. 주요 활동은 성경공부와 기도 등의 신앙훈련, 회원 상호 간의 교제, 그리고 이웃에 대한 섬김을 통한 경건한 생활 운동 등이다.[39]

개신교의 주류는 아니지만, 또 다른 평신도 운동으로 목회자가 없는 평신도만의 교회 운동들이 있다. 대표적으로 새길교회, 강동교회, 대구평신도교회 등인데, 이들 교회에는 대부분 교회에서 구분하는 목사, 전도사, 장로, 집사, 권사 등의 직제가 없이 모두가 평등하다. 예외적으로 책임자로 장로를 두는 곳(강동교회)도 있지만, 여기에서 장로라는 의미는 다른 교회의 장로와 달리 그 교회의 최종 책임자 및 결정자 정도의 의미로 보인다. 교인들의 명칭은 모두가 형제, 자매로 불린다. 초교파 운동으로 장로교, 감리교, 성결교, 침례교, 오순절 등 어떤 교단 출신도 이 교회에 참석할 수 있다. 목사나 장로도 참여할 수 있지만, 적어도 이들 교회에서는 목사님, 장로님이 아니라 그냥 똑같이 형제, 자매로 불린다는 특색을 지닌다.

이들 교회에도 예배가 있지만, 목사가 없는 예배이다. 모든 예배의 절차를 평신도들이 돌아가면서 진행한다. 교회 건물을 지니고 있

---

38 『한국민족문화대백과사전』 기독면려회 항목.
39 전국기독학생면려회 홈페이지(http://www.scekorea.org/).

지 않은 것이 특징이며, 교회의 일은 모두가 봉사개념이다. 즉, 유급으로 일을 하는 사람이 없다는 것이다. 부분적으로 해외파송 선교사가 있을 경우 이들의 경비를 충당하기 위해 지원하기는 하지만, 개인적으로 교회에서 유급직으로 일하는 사람은 없다.[40]

1987년 기독교 신자 교수들이 주축이 되어 발족한 '기독교윤리실천운동'은 신앙을 바탕으로 교회를 바로 세우며 건강한 시민사회를 구현하기 위해 건강교회운동, 사회정의운동, 문화소비자운동, 공의정치포럼, 깨끗한 미디어를 위한 교사모임 등을 전개해 왔다.[41]

개신교에서도 노동자 운동, 농민운동, 도시빈민운동, 이주노동자들을 위한 활동 그리고 1970~80년대 민주화운동 등이 전개되었다. 여기에는 평신도 지도자들도 참여하였지만, 목회자들이 중심이 되어 이끌고 가는 경우들이 많았다. 이러한 운동의 가치가 높고 또한 우리 사회와 종교에 기여한 바도 크지만 이 글의 주제가 평신도 운동인 만큼 평신도가 주류인 운동을 소개하기에 여기에서는 제외하였다.

Ⅳ. 특징과 전망

이상 천주교와 개신교 평신도 운동의 몇 가지를 소개하였다. 천주교 평신도 운동의 특징은 첫 번째로 직능별 친목 단체의 성격을 지

---

40 새길교회 홈페이지(http://www.saegilchurch.or.kr/).
　 강동교회 홈페이지(http://www.kangdong church.net/).
41 (사)기독교윤리실천운동 홈페이지(https://cemk.org/).

닌 것을 제외한다면 대부분의 평신도 운동이 서양의 천주교에서 기원하고 있다. 천주교 자체가 서양에서 온 종교라는 점을 고려한다면 수긍이 갈 수 있는 대목이다. 그러나 한국에서 천주교는 200년이 넘었다는 점을 고려한다면 이제는 한국의 토양에서 전개되어야 할 때이기도 하다. 그런 점에서 이 글에서는 소개되지 않았지만, 현재 대부분의 본당에 조직되어 있는 연령회의 활동을 주목할 만하다. 두 번째는 대부분의 운동이 고유의 성격이 있지만 결국 선교와 무관하지 않다는 것이다. 이것은 종교단체이기 때문에 어쩔 수 없다고 생각한다. 따라서 모든 종교운동의 대부분은 직간접적으로 선교와 무관한 경우는 거의 없다고 본다. 세 번째는 천주교 평신도 운동은 항상 교구나 전체 주교회의, 또는 교황청의 허가가 있어야 공인된다는 점이다. 그렇지 않으면 대개의 경우 사적 단체로 활동의 제약을 받게 된다. 특히 신심운동의 경우에는 활동의 제약을 넘어서서 아예 파문을 당하거나 퇴출될 수도 있다. 네 번째는 국내 직능별 단체의 경우 대개는 친목모임의 성격이 강하다. 물론 직능의 특성을 살려 봉사와 계몽운동을 하지만 실제 활동이 친목이 우선인 경우가 많다는 것이다. 다섯 번째는 서양에서 유래된 평신도 운동의 경우 유래된 곳의 언어를 거의 그대로 사용하고 있다는 점이다. 이것은 어찌 보면 운동의 확산을 방해하는 요소가 될 수도 있다. 수많은 용어가 그대로 사용됨으로 인해 그 단체에 가입되어 있지 않은 신도들은 그것이 어떤 의미를 지니는지 제대로 알지 못하는 경우들이 많다. 심지어 그 단체에 가입되어 있는 사람들도 이 용어를 모두 파악하지 못하기도 한다. 적어도 용어라도 한글화시키는 것이 먼저가 아닐까 싶은 생각이다. 여섯 번째는 평신도 운동이라고 하더라도 대부분 성직자가 개입되어 있거나 성직자의 지도하에 전개된다는 점이다. 물론 성직자도 성직자이기 이전에 신도의 한 사람임에 틀림없다. 따라서 평신도들과 동등한 입장에서 운동이 전개된다면 평신도 운동이라고 부를 수 있다. 물론 그런 운동이 없는 것은 아니지만 항상 지도자는 성직자여야 한다는 점이다. 마지막으로 각 운동이 발생하던 시기는 사회적 환경과 무관치 않다는 것이다. 인권과 도덕성의 약화로 인한 사회적 혼란기에 신심운동이 발생하는 것 등이 그 사례들이다.

개신교 평신도 운동의 특징은 첫 번째와 두 번째는 천주교와 비슷하다고 본다. 세 번째도 비슷하지만 다소 다른 점이 있다. 평신도 운동으로 출발하지만 그대로 평신도 운동으로 남는 사례도 있고, 시간이 지나면서 성직자들이 개입해서 평신도만의 운동이 아니라 성직자들이 중심이 되어 이끌고 평신도들은 조력자에 그치는 경우들이 있다는 점이다. 본문에서는 이런 경우 제외하였다. 네 번째는 천주교의 경우와 비슷하게 직능별 활동의 경우 친목의 성격이 강하다는 특징을 지닌다. 다섯 번째는 천주교의 경우와 달리 개신교에서는 서구에서 유래된 운동이라고 하더라도 대체로 한자어로 바꾸어 사용한다는 점이다. 여섯 번째는 현재까지 진행되는 평신도 운동의 경우 성직자가 개입된다고 하더라도 평신도가 조력에 머물지는 않고 동등하게 운동이 진행된다. 그렇지 않을 때의 평신도 운동은 성직자들이 중심적 역할을 한다는 차이가 있다. 마지막으로 개신교 운동의 경우에도 사회적 환경과 무관치 않다는 특징을 지닌다. 일제강점기라는 특수성과 해방 이후 산업과 과정을 거치면서 노동자, 농민의 인권이나 취약한 경제 등등이 종교가 사회적 운동을 일으키는 요인이 되었다.

한국의 개신교 모두 도입 초장기에는 평신도들의 교회였다고 해도 과언이 아니다. 평신도들이 주체적으로 나서서 기독교를 전파하는 데 앞장섰다. 천주교는 신앙의 자유가 인정되면서 서양 선교사들이 전면에 나서서 주도적인 역할을 해나가기 시작하였다. 모든 면에서 선교사들의 생각이 반영되면서 차차 신도들은 수동적으로 되어갔다. 이러한 현상은 더욱 굳어져 해방 이후 한국에 교계제도가 설정되고 한국인들의 천주교가 되었음에도 평신도의 위치는 성직자의 보조 역할에 머무를 뿐이었다. 제2차 바티칸 공의회에서 평신도의 역할에 주목하고 평신도 사도직이라는 용어를 도입하여 평신도 사도로서의 입장을 명확히 하였지만, 현재까지도 사실상의 주도적역할에는 한계가 있다고 본다. 특히 산업화 이후 직업이 점차 다양해지고 세분되면서 교회 자체에 대한 평신도의 목소리는 약화할 수밖에 없었다. 그런 점이 평신도 운동의 약화를 초래하는 원인이 되기도 하였다. 전례에서 평신도가 성서를 읽거나 성체를 분배하는 역할도 분담하였지만, 미사의 성격이나 천주교의 구조상 보조 역할에 머물고 있다. 천주교 자체에서도 평신도의 적극적 역할을 주문하고 있지만, 100여 년 가까이 지속해온 구조가 단시일에 변화되기는 어려울 것으로 보인다. 성직자와 평신도가 더 적극적으로 평신도 운동의 활성화에 노력해야 할 것으로 판단된다. 그 상징성이나 인구수 등 여러 가지 원인으로 인해 전국적인 평신도 단체의 경우 대부분 서울교구의 단체가 중심이 되고 있다는 점도 하나의 특징이다.

변화의 모습도 보이는데 예를 들어 2000년대 초반까지 각 평신도

단체를 담당하는 성직자를 지도신부라고 하였지만, 현재는 담당사제라는 명칭으로 바꾸었다. 명칭변경도 중요하지만, 현실에서 오는 제약은 사실상 풀기 어려운 문제라고 본다. 특히 천주교는 교황, 주교, 신부가 교황청, 교구, 본당이라는 영역의 총책임자이면서 모든 권한을 지닌다는 교계제도로 인해 평신도의 역할은 제한적일 수밖에 없을 것이다. 따라서 현재의 의사결정 구조나 제도로 볼 때 근본적인 한계를 지닌 것은 분명해 보인다.

개신교도 마찬가지로 초창기의 개신교가 한국 땅에 뿌리를 내리는 데에는 평신도들의 역할이 절대적이었다. 새벽기도회와 같이 다른 나라에는 없는 한국만의 종교문화를 만든 것도 첫 출발은 평신도들의 활동에서 비롯되었다. 일제강점기에 민족운동, 계몽운동, 독립운동 등에 앞장선 것도 평신도들이었다. 그러나 신도들이 늘어나고 점차 외국 선교사들이 한국교회를 제도화하면서 성직자와 평신도가 구별되었다. 외국 선교사들이 교회 치리권을 독점함으로써 한국 평신도들은 교회 전반에 대한 자발적이고 자율적인 참여가 제한되었다. 따라서 점차 교회 내에는 선교사, 교역자, 평신도라는 계급적 구분이 생겨났다. 6.25 전쟁과 산업화를 거치면서 급속도로 성장한 개신교는 평신도들 내부에서도 장로, 집사, 권사 등과 같은 서열로 나뉘었다. 이러한 서열화는 결국 목회자에 의해 생겨난 것으로 볼 수 있으며 그들조차도 목회의 보조자 역할에 그치는 경우가 많다. 특히 현재 한국의 개신교는 일부 목사들의 도덕적 일탈과 교회 세습과 같은 문제들에 직면해 있다. 그런 점에서 평신도 운동의 역할은 더욱 중요해졌다고 본다.

평신도 운동의 중요성을 강조하고 있는 목회자들도 상당수는 교회 갱신이나 도덕성 회복, 계몽 등의 역할보다는 선교의 중요성을 내세우고 있다. 즉, 평신도들의 전문성을 잘 활용하고 그들을 지도 자급으로 교육해서 사회에서 선교 활동을 강화하자는 내용이다. 목회자들이 평신도의 역할에 주목하고 있기는 하지만, 평신도 자신의 역할과 활동이 더욱 중요할 것이다.

V. 결론

기독교에서 인식하는 평신도 운동의 목적은 천주교나 개신교 모두 선교이다. 종교로서 선교가 중요한 것은 사실이나, 가장 시급한 것은 내적 개혁이라고 본다. 현재 한국 사회에서 종교인들은 점점 신뢰를 잃어가고 있다. 이러한 면을 개선하지 않는다면 종교라는 이름으로 진행되는 운동이 빛을 잃게 될 것이다. 그러므로 평신도 운동의 본질은 이러한 상태에서 벗어나 기독교의 정체성을 발견하고 그 본질을 회복하려는 것에 있다. 평신도 운동은 실상 자기반성 운동이고 기독교 본연의 모습을 찾아보는 운동이다.

사실 성직자와 평신도를 구분하는 것은 어떤 면에서 의미가 없을지도 모른다. 다만 현재의 상황에서 성직자에 의해 점차 수동적으로 활동하는 평신도가 되어가는 것이 문제인 것이다. 교회 안에서 물론 성직자의 역할은 분명 존재한다. 의례의 집전자, 교리와 성경을 해석해서 신도들에게 전달하는 역할 등이 그것이다. 그러한 역할을 제외하면 사실 어떤 분야에서는 평신도가 훨씬 더 전문적인 활동을 할 가능성이 크다. 선교의 측면에서 보더라도 마찬가지다. 교회 안에서 성직자가 평신도들에게 행한 설교와 교육은 다시 평신도를 통하여 외부로 전파돼야 할 것이다. 교회 안에서의 가르침이 단지 그 안에서 맴도는 것이 아니라 평신도에 의해 사회 곳곳으로 전달돼야 한다. 또한, 현대사회에서 평신도는 전문가로서 성직자보다 뛰어난 능력을 발휘할 수 있는 영역도 많이 존재한다. 따라서 평신도는 교회 안에서 단지 수동적, 종속적인 위치에 머물 것이 아니라 적극적, 주도적으로 활동하는 위치에 있어야 할 것이다. 동시에 교회는 평신도를 통해서 사회와 소통하는 장을 마련하여야 할 것이다. 여기에서 한 걸음 더 나아가 이런 운동이 활발하게 전개되어 사회의 결함을 개조하는 데 기여하는 정도에까지 이르는 것이 중요하다고 본다. 평신도 운동은 이러한 분위기에서 전개되어야 한다고 본다. 물론 성직자라고 해서 평신도 운동에 참여할 수 없는 것은 아니다. 다만 그러한 경우에도 모두가 동등한 위치에서 진행되어야 할 것이다.

기독교는 원칙적으로 성직자와 평신도를 구별하지 않았다. 예수의 열두 제자들도 사실 사제직이 아닌 평신도였다. 그들은 예수로부터 특별히 선택되어 평신도 지도자의 역할을 한 것이다. 특히 개신교의 경우 종교개혁을 통해 루터는 만인 사제설을 주장하였는데, 이것은 역으로 말하면 사제가 있다면 모두가 사제이고 그렇지 않으면 모두가 평신도라는 입장으로 초기 교회의 정신을 재확인한 것이다. 가톨릭의 제도와 구조상 성직과 평신도의 구별은 어쩔 수 없다고 하더라도 교회 안과 밖에서의 여러 가지 운동이나 활동에 평신도들이 주체적으로 참여할 수 있도록 하여야 할 것이다.

▌『불교문예연구』 13호, 동방문화대학원대학교 불교문예연구소, 2019.

참고문헌

제1부 근대 시기의 천주교

제1장 근대 가톨릭에서의 종교 담론

「질의해답」, 『가톨릭청년』 1권 3호, 1933.
「질의해답」, 『가톨릭청년』 4권 9호, 1936.
김철, 「가톨릭敎理講話 : 宗敎에 對한 見解」, 『가톨릭청년』 2권 1호, 1934.
박윤희, 「나의 개종의 동기」, 『가톨릭청년』 4권 4호, 1936.
안세명, 「가톨릭교회와 현대사상」, 『가톨릭청년』 4권 10호, 1936.
안세명, 「안식교와 그 교리」(二), 『가톨릭청년』 4권 7호, 1936.
오기선, 「가톨닉교회와과학」, 『가톨릭청년』 1권 3호, 1933.
오봉순, 「나의 개종의 동기」, 『가톨릭청년』 4권 8호, 1936.
장데레시아, 「자녀의 종교교육」, 『가톨릭청년』 1권 4호, 1933.
장면, 「구약성경의 역사적 가치」, 『가톨릭청년』 1권 2호, 1933.
최정복, 「『가톨닉』청년과 우리」, 『가톨릭청년』 1권 3호, 1933.
한윤승, 「말딩·루터의 인격론」(一), 『가톨릭청년』 4권 5호, 1936.

『가톨릭청년』
『경향잡지』

제2장 천주교 선교사들의 일제 식민지배에 대한 인식

김옥희, 『濟州道 辛丑年 敎難史』, 천주교 제주교구, 1980.
노길명, 「구한말 프랑스 선교사의 사회·문화활동」, 『교회와 역사』 5, 한국
　　　교회사연구소, 1987.
안중근 의사 숭모회, 『안중근 의사 자서전』, 1979, 57쪽.
양한모, 『신도론』, 가톨릭출판사, 1982, 104쪽.
윤선자, 「조선총독부의 종교정책과 천주교회의 대응」, 국민대학교 박사학

위논문, 1997.

이원순, 「조선말기사회의 대서교문제(對西敎問題)-교안을 중심으로-」,
　　『역사교육』, 15, 역사교육연구회, 1973.

이진구, 「신사참배에 대한 조선기독교계의 대응양상 연구-신념체계 분
　　석을 중심으로」, 서울대학교 석사학위논문, 1988.

한국교회사연구소 역, 『드망즈 주교 일기』, 한국교회사연구소, 1987.

한국교회사연구소 역주, 『뮈텔주교일기』 6, 한국교회사연구소, 2002.

한국교회사연구소 역편, 『함경도 천주교회사 자료집 제1집, 함경도 선교
　　사 서한집』 1, 함경도 천주교회사 간행사업회, 1995.

한국교회사연구소 편, 「함경도 천주교회사 자료집 제2집, 원산교구 연대
　　기」, 함경도 천주교회사 간행사업회, 1991.

한국교회사연구소 편, 『교회사 연구』 16, 한국교회사연구소, 2001.

한국교회사연구소 편, 『파리외방전교회 선교사 서한문』, 한국교회사연구
　　소, 1988.

한국교회사연구소, 『서울교구연보』 2, 천주교명동교회, 1984.

제3장 일제 강점기 천주교 선교사들의 한국 인식

김수태, 「1930년대 메리놀외방전교회의 선교활동」, 『교회사연구』 29, 한
　　국교회사연구소, 2007.

김옥희, 「한국 천주교 수도회사」, 『한국교회사논문집 Ⅱ』, 한국교회사연
　　구소, 1985.

김진소, 『천주교 전구교구사 Ⅰ』, 천주교 전주교구, 1988.

달레, 안응렬, 최석우 역주, 『한국천주교회사』 상, 한국교회사연구소,
　　1990.

박보영, 일제강점기 성 오틸리엔 베네딕도회 선교지(Missionsblätter)에
　　나타난 한국인식과 의례변화, 경북대학교 대학원 박사학위 논문,
　　2014.

백병근, 「일제시기 명동본당의 교육사업과 신자 단체 활동」, 서울시립대
　　학교 대학원 석사학위논문, 2008년.

옥현진, 「머나먼 동쪽을 찾아온 선교사들: 1945년 해방까지 광주교구의
　　골롬반 선교회」, 『교회사연구』 29, 한국교회사연구소, 2007.

유홍렬, 『증보 한국천주교회사』 下卷, 가톨릭출판사, 1992.

윤용복, 「간도지역 한국 천주교회의 설립과 활동」, 『간도와 한인종교』, 한국학중앙연구원, 2010.

윤용복, 「천주교 선교사들의 일제 식민지배에 대한 인식」, 『근대 한국 종교문화의 재구성』, 한국학중앙연구원, 2006.

이유재, 「노르베르트 베버 신부가 본 식민지 조선: 가톨릭 선교의 근대성」, 『서양사연구』 32, 한국서양사연구회, 2005.

전수홍, 「유 파치피코, 劉 Pacificus」, 『한국가톨릭대사전』 9, 한국교회사연구소, 2002.

조현범, 『조선의 선교사, 선교사의 조선』, 한국교회사연구소, 2008.

한국교회사연구소 역주, 『드망즈 주교 일기』(1911~1937년), 한국교회사연구소, 1987.

한국교회사연구소 역주, 『뮈텔 주교 일기』 3-8, 한국교회사연구소, 1993~2008.

한국교회사연구소 역주, 『뮈텔주교 일기 4 1906~1910』, 한국교회사연구소, 1998.

한국교회사연구소 역편, 『서울교구연보(II)』, 명동천주교회.

한국교회사연구소 역편, 『함경도 선교사 서한집 II』, 한국교회사연구소, 1995.

한국교회사연구소 외, 『교구연보』(1878~1940), 천주교부산교구, 1984.

한국교회사연구소 외, 『대전교구자료집 제1집. 파리외방전교회 선교사 서한집』, 천주교대전교구, 1994.

한국교회사연구소 편, 『원산교구 연대기』, 함경도천주교회사 간행사업회, 1991.

한국교회사연구소 편, 『인천교구 25년사 자료집』, 한국교회사연구소, 1987.

한국교회사연구소 편, 『함경도천주교회사』, 함경도 천주교회사 간행사업회, 1995.

Echardt, P. Andreas, "Das 'Drachenjahr' Ostasiens" *Die Missionsblätter von St. Ottilien,* 1928.

Hiemer, P. Callitus, "Wege zum Heil", *Die Missionsblätter von St. Ottilien,* 1929.

Weber, Norbert, Im Lande der Morgenstille, Reise－Erinnerungen an

Korea, 박일영, 장정란 역, 『고요한 아침의 나라』, 분도출판사, 2009.

『경향잡지』

제4장 간도지역 한국 천주교회의 설립과 활동

고병철, 「일제하 기독교인들의 만주 이주와 민족운동: 간도참변(1920) 이
　　　전까지를 중심으로」, 『종교문화비평』 8, 한국종교문화연구소, 2005.
김병찬, 『연길교구의 교육사업개황』, 『가톨릭청년』 4, 1936.
명동천주교회, 『서울교구연보』 I, 한국교회사연구소, 1984.
명동천주교회, 『서울교구연보』 II, 한국교회사연구소, 1987.
백 뿔라치도, 「한국에서의 초기 베네딕도회의 선교방침」, 『한국교회사논
　　　문집』 I, 한국교회사연구소, 1984.
북경대학 조선문화연구소, 『중국조선민족문화사대계 6 - 종교사 - 』, 민족
　　　출판사, 2006.
신의식, 「청대 천주교 선교사간에 발생한 약간의 문제 - 선교보호권 및 선
　　　교사간이 교권 갈등을 중심으로」, 『중국근현대사연구』 40, 중국
　　　근현대사학회, 2008.
윤선자, 「간도 천주교회 설립과 조선인 천주교 신도들의 간도 이주」, 『역사
　　　학연구』 10, 호남사학회, 1996.
윤선자, 「조선총독부의 종교정책과 천주교회의 대응」, 국민대학교 대학원
　　　박사학위 논문, 1997.
이석재, 『중국천주교회와 조선천주교회의 연계활동에 관한 연구 - 19~20
　　　세기 만주지역 천주교회를 중심으로』, 한국학술정보, 2006,
이윤기, 『잊혀진 땅 간도와 연해주』, 화산문화, 2005,
임채완 외 『재외한인 집거지역 사회 경제』, 집문당, 2005,
최봉룡, 「만주국의 종교정책과 재만 조선인 신종교의 대응」, 한국학중앙
　　　연구원 박사학위논문, 2006,
한국교회사연구소 역주, 『뮈텔 주교 일기』 4, 한국교회사연구소, 1998.
한국교회사연구소 역편, 『함경도 천주교회사 자료집 제1집』, 함경도 천주
　　　교회사 간행사업회, 1995.
한국교회사연구소 편, 『원산교구 연대기』, 함경도천주교회사 간행사업회,

1991.

한윤승, 「간도천주교전래사 연길교구의 향도 김이기와 그 제자」, 『가톨릭 청년』 4, 1936.

한흥렬, 「간도천주교회 사회적 공헌」, 『가톨릭청년』 4, 1936.

한흥렬, 「연길교구 천주교회약사」, 『가톨릭청년』 4, 1936.

玄圭煥, 『韓國流移民史』, 語文閣, 1967.

X생, 「연길교구 각 교회연혁과 현세」, 『가톨릭청년』 4, 1936.

『가톨릭 청년』

성 베네딕도 왜관 수도원(http://www.osb.or.kr/)

제2부 현대 시기의 천주교

제1장 종교 사회복지의 과제와 전망

고병철, 「한국 종교계 사회복지의 쟁점과 과제」, 『종교문화비평』 19, 종교 문화비평학회, 2011.

권경임, 「불교사회복지 사상과 실천세계에 관한 연구」, 동국대학교 박사 학위논문, 1998.

권경임, 「시민사회에 있어서 불교사회복지의 역할」, 『시민사회와 종교복 지』, 종교사회복지포럼 편, 학지사, 2003.

권오구, 『사회복지발달사』, 홍익재, 2000.

김인, 「한국 교회사회복지의 정책과제」, 『교회와 사회복지』 4, 한국기독교 사회복지실천학회, 2006.

김인숙 외, 『한국 가톨릭 사회복지의 실태와 전망』, 주교회의 사회복지위 원회 전국연수회 자료집, 1997.

김학주·임정원, 「불교사회복지의 현황 및 과제-조계종과 천태종을 중심 으로-」, 『한국교수불자연합학회지』 17-2, 사단법인 한국교수불 자연합회, 2011.

노길명, 「종교사회복지의 성격과 과제」, 『종교와 사회』 1, 한국종교사학 회, 2010.

노길희 외, 『사회복지개론』, 양서원, 2016.

노득용, 「한국 민간사회복지 체계 속에서의 종교사회복지의 종교별 비교
　　　분석」, 명지대학교 사회복지대학원 석사학위논문, 2004.
노치준, 「사회복지를 향한 개신교의 사회봉사」, 『기독교와 한국사회』 7,
　　　숭실대학교 기독교사회연구소, 2000.
박문수, 「가톨릭교회와 근대적 사회사업의 도입과 발전」, 『가톨릭사회과
　　　학연구』 16, 한국가톨릭사회과학연구회, 2004.
박종수, 「대순진리회의 사회복지사업 현황과 과제」, 『대순사상논총』 24-1,
　　　대진대학교대순사상학술원, 2014.
서윤, 「원불교와 사회복지」, 『종교문화학보』 4, 한국종교문화학회, 2007.
손덕수, 「사회복지를 향한 가톨릭교회의 사회봉사」, 『기독교와 한국사회』
　　　7, 숭실대학교 기독교사회연구소, 2000.
신철균, 「해원상생·보은상생의 의미와 실천에 관한 연구」, 『대순진리학술
　　　논총』 4, 대진대학교 대순사상학술원, 2009.
심흥보, 「한국 천주교 사회복지사 연구」, 가톨릭대학교 사회복지대학원
　　　석사학위논문, 1998.
양혜원, 「기독교사회복지실천 경험에 관한 질적 사례연구－태화기독교사
　　　회복지관 사례를 중심으로－」, 『신앙과 학문』 22-3, 기독교학문연
　　　구회, 2017.
원석조, 「원불교와 가톨릭 사회복지의 비교 연구」, 『원불교사상과 종교문
　　　화』 32, 원광대학교 원불교사상연구원, 2006.
유장춘, 「기독교사회복지의 이념과 실제」, 『시민사회와 종교복지』, 종교
　　　사회복지포럼 편, 학지사, 2003.
이원식·오주호, 「종교사회복지의 현황과 원불교 사회복지의 발전 방안」,
　　　『원불교사상과 종교문화』 42, 원광대학교 원불교사상연구원,
　　　2009.
이준우, 「한국 기독교사회복지재단의 현황과 방향성」, 『교회와 사회복지』
　　　19, 한국기독교사회복지실천학회, 2012.
임희섭, 「한국의 사회복지와 종교」, 『한국사회개발연구』 17, 고려대학교
　　　아세아문제연구소, 1987.
전명수, 「종교사회복지담론의 재고찰 : 비판적 성찰과 전망」, 『종교문화연
　　　구』 20, 한신대학교 종교와문화연구소, 2013.
정지윤, 「대순진리회의 사회사업 실천 방향성에 관한 연구－대만 자제공
　　　덕회와의 비교를 중심으로」, 『신종교연구』 35, 한국신종교학회,

2016.

조흥식, 「종교 사회복지활동의 방향과 과제」, 『제1회 종교와 사회복지 심
포지엄 자료집』, 한국종교계 사회복지 대표자협의회, 1998.
최원규, 「한국 전쟁기 가톨릭 外援 기관의 원조 활동과 그 영향」, 『교회사
연구』 26, 한국교회사연구소, 2006.

Dallet, Claude Charles, 안응렬, 최석우 역주, 『한국천주교회사』 하, 한국
교회사연구소, 1990.

『머니투데이』
『크리스챤라이프』

국가법령센터(http://www.law.go.kr/)
대한불교조계종사회복지재단(http://jabinanum.or.kr/)
사회복지법인 대한불교천태종복지재단(http://www.with99.org/)
사회복지법인 진각복지재단(http://www.jgo.or.kr/)
사회복지법인 한기장 복지재단(http://www.prokwfm.org/g5/)
원불교 사회복지협의회(http://www.wonwelfare.net/)
한국사회복지관협회(http://kaswc.or.kr/greeting)
한국장로교복지재단(http://www.pckwel.or.kr/)
한국천주교주교회의 사회복지위원회(http://caritas.cbck.or.kr/)

제2장 한국의 정치에 대한 천주교의 대응

강인철, 『한국천주교의 역사사회학』, 한신대학교 출판부, 2006.
김대중, 『김대중 자서전』 2, 도서출판 삼인, 2010.
김수환 추기경 구술, 평화신문 엮음, 『추기경 김수환 이야기』, 평화방송·
평화신문, 2005.
노길명, 「광복 이후 한국 종교와 정치간의 관계」, 『종교연구』 27, 한국종교
학회, 2002.
강돈구, 「미군정의 종교정책」, 『종교학연구』 12, 서울대학교 종교학연구
회, 1993.
문규현, 『민족과 함께 쓰는 천주교회사 II - 1945년부터』, 빛두레, 1994.
오경환, 『종교사회학』, 서광사, 2006.

『경향잡지』
『한겨레신문』

제3장 한국의 종교정책과 종교계의 대응

강돈구, 「미군정의 종교정책」, 『종교학연구』 12, 서울대학교 종교학연구
    회, 1993.
고병철 외, 『21세기 종무정책의 기능강화와 발전방안 연구』, 종교문화연
    구원, 2007.
고병철, 「한국 종교정책의 진단과 과제-문화체육관광부의 종무실을 중
    심으로-」, 『종교연구』 65, 한국종교학회, 2011.
국회사무처, 『제1회 국회속기록』 1, 1948.
김수환 추기경 구술, 평화신문 엮음, 『추기경 김수환 이야기』, 평화방송·
    평화신문, 2005.
김정수, 「우리나라 종교갈등의 특성과 바람직한 종교정책의 모색」, 『한국
    정책학회 하계학술발표논문집』, 한국정책학회, 2013.
노길명, 「광복 이후 한국 종교와 정치간의 관계」, 『종교연구』 27, 한국종교
    학회, 2002.
문규현, 『민족과 함께 쓰는 천주교회사 II-1945년부터』, 빛두레, 1994.
문화체육관광부, 『2009 종무행정백서』, 2010.
문화체육관광부, 『한국의 종교현황』, 2008.
박명수, 「다종교 사회에서의 한국 개신교와 국가권력」, 『종교연구』 54, 한
    국종교학회, 2009.
박승길, 「미군정의 종교 정책과 기독교의 헤게모니 형성」, 『사회과학연구』
    5, 대구가톨릭대학교 사회과학연구소, 1998.
송기춘, 「미군정기 및 대한민국 건국 초기의 종교관련제도의 정립과 관련
    한 헌법적 논의-입법의원과 제헌국회에서의 논의를 중심으로-」,
    『법과 사회』 24, 법과사회이론학회, 2003.
유호준, 「민족사적 맥락에서 본 한국 개신교」, 『종교와 문화』, 2, 서울대학
    교 종교문제연구소, 1996.
정병조. 「한국불교의 성찰과 전망」, 『1945년 이후 한국종교의 성찰과 전망』,
    민족문화사, 1989.
한국문화정책개발원, 『우리나라의 종교정책에 관한 연구』, 1997.

한국법제연구회 편,『미군정법령총람』, 한국법제연구회, 1971.
허명섭,「제1공화국 시대의 한국 교회-정부 당국과의 관계를 중심으로-」,
　　『성결교회와 신학』19, 한국기독교학회, 2008.

문화체육관광부(http://www.mcst.go.kr)

『가톨릭시보』
『경향신문』
『경향잡지』
『동아일보』
『매일경제』

제3부 천주교인으로서의 삶

제1장 한국 천주교의 주요 의례와 특성

김영수,「한국가톨릭의 일생의례 연구」,『종교와 일생의례』, 민속원, 2006.
문화체육부,『한국 종교의 의식과 예절』, 1995.
변종찬,「냉담자」,『한국 가톨릭 대사전』2, 한국교회사연구소, 1995.
손희송,「가톨릭교회 교리서에 나타난 성사이해」,『신학전망』114, 광주가
　　톨릭대학교, 1996.
손희송,「성사」,『한국 가톨릭 대사전』7, 한국교회사연구소, 1999.
심규재,「준성사」,『한국 가톨릭 대사전』10, 한국교회사연구소, 2004.
윤용복,「한국 기독교 죽음의례의 변화양상」,『종교문화비평』16, 한국종
　　교문화연구소, 2009.
윤형중 편,『천주성교 공과』, 경향잡지사, 1962.
이은봉 외,『한국 의례문화 연구사 및 연구방법』, 덕성여자대학교 인문과
　　학연구소, 1997.
정진석,「서원」,『한국 가톨릭 대사전』7, 한국교회사연구소, 1999.
최윤환,「미사」,『한국 가톨릭 대사전』5, 한국교회사연구소, 1997.
최윤환,「전례」,『한국 가톨릭 대사전』10, 한국교회사연구소, 2004.
한국 천주교 주교회의,『상장 예식』, 가톨릭 출판사, 2004.
한국천주교중앙협의회,『제2차 바티칸 공의회 문헌』, 1988.

『간추린 가톨릭 교회 교리서』, 한국 천주교 주교회의 교리교육위원회 편찬, 2013.

『한국 교회 공동 지도서(Directorium Commune Missionum Coreae)』, 1932.

Bell, Catherine, *Ritual : Perspective and Dimension,* Oxford University Press, New York, 1997. 류성민 역, 『의례의 이해－의례를 보는 관점들과 의례의 차원들』, 한신대학교 출판부, 2009.

Grimes, Ronald I,. *Research in Ritual Studies,* Scarecrow Press, Chicago, 1985.

Leach, Edmund R. "Ritual." *In International Encyclopaedia of the Social Sciences,* edited by David L. Sills, vol. 13. New York, 1968.

Smart, Ninian, *Worldviews : Crosscultural Explorations of Human Beliefs,* 3th ed., Prentice Hall, New Jersey, 2000.

Wallace, F. C. Anthony, *Religion : An Anthropological View,* Random House, New York, 1966.

경향잡지(http://zine.cbck.or.kr/)

한국천주교주교회의(https://missale.cbck.or.kr/)

제2장 한국 기독교 죽음의례의 변화양상

김윤성, 「기독교 의례의 구조와 변천」.『한국종교연구회보』7, 한국종교문화연구소, 1996.

김흥순, 교회통신 '죽은자의 령혼을 위ᄒ여 긔도ᄒ지 말 일', 차옥숭 편, 『기독교사 자료집』권1, 한국종교사회연구소, 1993.

대한예수교장로회 총회교육부 편,『표준예식서』개정판, 대한예수교장로회, 1995.

류성민, 「현대 한국 기독교의 죽음관－장례 의식을 중심으로」,『전주사학』7, 전주대학교 역사문화연구소, 1999.

박근원, 「한국 전통 제례의 기독교적 수용」,『기독교사상』429, 1994.

박효생, 「한국 기독교의 관혼상제에 대한 이해」,『기독교사상』358, 1988.

샤를르 달레 저, 안응렬, 최석우 역주,『한국천주교회사』하, 한국교회사연구소, 1990.

송재용,『한국 의례의 연구』, 제이앤씨, 2007.
윤동철,「전통 장례문화와 기독교 장례문화」,『성경과 신학』, 한국복음주
　　의신학회, 1999.
이완희,「위령기도」,『한국가톨릭대사전』, 한국교회사연구소, 2002.
이은봉,「한국 의례문화의 이해-한국인의 질병·죽음·재해를 중심으로-」,
　　『종교연구』18, 한국종교학회, 1999.
一羊生,「고 리명헌 목사의 장례기」,『활천』74, 기독교대한성결교회 활천
　　사, 1928.
주학선,『한국감리교회 예배, 1885~1931』, 도서출판 KMC, 2005.
총회예식서수정위원회,『표준예식서/가정의례지침』, 한국장로교출판사,
　　2001.
한국교회사연구소 역·편,『함경도 선교사 서한집』1, 함경도 천주교회사
　　간행사업회, 1995.
한국교회사연구소 편,『원산교구 연대기』, 함경도 천주교회사 간행사업
　　회, 1991.

『가톨릭신문』
『그리스도인회보』
『동아일보』
『평화신문』

제3장 기독교의 죽음 이해와 그 영향

김두리,「기독교 관점에서의 죽음에 관한 연구」, 영남신학대학교 석사학
　　위논문, 2007.
김상득,「부활을 통해 본 기독교적 몸, 영혼 그리고 죽음」,『석당논총』33,
　　동아대학교 석당학술원, 2003.
박요한 영식,「욥의 기도의 내부 구조 분석」,『가톨릭 신학과 사상』42, 가
　　톨릭대학교 출판부, 2002.
서정옥,「죽음의 위기에 대한 기독교 상담」, 서울신학대학교 상담대학원
　　석사학위논문, 2007.
오주철,「영혼불멸인가, 죽은 자의 부활인가?」, 계명대학교 석사학위논문,
　　2005.

이정배, 「켄 윌버의 四象限(four quadrants)에서 본 기독교적 죽음 이해」, 『동
　　양철학연구』 55, 동양철학연구회, 2008.
주교회의 신앙교리위원회, 『죽음·심판·지옥·천국』, 한국천주교중앙협의
　　회, 2013.
최영철, 「연옥」, 『한국가톨릭대사전』 9, 한국교회사연구소, 2002.
최진봉, 「죽음의 해석으로서의 상례 예식(1)」 『교육교회』 418, 장로회신학
　　대학교 기독교교육연구원, 2012.
최태영, 『그리스도인은 죽을 때 부활한다』, 아름다운 사람들, 2000.
『성서』(가톨릭용), 대한성서공회, 1988.

Giacomo Dal Sasso-Roberto Coggi, *Compendio della Somma Teologica
　　di San Tommaso d'Aquino,* 이재룡, 이동익, 조규만 옮김, 『성 토마
　　스 아퀴나스의 신학대전 요약』 개정판, 가톨릭대학교 출판부, 2001.
Oscar Cullmann, 전경연 역, 『영혼불멸과 죽은 자의 부활』, 한신대학교출
　　판부, 1991.

제4장 한국 천주교의 수련 문화

권민자, 「예수마음기도 영성수련」, 『사목』 320, 2005.
김보록, 「기도의 신학(IV)(기도의 원리와 실천)」, 『신학전망』 56, 1982.
김선미, 「소리기도」, 『한국가톨릭대사전』 7, 한국교회사연구소, 1999.
김택훈, 「토마스 머튼의 성서 이해에 따른 렉시오 디비나」, 가톨릭대학교
　　대학원 석사학위논문, 2012.
류해욱, 「피정」, 『한국가톨릭대사전』 12, 한국교회사연구소, 2006.
박도식, 『200주년 기념 천주교 교리』, 가톨릭출판사, 2002.
심종혁, 「관상」, 『한국가톨릭대사전』 1, 한국교회사연구소, 1994.
심종혁, 「영신수련의 기원으로서의 이냐시오의 영적 체험」, 『신학전망』 105,
　　1994.
엄무광, 『관상기도의 이해와 실제』, 성바오로, 2010.
옥준상, 「예수마음기도에 대한 신학적 고찰」 광주가톨릭대학교 대학원 석
　　사학위논문, 2015.
유홍렬, 『증보 한국천주교회사』 하, 가톨릭출판사, 1992.
윤양석 옮김, 『성 이냐시오의 영신수련』, 한국천주교중앙협의회, 2001.

이덕근, 「관상기도의 전통과 마음의 기도」, 『신학전망』 52, 1981.

이성효, 「아우구스티누스의 관상에 대한 이해」, 『신학전망』 164, 2009.

이세영·이창영, 『향심기도 수련』, 분도출판사, 2010.

이순성, 「관상기도의 자세와 방법」, 『신학전망』 132, 2001.

정대식, 「묵상」, 『한국가톨릭대사전』 5, 한국교회사연구소, 1997.

정양모, 「기도」, 『신학전망』 25, 1974.

정제천, 「그리스도교 기도의 이해와 실천」, 『신학전망』 164, 2009.

정제천, 「예수회」, 『한국가톨릭대사전』 9, 한국교회사연구소, 2002.

주교회의 교리교육위원회 번역, 『가톨릭 교회 교리서』, 한국천주교중앙협
        의회, 2011.

최혜영, 「기도」, 『가톨릭대사전』 2, 한국교회사연구소, 1995.

한국가톨릭대사전편찬위원회, 「묵도(黙禱)」, 『한국가톨릭대사전』, 한국
        교회사연구소, 1989.

한국가톨릭대사전편찬위원회, 「묵상(黙想)」, 『한국가톨릭대사전』, 한국
        교회사연구소, 1989.

한국관상지원단 사무국 편, 『한국관상지원단 소식』 1-1, 한국관상지원단,
        2003.

한국관상지원단 사무국 편, 『한국관상지원단 소식』 13, 한국관상지원단,
        2016.

한국교회사연구소 편, 『함경도 천주교회사』, 한국교회사연구소, 1995.

한국천주교중앙협의회, 『제2차 바티칸 공의회 문헌 <개정판>』, 한국천주
        교중앙협의회, 2012.

한국천주교중앙협의회, 『한국 천주교회 통계 2015』, 한국천주교중앙협의
        회, 2016.

허성준, 「베네딕도 규칙서에 나타난 렉시오 디비나」, 『신학전망』 153,
        2006.

허성준, 「수도승 전통에 따른 성서묵상법 반추기도」, 『신학전망』 115,
        1996.

허성준, 『수도 전통에 따른 렉시오 디비나 I－독서와 묵상』, 분도출판사,
        2015.

Heaney, Columban, 유명주 옮김, 「거룩한 독서」, 『신학전망』 146, 2004.

Iglesias, Ignacio, 정제천 옮김, 「영신수련, 영적 체험의 산실」, 『신학전망』

150, 2005.
Morton, Thomas, 김규돈 옮김, 『영적 지도와 묵상』, 성바오로출판사, 1998.

『가톨릭신문』
『경북일보』
『동아일보』
『서울신문』
『평화신문』
『한겨레신문』
『한국일보』

국제관상지원단(http://www.contemplativeoutreach.org/)
미국 영신수련(http://www.ignatianspirituality.com/)
성 베네딕도회 왜관 수도원(http://osb.or.kr/)
성심수녀회 예수마음 배움터(http://www.jesumaum.org/)
한국관상지원단(http://www.centeringprayer.or.kr/)
렉시오 디비나(http://www.lectio.or.kr)
성심수녀회 한화관구 (http://rscj.modoo.at)

제5장 한국 천주교의 선교활동과 방식

박영대, 「한국 종교 현실의 변화와 천주교의 사목 과제」, 『한국 천주교회의 새복음화 현실과 전망』, 2009년도 주교회의 복음화위원회 심포지엄 자료집, 한국 천주교 주교회의 복음화위원회, 2009.
우제국, 「선교란 무엇인가」, 『사목』 156, 한국천주교중앙협의회, 1992.
한국종교연구회 지음, 『한국종교문화사 강의』, 청년사, 1998.
Adam Wolanin, 김혜경 옮김, 「선교」, 『선교학 사전』, 성바오로, 2011.

『가톨릭 신문』
『경향잡지』
『월간중앙』

가톨릭교리통신교육회(http://www.cdcc.co.kr/)
국가통계포털(https://kosis.kr/index/index.do)

사회교정사목위원회(http://www.catholic-correction.co.kr/)
천주교가두선교단(https://cafe.daum.net/seoulcatholicsm,
　　구 www.catholic-sm.org/)
천주교대구대교구(http://www.daegu-archdiocese.or.kr/)
천주교대구대교구대명본당(http://www.dmcatholic.org/,
　　현 https://cafe.daum.net/dm-cc)
천주교인천교구(http://www.caincheon.or.kr/)
한국천주교주교회의 복음선교위원회(http://mission.cbck.or.kr/)
한국천주교주교회의(http://www.cbck.or.kr/)
한국천주교중앙협의회(http://www.cbck.or.kr/)

제6장 근·현대 한국 기독교 평신도운동의 특징과 전망

고선혜, 「YWCA 사회체육활동에 관한 연구-서울 YWCA 보건체육부
　　활동을 중심으로」,『한국체육학회지』33-2, 한국체육학회, 1994.
김옥회,『제주도신축년교난사』, 천주교제주교구, 1980.
김장환, 「YMCA 사회체육활동에 관한 연구」,『한국체육학회지』28-1, 한
　　국체육학회, 1989.
꾸르실료 한국협의회 엮음,『한국 꾸르실료 30년사』, 하네트, 1998.
류장현, 「평신도 운동과 신학에 관한 고찰」,『신학사상』176, 한신대학교
　　신학사상연구소, 2017.
박상진, 「현대 한국천주교회와 평신도운동」,『한국교회사논문집』Ⅰ, 한국
　　교회사연구소, 1984.
박성래, 「한국 근세의 서구과학수용」,『동방학지』20, 연세대학교 국학연
　　구원, 1978.
양우석, 「김교신의 평신도운동 연구」, 연세대학교 연합신학대학원 석사학
　　위논문, 2004.
오홍철, 「1907년 기독교 대부흥운동의 역사적 고찰」,『통합연구』13-1, 밴
　　쿠버기독교세계관대학원, 2000.
윤용복, 「간도지역 한국 천주교회의 설립과 활동」,『간도와 한인종교』, 한
　　국학중앙연구원, 2010.
천주교 광주대교구 편,『광주대교구 50년사』, 빛고을 출판사, 1990.
천주교 수원교구 편,『수원교구 30년사』, 천주교 수원교구 사무처, 1993.

한국가톨릭대사전편찬위원회 편, 『한국가톨릭대사전』, 사단법인 한국교
　　회사연구소, 1989.

Dallet, Claude Charles, 안응렬,·최석우 역주, 『한국천주교회사』 상권, 한
　　국교회사연구소, 1990a.
Dallet, Claude Charles, 안응렬·최석우 역주, 『한국천주교회사』 하권, 한
　　국교회사연구소, 1990b.
Lusby, F. Stanley, "LAITY", *Encyclopedia of Religion second edition*,
　　Lindsay Jones editor in Chief, MI: Thomson Gale, 2005.
Walker, Williston 저, 강근환·민경배·박대인·이영헌 공역, 『세계기독교
　　회사』, 대한기독교서회, 1978.

『가톨릭신문』
『경향잡지』
『평화신문』
『한국민족문화대백과사전』

(사)기독교윤리실천운동(https://cemk.org/)
강동평신도교회(http://www.kangdong church.net/)
광주레지오마리애(http://k-senatus.kr/)
대구레지오마리애(http://www.dgsenatus.or.kr/)
미국 YMCA(http://www.ymca.net/)
새길교회(http://www.saegilchurch.or.kr/)
서울 YMCA(http://www.seoulymca.or.kr/)
서울 레지오 마리애 무염시태 세나뚜스(http://senatus.or.kr/)
성 빈첸시오 아 바오로회 한국이사회(https://ssvp.or.kr/)
월드와이드매리지엔카운터한국협의회 http://www.mekorea.or.kr/
전국기독학생면려회(http://www.scekorea.org/)
포콜라레(천주교 마리아사업회, http://www.focolare.or.kr/)
한국 YWCA 연합회(http://www.ywca.or.kr/)
한국가톨릭성령쇄신봉사사협의회 http://www.charis-korea.org/
한국천주교 평신도사도직단체협의회(http://www.clak.or.kr/)
한국천주교주교회의(http://www.cbck.or.kr/)

찾아보기

저 자 약 력

윤용복

서울대학교 인문대학 종교학과 졸업
서울대학교 대학원 종교학과(석사)
서울대학교 대학원 종교학과(철학박사)

서울대학교, 인하대학교, 동국대학교, 감리교신학대학교, 가톨릭대학교
등에서 강의. 한국학중앙연구원 연구원. 한국종교사회연구소 소장.
사단법인 아시아종교연구원 원장(현)

아시아종교연구원 총서 01
근현대 천주교의 실천과 삶

초 판 인 쇄	2022년 10월 26일
초 판 발 행	2022년 11월 01일
저 자	윤용복
발 행 인	윤석현
발 행 처	박문사
책 임 편 집	최인노
등 록 번 호	제2009-11호
우 편 주 소	서울시 도봉구 우이천로 353
대 표 전 화	02) 992 / 3253
전 송	02) 991 / 1285
전 자 우 편	bakmunsa@hanmail.net

ⓒ 윤용복, 2022 Printed in KOREA.

ISBN 979-11-92365-21-3 93230   정가 38,000원